国际援助体系和非洲

——关于后冷战时代"减贫机制"的思考

[日]古川光明 著

张　赫 译

浙江工商大学出版社
ZHEJIANG GONGSHANG UNIVERSITY PRESS

· 杭州 ·

图字:11-2017-153号

图书在版编目(CIP)数据

国际援助体系和非洲:关于后冷战时代"减贫机制"的思考 / (日)古川光明著;张赫译. —杭州:浙江工商大学出版社,2019.12(2021.8重印)
(日本对非研究译丛 / 徐微洁,刘鸿武主编)
ISBN 978-7-5178-3519-6

Ⅰ. ①国… Ⅱ. ①古… ②张… Ⅲ. ①对外援助—国际合作—研究—非洲 Ⅳ. ①D812

中国版本图书馆 CIP 数据核字(2019)第221345号

THE EVOLUTION OF THE INTERNATIONAL AID SYSTEM AND THE REALITY OF AFRICAN AID ADMINISTRATION:
POVERTY REDUCTION REGIMES IN THE POST-COLD WAR
Copyright © 2014 FURUKAWA Mitsuaki
All rights reserved.
Originally published in Japan in 2014 by NIPPON HYORON SHA CO., LTD.
Chinese (in simplified characters only) translation rights arranged with
NIPPON HYORON SHA CO., LTD. through Toppan Leefung Printing Limited.

国际援助体系和非洲——关于后冷战时代"减贫机制"的思考
GUOJI YUANZHU TIXI HE FEIZHOU
——GUANYU HOULENGZHAN SHIDAI "JIANPIN JIZHI" DE SIKAO
[日]古川光明 著 张 赫 译

责任编辑 姚 媛
封面设计 王妤驰
责任印制 包建辉
出版发行 浙江工商大学出版社
(杭州市教工路198号 邮政编码310012)
(E-mail:zjgsupress@163.com)
(网址:http://www.zjgsupress.com)
电话:0571-88904980,88831806(传真)
排 版 杭州朝曦图文设计有限公司
印 刷 广东虎彩云印刷有限公司绍兴分公司
开 本 710 mm×1000 mm 1/16
印 张 20.75
字 数 351千
版 印 次 2019年12月第1版 2021年8月第2次印刷
书 号 ISBN 978-7-5178-3519-6
定 价 70.00元

总　序

作为发展中国家最多的大陆,非洲辽阔的土地、丰富的资源、多元而悠久的历史文化,以及贫穷与欠发达的社会、经济状态,使其拥有和中国同样巨大且更为持久的发展需求。自2013年习近平总书记提出"一带一路"倡议以来,国际社会积极响应,非洲也成为"21世纪海上丝绸之路"中重要的一环,中非合作潜力巨大。中非发展合作是中非双方的一个特殊机会,一个双方实现长远发展的外部舞台,对中非双方都具有重大意义和深远影响。

目前,中非关系已超出双边关系的范畴而对世界产生了多方面的影响,成为撬动中国与外部世界关系的一个支点。我国努力与"一带一路"沿线国家一起,打造政治互信、经济融合、文化包容的利益共同体、命运共同体和责任共同体。在此大背景下,中国社会产生了认知非洲之广泛需求,需要对非洲国家的各个方面及快速发展的中非关系展开深入、系统的研究。面对这种互通互融的需要,我们一方面应力促中国文化"走进非洲",另一方面也应组织力量,通过媒体出版、品牌建设、院校合作等多种渠道,使非洲文化"走进中国"。而日本对非研究的丰硕成果则是我们了解非洲的一个重要媒介。了解日本对非研究的具体情况,有助于我国更快、更好地开展对非援助以及中非合作交流,谋求互惠共赢。

对外援助是日本外交的重要组成部分,也是日本外交的特色和重要政策,而非洲则是日本对外援助的重点地区。日本对非洲的外交政策,在经历过几番起伏后,近年来掀起了新一轮高潮:从最初单纯的"资源外交"或"新重商主义"政策,转向"大国外交",开展与非洲在政治、经济等方面的全方位合作。

日本的对非研究长期以来基于田野调查,产生了架构宏观的历史/政治结构与微观的社会/文化世界的独特的跨学科研究。日本的对非研究成果,特别是在对非援助政策、非洲的政治经济、非洲的社会文化、非洲的开发与共生的研究方面可以为我们提供极好的借鉴和启示。然而,国内学界在有关日本对非政策的研究、日本对非研究的译介等方面还存在不少问题与不足。比如,虽然有不少研究日本对非援助、日本对非政策方面的论文,但关于日本对非政策的研究尚未形成一整套理论体系。这些研究散见于国内期刊上的学术论文,虽数量可观,但并无系统研究日本对非政策的专著,仅在部分专著的若干章节中有所提及,缺乏系统和深层次的分析。与日本如火如荼的对非援助相比,我国对相关研究成果译介和传播的程度显然不尽如人意。

翻译是文化交流的桥梁,是文化"走出去"和"引进来"的重要途径,我们在进一步加大对外译介的力度的同时,更不能忽略对内译介的重要性。只有如此,才能消除"输入导向"与"需求期待"之间存在的隔膜。

有鉴于此,浙江师范大学非洲研究院、浙江师范大学外国语学院与浙江工商大学出版社在深入沟通、多次调研的基础上,共同策划了本套"日本对非研究译丛",意在与非洲大陆的人文交流,为我国民间团体、社会组织与政府了解非洲提供一个窗口。

我们将分批次推出《非洲问题——开发与援助的世界史》(平野克己著,徐微洁译),《非洲的人类开发——实践与文化人类学》(松园万龟雄、绳田浩志等著,金稀玉译),《非洲教育开发与国际合作——政策研究与实地调查的结合》(泽村信英著,李沛译),《经济大陆非洲——从资源、粮食到开发政策》(平野克己著,于海鹏译),《非洲的开发与教育——以保障人类安全为目的的国际教育》(泽村信英编著,樊晓萍等译),《国际援助体系和非洲——关于后冷战时代"减贫机制"的思考》(吉川光明著,张赫译),《开发和国家——非洲政治经济论序说》(高桥基树著,陶魏青译),《文化的地平线——现代非洲人的故乡》(栗本英世著,包央译),《援助国与被援助国——为了非洲的发展》(服部正也著,金玉英译)等日本对非研究方面的系列译著。

本译丛为国内首批大型日本对非研究译丛,也是浙江师范大学非洲研究院"非洲文库"国家智库丛书的重要组成部分。丛书选自日本对非研究经典著作,作品有代表性,有知名度,能作为我国深入了解非洲经济、非洲教育、非洲文化、非洲社会及日本对非政策的基础丛书,是不可多得的"他山之石",是深入贯彻习近平总书记提出的"一带一路"倡议的丛书。通过对丛书的译介和研究,有望形成一支高效实干的学术团队,培养一批非洲人文领域的译介与研究人才,挖掘非洲研究的中国特色与价值,推进中国对外援助事业的发展、中非合作的快速发展和中非文化的交流互鉴。

刘鸿武

教育部长江学者特聘教授、浙江省特级专家

浙江师范大学非洲研究院创始院长

2018 年 6 月 16 日

目　录

0　本书的立场

0.1　本书的课题设置及分析框架

贫困问题是当今国际社会的共同课题。针对这一共同课题，国际社会于2000年9月在联合国大会上通过了千年发展目标（Millennium Development Goals，MDGs）[①]，并将之作为减贫援助的最高目标。为实现此目标，2005年3月，发展援助委员会（Development Assistance Committee，DAC）高层论坛通过了《关于援助有效性的巴黎宣言》（以下简称《巴黎宣言》）。该《巴黎宣言》的措施主要以"减贫机制"[②]的形成为基础。但是，减贫的进展情况存在地区差异（见表0-1），在撒哈拉以南非洲及南亚，减贫进展缓慢，有些区域没有实现国际社会的预期目标。那么，这种情况的出现是因为"减贫机制"本身存在缺陷，还是"减贫机制"的实施并不彻底呢？辨明这一问题能够为今后的发展援助提供重要启示。

表0-1　MDGs的进展情况

		撒哈拉以南非洲		南亚		东南亚		发展中地区	
目标1	每日生活费不足1.25美元的人口比例(%)（1999年和2005年）	1999	2005	1999	2005	1999	2005	1999	2005
		58.30	50.90	42.40	38.60	35.30	18.90	33.00	26.60
目标2	小学净入学率(%)（2000年和2008年）	2000	2008	2000	2008	2000	2008	2000	2008
		60.30	76.40	80.00	89.70	93.60	94.70	82.60	88.80
目标3	与100名男性相比，女性的小学入学率(%)（2000年和2008年）	2000	2008	2000	2008	2000	2008	2000	2008
		91	83	96	97	97	91	96	99

[①] 为方便阅读，译者在英文缩略语第一次出现时使用对应的中文词汇，并在括号内标注英文全称，后文仍使用英文缩略语。（译者注）
[②] 第1章和第2章将详细阐述"减贫机制"，该机制主要是指以减贫为目标的国际准则。

续　表

		撒哈拉以南非洲		南亚		东南亚		发展中地区	
目标4	每出生1000人,未满5岁婴幼儿死亡数(人)(2000年和2008年)	2000	2008	2000	2008	2000	2008	2000	2008
		166	144	97	74	50	38	86	72
目标5	每出生10万人,孕产妇死亡数(人)(1990年和2005年)	1990	2005	1990	2005	1990	2005	1990	2005
		920	900	620	490	450	300	480	450
目标6	患艾滋病的人口(15—49岁)比例(%)(2002年和2008年)	2002	2008	2002	2008	2002	2008	2002	2008
		5.30	4.70	0.30	0.20	0.30	0.40	0.90	0.80
目标7	能够饮用安全饮用水的人口比例(%)(1990年和2008年)	1990	2008	1990	2008	1990	2008	1990	2008
		49	60	75	87	72	86	71	87
目标8	偿还债务占出口额的比例(%)(1990年和2008年)	1990	2008	1990	2008	1990	2008	1990	2008
		17.60	1.90	17.60	5.40	16.70	2.80	19.70	3.50
目标9	100人中能够使用互联网的人口比例(%)(2000年和2008年)	2000	2008	2000	2008	2000	2008	2000	2008
		0.5	6.0	0.5	5.8	2.4	13.9	2.0	15.1

注:笔者根据 *MGD Report Statistical Annex 2010* 制作。

　　发展援助要通过发展中国家与援助方(援助国、援助机构)的交集来实施。这一交集是双方围绕着援助方所提供的发展援助资源,按自己所期待的"发展"形式进行交涉的内容,包括发展战略和援助方法。这一交集决定着受援国的"发展"方式。也就是说,它影响着开发是否能够按照援助方的设想进行。弗格森考察了这一观点并指出,在关于非洲南部莱索托王国开发的研究中发现,加拿大实施的农村开发项目未能实现既定目标,但莱索托王国通过这一项目在其他领域得到了立足点,进而扩大了政府的权力(Ferguson,1994)。弗格森的研究提出了两种可能性:一是发展中国家的管理层可以提出一种不同于援助方所设想的发展援助的合理性,并借此实践他们所期待的"发展"(近藤,2007);二是通过"项目"这种交集方式,发展中国家的管理层可能会改变援助方设定的开发成果。但由于弗格森的研究是以个别项目为对象进行的,而本书旨在阐明"减贫机制",所以若将弗格森的研究直接应用到本书中会存在一定的局限性。本书的目的是以被国际社会广泛接受的后冷战时代的"减贫机制"为中心,分析国际援助体系的变化及发展中国家和援助方所开展的援助管理的实际情况,并在此基础上厘清"减贫机制"下发展援助的问题所在,进而完善发展援助与开发效果方面所存在的理论性不足。

基于上述问题意识,本书通过分析国际援助体系的展开及非洲诸国援助管理的情况,阐明"减贫机制"的制度和实际情况,为今后的发展援助提供方向。为实现这一目标,本书前半部分首先辨明"减贫机制"的实际情况,宏观分析冷战结束后援助项目的泛滥及一般预算支持(General Budget Support,GBS)等发展援助的基本情况,进而指出"减贫机制"中存在的问题;本书后半部分以对"减贫机制"接受度最高的坦桑尼亚为例,通过考察坦桑尼亚政府和援助方制定的发展援助实施体制及各自行动的变化、坦桑尼亚政府对发展援助资源的对策等问题,辨明"减贫机制"中所存在的问题的产生原因,为今后的发展援助提供方向。为此,笔者将逐一阐述以下七项内容。

第一,以被国际社会广泛接受的后冷战时代的"减贫机制"为中心,明确推进发展援助的援助管理机制。

第二,明确"减贫机制"的保障机制及"减贫机制"的制度化情况。

第三,明确"项目泛滥"所带来的影响。

第四,明确"减贫机制"下理想的援助方式——GBS的有效性及局限性。

第五,本书的后半部分集中对坦桑尼亚进行实证研究,明确坦桑尼亚"减贫机制"具体的形成过程及坦桑尼亚政府和援助方之间的政策对话框架。

第六,明确参与坦桑尼亚"减贫机制"的各个行为体的实际行动。

第七,明确坦桑尼亚所期待的"发展"与援助方所期待的"发展"之间的异同。

0.2 前人研究中的问题及本书的独创性

上一节笔者整理了本书的研究目的,本节将阐述前人研究中存在的问题、成因及本书的独创性。

第一,被国际社会广泛接受的后冷战时代的"减贫机制"是如何形成的? 谁是该机制的核心援助方? 在该机制下构建了怎样的国际援助体系?"减贫机制"的形成始于"项目泛滥",那么"项目泛滥"这一以非洲及特定的国家为中心的个别现象是如何发展为综合发展战略的? 前人研究并未明确上述问题。但是,如果不了解包括上述问题在内的"减贫机制"的实际情况,则难以掌握影响着发展中国家减贫发展及援助方发展援助的"减贫机制"的问题,从而难以对问题进行定性。因此,本书期待通过明确以上问题,能够为提供今后国际援助趋势的战略方向及辨明援助管理的实际情况做出贡献。

第二,前人研究①并没有明确"减贫机制"的实际情况,如"减贫机制"是否已真正形成;如果已经形成,那么其实质性的制度化程度如何;具体来讲,哪些援助方是"减贫机制"的核心;哪些国家对"减贫机制"的接受度较高;等等。此外,在国际发展援助领域是已经形成机制还是停留在"模拟机制"阶段这一问题上也存在分歧。分歧的焦点在于机制的规则是否具有约束力及是否存在保障这种约束力的体制。除了个别以非洲为对象的研究外,前人研究中并未积累太多的成果。因此,本书的独创性在于厘清前人研究中没有明确的"减贫机制"的实际情况,并借此提出符合发展中国家接受程度的发展援助战略。对于发展中国家而言,本研究可以为其提供资料,用于了解哪个援助方的可接受度高,并借此制定以保障发展援助资源为目标的战略。

第三,前人研究没有明确"项目泛滥"给经济增长、减贫等的成果带来了何种影响,而是仅将这些问题作为"黑箱"(Black Box)处理。而且,以往关于"项目泛滥"下援助有效性的研究的主要问题是没有考虑到援助方式的多样性,只是对其进行了平均化处理。此外,援助项目没有覆盖发展中国家的所有部门,但以往的讨论认为发展中国家需承担的手续费用是由发展中国家政府的所有部门共同承担的。因此,本书将克服前人研究中的诸多问题,涉足迄今为止一直被视为"黑箱"的领域,对"项目泛滥"下的援助给MDGs指标带来的影响进行实证分析。通过上述分析,客观检验一直以来都被视为对开发成果产生负面影响的"项目泛滥"的实际影响。相信通过这种检验可以提出新的见解,并以实际情况为基础为发展援助战略提供方向。

第四,关于GBS给开发成果带来何种影响的研究并不多。在援助方自身尚缺乏此类经验性知识的情况下,GBS便以撒哈拉以南非洲为中心迅速展开。因此,有必要确认GBS是否适合发展中国家。而且,GBS带来的国际援助体系的巨大变革,对发展中国家发展援助的方式、援助方的援助哲学和开发方式等发展援助的各个方面都会产生影响,因此验证前人研究中没有涉及的GBS的效果和局限性不仅是本书的独创性,更能够为考察今后发展援助的方式提供重要启示。

第五,前人研究没有对"减贫机制"中主要行为体间的关系变化给发展援助的政策及实施带来何种影响这一问题进行结构性研究。发展中国家政府和援助

---

① 第2章将详细阐述前人研究。

方之间的交集方式及与此相关的各行为体间关系的变化一方面决定了发展中国家发展的方式,另一方面对援助方以何种方式接触该被援助方产生了重大影响。因此,本书尝试通过分析坦桑尼亚"减贫机制"形成过程来辨明援助体系发生了何种变化,以及在变化的同时,在"减贫机制"形成过程中起到核心作用的发展中国家政府部门和援助方的各个行为体间的关系发生了何种变化。通过分析发展中国家的具体事例明确上述问题,将为探索符合发展中国家国情的交集方式及援助管理方式提供重要参考。

第六,前人研究中,在援助方视角下进行的研究较多。此外,在实际的发展援助过程中,援助方往往忽略那些对其来说不合理的部分,或者将对援助方来说不合理的部分全部舍弃。仅从这种援助方视角出发,无法掌握围绕发展援助资源所展开的发展援助管理的实际情况。同时,为了使"减贫机制"产生预期效果,有必要同时考虑援助方和发展中国家双方的逻辑。因此,本书将明确"减贫机制"下坦桑尼亚政府和援助方的实际行动,考察双方在面对发展援助资源时各自的逻辑。期待在探析双方逻辑的过程中,可以发现坦桑尼亚的发展未取得预期效果的主要原因。

0.3 本书的结构及研究方法

本书将采用下述方法及结构去实现前人研究未达成的目标。

首先,第1章至第4章将对后冷战时代以"减贫机制"为中心的国际援助体系的展开进行综合分析,同时,在宏观视野下分析决定了冷战结束后发展援助方式的"项目泛滥"现象及GBS,并指出"减贫机制"的问题所在。

第1章从政策和实施两个层面进行分析,阐明"减贫机制"的实际情况。确认国际规范周期性的交替,讨论以非洲为中心的"项目泛滥"由仅为特定援助方所重视的个别现象发展为涵盖了全体发展中国家的"减贫机制"这一发展战略的过程。此外,本章的讨论内容还包括在"减贫机制"的形成过程中,国际援助体系的展开及发展中国家和援助方之间交集方式的变化。

第2章阐述"减贫机制"的实际情况。首先,整理关于"机制"的前人研究,找出符合"减贫机制"中"机制"的定义。在此基础上,基于前人研究,探讨维持"减贫机制"、提高其约束力所需要的保障机制。此外,在分析欧洲等援助方的制度化情况后,将通过数据分析发展中国家对"减贫机制"的接受度,进而探讨对"减贫机制"的接受度和减贫的相互关系。

第3章通过实证分析来验证"项目泛滥"对经济增长、减贫等的成果带来的影响。但由于缺乏反映减贫情况的数据,本部分将分析限定在婴幼儿死亡率、小学毕业率及经济增长所受的影响上,婴幼儿死亡率和小学毕业率是MDGs特别重要的指标,经济增长则是减贫的最大动力。

第4章通过实证分析验证"减贫机制"下"提高援助有效性的措施"中最理想的GBS对开发成果的影响。为此,笔者首先从宏观角度分析GBS对预算的影响,预算是体现GBS效果的第一阶段。第二阶段分析包含GBS在内的政府开支对效果的影响。通过对这两个阶段的分析,掌握GBS的有效性和局限性。

其次,第5章至第7章以前4章的结论为基础,以对"减贫机制"接受度非常高的坦桑尼亚为对象进行案例分析。借此掌握在宏观分析中没有充分明确的非洲援助管理的实际情况。

第5章分析这些问题:坦桑尼亚"项目泛滥"现象及"减贫机制"的形成,GBS在坦桑尼亚产生影响的背景,坦桑尼亚"减贫机制"形成过程中主导的行动方、援助体系的变化及政府、援助集团内部关系的变化。通过分析,勾勒出坦桑尼亚"减贫机制"下的新型国际援助体系,以及坦桑尼亚政府和援助方之间新型的交集方式。

第6章,验证坦桑尼亚的"减贫机制"是否已经实现援助方的预期效果,如果尚未实现,则分析其原因。通过分析"减贫机制"下援助方和坦桑尼亚政府的行动,明确"减贫机制"的问题所在。

为了进一步分析坦桑尼亚政府围绕发展援助资源所采取的行动,第7章在第6章的基础上阐述了中国对坦桑尼亚的援助及其方式,同时确认坦桑尼亚政府自主制定的发展计划和中国援助之间的关系,进而分析坦桑尼亚政府在面对不同类型的资源时的对策。最后明确坦桑尼亚政府所期待的"发展"和"减贫机制"之间的关系。

第8章指出本书的贡献和今后的课题。在此基础上,阐述本书各个议题中所蕴含的意义。最后,指出发展援助今后应采取的方法。

本书使用了定性与定量相结合的研究方法,能够通过数据完成客观验证时进行实证分析,反之进行定性分析,取长补短,力求提高分析的说服力。

本书中使用了部分笔者作为日本国际协力事业团(Japan International Cooperation Agency,JICA)工作人员时所进行的采访或收集的数据。但书中观点是笔者个人看法,不代表JICA的立场。

1 "减贫机制"的形成及其带来的"国际援助体系"的变化

1.1 引言

冷战结束后,以世界银行、北欧七国(Nordic Plus,包括丹麦、瑞典、挪威、芬兰、爱尔兰、英国、荷兰)为中心的援助方基于对撒哈拉以南非洲援助的经验和反思,开始重新审视援助方法。在这一背景下,开始形成"减贫机制",MDGs及"提高援助有效性的措施"被包括发达国家及发展中国家在内的国际社会普遍接受。根据斯蒂芬·克莱斯纳的研究,"机制"是指"国际关系特定领域里汇聚着行为体预期的一系列默示和明示的原则、标准、规则和决策程序",是"在国家间交涉、具有明示原则的制度"(Krasner,1983:1)。在"减贫机制"的"政策层面"上,2000年联合国明确提出将以2015年前全球极端贫困国家或地区降至半数为最高发展目标的减贫标准作为MDGs,并制定减贫战略文件(Poverty Reduction Strategy Paper,PRSP)等国家发展战略作为实现这一标准的发展战略。同时,在"实施层面"上,2005年DAC高层论坛采纳了《巴黎宣言》中的具体措施,并将其作为实现这一目标的规则(行动基准)。被国际社会认可的体制得以确立的话,新的政策目标和规则将被赋予合理性,这将对国际发展援助产生重大影响。

发展援助是通过发展中国家政府和援助方的交集实施的。国际援助体系的变化对援助方的援助方针、援助体系,以及发展中国家政府的受援方针、受援体系都产生影响。国际援助体系的变化决定了对发展中国家发展援助的方式。

此外,"减贫机制"是在何种背景下、如何形成、最终构建了怎样的"国际援助体系"等实际情况都尚未完全明了。因此,笔者为了解"减贫机制"的实际情况,主要分析了以下三个问题。第一,"减贫机制"的最高目标——"减贫"及"提高援助有效性的措施"这一为实现该目标而设的行动基准是如何形成的? 第二,在"提高援助有效性的措施"中,"项目泛滥"被国际发展援助共同体视为阻碍援助有效性的元凶,但这一现象是如何在国际机构和援助方会议中开始被提及,最终发展为涵盖所有发展中国家的发展战略的呢? 第三,笔者将关注以往的国际援助体系在"减贫机制"下的变化及这一变化对援助方与发展中国家间交集方式的影响。由于"减贫机制"是由政策层面的发展目标和实施层面的行动基准两部分组成,所以本书也从政策和实施两个层面进行考察。

第1.2节考察了冷战结束后"减贫机制"的形成过程,并讨论了在"减贫机制"形成过程中国际援助体系的形成情况,最后一节对本章内容进行总结。

1.2 冷战结束后"减贫机制"的形成

1.2.1 政策层面——国际发展标准

第二次世界大战后,国际发展标准是增长标准和减贫标准的周期性交替。20世纪40年代中后期至60年代为"增长",20世纪60年代中后期开始为"减贫",20世纪70年代中后期再度进入"增长",20世纪90年代中后期至今再次进入"减贫"。

综观"二战"后的国际发展援助,马歇尔计划在短期内即取得了成功,同时"滴漏效应"理论也广泛渗透,该理论认为"发展中国家如果能够克服资本储备不足的问题,并保持以现代部门为中心的经济持续增长的话,增长成果在无政府介入的情况下也能够自然地向国内渗透,从而提高落后部门的生产力"。20世纪50年代,项目援助主要以经济、公共设施建设为中心,20世纪60年代,大部分决策者推进了以扶植幼稚产业为目的的进口替代政策,这种做法也得到了援助机构的广泛支持。世界银行也积极支持发展中国家制定综合性发展计划、完善城市基础建设及扶植国营企业等(白鳥,1995:283-295)。如上所述,20世纪40年代中后期开始,在主张对以经济、公共设施为中心的大型项目进行投资的同时,学界提出了经济增长标准(小川,2011:15)。

但是,从20世纪60年代中后期到20世纪70年代初期,人们逐渐发现"滴漏效应"所主张的结果并未实现,重视人类基本需求(Basic Human Needs,BHN)和收入分配的改良主义开始登场。因此,有别于以往的以投资为主体的宏观行为,人们认识到对人力资源进行投资的重要性,并开始主张为了提高发展中国家人民生活水平及实现减贫目标,有必要进行以满足BHN为目的的自下而上的开发(白鳥,1995:135-146)。此外,为响应这一动向,非政府组织(Non-Governmental Organizations,NGO)开始迅速增加,在以往大型项目援助的基础上,援助BHN的小型项目也开始增多。同时,越来越多的援助为了直接接触国民而选择绕开政府(元田,2007:45-50)。20世纪60年代中后期,主张BHN的减贫标准被经济增长标准所取代(小川,2011:15)。

20世纪70年代,世界经济进入了混乱期,同时,"政府的失败"也逐渐显露。世界性的经济低迷导致发展中国家出口停滞及高利息问题,这进一步加剧经济收支的恶化、通货膨胀、国内资本的海外转移等经济困难的情况。虽然两次石油危机导致发展中国家经常性收支恶化,但发展中国家的投资并未减少,而且即便经常性收支恶化,政府却依然积极地实施发展政策。发展中国家通过导入石油资金(Oil Money)和国际过剩资本来填补储蓄和投资间的差额,同时推动了发展政策的实施(奥田,1989:16)。1982年,墨西哥宣布无力偿还外债,以此为开端,世界规模的债务危机开始蔓延。

在上述国际经济环境恶化的背景下,为了应对宏观经济结构不均衡的问题,世界银行进行了经济结构调整以保证中期增长及恢复、维持国际收支的稳定。为此,一方面,1979年的国际货币基金组织(International Monetary Fund,IMF)和世界银行年会宣布导入"结构调整融资"(Structural Adjustment Loan,SAL)以支持经济结构改革。另一方面,IMF也重新审视援助行为,于1986年设立了结构调整贷款(Structural Adjustment Facility,SAF)。贷款对象限于符合国际开发协会规定的国际收支困难的低收入国家,期限为3年,申请贷款的低收入国家必须提交用以促进结构调整的3年期政策框架文件(Policy Framework Paper,PFP),而且要定期重新审核该计划。PFP在IMF和世界银行工作人员的帮助下完成,除申请SAF外,向世界银行集团申请其他融资时也需要该文件(奥田,1989:239-247)。

PFP中应体现可以决定发展中国家综合性发展的框架,具体需要写入以下内容:贷款国当前面临的主要经济问题和课题,今后3年内计划实施的宏观经济政策及政府在结构调整政策方面的目标,为实现这些目标而推行的诸项政策及在处理经济问题时政府的优先顺序,此外还要写入所希望的资金来源,如IMF、世界银行集团(第一世界银行、第二世界银行),或者其他援助机构等。此外,重要的是设立SAF后,PFP使IMF和世界银行的合作关系达到以往未达到的水平,同时PFP也是双边发展援助的官方指南。通过这一文件,IMF与世界银行对发展中国家产生了巨大影响,同时将谋求发展中国家政策和制度改革的援助条件作为杠杆的援助方法也成为IMF与世界银行的基本战略。值得注意的是,在"政策层面"上,以往都是发展中国家与援助方之间进行个别交涉,但自此,IMF与世界银行和发展中国家的交集开始增加,PFP成为双边发展援助的官方指南。对于发展中国家政府来说,这不仅意味着建立了与IMF、世界银行的交集,而且将交集的范围扩大到了全部援助方。因此,20世纪70年代中后期开始,以IMF与世界银行为中心推进了结构调整,在此目标下增长标准被再次提起(小川,2011)。

如上所述,从20世纪70年代开始,世界经济陷入混沌状态。以此为背景,20世纪80年代,新古典派经济学影响力不断增加,并成为IMF与世界银行结构调整政策的基础,但这并未解决债务积压问题及贫困问题。因此,新古典派理论及以其为基础的增长标准(结构调整)受到各种批判。

贫困问题一直是发展的主要课题①。虽然在"滴漏效应"理论流行期主张增长能够缓解贫困,但事实证明促进经济的增长并不能缓解贫困。世界银行自身特别对非洲的低迷经济感到失望,并严厉批评非洲的结构调整改革是脆弱的,甚至担忧其可能重返20世纪60—70年代低增长的轨道(World Bank,1994b)。此外,也有批判意见认为SAF的附加援助条件过大并操之过急,因此短时间内产生了巨大痛苦,特别是给贫困层带来极大影响。在诸多意见中,最具代表性的是联合国儿童基金(The United Nations Children's Fund,UNICEF)的《人性化的调整》(*Adjustment with A Human Face*)(Corina et al.,1987)中的观点。该书基于实证分析,认为结构调整导致了儿童、孕妇等弱势群体在卫生和福利方面的困境。因此,针对贫困层所受的影响,提出了社会安全网络(Social Safety Nets)的必要性。虽然结构调整政策在中等收入的发展中国家取得了成功,但在几乎所有的低收入发展中国家都以失败而告终。为探究原因并寻找修改政策的方法,世界银行进行了《1991年世界发展报告》("市场之友式的发展战略"特辑)②、《东亚的奇迹》("政策研究报告"1994EAM)、《1997年世界发展报告》("国家在发展中的功能"特辑)等一系列研究。研究结论承认了在"市场的失败"的案例中国家介入的作用,强调国家的介入可以强化市场的功能,进而表达了积极承认国家作用的态度。这也就是在与政府的行政管理能力、经济管理能力的发展阶段相适应的前提下,为进行经济调整,国家的介入范围可以从最小限度地提供公共财政逐渐扩大到非经济性的调整(如积极的产业政策、资金再分配政策等)。另一方面,1990年联

---

① 世界银行在《1990年世界发展报告》《2000/2001年世界发展报告》中编辑了贫困特辑。

② 世界银行发布的《1991年世界发展报告》提出,竞争市场可以实现有效的生产、资源的分配,而且国内外的竞争能够使企业开放并带来技术革新。同时,政府不应该介入已具备或能够具备适应市场竞争功能的领域(生产领域)。但是,市场需要只能由政府提供的法律制度和规则,即政府应该尊重基本的市场功能,但应该参与到民间部门无法参与的公共财政中。政府的参与不能是自由裁度,而是应该具有规则性、简洁且透明的。公共财政包括基础教育,卫生和医疗,营养,基础设施,缓解贫困,家庭计划,构建社会性、物质性、行政性、法制性的基础设施,保护环境,保证公共开支,提供宏观经济基础等。支持民间的自发活动和市场竞争是实现世界银行集团提高生活水平和缓解贫困这一基本目标的必要条件。

合国发展计划署(United Nations Development Programme, UNDP)发布了《人类发展报告》,其中基于能力方法而提出的"人类发展"这一概念产生了重大影响,让人们重新认识了以往仅凭经济指标来衡量发展的定义。同时,为实现人类发展,最重要的课题是消除剥夺了人类自由的贫困,这一认识不断得到认同。此外,受阿玛蒂亚·森(Amartya Sen)的"人类的能力方法"理论的影响,《2000/2001年世界发展报告》指出判断发展及减贫不能仅依靠收入、开支等客观指标,还要考虑贫困者本身主观的信念及其社会地位所带来的安定感等因素,同时,提出了在"增加机会"(Opportunity)的同时,也要"扩大权利"(Empowerment)及"确保安全"(Security)这一行动方案。世界银行在这种趋势的影响下,开发模式也在原有的"稳定宏观经济""结构改革""部门改革"的基础上,强化了教育、卫生等方面的"提供基础性社会服务",形成了由上述四大要素构成的模式,必要时还将采取增强政府能力的政策(石川,2006:151)。

受上述动向影响,一方面,在1999年的IMF与世界银行年会上,世界银行总裁沃尔芬森(Wolf Ensohn)提出了新的战略,即在"强化正在由13个国家试推进的综合发展框架文件(Comprehensive Development Framework, CDF)的同时,将新的全球合作伙伴计划(环境、卫生、教育等部门的方法)与CDF相结合,与联合国的各部门及其他地区国际金融机构、援助方、民间团体合作共同消除贫困"。另一方面,IMF的总裁米歇尔·康德苏(Michel Camdessus)提出了"全球化的人本化"一词,并认为IMF必须通过发展来实现减贫目标。基于这一认识,IMF的强化结构调整方案(Enhanced Structural Adjustment Facility, ESAF)更名为减贫增长方案(Poverty Reduction and Growth Facility, PRGF),并用PRSP代替了IMF和世界银行联合制定的政策框架文件。进而,在2000年的IMF与世界银行年会上,世界银行为对应IMF的PRGF,设立了减贫支持信贷(Poverty Reduction Support Credit, PRSC)这一融资方式,进一步推动了PRSP的实施。

导入PRSP之后的开发模式由原来的各个援助方单独行动发展为由世界银行、IMF、联合国各部门、地区国际金融机关、援助方、民间团体等综合性的开发利益相关者们共同合作的参加型发展援助,在这种援助模式下,通过促进经济增长的四要素——"稳定宏观经济""结构改革""部门改革""提供基础性社会服务",以及通过以实施社会、政治程序变革为目的,包括"增加机会""扩大权利""确保安全"在内的"人类安全保障"来实现减贫目标。即在以往以结构调整政策为中心的经济增长模式之外,还采取了通过重视卫生、教育等基础社会服务领域的"人类安全保障"来实现减贫的发展援助措施。

除 IMF 与世界银行和联合国之外,DAC 也提出了至 1996 年将贫困减至半数的国际发展目标(International Development Targets,IDTs),联合国以 IDTs 为基础,在 2000 年的联合国峰会上通过了 MDGs。至此,联合国、IMF 与世界银行、DAC 等国际发展援助共同体一致认同的减贫标准问世了。

综上所述,"二战"后的国际发展标准是增长标准和减贫标准交替出现的。现在,增长标准不断壮大,国际发展援助共同体也在减贫标准上达成共识。从这个国际标准变化的过程中可以看出国际协调体制的变化。在以结构调整为基础的增长标准下,IMF 与世界银行的合作关系并不十分密切,到了这个阶段,两者的合作关系越发紧密,政策框架文件也成为双边发展援助的官方指南,援助协调在政策层面得以强化。它们认为在开发的最终目标是减贫的现行减贫标准内,应该在"政策层面"上谋求所有利益相关者间的综合性协调关系。

1.2.2 实施层面——"提高援助有效性"及"项目泛滥"

《巴黎宣言》成为"减贫机制"在实施层面上的行动基准,其中心议题之一是"项目泛滥"(OECD,2008a;木村,澤田,森,2007;Kihara,2002;等)。2005 年 3 月发表的《巴黎宣言》明确提出了"项目泛滥"有损于援助效果这一问题(OECD,2008a),"项目泛滥"得到了国际发展援助共同体广泛关注,从事援助工作的专家也意识到这一问题(Acharya et al.,2006)。也就是说,国际发展援助共同体认识到"项目泛滥"这一重大问题是现阶段面临的一个必然问题。基于对此问题的认识,2005 年的 DAC 通过了以提高援助有效性为目的、由发展中国家和援助方联合实施的《巴黎宣言》。

本书将在第 3 章中对"项目泛滥"展开详细论述。以前人研究的观点为基础,本书提出的"项目泛滥"是指"援助方在发展中国家中实施了大量片面的、未进行调整的援助项目,并且由于各援助方实施手续不同而产生了大额手续费用的情况"。这些项目和费用成为发展中国家的沉重负担,并产生了诸多弊端。但是,很早之前就有研究指出"项目泛滥"的相关问题,如 1969 年的《皮尔森报告》(Pearson Report)指出援助方数量过多的问题。莫尔斯认为"20 世纪 70 年代的海外援助区别于以往项目的最重要特征是援助国与援助项目的泛滥"(Morss,1984:465)。

但是,这一现象被正式视为问题则是从 20 世纪 90 年代开始的,卡森批判,"在各地无计划地实施着超过实际需求的援助项目,这带来了诸多弊端"(Cassen,1994:175);里德尔指出,现存的主要援助方有 100 个,加上小的援助组织,总数约为200个,他对这一庞大的数字表示担忧(Riddell,2007:52)。从具体事例来看,世界银行前总裁沃尔芬森曾指出,坦桑尼亚每年向援助方提交的报告文件高达2400份,并要接待援助国派出的1000多个援助代表团来访(Roodman,2006b:1)。Van de Walle and Johnston(1996)也报告了肯尼亚、赞比亚、坦桑尼亚等国项目泛滥的事例。除撒哈拉以南非洲地区外,越南(Acharya et al.,2006)、柬埔寨(Chanboreth et al., 2008)等特定国家也出现了类似的事例。这些让人们认识到"项目泛滥"现象的具体事例都集中在以撒哈拉以南非洲地区为中心的贫困国家,而且这些国家的援助协调活动都较为活跃。这表明"项目泛滥"是某一地区特有的现象,而该地区的国家之间有着某种共同特征。

　　那么,为何很早以前就已被指出的"项目泛滥"现象直到冷战结束后才被援助方视为问题处理呢?

　　为了解"项目泛滥"的情况,笔者一方面通过世界发展指标(World Development Indicators, WDI)的数据了解冷战前后官方发展援助(Official Development Assistance,ODA)援助额的变化,另一方面通过可以获取的发展援助委员会贷方报告制度(Development Assistance Committee Creditor Reporting System,DAC CRS)的数据观察项目的变化情况。但冷战前的项目信息仅限于撒哈拉以南非洲地区　。

　　首先,图1-1是基于WDI数据整理出的1960—2010年ODA净援助额的变化情况。

　　冷战结束前,ODA总接受额除去1979年的第二次石油危机之后的一段时期,一直呈增加趋势。但自冷战结束后到2000年提出MDGs为止,ODA的总援助额不断下降。DAC成员国的总援助额近年来也呈下降趋势,但一直维持在ODA总额的90%左右。因此,可以看出DAC成员国援助额的变化与ODA总额的变化是联动的。在中等收入国家及最不发达国家中也呈现出相同的趋势。图1-2是基于WDI数据得出的9个援助方(美国、德国、法国、英国、日本、荷兰、丹麦、瑞典、挪威)1960—2010年ODA净援助额的变化趋势。如图1-2所示,冷战结束前,除美国在20世纪80年代中期减少援助外,其他的援助方都增加了援助。但自冷战结束后到2000年提出MDGs为止,欧洲诸国虽然在时间上略有差别,但基本上都减少了援助或者维持现状。从这一趋势中可以看出已经出现了所谓的"援助疲劳"。美国在冷战后减少了援助,日本在1997年一度减额,但在90年代基本是增加了援助的。提出MDGs后,欧洲诸国及美国的ODA不断增加,日本却逐渐降低。

(百万ドル)

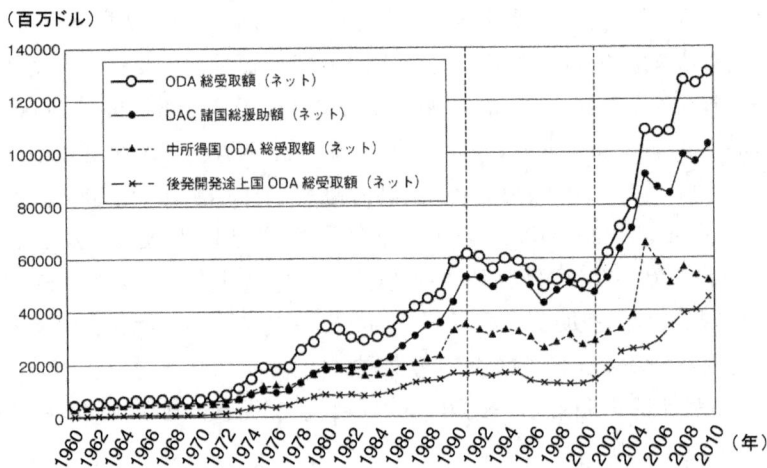

注:两条竖的虚线分别表示冷战结束年份和提出MDGs的年份。

出处:笔者根据世界发展指标(World Development Indicators 2013)数据制作。

图1-1 ODA净援助额的变化:1960—2010[①]

(百万ドル)

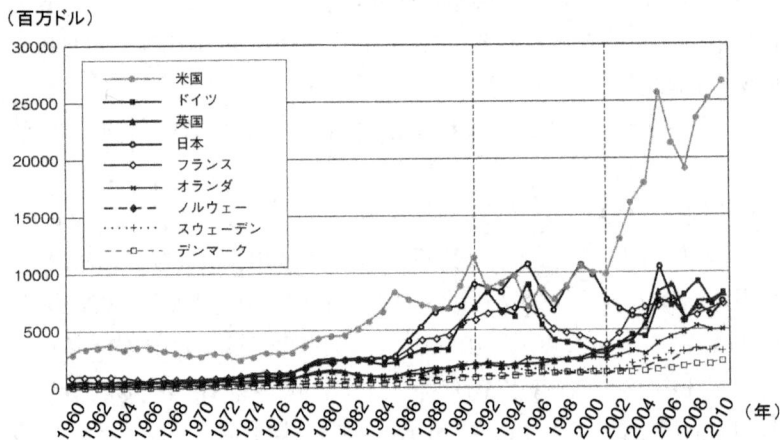

出处:笔者根据世界发展指标(World Development Indicators 2013)数据制作。

图1-2 9个援助方净ODA的变化:1960—2010[②]

---

① 图1-1中的"百万ドル""ODA総受取額(ネット)""DAC諸国総受取額(ネット)""中所得国ODA総受取額(ネット)""後発開発途上国(ネット)"的中译文分别是"百万美元""ODA总接受额(净)""DAC国家总接受额(净)""中等收入国家ODA总接受额(净)""最不发达国家ODA总接受额"。(译者注)

② 图1-2中的"百万ドル""米国""ドイツ""フランス""オランダ""ノルウェー""スウェーデン""デンマーク"的中译文分别是"百万美元""美国""德国""法国""荷兰""挪威""瑞典""丹麦"。(译者注)

　　在图1-3到图1-5中，笔者使用DAC和CRS的数据整理出1990—2010年出现"项目泛滥"现象的各地区的项目总额、项目数量及平均额的变化趋势。笔者从CRS数据的承诺额中选取有关项目的数据并计算得出了项目数据。由于20世纪90年代以前的数据只收录了撒哈拉以南非洲地区的部分，因此，本书仅使用20世纪90年代以后的数据。图1-3表示不同地区的援助额，与图1-1和图1-2一样，在提出MDGs前，援助额都处于减少或者不变的情况。特别是撒哈拉以南非洲地区的援助额，在冷战结束后持续减少。另一方面，提出MDGs后，各地区的援助额都有所增加，特别是贫困国家较多的撒哈拉以南非洲地区及南亚、中亚的援助额大幅增加。

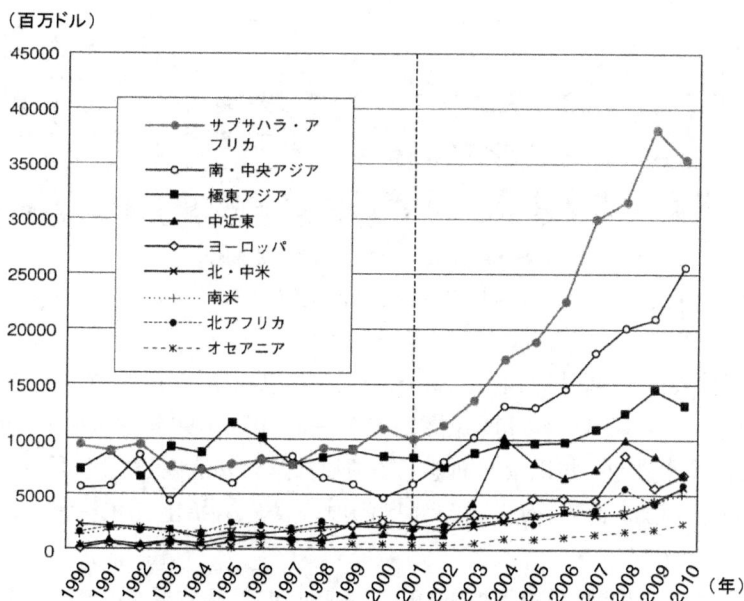

出处：笔者根据世界发展指标（World Development Indicators 2013）数据制作。

图1-3　不同地区项目援助额的变化：1990—2010[①]

---

① 图1-3中的"百万ドル""サブサハラ・アフリカ""南・中央アジア""極東アジア""中近東""ヨーロッパ""北・中米""南米""北アフリカ""オセアニア"的中译文分别是"百万美元""撒哈拉以南非洲""南亚、中亚""远东""中东、近东""欧洲""北美、中美""南米""北非""大洋洲"。（译者注）

（百万ドル）

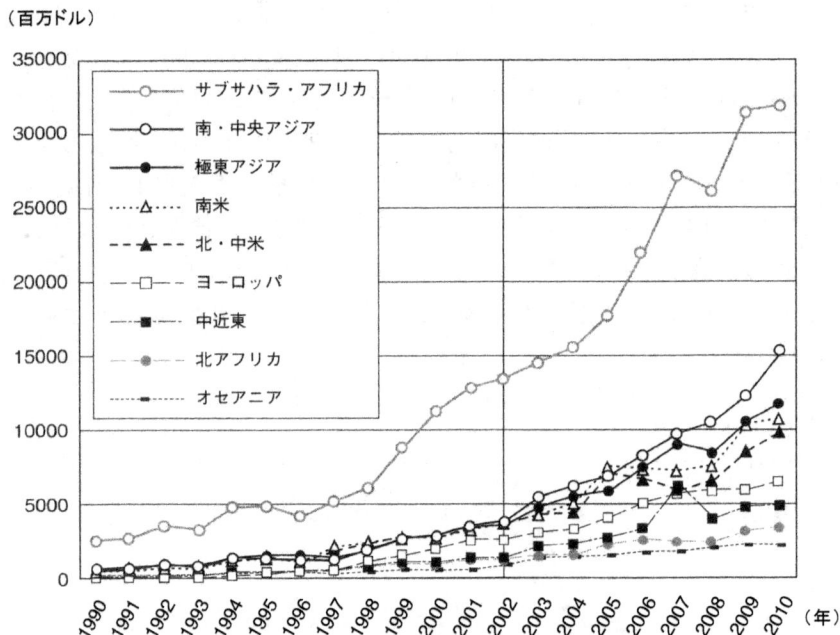

出处：笔者根据DAC CRS的数据制作。

图1-4　不同地区项目数量的变化[1]

进而，从不同地区援助项目数量的变化中可以看出，在援助额减少或不变的情况下，所有地区的项目数量均在冷战结束后的20世纪90年代呈现出缓慢增加的趋势。特别是撒哈拉以南非洲地区的项目数量与其他地区相比，从90年代中期开始大幅增加。此外，南亚、中亚地区的项目数量，在提出MDGs后也呈现增加趋势。

如上所述，从冷战结束到提出MDGs，在项目的总额减少或不变的情况下，项目的数量不断增多，因此，如图1-5所示，不同地区的项目平均额也在总体上不断减少，特别是远东地区、西亚和中亚、北非的平均额显著减少。而且自2000年提出MDGs后，项目呈现小型化趋势。可见为数众多的援助方提供了大量的被细化了的(小额的)援助项目。

---

[1] 图1-4中的"百万ドル""サブサハラ・アフリカ""南・中央アジア""極東アジア""南米""北・中米""ヨーロッパ""中近東""北アフリカ""オセアニア"的中译文分别是"百万美元""撒哈拉以南非洲""南亚、中亚"、"远东""南美""北美、中美""欧洲""中东、近东""北非""大洋洲"。(译者注)

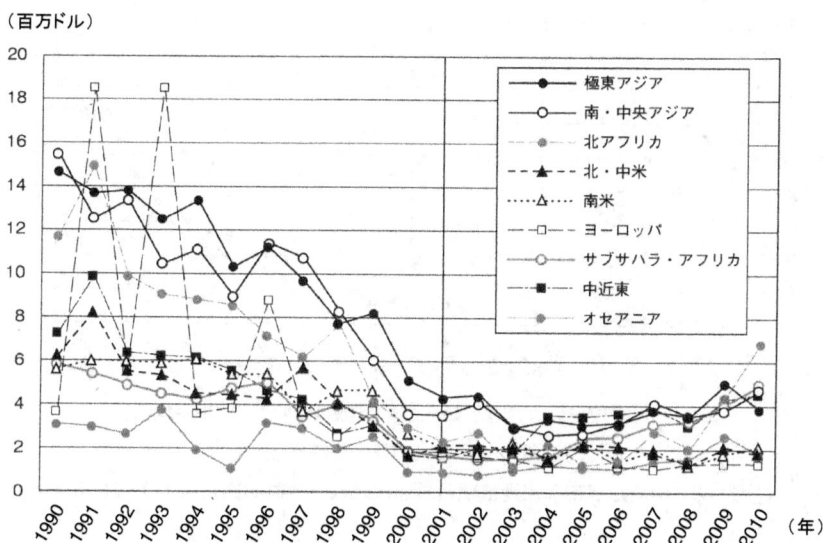

（百万ドル）

出处：笔者根据DAC CRS的数据制作。

图1-5 不同地区项目平均额的变化①

此外，笔者得到了撒哈拉以南非洲地区冷战前的数据，同时，该地区"项目泛滥"的事例也较多，所以为做出更详细的考察，笔者将该地区援助项目的总额、数量、平均额汇总在图1-6内。图标的左纵轴表示项目的总额（单位：百万美元）和数量，右纵轴表示项目的平均额（单位：百万美元）。如图1-6所示，笔者将1973—2010年分成了冷战结束前、冷战结束到提出MDGs及提出MDGs后这三个阶段，每阶段都呈现出不同的趋势。冷战结束前，项目援助总额和项目数量均缓慢增长。项目的平均额在250万—550万美元区间内变化。冷战结束到提出MDGs这一阶段，援助额停滞，项目数量有所增加，相应地项目平均额不断减少。提出MDGs后，项目的援助额、数量、平均额都迅速增长。

---

① 图1-5中的"百万ドル""極東アジア""南·中央アジア""北アフリカ""北·中米""南米""ヨーロッパ""サブサハラ·アフリカ""中近東""オセアニア"的中译文分别是"百万美元""远东""南亚、中亚""北非""北美、中美""南美""欧洲""撒哈拉以南非洲""中东、近东""大洋洲"。（译者注）

（件数） （百万ドル）

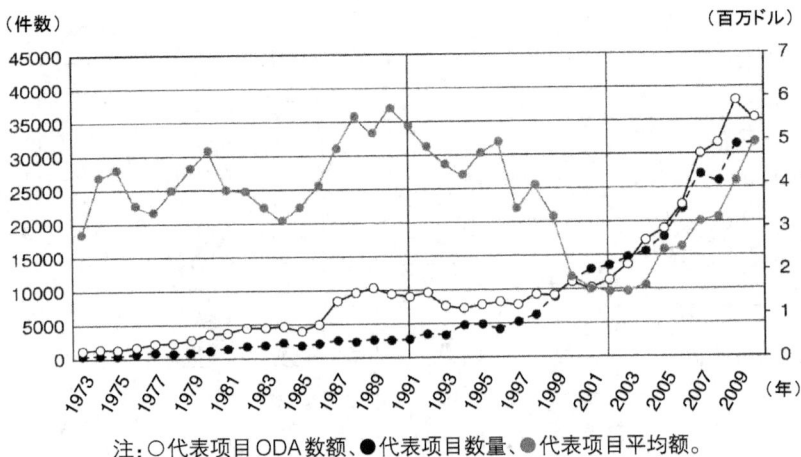

注：〇代表项目ODA数额、●代表项目数量、●代表项目平均额。

出处：笔者根据DAC CRS的数据制作。

图1-6 撒哈拉以南非洲地区项目总额、数量、平均额的变化：1973—2010

　　如图1-1到图1-6所示，从冷战结束到提出MDGs的这段时间里，ODA的总援助额在所有地区均呈下降趋势。9个援助方中，除日本外，欧洲各国和美国在冷战结束后的援助额都有所减少或不变。但是，提出MDGs后，除日本外，欧洲各国和美国都增加了援助额。另一方面，在冷战结束到提出MDGs的这段时间里，项目的总额减少或不变，但项目数量有所增加，项目平均额也呈小型化趋势。2000年提出MDGs后，项目援助额和数量都有所增长，平均额微增。特别是撒哈拉以南非洲地区，从冷战结束到提出MDGs的这段时间里，项目援助额几乎停滞，但项目数量增加，相应地项目平均额大幅减少。提出MDGs后，项目的总额、数量、平均额都迅速增长。在这个过程中不断出现关于"项目泛滥"的报告事例。

　　下文将考察在冷战结束后的时代背景下，各援助方都将"项目泛滥"现象视为问题的原因。首先，是国际政治背景的变化。DAC成立以后，将"提高援助有效性"作为其主要目标之一，冷战结束后"推动东西方对立向于我方有利的形势发展"这种政治宣传失去意义，在确保援助方对援助问责权力的基础上，提高援助的有效性、效率性成为更为重要的课题（下村，2011）。而且，从上述ODA的变化趋势中也可以看出欧美援助方的"援助疲劳"十分明显。该问题的根本原因在于对撒哈拉以南非洲地区的援助没有取得预期效果及欧盟为实现统一而设置了欧洲成员国需共同遵循的预算纪律。进而，在20世纪70年代世界经济陷入混乱的背景下,20世纪80年代以后,以英国、美国等为中心的盎格鲁—撒克逊血统国家开始推进政府运营的效率化,在发展援助方面也导入了新公共管理体系(New Public Management,NPM①)。NPM是与"庞大的官僚制组织"相对立的,其导入的背景在于财政窘迫、对政治管理的不信任、既存体系的制度疲劳等,导入NPM后不仅对政府运营,对发展援助的有效运行也提出了要求。因此,将撒哈拉以南非洲地区作为援助重点的欧洲援助方对冷战结束后发展援助的有效性及效率性提出了迫切的要求。

另一方面,在欧洲援助方要求提高发展援助效率的同时,日本在冷战结束后,通过国际协调、顺差对策等方式增加援助,在20世纪80年代迅速提高了ODA的预算。1989年,日本的ODA援助额世界第一,其后连续10年在资金方面居援助方之首。此外,该时期的日本在其主要的援助地区——亚洲的援助取得了成功,因此日本既没有产生对"项目泛滥"的认识,也没有受到来自发展援助效率性方面的压力。

鉴于上述情况,笔者认为,"项目泛滥"现象是20世纪80年代导入结构调整政策之后,由于援助的增加所导致的。在冷战结束后的时代背景下,由于欧洲援助方的发展援助自身所处的状况,以及撒哈拉以南非洲地区援助数量增加、项目援助额减少所导致的"项目泛滥"问题尤其显著,在这样的情况下,"项目泛滥"现象才被当作问题对待。

那么,冷战结束后,欧洲援助方对"项目泛滥"这一既存现象的解释发生了何种变化呢?为分析这一问题,笔者考察了世界银行的哈罗德(Harrold)于1995年起草的讨论稿。该讨论稿指出了"项目泛滥"的问题点,并提出了对策及实施对策的具体设想,这对援助方产生了重大影响。该讨论稿作为全部门方法(Sector Wide Approach,SWAp)的权威,对其后的发展援助产生了重大影响(古川,2004)。

冷战结束后,世界银行一直关注以往对撒哈拉以南非洲地区贷款不顺利的情况,因此上述讨论稿也是调查今后如何扩大对撒哈拉以南非洲地区发展贷款的一个环节。讨论稿指出"部门投资计划(Sector Investment Programs,SIPs)是实施以投资性贷款为目的的多部门方法时的管理工具",在此基础上,为探索在规划、实施项目的部门方法时的"为何、如何以及实施什么"这一问题,提出了通过

---

① 20世纪80年代以后,该体系在英国始于撒切尔时期(1979—1990年),后经历了梅杰时期(1990—1997年),最后到布莱尔时期(1997—2007年)最终形成。

克服"项目泛滥"现象而形成的新型商业模式。以下几点是项目援助所面临的问题(Peter Harrold et al.,1995:3-5)。

第一,对发展中国家政府发展计划的影响。

第二,管理援助方的援助、保障经常性开支及适宜技术的问题。

第三,手续费用的增加。

第四,与发展中国家的政府部门平行实施项目管理对政府部门的负面影响。

第五,援助效果的局限性及对可持续性的干扰。

第一点,由各个援助方实施的片面的项目及个别援助方的单独行动并不是在发展中国家主导下形成的项目,多数是受援国被动接受的。因其是由援助方独自分析部门存在的问题,进而规划、形成的项目,所以受援国政府并未感受到自身对项目的掌握和管理,甚至多数情况下,政府并不知道项目的存在。因此,哈罗德讨论稿指出特别是在对援助依赖度较高的发展中国家中,援助方在发展计划中所占的比例高,发展中国家政府对发展计划的参与度较低,"项目泛滥"不仅有损发展中国家的所有权,也会给发展中国家的发展计划带来负面影响。

第二点,由援助方主导、受援国被动接受的项目不仅在发展中国家的部门发展及国家发展计划中难以准确定位,甚至发展中国家都很难准确实施包括项目人工费、经常性开支等在下一年度支付的经常性开支在内的预算措施。此外,用于发展中国家的适宜技术也是由援助方主导的,所以也存在这些技术并不符合发展中国家水平的可能性。

第三点,讨论稿指出以往的项目援助都是以援助方关注度高的事项为中心,按照各援助方的方法和规则实施的,因此,对于受援国政府来说,需要应对不同于本国体系的各援助方所要求的报告文件、调配方法、会计、审计方法。同时,与各个援助方间进行协调也需要花费受援国政府负责人的大量时间。也就是说,由于发展中国家承担的手续费用的增加而导致的管理能力的负担也是一个问题。

第四点,片面的、未经过调整的项目分散了政府的实施能力,对政府部门及实施体制都产生了负面影响。

第五点,上述的问题点导致即便项目本身是正确的,但多数情况下对国家全面的影响也是有限的,在部门中的成果也会打折扣,进而导致援助效果的局限性,其可持续性也受到干扰。

哈罗德在20世纪90年代中期以撒哈拉以南非洲地区为主要对象进行了上

述分析,这些观点正是从实践的角度重新审视"项目泛滥"这一现象时突显的问题。此外,这些观点也是以撒哈拉以南非洲地区为重点援助区域的欧洲援助方和世界银行等的共识。因此,如何在发展中国家的援助现场具体地克服这些问题成为又一课题。为克服这些问题,哈罗德提出了以下建议(Peter Harrold, Associates,1995:6-19)。

基于发展中国家政府的所有权和利益相关者的友好伙伴关系,即使发展中国家政府在某些方面缺乏政策能力、实施能力,也应该由其主导制定得到政府和利益相关者共识的政策及发展计划,而且为尽可能实现援助资源的效率化,必须将发展计划与国家预算统一。为强化这一措施,需要明确援助利益相关者的下年度及中期承诺、推进预算化、谋求正确的预算管理、保证合理的经常性开支。为克服不同援助方的不同援助手续导致的发展中国家政府行政、财政业务负担,援助方应尽可能使用受援国的制度、体系,采取通用的援助手续,力求减轻受援国政府的负担。此外,从公共开支管理的角度来看,通过协调调配、会计及审计的相关手续,既可以减轻受援国的行政负担,又可以促进正确的财政管理。为了实现手续的协调化、克服将援助资源挪为他用时产生的问题,应导入普通篮子基金(Common Basket Fund,CBF)及部门预算支持。

包括上述新型援助方法在内的部门开发方法即SWAp,它的定义是"基于项目实施国的所有权及该国和援助方的友好伙伴关系制定的涉及所有部门的政策/战略,中期部门发展计划框架,整合了国家预算的财政/支援计划、行动计划、实施手续,并由该国和援助方共同实施的开发方法(不是计划,而是方法)"(国際協力綜合研究所,2004b)。根据SWAp制定的是部门发展计划(Sector Program,SP)。通过SWAp,可以克服在那些对援助依赖度高且不具备足够消化援助能力的国家中出现的"项目泛滥"相关问题。

如上所述,对于援助方来说,被重新认识的以撒哈拉以南非洲地区为中心的"项目泛滥"现象即提出新型援助方式的开发概念,也是构建援助正当性和新型商业机会的重要命题。此外,欧洲援助方,特别是北欧七国和欧盟以及世界银行面对"项目泛滥"现象时,积极导入SWAp这一新型援助方法。在如何应对"项目泛滥"现象的态度上,上述援助方和在20世纪90年代已成为主要援助方的日本之间表现出明显差异。

20世纪90年代中期以后,以世界银行、北欧七国为中心的援助方迅速导入了 SWAp①。1994年,在津巴布韦首都哈拉雷召开了关于新型计划支持的研讨会。同年,丹麦国际开发署(Danish International Development Agency,DANIDA)根据"一个发展中的世界(A Developing World)"观点,提出了新的部门计划支持(Sector Programme Support,SPS)战略,并于1996年发布了《部门计划支持指导方针》(Guidelines for Sector Programme Support)。该方针指出与传统项目相比,SPS是丹麦战略的重大转型。同样,1995年,瑞典国际开发合作署(Swedish International Development Cooperation Agency,SIDA)发布了与SPS相关的政策报告,世界银行发布了哈罗德讨论稿。此外,荷兰外交部也出台了关于部门财政援助的指导方针。同年,欧盟事务局会议上介绍了部门发展计划的概念,表明了将在人类发展、社会发展领域支持部门发展计划。始于1996年的非洲特别援助项目"与非洲的战略伙伴关系"(Strategic Partnership with Africa,SPA)IV中讨论了国际收支支持及对非援助的方式,参加该项目的援助方就正式开始实施SWAp达成共识。因此,1997年以后世界银行及其他援助机构的大部分合作计划都将SWAp作为实施层面上的核心援助方法。

综上所述,以撒哈拉以南非洲地区为重点援助地区的援助方带来了以撒哈拉以南非洲地区为中心的"项目泛滥"这一地区特有的现象,该现象促使世界银行及北欧七国等援助方采取了名为SWAp的新型发展战略。但是,为了使这一地区特有的现象发展为涵盖全体发展中国家的发展战略,不仅需要部门方法,而且需要在更具综合性的政策层面实现一体化。于是,在这一时期,导入了PRSP。

PRSP以减贫为目标,它是在如何促进受援国自身的行动、使援助伙伴提供的援助更有效果这一讨论不断深化的过程中,世界银行及IMF理事会为强化减贫和债务救济的联系,由联合发展委员会于1999年9月所支持的一个框架。该委员会的中心议题就是实现减债和减贫的联动,所以它要求受援国在各国财政部长的强化重债穷国计划(Heavily Indebted Poor Countries,HIPC)决策点(Decision Point,DP)之前制定PRSP,并借此提高发展中国家制定PRSP的积极性。因此,从强化HIPC的适用国开始,原则上受援国都应该在决策点前制定PRSP,并取得IMF与世界银行理事会的支持。关于PRSP的定位,它是一份以各国"国家发展战略"为基础、以减贫为目标的战略文件,是所有的开发伙伴在该国实施援助时的指南,同时也是促进国家发展战略获得优先权以及推进开发实施

---

① SWAp在刚被导入时称为 Sector Program Support,从20世纪90年代后期开始特别是2000年以后,改称为Program-based Approaches,PBAs。

进程的文件。因此,发展中国家本身可以根据PRSP制定相当于中期财政、资金准备计划的中期开支框架(Medium-term Expenditure Framework,MTEF)。另一方面,对于援助方来说,世界银行根据PRSP制定自己的融资计划——国别援助战略(Country Assistance Strategy,CAS),并从探索包括双边援助在内的其他援助方(国)在PRSP框架下可以做出何种贡献的角度出发,在合作伙伴间进行协调、制定援助计划等。

PRSP的原则包括5项。第一,"国家推动(Country-Driven)",受援国主导制定PRSP,在制定及监督该战略时,需取得社会团体的广泛参加。第二,"目标指向型",制定、有效实施及监督政策时,需设定中长期减贫目标(主要成果、中期指标)。第三,"综合性",需制定可以让贫困阶层享受到经济高速增长及宏观经济稳定、结构调整、社会稳定等经济增长所带来的好处的综合性战略。第四,"良好的合作伙伴关系",重要的是由受援国自主制定的战略要促进IMF与世界银行、地区开发银行、其他多边、双边援助机构、NGO、学术领域、智库、民间组织间的协调关系。第五,"长期的视野",减贫过程中需要进行长期的、包括强化管理和问责的机构变革及能力培养,同时,国内外援助方的中期承诺也将由于贫困的减少而更具效果。

如上所述,PRSP将SWAp普及到全部开发中,可以说它是基于项目实施国的所有权及该国和援助方的友好合作关系制定的涉及所有部门的政策/战略、中期部门发展计划框架、整合了国家预算的财政/支援计划、行动计划、实施手续,并且是由该国和援助方共同实施的开发方法。

重要的是,PRSP不仅是IMF与世界银行的战略文件,也是由所有的援助利益相关者共同参与制定的文件。即对所有参与制定的援助方来说,PRSP起到了官方援助指南的作用,同时PRSP也被定位为削减债务的前提条件。因此,它对援助方和发展中国家都具有较大影响力。PRSP是以减贫为目的的概括性文件,它包括了对减贫及经济增长所面临的阻碍的判断、目的、目标/政策、监督体系、对外援助、参与型过程等内容。为实现PRSP,需要支撑该文件的合理的预算计划和部门计划,并将MTEF和SWAp作为重要的构成要素。因此,SWAp被整合到PRSP中。具体如图1-7所示。

千年发展目标（MDGs）

扩大HIPCs倡议

减贫战略文件
（PRSP）

·援助的可预测性
·预算化
·预算支持

公共开支审查
（PER）

中期开支框架文件
（MTEF）

重点
领域

教育
领域

卫生
领域

农业
领域

公路
领域

饮用水
领域

SWAp
·从项目援助到计划支助
·导入普通篮子基金
·手续的通用化
·备忘录

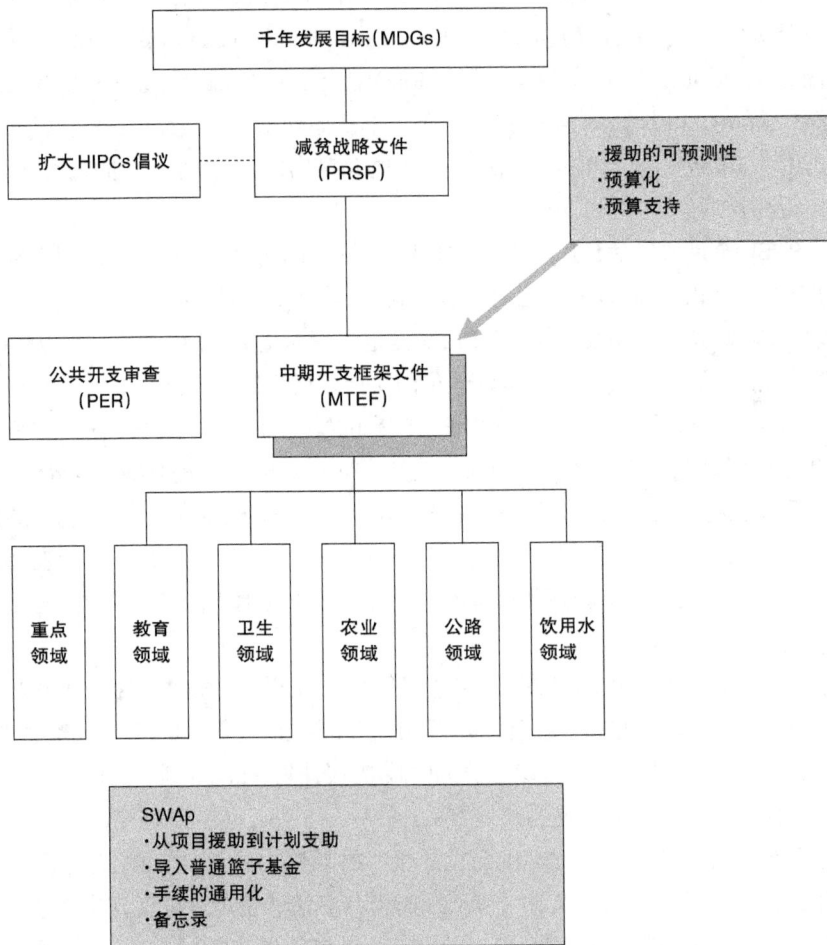

图1-7　PRSP、MTEF、SWAp等的相互关系示意图①

　　此外,图1-8整理了从"项目泛滥"这一地区特有的现象到形成PRSP,进而提出MDGs的过程。

---

① 图1-7为译者根据原著中图1-7制作,图中所用线条粗细及文本框大小等与原著略有不同,但内容与原著保持一致。(译者注)

20世纪80年代～冷战结束后	20世纪90年代中期	1999年	2000年

新型援助的背景

以往的援助方法　对外依赖度高、管理能力低的国家　课题、问题点　措施内容

目标：将管理能力低下、对援助吸收不好的国家改造为管理能力高、吸收能力强的国家,从而提高援助的有效性

发展计划脆弱
共通的政策、开发计划

片面的项目援助　被动接受援助　对所有权产生负面影响　与国家预算统一的预算/援助计划

手续费用增加　提高援助的可预测性

项目泛滥

援助方自有的方法　政府难以把握管理,项目立项混乱,管理任务繁杂　对组织及实施机构产生负面影响　援助手续的协调化;调配、会计审查、报告文件、共同任务、共同援助(技术合作等)

规则、样式不统一　从项目援助转向计划支出

妨碍可持续性　签署备忘录

援助效果受限

难以保证国内预算。经常性经费的准确性　普通篮子基金

预算支出

新型公共管理

宏观层面
单一的宏观财政管理无法实现一元化的预算管理,难以实现财务均衡

关于可替代性的讨论

公共财政管理:提高公共财政管理能力制度的综合性措施(开发诊断工具:CFAA,PEFA等)

世界银行于IMF结构调整政策

对结构调整的主要批判　预算支出

实施政策改革的时机和顺序方面缺乏明确的方针　尊重发展中国的所有权

在宏观经济不稳定的情况下,无法推进结构调整,需要同时进行对结构调整的资金援助和政策改革　强调所有援助利益方间的协调

结构调整政策对贫困阶层产生较大影响,但缺乏对社会成本的认识　导入对贫困阶层产生积极作用的综合方法

贷款国在实施政策改革时,在行政方面、政治方面存在"消化能力"的局限性　制定以减贫为目标的中长期措施

重视结果

部门方法　中期开支框架文件"MTEF　减贫战略文件　千年发展目标

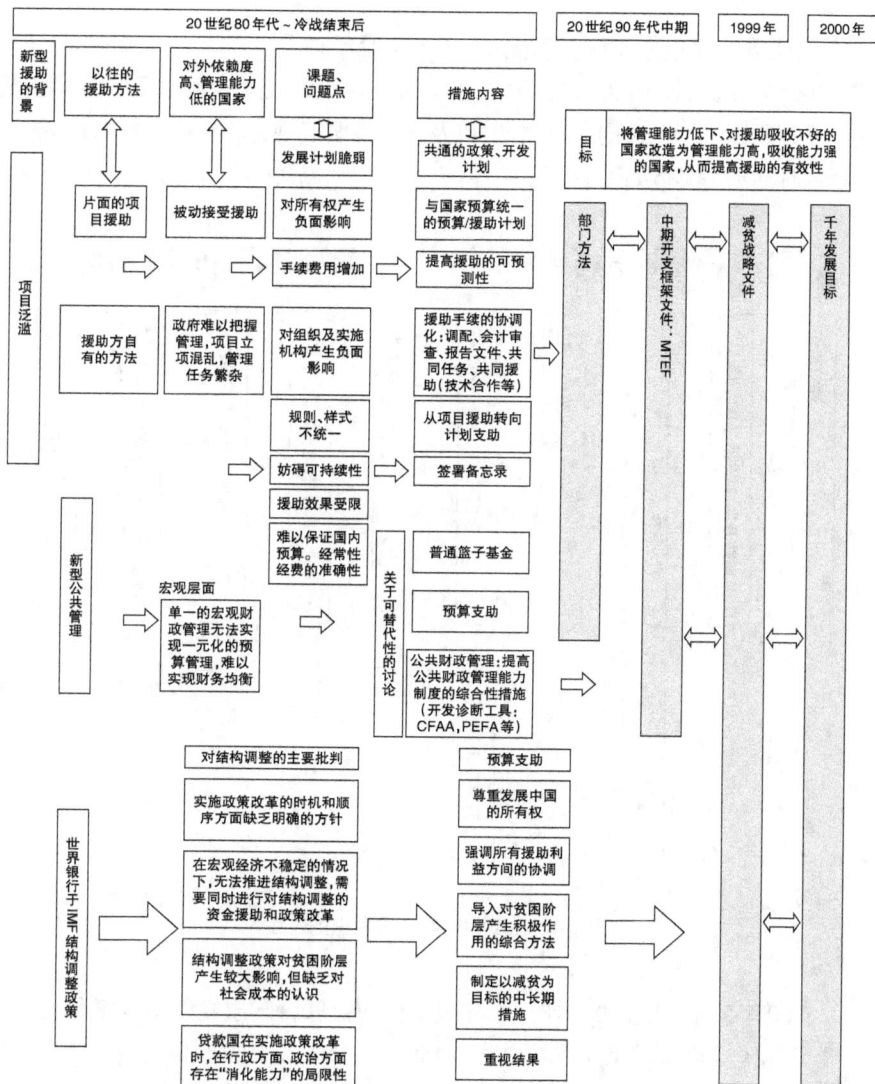

图1-8 "项目泛滥"和新型国际援助体系①

---

① 图1-8为译者根据原著中图1-8制作,图中所用线条粗细及文本框大小等与原著略有不同,但内容与原著保持一致。(译者注)

1.2.3 "减贫机制"的形成——2000年以后

2000年以后,在国际发展援助的"竞技场"上,为了能够就凝聚了行为体预期的一系列原则、规范、规则进行交涉,以及确立有明确规则的制度,各国每年都会进行各种活动。具体如图1-9所示。

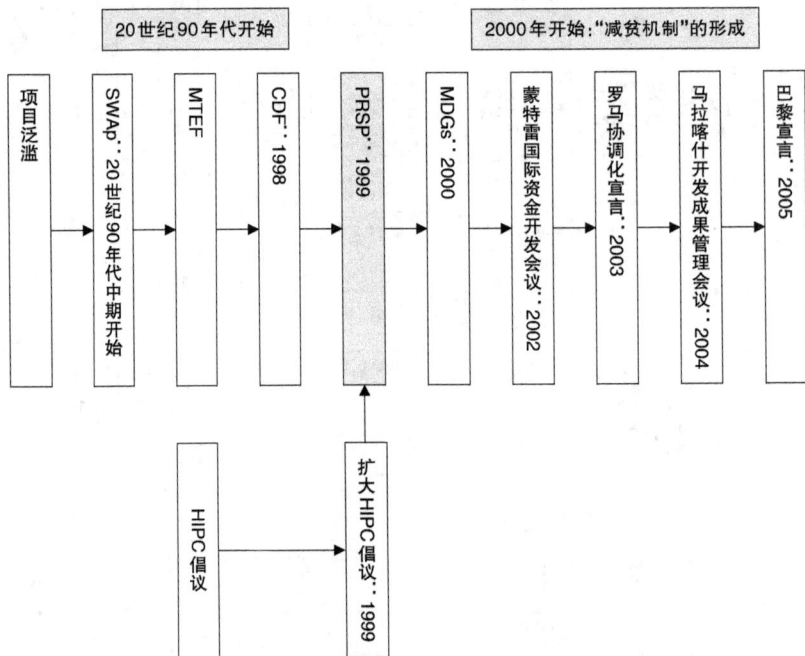

图1-9 "减贫机制"达成共识的过程[1]

2000年9月召开的联合国千禧年首脑会议是联合国成立以来规模最大的一次会议,包含147位国家元首在内共有189位联合国成员国首脑汇聚一堂。此次会议通过的《千禧年宣言》,作为与联合国宪章及国际法相关的政治承诺,体现了极高水平。而且,通过联合国千禧年首脑会议提出的MDGs,"减贫"被确认为全世界的共同目标。MDGs的8项目标分别是,消灭极端贫穷和饥饿,普及初等教育,促进男女平等并赋予妇女权利,降低儿童死亡率,改善产妇保健,与艾滋病毒/

---

① 图1-9为译者根据原著中图1-9制作,图中所用线条粗细及文本框大小等与原著略有不同,但内容与原著保持一致。(译者注)

艾滋病、疟疾和其他疾病做斗争，确保环境的可持续发展，促进面向发展的全球合作。这8项目标分别设置了目标值。

提出MDGs以来，各援助方开始在经济合作与发展组织（Organization for Economic Cooperation and Development，OECD）的DAC、SPA等的国际发展会议以及IMF与世界银行年会、八国集团（G8）首脑峰会等会议上讨论实现"减贫"这一最高目标的策略。因此，各方面就发展中国家和援助方共同的开发方法达成共识。具体包括，2002年3月墨西哥蒙特雷会议上，各国在实现MDGs的措施、援助资金的增加额①、"实施有效援助的8项内容"等方面达成共识。"实施有效援助的8项内容"中受到关注的内容包括：导入PRSP等发展战略、实施基于受援国所有权的援助过程中的协调化、无条件化、提高吸收援助能力及财政管理的援助，以及促进有效利用当地的技术合作，在批判个别援助方行为及项目，即批判"项目泛滥"的基础上，重点援助发展中国家政府强化行政、财政能力。这表明援助方希望克服"项目泛滥"、追求更为有效的援助方法。

2003年2月，在罗马召开的协调会议跟进了蒙特雷会议，并宣布了《罗马协调化宣言》。该宣言的目标如下：①实施基于项目的方法（Program-based Approaches，PBAs）；②导入预算支持及统筹基金等新型援助方式；③援助手续的协调化（援助方间、援助方和发展中国家间）、简洁化；④援助方应提高援助的可预测性；⑤导入开发成果管理系统等，同时SWAp及预算支持被认定是提高援助有效性的理想援助方法和援助方式。此外，在此次会议上，UNDP和世界银行的两位总裁在官方场合互相承认了MDGs和PRSP的定位及作用。MDGs是国际社会的共同目标，PRSP是实现这一目标的通用的援助协调工具。以此为基础，各方面共同努力采取行动。相关方实施的监督、评价是从成果主义的观点出发判断MDGs的完成情况。

2004年2月，开发成果管理会在马拉喀什召开。2005年3月，在DAC和国际发展金融机构的联合主办下，在巴黎召开了"提高援助有效性高层会议"，援助方和受援国政府代表出席了此次会议。大会通过了《巴黎宣言》，该宣言集以往关于提高援助有效性讨论的大成。包括DAC成员国、国际发展金融机构、联合国机构、IMF、受援国在内的共计91个国家、26个机构共同通过了《巴黎宣言》。该宣言在倡导提高援助有效性的原则、行动及进展检查的同时，在蒙特雷会议达成共

① EU制定了将于2006年前实现GNP对ODA比值由0.33%升至0.39%（从320亿美元到390亿美元）的目标，美国表明至2006年将ODA总额从100亿美元增至150亿美元。

识的"所有权""针对性""协调化""开发成果管理""互相问责"之外,明确写入了"提高对弱小国家援助的有效性"这一新的共识事项。

具体的目标值、理想的援助方式及理由见表1-1。

表1-1　《巴黎宣言》及阿克拉高层论坛的主要承诺和预算支助的关系

	承诺内容	2010年的目标值	理想援助方式	理由
A. 包含目标的承诺				
所有权				
1	合理发挥机能的伙伴国发展战略——制定了与MTEF相结合、在年度预算中明确反映出战略优先权的国家发展战略(包含PRS)的国家数量	最低达到伙伴国的75%	与PRSP、MTEF配套的GBS	与项目援助相比,通过预算支持,发展中国家和援助方能够更好地商讨发展计划及预算方案
针对性				
2	可以信任的伙伴国制度——制定了调配、预算管理制度的伙伴国数量	A:至少有50%以上的国家实现PFM / CPIA(Country Policy and Institutional Assessment)标准中的各个项目。B:1/3的国家在调配方面至少改善一个项目。	GBS:这是一种有效的管理预算的援助方式	预算支持的合作中心在于强化调配和预算管理制度。通过GBS和技术合作可以确立相关制度
3	整合了国家优先权的援助流程——反映到伙伴国国家预算中的对政府部门援助资金的比例	85%	直接拨入国库的预算支持	预算支持是实现了预算化的援助,其效果高于项目援助
4	通过调整后的援助提高接受能力——援助方通过伙伴国的国家发展战略以及综合的协调计划,提供提高受援方接受能力的援助比例	50%	与GBS配套的能力开发	在通过预算支持实现发展中国家主导的前提下,可以通过市场配置提供能力发展援助

	承诺内容	2010年的目标值	理想援助方式	理由
5a	使用伙伴国的 PFM 制度——使用伙伴国公共财政管理制度的援助方比例及援助流程的比例	援助方的百分比:全部援助方均使用伙伴国的 PFM 制度时评为 5+(满分);90% 援助方使用伙伴国的 PFM 制度时评为 3.5–4 援助流程的百分比:未使用伙伴国 PFM 制度的援助方减少 2/3 时评为 5+(满分);减少 1/3 时评为 3.5–4	预算支持	预算支持比项目援助更能灵活使用伙伴国的 PFM 制度
5b	使用伙伴国的调配制度——使用伙伴调配制度的援助方比例及援助流程的比例	援助方的百分比:全部援助方均使用伙伴国的调配制度时评为 5+(满分);90% 援助方使用伙伴国的调配制度时评为 3.5–4 援助流程的百分比:未使用伙伴国调配制度的援助方减少 2/3 时评为 5+(满分);减少 1/3 时评为 3.5–4	预算支持	预算支持比项目援助更能灵活使用伙伴国的调配制度
6	避免绕开政府制度实施项目援助、提高接受能力——绕开政府制度实施项目援助的援助方(即项目执行单位,Project Implementation Unit,PIU)数量	减少 2/3	预算支持	减少 PIU 可以减少项目援助
7	提高援助的可预测性——在一年或数年的框架中,按达成共识的计划提供援助的比例	50%	预算支持	预算支持比项目援助更能提高可预测性
8	援助的无条件化——无条件化的双边援助的比例	持续提高比例	预算支持	直接投入国库的预算支持可以实现援助的无条件化
协调化				
9	使用共通的安排和手续——提供 PBAs[①]援助的比例	66%	预算支持	预算支持比项目援助更具效果

① PBAs(基于项目的方法)是一种基于将援助整合到伙伴国的项目中这种理念的参与开发的方法,伙伴国的项目包括国家发展战略、部门项目、关于特定问题的项目、特定机构的项目等。其特征为(1)东道主国、机构的所有权;(2)统一且综合的项目及预算框架;(3)援助方进行协调的官方程序、报告、预算编制、财政管理、调配等援助方手续的协调化;(4)在项目的策划、实施、财政管理、监督、评价方面,进一步利用伙伴国制度等。

续　表

	承诺内容	2010年的目标值	理想援助方式	理由
10	推进联合分析——联合实施包括现场调查及(或)诊断调查在内的国别分析工作的国家比例	联合实施现场调查的比例：40%。包含诊断调查的国别分析工作的比例：66%	预算支持	预算支持在推进共同的发展计划及项目方面更具效果
	开发成果管理			
11	重视成果的框架——拥有能够评价国家发展计划、部门计划的透明效果监视框架的国家数量	没有此框架的国家数量减少1/3		
	互相问责			
12	互相问责——在实施本宣言中与援助有效性相关的共识承诺时，相互实施进展评价的国家数量	100%		

出处：笔者根据OECD/DAC2008年的《关于援助有效性巴黎宣言和阿克拉行动议程》（The Paris Declaration on Aid Effectivenes and the Accra Agenda for Action）制作。

如表1-1所示，在《巴黎宣言》的"所有权""针对性""协调化""开发成果管理""互相问责"5项基本原则下，分别记载了承诺内容并设定了具体目标值。例如"所有权"的承诺内容是，提高拥有国家发展战略的国家数量（含PRS），国家发展战略中应体现与MTEF相关联的年度预算中的战略优先权；"针对性"的承诺内容包括，为了提高对良好合作伙伴关系国制度的利用率，应扩大与国家优先权一致的援助流程，利用经过调整的援助强化接受能力，利用伙伴国公共财政管理制度（Public Financial Management，PFM）及调配制度，减少绕开政府制度的项目执行单位（PIU）的数量，实施预测性较高的援助及无条件援助；"协调化"的承诺内容是，使用通用的程序和手续及推进联合分析、PBAs的援助所占的比例；"开发成果管理"的承诺内容是，构建重视成果的框架；"互相问责"的承诺内容是，在实施包括《巴黎宣言》内容在内、关于援助有效性的承诺时，希望互相实行进展评价的国家达到100%。

这些承诺的内容正是解决"项目泛滥"问题时应该采取的对策。即应该基于发展中国家政府的所有权和利益相关者的良好合作伙伴关系,由发展中国家政府主导制定建立在政府和利益相关者共同理解上的政策及发展计划,而且为尽可能实现援助资源的效率化,必须将发展计划与国家预算统一到一起。为强化这一措施,需要明确援助利益相关者的下年度及中期承诺、推进预算化、谋求正确的预算管理、保证合理的经常性开支。为克服不同援助方的不同援助手续导致的发展中国家政府行政、财政业务负担,援助方应尽可能使用受援国的制度、体系,采取通用的援助手续,力求减轻受援国政府的负担。此外,从公共开支管理的角度来看,通过协调调配、会计及审计的相关手续,既可以减轻受援国的行政负担,又可以促进正确的财政管理。

此外,不限用途并直接拨入发展中国家国库的预算支持会成为发展中国家预算的一部分,借此可以基于政府和援助方联合制定的综合性发展计划、预算,促进关于全面发展的讨论(政策对话),并且可以利用发展中国家的国家制度实施发展计划。在这个过程中,通过技术合作等成套援助强化调配及财政管理制度,将以往没有实现预算化的项目列入预算,借此提高预算的可预测性。此外,利用伙伴国的PFM、调配制度也将促进无条件化的实现。如上所述,预算支持在推动《巴黎宣言》的主要承诺——"所有权""针对性""协调化"方面,是一个非常有效的工具①。

从上述分析可知,《巴黎宣言》各项措施的核心是抑制"项目泛滥"现象,为提高发展中国家的所有权而利用发展中国家的国家制度(PFM和调配制度)(Knack,Eubank,2009;OECD,2008b),以及为实现这一目标而导入了预算支持。基于这种观点,加纳、坦桑尼亚、赞比亚等国均将不限定使用部门的GBS定位为最理想的援助方式,并做出了高于援助项目②的评价。此外,GBS在上述国家的援助额迅速增多。2006年1月在加纳召开的SPA会议上发布了《预算支持调查

---

① 各个援助方对承诺的解释各有不同。《巴黎宣言》出台后,援助开始从项目向预算支持转型。日本、美国等援助方虽然赞同《巴黎宣言》的总论,但在对预算支持的态度十分谨慎,也并不认为预算支持是实现各项承诺的理想方式。因此,本文仅将《巴黎宣言》形成过程中及DAC、SPA中的核心意见作为基础进行分析。如SPA中过半数意见认为预算支持是最理想的援助方式,因此在2001年埃塞俄比亚会议上,通过了以《巴黎宣言》为基础、主张积极利用受援国国家制度的《埃塞俄比亚宣言》。

② 藤原(2007)。记载于坦桑尼亚(The United Republic of Tanzania,2006a)、加纳(GJAS,2007)、赞比亚(JASZ,2007)、乌干达(UJSA,2005)等国的JAS(Joint Assistance Strategy)文件中。JAS是指援助方搁置各国差异而联合制定的针对不同受援国的援助计划,即协调性的计划,它是面向受援国减贫战略的援助方共同的发展合作中期战略框架。

报告》①,该报告称,在非洲诸国,2002年度、2003年度及2004年度各援助方预算支持的承诺总额分别为约15亿美元、约25亿美元及约33亿美元,数额增长迅速,2005年提供GBS的援助方达到17国(2008年达到19国),其后,GBS在其他国家也呈现出扩大的趋势。

图1-10整理了上述国际援助体系的变迁及预算支持的产生过程。可见,在《巴黎宣言》中,以撒哈拉以南非洲地区为中心的"项目泛滥"这一限定地区的现象最终发展为以提高援助有效性为目的的综合性发展战略。

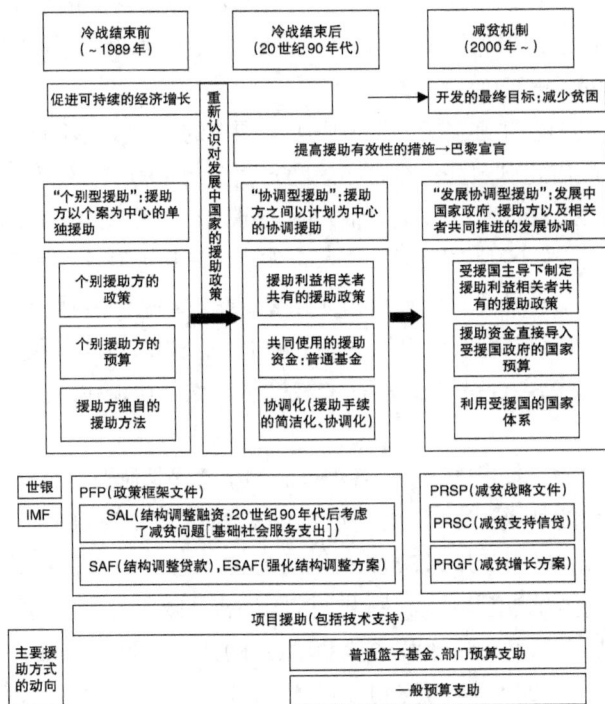

图1-10 冷战结束前后国际援助体系的比较②

---

① SPA (Special Partnership with Africa), "Overview of Budget Support, 2003–2005 Presentation of the Budget Support Working Group to the Plenary Accra. 17 Jal 2006 Strategic Partnership with Africa": 非洲特别援助计划。这是由世界银行于1987年设立的对非援助框架,最初称为Special Program of Assistance for Africa, 1999年5月更名为SPA。SPA已经大大地超出了设立时为结构调整而调动资金的框架,从20世纪90年代中期开始,它开始处理贫困、减债、预算支持、部门计划、经济增长等多种问题。SPA作为一个非常重要的平台,相关援助方及部分非洲参与者共同为撒哈拉以南非洲地区的发展援助提供了方向。

② 图1-10为译者根据原著中图1-10制作,图中所用线条粗细及文本框大小等与原著略有不同,但内容与原著保持一致。(译者注)

1.3　小结

在"减贫机制"中,以结构调整政策为中心的增长标准特别是在非洲的贫困没有得到缓解的背景下,开始向减贫标准过渡。《巴黎宣言》成为实现这一标准的行动基准。在该行动基准形成的过程中,北欧七国及世界银行等在冷战结束后开始将"项目泛滥"这一地区特有的现象视为问题。为解决这一问题,开始推动项目援助向GBS转型。在这个过程中,北欧七国是起主导作用的援助方。

伴随"减贫机制"的形成,产生的新型"国际援助体系"也促使以往项目援助下的"单独型援助"发展为"协调型援助"。这种体系上的变化在"政策"和"实施"两个层面上都改变了援助方和发展中国家的交集方式。

"减贫机制"形成前,"政策层面"上援助方和发展中国家的交集主要是通过IMF与世界银行的政策框架文件实现的,双边发展援助则是在两国间形成政策协议。通常情况下各个援助方制定国别援助战略文件,与发展中国家进行磋商,并将项目援助作为中心,在与项目相关的政府部门内实施援助项目。但是,在"减贫机制"下,受援国和援助方基于项目实施国的所有权及友好合作关系制定了涉及所有部门的政策、战略,中期部门发展计划的框架,整合了国家预算的财政、支援计划、行动计划、实施手续,并由双方联合实施。以往的援助体系是在"政策层面"和"实施层面"分离的状态下实施发展援助的,而现在是"政策层面"的开发政策协议及"实施层面"的实施协议相结合,政策对话涵盖了项目以及全部发展政策。基于该政策对话,发展中国家政府制定发展计划、编制预算,实施援助项目。具体情况见图1-11。

也就是说,"减贫机制"的形成不仅对援助的参与方法(从项目到政策对话)及政策对话的范围(从项目到全部发展政策)产生了影响,而且对援助的实施方式也产生了影响。同时,那些以"项目泛滥"为出发点导入了新型援助体系的援助方努力强调自身与以项目援助为中心的援助方的区别,从而获得推行新型援助体系的合理性。特别是在深入推进"减贫机制"本土化的发展中国家,实施援助项目的正当性越发薄弱,与此相对,积极实施各项措施克服"项目泛滥"现象的援助方成为援助现场的主导力量①。

---

① 坦桑尼亚、乌干达、加纳等国的JAS文件尝试着在当地进一步强化《巴黎宣言》的文件精神、援助的方向性、援助方式等内容。这些国家将GBS视为最理想的援助方式,然后是部门预算支持、CBF,最后是项目援助。

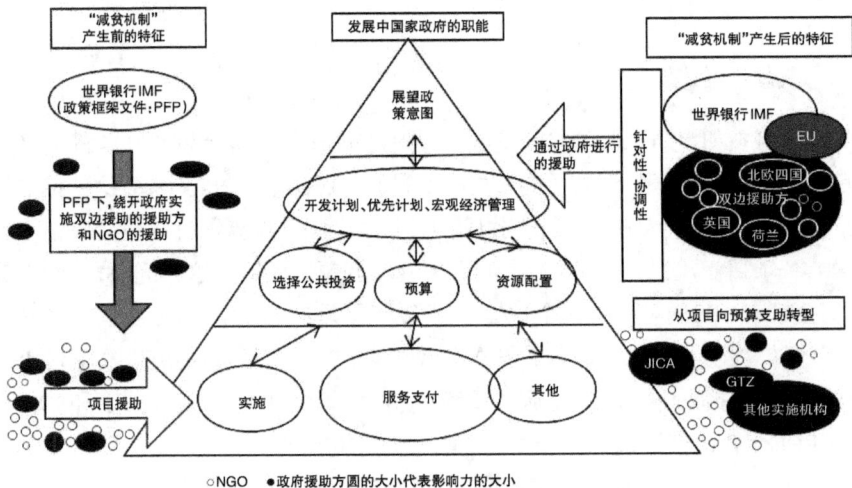

○NGO　●政府援助方圆的大小代表影响力的大小

出处:笔者制。

图1-11　"减贫机制"形成前后援助体系的变化①

_____

① 图1-11为译者根据原著中图1-11制作,图中所用线条粗细及文本框大小等与原著略有不同,但内容与原著保持一致。(译者注)

2　"减贫机制"的实际情况

2.1　引言

冷战结束后,"减贫机制"形成,MDGs及"提高援助有效性的措施"获得了包括发达国家及发展中国家在内的国际社会的广泛接受。国际发展援助共同体及援助组织围绕主要出现在撒哈拉以南非洲地区的"项目泛滥"这一地区特有现象的问题点展开讨论,并完成了对策的制度化。同时,援助方在各种国际会议中达成共识,最终形成了涵盖全体发展中国家的综合性发展战略。同时,国际援助体系也从"单独型援助"发展为"协调型援助"。具体来讲,减贫成为国际社会的最高目标,在发展中国家政府的主导下,所有的利益相关者联合制定了国别PRSP。在此基础上,为实现这些目标,在发展中国家和援助方的共同努力下,形成了"提高援助有效性的措施"。在以往的项目型援助之外,导入了计划资助及预算资助,并构建了涵盖全部发展政策的对话体系。但是,"减贫机制"的约束力如何? 实际上是否已渗透到国际社会中? 这些问题尚未有明确答案。例如,近藤(2007)指出虽然发展中国家看似接受了国际援助体系,但基于当地的社会、经济、政治、文化因素采取了不同于援助方专家们期待的行动。因此,第2.2节中将整理"机制"的概念,并将其概念套用在国际发展援助机制中。以此为基础,第2.3节中将基于前人研究,探讨维持"减贫机制"、提高其约束力所需要的保障机制。第2.4节中,确认"减贫机制"中主要援助方的制度化情况。第2.5节考察了发展中国家对"减贫机制"的接受度。第2.6节对"实施层面"上不同援助方的行为差异及"减贫机制"的效果进行数据分析,最后对本章内容进行总结。

2.2　关于国际发展援助体制、机制的前人研究

国际发展援助都是援助方从自身的历史背景等特定情况、关注点出发所进

行的个别援助,所以迄今为止几乎没有研究将援助作为如同贸易、货币那样的
"体制"或者"机制"(稻田,2004)。在诸多前人研究中,拉姆斯戴恩对DAC成员国
对外援助数据进行了统计分析,结果表明1970年以后,DAC成员国的对外援助
有如下趋势:①对外援助占GNP比例增大;②不受特定且排他性关系约束的援助
增多;③通过国际机构进行的援助增多;④让步条件下的援助及有条件援助减
少;⑤对贫困国家的援助增加(Lumsdaine,1993)。拉姆斯戴恩认为这些趋势是
在DAC成员国共同的基本方向下出现的,从这个意义上来看,对外援助机制已经
出现了。

"机制"的定义有很多种。例如,Punchala and Hopkins(1982:246-247)从认
知论的角度出发,认为"国际机制是一个主观的概念,存在于一切可以被认识的、
模式化的行为中",Young(1982:277-279)认为"国际机制是集中了一定预期的行
为和惯例的可被认识的模式"。20世纪80年代以后,机制论的论点由机制是否
存在转移到机制对国家行为的影响上来,"机制"被重新定义为"国家间相互交涉
的、有明示原则的制度",并与"行动"区别开来(小川,2011:7)。但是,本书中所
使用的定义不仅包括明示的制度,还包括模式化的行动,按照克莱斯纳所下的最
大公约数式的定义,"机制"是指"国际关系特定领域里汇聚着行为体预期的一系
列默示和明示的原则、标准、规则和决策程序"(Krasner,1983),在一些情况下也
是"在国家间交涉、具有明示原则的制度"。

这一定义依然分化为两种立场,一种认为国际发展援助体系中已经确立了
这种机制(稻田,2004;柳原,2008;等),而另一种认为只确立了"模拟机制"(小
川,2011)。分歧的焦点是,机制的规则是否具有约束力或是否形成了保障约束
力的体制。例如,有关地球环境问题的机制是由合作共识框架条约和提出数值
目标等具有实效性规则措施的相关条约组成的双重结构,该结构也是提高机制
有效性所必需的。小川(2011:8)认为在国际发展援助领域尚不存在可以提高援
助有效性的数值目标及具有约束力的机制。另一方面,即便站在国际发展援助
领域已经存在机制的立场上来看(稻田,2004;柳原,2008;等),虽然前人研究中
有斯戴恩指出了"对外援助占GNP比例增大"等倾向(Lumsdaine,1993),以及稻
田在"结构调整机制"方面分析了导入结构调整政策的业绩,但据笔者所知还没
有以冷战结束后的"减贫机制"为对象,对"政策层面"和"实施层面"的实际情况
进行分析的研究(稻田,2004)。本章的目的在于填补这项空白。

进行研究之前,笔者将再次确认"减贫机制"是否与本书所主张的"机制"的
定义相符,以及是否存在具有实效性的数值目标。首先,克莱斯纳所主张的"国

际关系特定领域"是指对发展中国家的发展援助,"行为体预期的一系列原则"是指以 DAC 援助方为中心构建的成员间的行动规范及符合 ODA 最低限度定义的"开发目的"和"减让性"(OECD,2006a:16)。"减贫"的相关"原则、标准、规则"体现在以下两个方面:一是 2000 年联合国提出的 MDGs 中的 8 项目标和应达成的数值目标;二是《巴黎宣言》中所提出的提高援助有效性的 5 项原则和 12 个指标。5项原则分别为:①作为以实现 MDGs 为目标的发展战略,应该在发展中国家主导下(所有权)由利益相关者联合制定 PRSP、MTEF 及部门计划等;②提高发展援助的可预测性,实施利用了受援国国家体系的有针对性的援助;③实现手续和评价的"协调化";④进行成果管理;⑤强化"问责制"。以 5 项原则为基础,还提出了具体的数值目标。如上所述,可以认为"减贫"是有着明确的目标和行动规范的,已经包含了构成机制的最低限度的要素。

2.3　"减贫机制"的保障机制:软法、同侪审查、同伴压力

本节将要讨论"减贫机制"是否具有约束力,抑或它是如小川(2011)所指出的那样只是一个"模拟体制"。

可以说国际发展援助机制并不具有法律约束力。在发展援助领域,几乎所有为促进活动而设计的标准都适合使用软法来促使成员遵守规则(Paulo and Reisen,2010)。根据谢弗的解释,软法是指"可能会产生实际效果,或以产生实际效果为目的,抑或有某种特定的(间接的)法律影响,使用了非起因于法律约束力方法的行为规则"(Schäfer,2006:2)。此外,Cosma and Whish(2003:29)认为软法具备以下三要素:①主要用于设定行动的规则;②这些规则不具有法律约束力,不能产生严格意义上的法律义务;③软法的签署者感受到其应该遵守的义务,无法在无规则的状态下行动。

国际软法的优点在于它能够应对具有法律约束力的硬法失效时的不确定因素及其他复杂的情况(Paulo,Reisen,2010)。例如,软法可以解决成员间因为关注点不同而导致的援助停滞的问题(Schäfer,2006)。DAC 等援助方[①]在发展援助中起到核心作用,其关注点多种多样,在具有惩罚功能的规则下,可能会导致参加者受限。与此相对,软法可以维持不同利害关系及价值观下的多元化成员构成,并能够促进各成员按设定的基准开展行动。因此,软法多被用于国际发展援

---

① 为方便表述,书中将 DAC 援助方、世界银行、IMF 等援助方统称为"DAC 等援助方"。(译者注)

助领域。因为软法没有处罚规则，反而获得了更广泛的支持，其设定的行动基准也因此具有了一定的约束力。

在软法之外，OECD 的商业模式也得到"同侪审查"（Peer Review）的支撑（Paulo，Reisen，2010：543）。OECD 所主张的"同侪审查"是指"实施审查的国家根据已确立的基准和原则，采取最有效的办法，以寻求改善政策的方法为最终目标，对接受审查的国家的工作成果进行系统性评价和验证"（Pagani，2002：15）。"同侪审查"的重要功能是能够监督、强化各国遵守已达成国际共识的方针、标准及原则，它不同于传统的制裁措施等强制性机制，其非强制性的最终报告及劝告作为一种"软性强制"体系发挥着作用（Pagani，2002：16）。帕加尼将从"同侪审查"衍生出来的"同伴压力"定义为"在'同侪审查'过程中由同伴带来的影响力和说服力"（Pagani，2002：16）。这种影响力和说服力提高了成员对标准的遵守度。"同伴压力"不采取制裁或其他执行机制等具有法律约束力的行为方式，而是作为一种具有重要推动力的"软性说服"的方法，促使成员国改变行动、达成目标，或者是刺激他们遵守基准（Pagani，2002：16）。因此，作为一种提高对软法遵守度的机制，国际机构将"同侪审查"当成主要工具，实际运用到国际会议及发展援助现场。也就是说，通过互相影响、互相说服来提高彼此观点的合理性，并促使自己提倡的合理性反映到规则中。

如上所述，"同侪审查"的目标是以"软性说服"的方式劝导各参加国遵守已达成共识的基准，该基准体现了最有效的方法（Paulo，Reisen，2010：543）。劝导包括正式劝告、非官方对话、公开审查、比较、排名等方法。当能够对工作成果提供定性、定量两方面评价时，"同伴压力"会取得显著的成果（Pagani，2002）。而且，工作成果水平低的参与者也因"实名制"受到关注，"同伴压力"也会因此增大。帕加尼认为，世界贸易组织（World Trade Organization，WTO）、IMF、EU[①]等机构虽然也使用"实名制"方法，但均未达到 OECD 的程度，OECD 自创立以来一直使用该方法，"同侪审查"长年作为其政策领域内机构工作的特征（Pagani，2002）。OECD/DAC 每年以 DAC 成员国为对象，在相当于委员会、工作部门会议等组织的辅助机构的活动框架下实施"同侪审查"，为评价援助方的工作成果，使用了诸如指导方针（例如，减贫、预防纷争）及新兴议题（例如，政策的一贯性、援助手续的协调化）等在发展合作中达成共识的原则。

----

① 本书中，"EU"包含了欧洲委员会、阁僚理事会及欧洲议会。

援助有效性工作部门会议作为事务局,对《巴黎宣言》进行监察时,通过《巴黎宣言监测调查》(Paris Declaration Monitoring Survey)掌握《巴黎宣言》的进展、完成情况,同时公布结果。援助管理及援助供给的效率性、开发资源问责的强化、发展中国家的所有权及国家制度的强化及利用等内容已被确认为是发展中国家和援助方双方共同的工作。在这个过程中,提高"减贫机制"实际约束力的同时,按照已达成国际共识的目标和行动标准实施援助,对于援助方来说,其援助在国内外都获得了合理性,而对于发展中国家来说,接受援助时需要接受国内外的问责。

综上所述,一方面,"减贫机制"通过运用不具有法律约束力的软法及"同侪审查""同伴压力",构建了能够提高对MDGs及"提高援助有效性的措施"约束力的框架。另一方面,这种保障机制也存在以下可能不利于维持"减贫机制"的问题。第一,经常伴随着被势力强大的成员意向左右的风险;第二,因为不具有法律约束力,所以意味着可以不遵守共识,当不遵守者过半时会产生不利于维持"减贫机制"的风险;第三,即便违反行动标准,也可以进行实质性的行动和主张,这种自由主义会给机制的维系带来负面影响。因此,如果出现能够带来上述三种风险的新的强大势力,"减贫机制"将会受到很大影响。

下一节将探讨在上述框架下,"减贫机制"的制度化情况。

2.4 "减贫机制"制度化情况

本节将阐明"减贫机制"的制度化情况。由于减贫标准中包括了相关援助方对减贫所采取的援助方针、"提高援助有效性的措施"的情况及"提高国际标准的实际效果是指增加预算"(小川,2011:17)等内容,所以笔者首先将确认预算情况。分析对象包括对"减贫机制"的形成产生了巨大影响的IMF与世界银行、EU及北欧七国。其后,简要说明对"提高援助有效性的措施"持消极态度的美国和日本的情况。

第1章中记载了IMF与世界银行"减贫机制"的制度化情况。1999年9月的IMF与世界银行年会上,在世界银行及IMF的演讲中,世界银行总裁沃尔芬森认为为消灭贫困,应该实现联合国各机构、其他的地区国际金融机构、提供援助的国家及民间组织间的合作;IMF的总裁康德苏宣布IMF今后必须实现通过发展减少贫困这一目标。因此,从这一认识出发,IMF的ESAF更名为PRGF,并用PRSP代替了IMF和世界银行联合制定的政策框架文件。进而,2000年9月的IMF与世界银行年会上,世界银行新设立了PRSC作为应对IMF的PRGF的融资方式,并为推动PRSP的实施和进展实行了制度化。在对发展中国家的公共财政管理等状况进行判断后,有些情况下可以将PRSC用于预算支持。

EU在成员国政府的直接影响下进行决策,虽然是多边机构,但更具有双边机构的特征。因此,积极采取措施以提高援助有效性的国家占多数的EU在提高援助有效性方面也站在了积极的立场上。2005年,EU制定了欧洲发展共识(The European Consensus on Development,ECD),该共识是以实现MDGs及可持续发展为目的的新型开发政策,其中提出了成员国对外援助及对弱小国家实施援助的基本方针,并明确记载了目标是实现MDGs及实现《巴黎宣言》的主流化。在此前,EU也一直积极推进"提高援助有效性的措施"或方针(规范)的制度化。例如,如第1章中介绍了"项目泛滥"现象的对策SWAp的制度化情况,早在1995年欧盟事务局会议上已提出了部门发展计划(Sector Development Programmes,SDP)的概念,表明了对人类发展、社会发展领域内部门发展计划的支持。此外,EU还决定将2008—2013年第10次经济发展基金(226亿欧元)中的44%投入到提高援助有效性的理想援助方式——预算支持中[1]。此外,"提高援助有效性的措施"的代表性制度化成果还包括2006年出台的EU内部官方文件《欧盟发展政策中的分工行为准则》(EU Code of Conduct on Division of Labor in Development Policy)等。该文件主要面向2005年的《巴黎宣言》、2005年的ECD及2006年的《欧盟援助有效性行动计划》(EU Aid Effectiveness Action Plan)等国际及欧盟内部提高援助有效性的行动,通过完善欧盟内部行为提高援助有效性,文件提出的10项原则适用于欧盟各成员国。这10项原则如下:

①将援助活动集中在发展中国家的重要部门。欧盟援助方只能对一个发展中国家的两个部门进行援助。但是,可以通过其他途径实施GBS,以及对公民社会组织(Civil Society Organization,CSO)、研究、大学的援助。

②欧盟援助方将适当停止对重要部门以外的援助活动,或将其委托给领导型援助方,或将其转移至GBS。

③在有助于减贫的领域,至少有一个欧盟成员国作为活跃的援助方进行活动。争取实现至2010年将每个部门中积极的成员国援助方数量控制在3个。

---

① 此处内容参考了"Partnership Agreement Between The Members of The African,Caribbean and Pacific Group of States of The One Part,and The European Commnity,and Its Member States of the Other Part Signed in Cotonu,Benin on 23 June 2000"及如下网址:http://ec.europa.eu/world/agreements/prepareCreateTreatiesWorkspace/treatiesGeneralData.do?step=0&redirect=true&treatyId=376(2014年9月11日访问)。

④与地区机构间开展的活动也遵从本文件。

⑤欧盟成员国在欧盟内部讨论决定各自的重点援助国。

⑥致力于对未获得过援助的"孤儿国"的援助。

⑦欧盟成员国在各自具有国际优势的领域发挥作用。

⑧努力实现援助地区的全面性及援助方式、方法的全面性。

⑨普及分工体制。

⑩改善各成员国的援助体系。

如上所述,在提高援助有效性方面,为确保减轻发展中国家的手续费用及提高欧盟成员国的影响力,在将援助集中在重点部门的同时,一方面要确保欧盟成员国在各部门积极主动的援助活动,另一方面要努力扩大GBS。欧盟通过签订内部备忘录使上述文件适用于欧盟成员国,而且,在2008年召开的阿克拉高层论坛上,欧盟也努力尝试使该文件广泛适用于欧盟之外的范围。欧盟不仅将MDGs及《巴黎宣言》的主流化作为基本方针,而且还积极地推动该基本方针的制度化。

2002年之前北欧四国包括丹麦、芬兰、挪威、瑞典,2002年,经局长级会议商讨后决定将这一国家集团扩大至爱尔兰、荷兰、英国,这个国家集团被称为北欧七国(2008年2月28日,对SIDA的采访)。北欧七国是一个对"减贫"及"提高援助有效性的措施"持有强烈的责任连带感及共同认识的援助方集团,该集团将与其他援助方在共同出资、实施通用的调配手续等国际合作特定领域的合作作为目标。具体来讲,北欧七国集团正式设立于2003年,其目标是减少发展合作中发展中国家的负担(手续费用)进而增进成员国间的互相合作,以及促进手续和业务的协调化。因此,北欧七国在《巴黎宣言》实施的过程中起到了带头作用(Knack,Eubank,2009;高桥,2002;古川,2004;等)。除积极推进通用的政策及业务外,各成员国在相互委托合作方面也达成一致。原则上全体成员国在共同出资的项目或计划中,如果一国较其他国家具有优势,则该国可以作为主导型援助方展开活动,这一点已经取得了各国的事先承认。此外,成员国强烈推荐各项政策在实践方面的应用,同时积极增加通用政策、项目,例如制定了共同的调配方针。在此基础上,北欧七国频繁实施委托型合作(或隐名合伙:Silent Partnership),委托型合作是指将工作委托给与自己想法一致的援助机构的委托型合作体制,即隐名合伙人将资金交付给执行合伙人的一种方式。发展中国家仅与执行合伙人接触,执行合伙人对隐名合伙人负责。这种方式减轻了发展中国家的手续费用。除北欧七国外,加拿大也确定参加这种委托型合作(NORAD,2003)。

此外,北欧七国制定了旨在实现各国间协调化的联合行动计划(Nordic Plus Joint Action Plan on Harmonization),同时,也开展关于PRSP、SWAp及协调化等方面的共同研修课程。驻发展中国家的北欧七国大使馆或事务所配有项目专员(本部录用或者当地录用)或相当于项目专员的职员,为了使这些人员熟练掌握受援国调配系统的评价办法及制定正确调配方法的程序及办法,北欧七国成员国的调配小组设置了关于调配的电子学习课程(2008年2月28日,对丹麦外交部的采访)。如上所述,北欧七国为了在集团内部实现"提高援助有效性的措施"的制度化,在"政策层面"上进行了调整,在"实施层面"上形成了委托合作制度,并确立了为提高援助有效性的分工机制,进而在实践方面为提高各援助相关人员的能力组织共同研修,从而也推进了"减贫机制"的制度化。

上述的北欧七国间的互补关系及其制度化情况,对其他援助方和发展中国家都产生了很大影响。例如,北欧七国于2007年提供了约300亿美元的ODA,超过了最大援助国——美国,是日本ODA预算的4倍(见图2-1)。虽然北欧七国的成员都不是大规模的援助国,但他们作为持有共识的援助国集团致力于共同的议题从而产生了巨大影响力,特别是在实践该集团的主张、《巴黎宣言》各项原则及在全体成员的援助规模方面,影响尤其显著。此外,在DAC决策过程中,北欧七国占据了约1/3的席位,通过支持互补性意见、方针,也产生了很大影响。

(百万美元)

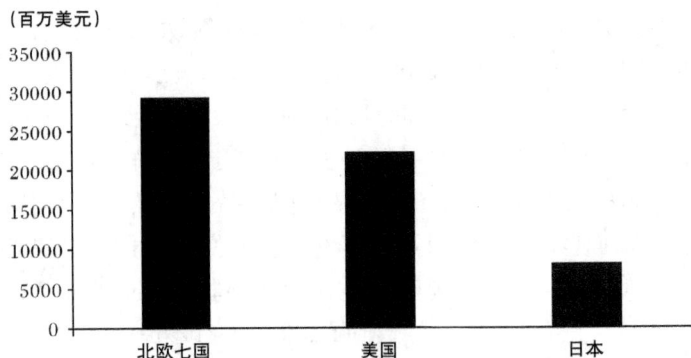

出处:根据DAC CRS2007年的数据计算得出。

图2-1　北欧七国、美国、日本三方ODA的比较

另一方面,Knack and Eubank(2009)等认为日本和美国对提高援助有效性持消极态度,笔者将在下文考察美国和日本"减贫机制"的制度化情况。首先,美国在减贫机制"政策层面"的制度化不同于IMF与世界银行及北欧四国等援助

方,这与"9·11恐怖袭击事件"后美国安保政策的变化有很大关系。在第二次世界大战后巨变的国际形势下,美国的对外援助在复兴经济、稳定民生、反共封锁等目的下迅速扩张。冷战结束后,美国主要在"促进民主主义和市场经济等主要外交目的"及"提高发展中国家的生活水平"这两项政策意图下实施援助。"9·11恐怖袭击事件"让这一援助政策发生了重大改变。2002年9月,美国总统布什发布了《美国国家安全战略》(National Security Strategy of the United States of American),明确提出了恐怖袭击后美国的国家安全政策。该战略指出恐怖主义和贫困的关联性,为消灭恐怖主义必须减少贫困。从这一观点出发,美国提出应扩大减贫合作。另外,在提高援助有效性的措施方面,美国的谈判官极力主张从《巴黎宣言》的目标中删除或弱化关于利用发展中国家调配体系及预算支持的内容(Carter,2008:23),美国虽然赞同为实现减贫而确立的提高援助有效性的大方向,但在预算支持等提高援助效果有效性的核心措施方面表现出消极态度。

日本的ODA政策框架由"ODA大纲""中期政策""国别援助计划"及由实施机构制定的"国别援助实施计划"四个层面构成。1992年6月,日本内阁首次制定了政府发展援助大纲(ODA大纲),该大纲出于对维持全球化下的国际社会秩序、关照人权等国际化议题的考量,提出了以下方针:①兼顾环境和发展;②避免用于军事用途及助长国际纠纷;③关注军事开支,大规模杀伤性武器,导弹的研发、制造及武器进出口的动向;④促进民主化、市场经济及基本人权。2003年8月,日本采纳了MDGs后,修订了ODA大纲,提出了面向贫困的合作、支援发展中国家的可持续性发展、积极应对全球性问题、构建和平的世界等,与"减贫机制"相呼应,明确提出了将减贫作为发展援助的目标。但是,日本和美国一样,赞成2005年3月由发展中国家政府及发达国家共同通过的《巴黎宣言》的总论,但对分论采取了谨慎的态度。其后,如表2-1所示,虽然日本实现了小规模预算支持的制度化,但基本上维持了以往的援助体系,未像北欧七国及世界银行那样做出明确的承诺。例如,在援助的可预测性、签署参加部门计划备忘录等推动开发向前发展时必需的手续方面,日本仍然处于讨论阶段。此外,在援助手续的协调化方面,也未制定明确的方针。

表2-1　日本无偿援助的减贫成果（截至2011年）

年份（年）	国名	供给额（亿日元）	援助方式
2007	坦桑尼亚	6.3	部门援助（农业、公共财政管理、地方自治、贫困监测）
2007	加纳	3.375	公共行政财政改革援助
2008	坦桑尼亚	5.2	部门援助（农业、公共财政管理、地方自治、贫困监测）
2008	加纳	3.5	公共行政财政改革援助
2009	加纳	3.5	公共行政财政改革援助
2010	孟加拉国	5	部门援助（教育）
2010	坦桑尼亚	4.7	部门援助（农业、公共财政管理、地方自治、地方行政改革）
2010	加纳	3.4	公共行政财政改革援助
2010	加纳	2	部门援助（卫生）
2011	坦桑尼亚	1.5	部门援助（地方自治、地方行政改革）
2011	加纳	2	部门援助（卫生）
2011	加纳	3.5	公共行政财政改革援助
2011	萨摩亚	1	部门援助（教育）
2011	赞比亚	3	部门援助（教育）

出处：笔者根据ODA工作业绩制作。

　　下文将考察反映了国际标准实际效果增加程度的预算增加情况。图2-2反映了1990年以后欧盟、北欧七国、世界银行、日本及美国的ODA变化趋势。

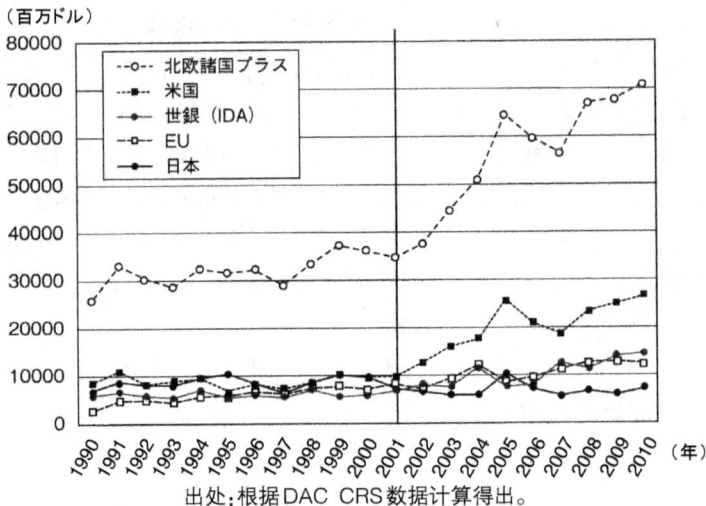

出处：根据DAC CRS数据计算得出。

图2-2　北欧七国、美国、世界银行、欧盟、日本的ODA变化趋势[①]

---

① 图2-2中的"百万ドル""北欧諸国プラス""米国""世銀"的中译文分别是"百万美元""北欧七国""美国""世界银行"。（译者注）

如图2-2所示，世界银行和EU就MDGs达成共识后，预算呈缓慢增长的趋势。北欧七国大幅度地增加了预算。2001年以后，美国大幅度增加预算，但日本呈下降趋势。日本虽然在援助方针中提出了减贫，但可以看出其并未充分实现预算的制度化。由此可知，不同援助方的制度化程度存在一定差异。

2.5　对"减贫机制"的接受度

2.5.1　政策层面上对"减贫机制"的接受度

前人研究中，Knack and Eubank（2009）曾对鼓励援助方利用受援国国家制度的相关情况做出研究，但据笔者所知还没有对"减贫机制"接受度的综合性研究。为考察2000年提出MDGs后，发展中国家对"减贫机制"的接受情况，笔者先后考察了2002年2月末PRSP的制定情况、HIPCs的落实情况，SP、MTEF、CBF、GBS的导入情况，以及与2005年对《巴黎宣言》进行监测调查时GBS的导入情况。详见表2-2。

表2-2　PRSP的制定情况及2002年3月MTEF、SWAp、GBS的导入情况

地区	IDA融资对象国家	PRSP的制定情况 □:暂定版PRSP ■:制定完成RSP	2002年3月的导入情况				2005年得到确认的GBS	HIPCs ****	CDF（试点）
			SWAp导入情况	MTEF	导入CBF的领域	GBS			
东南亚（5国）	印度尼西亚***	□0303					●PRSC有		
	柬埔寨	□0010 ■0212 ■0512	卫生、教育	准备导入			●		
	东帝汶	■0205							
	老挝*	□0103 ■0406 ■0810	●				●PRSC有	●	

续 表

地区	IDA融资对象国家	PRSP的制定情况 □:暂定版PRSP ■:制定完成RSP	2002年3月的导入情况				2005年得到确认的GBS	HIPCs ****	CDF (试点)
			SWAp导入情况	MTEF	导入CBF的领域	GBS			
东南亚 (5国) ***	越南 ***	□0103 ■0205 ■0311 ■0607	援助协调的动向增强	准备导入		●准备设立减贫基金(正在实施PRSC)	●PRSC有	●	●
东亚	蒙古①	□0106 ■0307					●		
南亚 (7国)	不丹	■0408					●		
	孟加拉国	□0303 ■0510	卫生、教育、公路				●		
	印度 ***								
	马尔代夫	■0801							
	尼泊尔	■0305	卫生、教育			●PAF (减贫特别基金)	●PRSC有		
	巴基斯坦 ***	□0111 ■0312	社会行动计划		社会行动基金		●PRSC有		
	斯里兰卡	■0212 ■0805					●PRSC有		
大洋洲 (5国)	基里巴斯								
	所罗门群岛								
	汤加								

① 作者在表2-2中将蒙古放入东亚,在表2-3中蒙古放入中亚,在表2-4中将蒙古放入南亚。译者按原文表格顺序进行翻译,但按我国地理划分标准,蒙古应属于东亚地区。(译者注)

续　表

地区	IDA融资对象国家	PRSP的制定情况 □:暂定版PRSP ■:制定完成RSP	2002年3月的导入情况				2005年得到确认的GBS	HIPCs****	CDF（试点）
			SWAp导入情况	MTEF	导入CBF的领域	GBS			
大洋洲（5国）	努瓦阿图								
	萨摩亚								
拉丁美洲（9国）	多米尼加***	□0311 ■0604							
	格林纳达***	□0603							
	海地	□0609 ■0803							
	洪都拉斯	□0004 ■0108					●PRSC有	●	
	尼加拉瓜	□0008 ■0107 ■0511 ■1005	社会部门有导入意向			准备设立多个部门基金	●PRSC有	●	
	圣卢西亚***								
	圣文森特***								
	玻利维亚	□0001 ■0103	●（教育、农业、地方分权、制度改革、拥护公民权利）		●（教育、农业、地方分权、制度改革、拥护公民权利）	●（DUF:综合基金）	●	●	●

续　表

地区	IDA 融资对象国家	PRSP的制定情况 □:暂定版PRSP ■:制定完成RSP	2002年3月的导入情况				2005年得到确认的GBS	HIPCs ****	CDF (试点)
			SWAp 导入情况	MTEF	导入CBF的领域	GBS			
拉丁美洲（9国）	圭亚那	□0010 ■0205				●	●PRSC有	●	
中东（2国）	也门**	□0012. ■0205					●	●	
	阿富汗	□0603 ■0802							
欧洲（6国）	阿尔巴尼亚	□0005 ■0111 ■0808					●PRSC有		
	马其顿地区***	□0011							
	波黑***	■0403							
	亚美尼亚***	□0103 ■0311 ■0810					●PRSC有		
	阿塞拜疆***	□0105 ■0304							
	塞尔维亚	■0402							
中亚（5国）	吉尔吉斯斯坦***	□0106 ■0212 ■1205					●PRSC有		●
	摩尔多瓦①***	□0011 □0204 ■0405 ■0804					●		

① 按我国地理划分,摩尔多瓦属于欧洲。此处按原文内容翻译。(译者注)

续　表

地区	IDA融资对象国家	PRSP的制定情况 □:暂定版PRSP ■:制定完成RSP	2002年3月的导入情况				2005年得到确认的GBS	HIPCs ****	CDF(试点)
			SWAp导入情况	MTEF	导入CBF的领域	GBS			
中亚(5国)	塔吉克斯坦	□0003 ■0206 ■0704 ■1202							
	格鲁吉亚***	□0011 ■0306							
	乌兹别克斯坦	□0503 ■0801							
非洲(38国)	埃塞俄比亚	□0011 ■0207	卫生、教育、公路、电力	准备导入	卫生、教育(准备设置)		●PRSC有	●	●
	厄立特里亚								●
	冈比亚	□0010 ■0204 ■0709						●	
	加纳	□0006 ■0302 ■0511	卫生、教育	●99	卫生	●开设HIPC Relief Fund账户	●PRSC有	●	●
	肯尼亚**	□0007 ■0403 ■1007					●	●	
	莱索托	□0012 ■0507 ■0604							

续　表

地区	IDA融资对象国家	PRSP的制定情况 □:暂定版PRSP ■:制定完成RSP	2002年3月的导入情况				2005年得到确认的GBS	HIPCs ****	CDF (试点)
			SWAp导入情况	MTEF	导入CBF的领域	GBS			
非洲（38国）	马拉维	□0008 ■0204 ■06**	卫生、教育、农业	●95	卫生、教育准备设置	准备开设HIPC账户	●	●	
	尼日利亚***	■0512	准备导入						
	乌干达	■0003 ■0504 ■1003	卫生、教育、农业、公路	●	卫生、教育	●PAF（贫困行动基金）	●PRSC有	●	●
	坦桑尼亚	□0003 ■0010 ■0506 ■1012	卫生、教育、农业、地方政府改革、公路	●98	卫生、教育、地方政府改革（准备导入PER/MTEF.PRSP监测系统）	●PRBS（减贫预算支持）	●PRSC有	●	
	赞比亚	□0007 ■0203 ■0612 ■0708	卫生、教育、农业、技术训练	●	卫生、教育	正在导入	●	●	
	津巴布韦***								
	安哥拉**							●	
	贝宁	□0006 ■0212 ■0804					●PRSC有	●	

续　表

地区	IDA融资对象国家	PRSP的制定情况 □:暂定版PRSP ■:制定完成RSP	2002年3月的导入情况				2005年得到确认的GBS	HIPCs****	CDF(试点)
			SWAp导入情况	MTEF	导入CBF的领域	GBS			
非洲(38国)	布基纳法索	■0005 ■0407	教育	●0203	教育领域准备设置	●	●PRSC有	●	
	布隆迪	□0311 ■0609						●	
	喀麦隆	□0008 ■0304 ■1008						●	
	佛得角	□0201 ■0409 ■0807					●PRSC有		
	中非共和国	□0012 ■0611						●	
	乍得	□0007 ■0306 ■1005						●	
	科摩罗	□0510						●	
	象牙海岸	□0201 ■0901	各部门均有动向		准备设置			●	●
	吉布提	□0106 ■0403 ■0907							
	几内亚	□0010 ■0201 ■0708						●	
	几内亚比绍	□0009 ■1106						●	

续　表

地区	IDA融资对象国家	PRSP的制定情况 □:暂定版PRSP ■:制定完成RSP	2002年3月的导入情况				2005年得到确认的GBS	HIPCs****	CDF（试点）
			SWAp导入情况	MTEF	导入CBF的领域	GBS			
非洲（38国）	马达加斯加	□0011 ■0307 ■0702					●PRSC有	●	
	马里	□0007 ■0205 ■0804						●	●
	毛里塔尼亚	■0012 ■0610 ■1106						●	
	莫桑比克	□0002 ■0104 ■0605 ■1106	卫生、教育、农业	●	卫生教育准备设置、农业	●	●PRSC有	●	
	尼日尔	□0010 ■0201 ■0805						●	
	卢旺达	□0011 ■0206 ■0803	准备导入			●	●PRSC有	●	
	圣多美和普林西比	□0004 ■0212 ■0501 （修正）						●	
	塞内加尔	□0005 ■0205 ■0505 ■0709	卫生				●PRSC有	●	
	塞拉利昂	□0106 ■0503						●	●
	多哥	□0804						●	

续　表

地区	IDA融资对象国家	PRSP的制定情况 □:暂定版PRSP ■:制定完成RSP	2002年3月的导入情况				2005年得到确认的GBS	HIPCs****	CDF(试点)
			SWAp导入情况	MTEF	导入CBF的领域	GBS			
非洲(38国)	刚果民主共和国	□0203 ■0607 ■0709						●	
	刚果共和国	□0409						●	
	利比里亚	□0701 ■0807							
合计	78	□=56 ■=61	卫生=11、教育=12、农业=6、公路=5	●=8、准备导入=5	教育=8、卫生=7	●=10	●=35、PRSC23国		
2002年3月	74	□=41 ■=10						38	8

出处:笔者根据IMF与世界银行的信息制作。

注:*为明确表示不申请加入扩大HIPCs倡议的国家。

　　**为正在考虑是加入扩大HIPCs倡议还是继续保持债务的国家。

　　***为IDA与IBRD双边援助的对象国。

　　****为加入HIPCs的42个国家。但本表中不包括不活跃(Inactive Country)的4国,共涉及38个国家。

　　1999年导入的PRSP以78个国家为对象,其中61个国家制定了完成版减贫战略文件。此外,截至导入减贫战略文件后的2002年2月末,对象国降至74个,其中41个国家制定了暂行版减贫战略文件,10个国家制定完成版减贫战略文件。发展中国家虽然没有制定减贫战略文件的义务,但这些年来制定减贫战略文件的发展中国家迅速增加。特别是上述74国中,有38国为HIPCs的对象国,其中有26国决定接受HIPCs倡议,有4国已经完成了这一计划,可见发展中国家对减轻债务表现出高度积极性。此外,在该时间点,卫生、教育领域已分别有11个和12个国家,农业、公路领域分别有6个和5个国家导入了部门计划。最初导入GBS的国家有10个,2005年增至35个,可见其发展迅速。导入GBS的援助国中,有23国导入了世界银行的PRSP。

如表2-2所示,首先可以明确的第一个特征是PRSP的制定以非洲为中心迅速展开。这一特征在HIPCs的对象国中较为明显。这些国家都是属于国际开发协会(International Development Association,IDA)融资对象的低收入发展中国家,其中,多为对援助的依赖度高[1]、行政财政管理能力低的西亚、撒哈拉以南非洲国家。

第二个特征如第1章所述,在导入PRSP前,这些国家已经基于SWAp制定了以教育、卫生为中心的社会部门计划。制定部门计划至少需要两到三年以上的时间[2],如赞比亚的卫生计划历时两年、孟加拉国的卫生计划历时两年半(Peter Harrold,Associate,1995:44)、坦桑尼亚的教育、卫生计划历时三年等,同时还可以看出这些国家都是从20世纪90年代中期开始导入部门计划的。

第三个特征是早期导入了预算支持的越南、加纳、马拉维、乌干达、坦桑尼亚等国设立了HIPCs所倡导的减债与减贫基金,构建了导入GBS的平台。从这一特征可以看出导入部门计划、CBF、MTEF与减债形成了配套制度,并推动了GBS的导入,从中也可以看出"减贫机制"形成的过程。进而可知,发展中国家政府和援助方之间原本在项目下的交集发展到开发的各个方面上。这种交集的变化表明需要由发展中国家掌管预算的财政部和援助机构召开共同评议会、定期汇报宏观经济、公共财政管理及预算支持的进展等情况,实施监测、评价,形成政府和援助机构间密切的政策对话。

第四个特征是在早期导入预算支持的国家迅速制定了PRSP。部门计划的制定至少需要两至三年以上,但与此相比,制定涵盖了国家所有领域的PRSP时,乌干达、坦桑尼亚、孟加拉国、布基纳法索等国制定暂定版仅用了短短的半年时间,1999年9月宣布导入PRSP后,这些国家制定完成版也只用了一年到一年半的时间。这表明了减债的适用及预算支持的导入对发展中国家有着巨大的激励作用。

---

① IDA Resource Allocation Index.
② 笔者亲身经历的坦桑尼亚卫生、教育SWAp过程中,每星期都要召开援助方会议。

第五个特征是援助协调并不活跃的撒哈拉以南非洲及西亚以外的国家也通过导入PRSC增加了预算支持。但从整体来看,对"减贫机制"接受度高的地区都有着行政财政能力低下、援助协调活跃度高的特征。特别是以撒哈拉以南非洲为中心的国家正是积极支持"减贫机制"的北欧七国的重点援助国,如乌干达、坦桑尼亚、赞比亚、孟加拉国等。详见表2-3。

表2-3 北欧七国的重点援助国和GBS的关系

地区	国名	En	Du	Sw	Nr	Da	Ir	Fi	GBS	备注	援助占CNI的百分比	
											2000**	2005
非洲	埃塞俄比亚	●	●	●	●		●	●	■	援助协调活跃	8.8	17.4
	厄立特里亚		●	●	●					政治不稳定	27.7	36.9
	索马里			●						政治不稳定	–	–
	冈比亚						●				12.2	13
	加纳	●	●			●			■	JAS*	12.4	10.6
	肯尼亚	●	●	●	●	●		●	■	政治状况堪忧	4.1	4.1
	莱索托	●				●					3.4	3.9
	马拉维	●		●	●				■	援助协调活跃	26.1	28.4
	尼日利亚	●			●						0.4	7.4
	乌干达	●	●	●	●			●	■	JAS	14.1	14
	坦桑尼亚	●	●	●	●	●			■	JAS	11.4	12.5
	赞比亚	●	●	●	●		●		■	JAS	25.8	13.9
	津巴布韦	●								政治不稳定	2.5	11.4
	安哥拉			●	●						4.1	1.5
	贝宁		●			●			■		10.6	8.2
	布基纳法索		●			●			■	援助协调活跃	12.9	12.8
	布隆迪			●	●				■		12.8	46.8
	佛得角		●						■		—	—
	马达加斯加			●	●						8.4	18.7
	马里		●	●	●				■		15	13.6
	莫桑比克	●	●	●	●	●	●	●	■	援助协调活跃	24.7	20.7

续　表

地区	国名	En	Du	Sw	Nr	Da	Ir	Fi	GBS	备注	援助占CNI的百分比	
											2000**	2005
非洲	卢旺达	●	●						■		17.9	27.1
	塞内加尔		●						■		9.9	8.5
	苏丹	●		●	●					政治不稳定	2.1	7.1
	塞拉利昂	●							■		29.4	29.6
	刚果民主共和国	●		●						政治不稳定	4.5	26.9
	南非	●	●	●	●			○		对援助的依赖度低	0.4	0.3
	纳米比亚							移			4.4	2
东南亚	印度尼西亚	●	●		●				■	对援助的依赖度低	1.1	0.9
	柬埔寨	●							■		11.2	9.1
	老挝			●					■		17	11.4
	越南	●	●	●	●	●	●	●	■		5.5	3.7
	东帝汶			●	●		●				—	—
南亚	不丹					●					—	—
	孟加拉国	●	●	●	●	●			■	SBS	2.4	2.1
	印度	●		●	●					对援助的依赖度低	0.3	0.2
	尼泊尔	●	●	●	●	●		●		政治不稳定	7	5.8
	巴基斯坦	●	●						■		1	1.5
	斯里兰卡		●	●	●					政治不稳定	1.5	5.1
拉丁美洲	尼加拉瓜		●	●	●	●		●	■		15	15.4
	哥伦比亚		●							对援助的依赖度低	0.2	0.4
	苏里南		●								—	—
	玻利维亚		●			●			■		5.8	6.5
	危地马拉		●	●	●						1.4	0.8

续　表

地区	国名	En	Du	Sw	Nr	Da	Ir	Fi	GBS	备注	援助占CNI的百分比	
											2000**	2005
拉丁美洲	秘鲁							移		对援助的依赖度低	0.8	0.5
中东、近东	埃及		●			●		移		对援助的依赖度低	1.3	1
	巴勒斯坦		●	●	●						—	—
	也门		●								3	2.5
	阿富汗	●	●	●	●			○		ARTF	—	37.8
	约旦							○			13.3	25
	黎巴嫩			●						对援助的依赖度低	1.2	1.1
欧洲	阿尔巴尼亚		●								8.4	3.7
	马其顿		●	●					■		7.1	4
	波黑			●							13.1	5.2
	亚美尼亚		●							PRSC	11	3.9
	南斯拉夫			●							—	—
	克罗地亚			●						对援助的依赖度低	0.4	0.3
中亚	蒙古①		●								23.1	11.6
	摩尔多瓦		●						■		9.4	5.9
	格鲁吉亚		●						■		5.3	4.8

注:*JAS(Joint Assistant Strategy,联合战略文件),记载了援助方法等内容。

　　**此处引用了《世界银行发展报告》(2007年6月11日)的数据。

　　En:英国重点援助的25国;Du:荷兰重点援助的36国;Sw:瑞典重点援助的35国;Nr:挪威重点援助的28国;Da:丹麦重点援助的15国;Ir:爱尔兰重点援助的9国;Fi:芬兰重点援助的10国。

　　—表示无此数据。

　　移:过渡国。

出处:笔者根据英国事务所北欧七国系列报告文件制作。

---

① 详见第46页注①。

如上所述,积极推进"减贫机制"的北欧七国在20世纪90年代中期以后,积极推进"减贫机制"中各项措施的制度化,同时推动了以进一步提高援助有效性为目的的"选择和集中"。世界银行在1998年的《世界银行政策研究报告》中提出的"评估援助"(Assessing Aid)(World Bank,1998)对上述的"选择和集中"及导入预算支持产生了重大影响。该报告中有两点内容引发关注,一是强化政策环境良好、经济运营健全的低收入国家的制度和政策,强调支持可靠的改革者在政策方面所做努力的有效性;二是在承认改变传统项目援助的必要性的前提下,开展可行性分析,推动项目援助转型为预算支持,如果将项目援助等同于预算支持,那么无论多么优秀的项目,只要在实施过程中不仔细核对所有财政用途的话就可能会产生开支浪费,这不仅无法对该国的整体发展做出贡献,反而可能会产生负面效果。

包括北欧七国在内的援助方接受了上述提案后,迅速开展了援助的"选择和集中"以及导入预算支持。日本外务省实施的2002年度《其他主要援助方新型援助方式下的援助动向分析调查》指出,援助方[①]选定援助对象的标准是历史关系、贫困情况、受援国的发展政策、优质管理,同时重视非洲、南亚和东南亚地区的低收入国家。

如表2-3所示,北欧七国在确定重点援助国的同时,将重点援助领域集中在卫生、教育、管理、环境等方面。因此,援助资金开始集中到制度、政策运行良好的低收入国家。而且,如第1章所述,导致了"项目泛滥"的传统项目援助方法已经宣告失败,预算支持作为一种新型方法不断发展。

从上述对"减贫机制"接受度的特征分析中可以看出,北欧七国对"减贫机制"的政策层面和实施层面的参与和制度化之间、北欧七国的重点援助国和对"减贫机制"的接受度之间都有着密切联系。

第一个特征中提出的对"政策层面"的PRSP接受度较高的是低收入的发展中国家,其中多为对援助的依赖度高、行政财政管理能力低的西亚、撒哈拉以南非洲的国家。其中,20世纪90年代后期开始导入基于SWAp的,以教育、卫生为中心的社会部门计划的正是发生过"项目泛滥"现象的国家。而且,这些国家也正是坦桑尼亚、赞比亚、乌干达、越南等早期导入了预算支持的国家,他们历经制

---

① 调查对象为美国国家开发署(United States Agency for International Development,USAID)、英国国家发展部(Department for International Development,DFID)、法国、荷兰、瑞典国家开发署(Swedish International Development Agency,SIDA)、加拿大国际开发署(Canadian International Development Agency,CIDA)、丹麦国际开发署(DANIDA)、挪威国际合作开发署(Nowegian Agency for Development Cooperation,NORAD)、EU和世界银行。

定SWAp的部门计划,导入CBF,与MTEF、减债形成了密切关联,并最终导入了预算支持,这与"减贫机制"的形成过程是一致的。进而,笔者也确认了上述国家都是北欧七国的重点援助国。

2.5.2　对"减贫机制"所推荐的援助方式的接受度

在"减贫机制"的实施层面上,预算支持是"提高援助有效性的措施"中一种理想的方式。本节将基于《2006年巴黎宣言监测调查》考察各国(机构)对预算支持的接受情况,并借此明确在"提高援助有效性的措施"下,各个援助方在行动上的差异。

笔者从《2006年巴黎宣言监测调查》所涉及的接受预算支持的32个国家中抽取了DAC援助方援助的29[①]个国家作为考察对象。详见表2-4。

笔者分别考察了"减贫机制"的核心援助方——世界银行、EU、北欧七国及其他援助方。为了明确提供预算支持的援助方的特征,表2-4中分别记录了各国的预算支持额及在其预算支持总额中所占的比例。在北欧七国一栏中还记载了在双边发展援助方的预算支持中所占的比例,借此确认了北欧七国的特征和作用。同时,表中记载各国的预算支持在援助开支中所占比例及2005年(实施本调查的年份)的国内生产总值中所占的比例,因此,可以通过本表了解提供预算支持的援助方在受援国影响力大小。同时,通过表中记载的提供预算支持的援助方的数量也可以确认援助方对预算支持的关注程度及援助协调、预算支持三者的关系。此外,表中记载的PBAs在援助开支中所占的比例也为了解援助方从项目援助向预算支持转型情况提供了参考[②]。

世界银行、EU、北欧七国提供的预算支持总额约占到了全部支助的80%,几乎垄断了预算支持。同时,北欧七国的支助占双边发展援助方预算支持的70%。而且,预算支持的受援国集中在撒哈拉以南非洲和拉丁美洲及亚洲的部分国家[③],预算支持占GDP的比例也较高。特别是撒哈拉以南非洲地区,预算支持的接受额占GDP的2%以上。如上所述,一方面,提供预算支持的援助方将预算支持集中在援助协调活跃的国家,提高了自身在该国的影响力。另一方面,欧盟实施预算支持时不论援助协调活跃与否,也不受世界银行动向的左右。此外,美国和日本以项目型援助为中心,他们提供的预算支持非常有限,对从项目到预算支

[①] 包括表2-2及2005年导入GBS的35国中的29个国家。

[②] 因为PBAs中包括了多项CBF等预算支持型援助,所以此处可将其作为参考。

[③] 在29个作为考察对象的国家中,援助方多于5国的援助协调活跃型国家有15个,对这些国家的预算支持额约占总额的80%。

持的转型也十分谨慎,导入预算支持仅停留在尝试阶段。

由上可知,在"减贫机制"的实施层面上,援助方的制度化程度与对预算支持的接受度是一致的。

2.6 实施层面上各援助方的行为差异

前文主要对"减贫机制"中处于相对上位的"政策层面"中的PRSP、MTEF、SWAp及"实施层面"中以提高援助有效性为目标的GBS的导入情况进行了定性分析。结果表明,对"减贫机制"接受度高的国家都是低收入的发展中国家,它们主要是对援助的依赖度高、行政财政管理能力低的西亚、撒哈拉以南非洲的国家。此外,笔者还确认了以北欧七国、世界银行及EU为中心的援助方对"减贫机制"的接受度较高。

下文笔者将在上述定性分析的基础上,考察北欧七国和其他援助方的差异是否具有统计学意义,借此完善定性分析的结果。由于在定性分析中可见各援助方在"实施层面"上的对应存在差异,故下文也将"实施层面"作为分析对象。如前文所述,《巴黎宣言》的核心是为了控制"项目泛滥"所导致的由发展中国家承担的大额手续费用,推动以往的项目援助向不限定用途、直接注资到发展中国家国库的预算支持转型,进而利用发展中国家的国家体系(Knack,Eubank,2009)。因此,为了确认援助方在"提高援助有效性的措施"上的差异,笔者考察了各援助方利用发展中国家国家制度(PFM及调配制度)的差异及提高援助有效性的理想援助方式——GBS供给情况的差异。

2.6.1 分析方法、数据、估计结果

2.6.1.1 援助方对受援国国家制度(PFM及调配制度)利用状况的差异

为了确认各援助集团利用发展中国家国家制度的情况是否存在有统计学意义的差异,本节将进行单因素方差分析。分析中使用的是DAC援助有效性工作部门会议升级为事务局后分别于2006年、2008年及2011年实施的《巴黎宣言监测调查》中的数据。笔者从该数据中抽取了伙伴国PFM制度利用比例(%)及伙伴国调配制度利用比例(%),同时将援助集团分为对"提高援助有效性的措施"采取积极态度的世界银行、EU、北欧七国、采取消极态度的日美及其他DAC国家这五个群组。如果单因素方差分析判断出不同群组间存在统计学差异时,将进行多重比较(Bonferroni)以确定哪些集团间存在差异。

表2-4 基于《2006年巴黎宣言监测调查》的预算支持援助方的特征

序号	接受预算支持的国家	世界银行		EC		北欧-七国			其他援助方		预算支持总额(单位:百万美元)	援助支出总额(单位:百万美元)	预算支持占援助支出的比例(%)	PBAs援助占援助支出的比例(%)	参加的援助国数量	预算支持占GDP的比例(%)*
		预算支持(单位:百万美元)	占预算支持总额的比例(%)	预算支持(单位:百万美元)	占预算支持总额的比例(%)	预算支持(百万美元)	占预算支持总额的比例(%)	占北欧七国中双边援助的比例(%)	预算支持(单位:百万美元)	占预算支持总额的比例(%)						
1	坦桑尼亚	297	52	38	7	204	36	89	24	4	573	1433	40	55	11	4.5
2	刚果民主共和国	178	86	0	0	0	0	0	27	13	206	934	22	54	3	2.9
3	乌干达	150	38	47	12	184	47	95	10	3	391	1088	36	50	10	4.3
4	埃塞俄比亚	132	37	15	4	92	26	77	116	33	356	1288	28	53	8	3.2
5	加纳	123	42	31	10	61	21	52	79	27	296	1047	28	53	11	2.8
6	卢旺达	100	29	86	25	85	25	83	69	20	**340	554	61	66	10	14.2
7	莫桑比克	60	18	51	15	153	45	84	73	22	337	1267	27	46	17	5.0
8	布基纳法索	60	36	51	30	33	20	66	25	15	168	593	28	45	8	3.1
9	塞内加尔	39	65		0	11	18	85	8	13	60	515	12	57	5	0.7
10	贝宁	30	33	34	37	8	9	73	20	22	91	255	36	61	7	2.1
11	马里	25	20	49	40	21	17	55	29	23	124	625	20	48	7	2.3
12	马拉维	25	22	36	32	53	47	100	0	0	113	605	19	32	4	3.9
13	赞比亚	20	14	68	48	48	34	87	7	5	143	773	18	47	6	2.0
14	尼日尔		0	5	15	0	0		29	88	33	393	8	31	4	1.0

非洲

续　表

序号	接受预算支持的国家	世界银行 预算支持(单位:百万美元)	世界银行 占预算支持总额的比例(%)	EC 预算支持(单位:百万美元)	EC 占预算支持总额的比例(%)	北欧七国 预算支持(百万美元)	北欧七国 占预算支持总额的比例(%)	北欧七国 占北欧七国中国双边援助的比例(%)	其他援助方 预算支持(单位:百万美元)	其他援助方 占预算支持总额的比例(%)	预算支持总额(单位:百万美元)	援助支出总额(单位:百万美元)	预算支持占援助支出的比例(%)	PBAs援助占援助支出的比例(%)	参加的援助国数量	预算支持占GDP的比例(%)*
15	佛得角		0	6	40	8	53	100	0	0	15	110	14	37	2	0.1
16	布隆迪		0	0	0	0	0	0	6	100	6	142	4	54	2	0.8
17	肯尼亚		0	65	100	0	0	0	0	0	65	667	10	45	1	0.3
						欧洲										
18	阿尔巴尼亚①		0	4	100	0	0	0	0	0	4	343	1	5	1	0.7
						中亚										
19	摩尔多瓦①		0	22	100	0	0	0	0	0	22	139	16	16	1	0.4
20	吉尔吉斯斯		0	10	100	0	0	0	0	0	10	187	5	12	1	0.4
						中东、近东										
21	阿富汗	80	14	108	19	148	26	51	165	30	559	2437	23	43	11	8.2
						拉丁美洲										
22	洪都拉斯	67	81	5	6	0	0	0	10	12	83	432	19	43	4	0.9
23	尼加拉瓜	36	39	12	13	18	19	56	14	15	93	533	17	48	11	1.1
24	玻利维亚	14	14	8	8	8	8	36	71	70	101	791	13	32	8	1.1
25	秘鲁		0	14	42	0	0	0	19	58	33	559	6	16	3	0.0

① 详见第48页注①。

续　表

序号	接受预算支持的国家	世界银行		EC		北欧七国			其他援助方		预算支持总额(单位:百万美元)	援助支出总额(单位:百万美元)	预算支持占援助支出的比例(%)	PBAs援助占援助支出的比例(%)	参加的援助国数量	预算支持占GDP的比例(%)*
		预算支持(单位:百万美元)	占预算支持总额的比例(%)	预算支持(单位:百万美元)	占预算支持总额的比例(%)	预算支持(百万美元)	占预算支持总额的比例(%)	占北欧七国中双边援助的比例(%)	预算支持(单位:百万美元)	占预算支持总额的比例(%)						
26	孟加拉国	300	100	0	0	0	0	0	0	0	300	1837	16	41	1	0.5
	西亚															
27	越南	95	28	20	6	57	17	45	166	49	337	1956	17	34	12	0.6
28	蒙古①	13	50	0	0	3	12	100	10	38	26	171	15	29	4	1.1
	南亚															
29	柬埔寨	0	0	2	13	0	0	0	13	87	15	470	3	24	3	0.2
	援助量合计	1844	38	787	16	1195	24	70	990	20	4900	22144				

注:*2005年的GDP数据是用本表中的预算支持额除以《2000年国际比较计划全球结果:结果汇总表》(2005 International Comparison Program Global Results:Summary Table of Results)中的GDP值得出的结果。

**卢旺达的预算支持额在DAC监察报告中为198百万美元,但笔者汇总各国的报告后计算出的预算支持总额为340百万美元,本表中使用了此数据。

出处:笔者根据DAC《2006年巴黎宣言监察报告》(2006 Survey on Monitoring the Paris Declaration),Country Chapter及《结果概述》(Overview of the Results)的数据制作。

① 详见第46页注①。

在考察方差分析结果之前,笔者先确认了各国的伙伴国PFM制度利用比例(%)及伙伴国调配制度利用比例(%),结果表明北欧七国(浅灰色底纹)和世界银行的比例较高。详见表2-5。

表2-5　各援助方的伙伴国PFM制度利用比例及伙伴国调配制度利用比例(2007)

援助国	伙伴国PFM制度利用比例(%)	伙伴国调配制度利用比例(%)
爱尔兰	82	67
英国	61	60
芬兰	56	59
世界银行	55	59
荷兰	55	58
丹麦	52	57
意大利	51	55
瑞典	50	54
法国	44	47
韩国	44	46
比利时	44	45
挪威	43	44
德国	43	42
西班牙	42	41
希腊	42	41
欧盟	40	40
加拿大	37	39
瑞士	34	37
澳大利亚	33	37
奥地利	33	36
日本	25	27
新西兰	16	21
美国	10	15
卢森堡	8	8
葡萄牙	3	6

注:浅灰色底纹为北欧七国,深灰色底纹为世界银行,黑色底纹为美国和日本,其余为其他DAC国家。
出处:笔者根据《巴黎宣言监测调查》制作。

　　表2-6及表2-7是基于2005年、2007年、2010年的数据得出的不同群组的描述性统计值。如表2-6和表2-7所示,世界银行、北欧七国、EU的伙伴国PFM制度利用比例(%)及伙伴国调配制度利用比例(%)都很高。

表2-6　伙伴国PFM制度利用比例(%)描述性统计值

援助方	平均	标准误差	95%置信区间	
			上限	下限
其他DAC国家	30.43	2.63	25.19	35.67
北欧七国	51.05	3.72	43.63	58.46
日美	17.00	6.95	3.13	30.87
世界银行	58.33	9.83	38.72	77.95
EU	42.67	9.83	23.05	62.28

表2-7　伙伴国调配制度利用比例(%)描述性统计值

援助方	平均	标准误差	95%置信区间	
			上限	下限
其他DAC国家	36.09524	2.566889	30.97574	41.21474
北欧七国	51.42857	3.63013	44.18851	58.66864
日美	19.33333	6.791351	5.788411	32.87826
世界银行	58.66667	9.604421	39.51125	77.82208
EU	44.66667	9.604421	25.51125	63.82208

　　单因素方差分析的结果表明所有群组间都存在统计学差异,因此笔者继续通过多重比较辨明具体哪些群组存在差异,详见表2-8和表2-9。伙伴国PFM制度利用比例(%)方面存在统计学差异的是:"北欧七国"对"其他DAC国家"、"世界银行"对"其他DAC国家"、"北欧七国"对"日美"、"世界银行"对"日美"。伙伴国调配制度利用比例(%)方面存在统计学差异的是:"北欧七国"对"其他DAC国家"、"北欧七国"对"日美"及"世界银行"对"日美"。

表2-8 关于援助方的伙伴国PFM制度利用比例(%)的方差分析(Bonferroni)

援助方(1)		援助方(2)	差(1)-(2)	标准误差	统计意义
北欧七国	VS	其他DAC国家	20.62	4.55	***
日美	VS	其他DAC国家	-13.43	7.43	
世界银行	VS	其他DAC国家	27.90	10.18	*
EU	VS	其他DAC国家	12.24	10.18	
日美	VS	北欧七国	-34.05	7.89	***
世界银行	VS	北欧七国	7.29	10.51	
EU	VS	北欧七国	-8.38	10.51	
世界银行	VS	日美	41.33	12.04	***
EU	VS	日美	25.67	12.04	
EU	VS	世界银行	-15.67	13.91	

注:*** $p < 0.01$,** $p < 0.05$,* $p < 0.1$。

伙伴国PFM制度利用比例(%)是对预算执行、财务报告及会计审查三项内容的利用比例。

表2-9 关于援助方的伙伴国调配制度利用比例(%)的方差分析(Bonferroni)

援助方(1)		援助方(2)	差(1)-(2)	标准误差	统计意义
北欧七国	VS	其他DAC国家	15.33	4.45	***
日美	VS	其他DAC国家	-16.76	7.26	
世界银行	VS	其他DAC国家	22.57	9.94	
EU	VS	其他DAC国家	8.57	9.94	
日美	VS	北欧七国	-32.10	7.70	***
世界银行	VS	北欧七国	7.24	10.27	
EU	VS	北欧七国	-6.76	10.27	
世界银行	VS	日美	39.33	11.76	**
EU	VS	日美	25.33	11.76	
EU	VS	世界银行	-14.00	13.58	

注:*** $p < 0.01$,** $p < 0.05$,* $p < 0.1$。

通过上述分析可知,对于《巴黎宣言》中利用发展中国家国家制度这一核心内容,定性与定量分析得出了相同结论,即在"减贫机制"中"提高援助有效性的措施"方面,北欧七国、世界银行、EU态度积极,而日美态度消极。

2.6.1.2　援助方GBS供给情况的差异

本节将使用固定效应模型对"提高援助有效性的措施"中的理想援助方式,即GBS的供给情况进行分析,以确认北欧七国和其他援助方之间是否存在统计学差异。计算公式如下:

$$GBSD_{it} = \beta_1(uk\_d\#dut\_d\#ire\_d\#swe\_d\#fin\_d\#nor\_d\#dem\_d) + \beta_{2it}prspd_{it} + \beta_3cont\_corrup\_\alpha_i + \alpha_t + \varepsilon_{it} \tag{2-1}$$

下角标 i、t 分别表示受援国和受援期间。$GBSD$ 表示 GBS 的虚拟变量(dummy),提供了 GBS 时为 1,未提供时为 0,将之作为被解释变量。因此,link 为对数模型(logit model)。公式右边的 uk_d、dut_d、ire_d、swe_d、fin_d、nor_d、dem_d 分别代表英国、荷兰、爱尔兰、瑞典、芬兰、挪威及丹麦的虚拟变量,各援助方在该国实施援助时为 1,未实施为 0。北欧七国以外均为参考范畴。# 表示交叉项,通过设定北欧七国成员间的交叉项可以分析出哪些成员国组合时 GBS 的提供概率较高。进而将对 GBS 的提供产生影响的 prspd 和 cont_corrup 作为控制变量。prspd 表示 PRSP 虚拟变量,制定了 PRSP 时为 1,未制定时为 0。cont_corrup 表示腐败控制度。另外,α_i、α_t、ε_{it} 分别表示各国的固定效应、期间效应(2003—2010年的时间虚拟变量)及随机干扰项。

数据方面,笔者使用 OECD/DAC 的 IDS(国际开发统计)、CRS(Creditor Reporting System 贷方报告制度)[①]的数据计算出开支数据。该数据集对182个国家的数据进行了长期的收集和计算。具体来讲,因为 DAC 事务局推荐使用2002年以后的数据进行分析,所以本分析使用了2002—2010年这9年间的数据。GBS数据使用的是 CRS 中的 GBS 数值。但是,如果将 GBS 定义为不限用途的、直接注入发展中国家国库的援助资金,则该数据中包含不符合这一定义的数据的可能性很高。但 CRS 给出的定义则是广义的,根据 CRS 指南介绍,GBS 中,除一般性的 GBS 外,还包括了部门预算支持、结构调整项目、以稳定国际收支为目的

---

① CRS 包含了 OECD 的发展援助委员会(DAC)几乎所有的成员国、国际开发金融机构及联合国机构每项援助活动的详细数据。完整数据集网址为:http://stats.oecd.org/Index.aspx?datasetcode=CRSI (2014年9月11日访问)。

的援助及其他一般性的项目型援助①。本节所使用的GBS数据不包括部门预算支持之后的内容。因此,笔者修正了从CRS援助类别代码中抽出的"51010"GBS代码,剔除了其中不属于GBS范畴的内容。PRSP虚拟变量则是根据世界银行的PRSP制定情况数据制定。此外,"腐败控制度"引用了Kaufmann,Kraay and Mastruzzi(2010)的综合治理指标(Aggregate Governance Indicators)中的"腐败控制"(Control of Corruption)数据。腐败控制度用-2.5(weak)到2.5(strong)表示。虽然以上是从2002年到2010年的数据,但无法获得每个国家每个年份的全部数据,因此笔者将进行非平衡面板数据分析。表2-10为本次数据的描述性统计值。

表2-10　描述性统计值

变量	样本数	平均	标准误差	最小值	最大值
GBS虚拟变量	1379	0.333	0.471	0	1
英国虚拟变量	1379	0.758	0.429	0	1
荷兰虚拟变量	1379	0.722	0.448	0	1
爱尔兰虚拟变量	1379	0.582	0.493	0	1
瑞典虚拟变量	1379	0.656	0.475	0	1
芬兰虚拟变量	1379	0.537	0.499	0	1
挪威虚拟变量	1379	0.737	0.440	0	1
丹麦虚拟变量	1379	0.408	0.492	0	1
PRSP虚拟变量	1379	0.336	0.472	0	1
腐败控制度	1274	-0.476	0.652	-1.923	1.553

本分析的主要目的是对哪一个援助方的介入会提高GBS供给率这一关联性进行统计分析。通过设置对"减贫机制"持积极态度的北欧七国各成员国间的交叉项,分析在何种情况下、何种援助组合下可以提供GBS,并求出该情况下优势比(只选取有统计学意义的案例)的估计结果,详见表2-11。从表2-11中可以看出当北欧七国提供援助时,GBS的供给率较高。特别是北欧七国中3个以上成员

---

① 此处参考了OECD的网站主页,网址为:http://www.oecd.org/dac/stats/crsguide.htm(2014年9月11日访问)。

国共同参与时，优势比高于40倍，其中英国、挪威与GBS的供给联系密切。此外，虽然PRSP的系数不具统计学意义，但与"腐败控制度"的关系得出了有统计学意义的结果，由此可以认为"腐败控制度"高的国家导入GBS的倾向更为明显。

表2-11 北欧七国成员国GBS供给率分析结果

英国	荷兰	爱尔兰	瑞典	芬兰	挪威	丹麦	优势比	标准误差	Z值	P值
0	1	1	1	1	1	0	118.8	259.6	2.19	0.029
1	0	0	0	0	0	0	10.0	12.4	1.86	0.062
1	0	0	0	1	1	0	52.5	108.3	1.92	0.055
1	0	0	1	1	1	0	64.2	156.6	1.71	0.088
1	0	0	1	1	1	1	42.6	92.8	1.72	0.085
1	0	1	1	1	1	0	91.5	187.1	2.21	0.027
1	0	1	1	1	1	1	69.9	154.0	1.93	0.054
1	1	0	1	0	1	0	53.5	107.8	1.98	0.048
1	1	0	1	1	1	0	53.0	109.6	1.92	0.055
1	1	1	0	0	1	0	112.7	235.0	2.27	0.023
1	1	1	0	0	1	1	543.3	1281.9	2.67	0.008
1	1	1	0	1	1	0	92.6	202.2	2.07	0.038
1	1	1	1	0	1	0	63.2	127.3	2.06	0.039
1	1	1	1	0	1	1	61.2	123.7	2.03	0.042
1	1	1	1	1	1	0	53.2	104.6	2.02	0.043
1	1	1	1	1	1	1	69.2	137.9	2.12	0.034
PRSP虚拟变量							1.3	0.5	0.7	0.482
腐败控制度							4.1	2.7	2.14	0.032
样本数							710			
国家数							79			

2.6.2 "减贫机制"的效果

上一节的统计分析结果表明,不同国家对待"减贫机制"的行为存在程度上的差异。在对"减贫机制"接受度高的国家中,必然期待其取得减贫的成果。因此,本节将确认对"减贫机制"的接受度和减贫的关系。分析过程中,将考察各国是否参加了"减贫机制"政策层面中的MDGs和《巴黎宣言》,是否制定了PRSP,并以此为依据,将各国分组,进而考察每组的减贫情况。此外,为更准确地判断是否取得了预期成果,笔者将比较各国接受"减贫机制"前后的"减贫率"。

具体分组情况如下。

第一组:参加MDGs及《巴黎宣言》、制定PRSP的国家。

第二组:参加MDGs及《巴黎宣言》、未制定PRSP的国家。

第三组:参加MDGs、未参加《巴黎宣言》、制定PRSP的国家。

第四组:参加MDGs、未参加《巴黎宣言》、未制定PRSP的国家。

分析中使用DAC CRS、世界银行[1]等方面的数据,但由于很多国家的贫困率不详,因此样本数为89个国家。此外,很少有地区每年都实施贫困率测定,所以笔者将通过对数差分计算出年减贫率。"减贫机制"始于2000年,因此,进行减贫率对数差分计算时,使用"减贫机制"开始前后最接近的两个时间点的数据。通过对数差分测定,可以得到该期间减贫率的近似平均值,并借此确认"减贫机制"对减贫的影响。表2-12、图2-3反映了对"减贫机制"的接受度及减贫率的情况。

表2-12 对"减贫机制"的接受度和减贫率(对数差分、年率)

对"减贫机制"的接受度	数量	平均	标准误差	最小值	最大值
第一组	33	0.031	0.046	−0.103	0.161
第二组	16	0.079	0.07	−0.03	0.202
第三组	10	0.056	0.125	−0.098	0.279
第四组	30	0.018	0.228	−1.066	0.4

---

① The World Bank's Millennium Development Goals (MDGs) Database. 网址为:http://datebank.worldbank. org/Data/Views/VariableSelection/SelectVariables.aspx?source=Millennium%20Development%20Goals (2014年9月10日访问)。

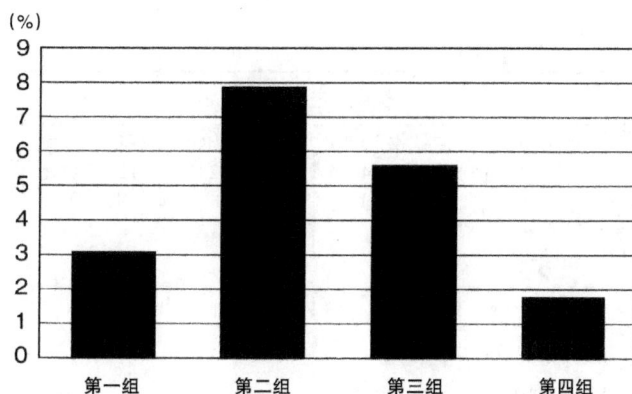

图2-3 对"减贫机制"的接受度和减贫率(对数差分、年率)

如表2-12及图2-3所示,在期待那些积极导入"减贫机制"的国家取得减贫成果的同时,第一组"参加MDGs及《巴黎宣言》、制定PRSP的国家"的年减贫改善率为3.1%,第二组"参加MDGs及《巴黎宣言》、未制定PRSP的国家"为7.9%,第三组"参加MDGs、未参加《巴黎宣言》、制定PRSP的国家"下降至5.6%。从排序来看,第二组"参加MDGs及《巴黎宣言》、未制定PRSP的国家"减贫率最高,其次是第三组"参加MDGs、未参加《巴黎宣言》、制定PRSP的国家",再次是第一组"参加MDGs及《巴黎宣言》、制定PRSP的国家",最后是第四组"参加MDGs、未参加《巴黎宣言》、未制定PRSP的国家"。

进而,笔者考察了对"减贫机制"的接受度和收入分类的关系(见表2-13)。表2-14反映了对"减贫机制"的接受度和地区分类的关系。

表2-13 对"减贫机制"的接受度和收入分类

对"减贫机制"的接受度	按收入进行分类*				合计
	低收入国家(不足1025美元)	中低收入国家(1025—4035美元)	中高收入国家(4036—12475美元)	高收入国家(12476美元以上)	
第一组的国家数量	18	14	1	0	33
第一组的比例(%)	54.55	42.42	3.03	0	100
第二组的国家数量	2	4	9	1	16

续　表

对"减贫机制"的接受度	按收入进行分类*				合计
	低收入国家（不足1025美元）	中低收入国家（1025—4035美元）	中高收入国家（4036—12475美元）	高收入国家（12476美元以上）	
第二组的比例（%）	12.5	25	56.25	6.25	100
第三组的国家数量	3	5	2	0	10
第三组的比例（%）	30	50	20	0	100
第四组的国家数量	0	9	16	5	30
第四组的比例（%）	0	30	53.33	16.67	100
样本数	23	32	28	6	89
Total（%）	25.84	35.96	31.46	6.74	100

注：*根据世界银行地图（2011）进行的分类。

表2-14　对"减贫机制"的接受度和地区分类

对"减贫机制"的接受度	发达地区	北非	撒哈拉以南非洲	南美、加勒比	高加索、中亚	东亚	南亚	东南亚	西亚	大洋洲	合计
第一组的国家数量	1	0	18	4	1	0	4	4	1	0	33
第一组的比例（%）	3.03	0	54.55	12.12	3.03	0	12.12	12.12	3.03	0	100
第二组的国家数量	2	3	2	4	1	1	0	2	1	0	16
第二组的比例（%）	12.5	18.75	12.5	25	6.25	6.25	0	12.5	6.25	0	100
第三组的国家数量	2	0	5	1	2	0	0	0	0	0	10
第三组的比例（%）	20	0	50	10	20	0	0	0	0	0	100

续　表

对"减贫机制"的接受度	发达地区	北非	撒哈拉以南非洲	南美、加勒比	高加索、中亚	东亚	南亚	东南亚	西亚	大洋洲	合计
第四组的国家数量	9	0	3	12	3	0	2	0	0	1	30
第四组的比例(%)	30	0	10	40	10	0	6.67	0	0	3.33	100
样本数	14	3	28	21	7	1	6	6	2	1	89
合计(%)	15.73	3.37	31.46	23.6	7.87	1.12	6.74	6.74	2.25	1.12	100

　　在对"减贫机制"接受度和收入分类的关系中,可以看出第一组的特征是低收入国和中等收入国这类贫困国家约占9成;从地区分类上来看,撒哈拉以南非洲国家占半数。此处也可看出对"减贫机制"的接受度高的第一组的特征是,这些国家均为撒哈拉以南非洲的贫困国家,而且接受度最高的撒哈拉以南非洲减贫率最低。

　　上述分析仅是对"减贫机制"的接受度和减贫率关联性的考察,不是对两者因果关系的考察。但也无法排除原本认为最难实现减贫的地区反而比其他地区更适合"减贫机制"的这种逆向的因果关系。此外,如果很多国家所认为的贫困问题严重、无法轻易减贫的国家反而适合"减贫机制"的话,那么即便"减贫机制"自身是行之有效的,对"减贫机制"的接受度和减贫率之间也有可能出现反比关系。不仅如此,减贫率在很大程度上被宏观经济等情况左右,所以不能简单地期待仅凭适用"减贫机制"就能使减贫率超其他地区。即便存在上述诸多可能性,但为何对"减贫机制"的接受度最高的撒哈拉以南非洲地区减贫率最低呢?笔者将在第5章及之后的章节中对此问题进行案例分析。

2.7　小结

　　"项目泛滥"这一出现在非洲及一些特定国家的现象,在冷战结束后的时代背景下,被以世界银行、北欧七国为中心的援助方视为重要问题。援助方在国内、国际会议上不断讨论此问题的过程中,构建了涵盖全体发展中国家的发展战略。因此,本章着眼于对"减贫机制"的接受度,首先确认了"减贫机制"的保障机制,在此基础上分析了各援助方的制度化情况。其次,对"减贫机制"接受度进行了定性、定量分析,借此掌握了实际情况。分析结果表明那些发生过"项目泛滥"现象的地区作为援助方的重点援助对象,其对"减贫机制"的接受度高于全体发展中国家的平均水平。具体来讲,这些国家包括撒哈拉以南非洲国家、部分拉丁美洲及西亚的贫困国家,这些都是对援助依赖度高的发展中国家,也是北欧七国的重点援助对象。此外,北欧七国与其他DAC国家在实施"提高援助有效性的措施"方面存在统计学差异,在"减贫机制"中起到了带头作用。但是,分析结果也表明对"减贫机制"接受度高的国家与接受度低的国家相比,并没有取得更好的减贫效果。

3 "项目泛滥"及援助的有效性
——经济增长、婴幼儿死亡率、小学毕业率

3.1 引言

第1章提出了"项目泛滥"这一以非洲为中心的地区特有现象,它成为国际共同体需认真对待的课题,国际社会开始制定涵盖全体发展中国家"减贫机制"的发展战略。"减贫机制"下的国际发展援助也从"单独型"向"协调型"转变,同时,受援国与援助方之间以往以项目为媒介的有限的交集开始发展为涉及全部发展领域的交集。第2章分析了"减贫机制"的实际情况,结果表明"减贫机制"中蕴含了保障机制。同时,对"减贫机制"接受度较高的是北欧七国的重点援助地区——撒哈拉以南非洲国家以及部分西亚、拉丁美洲的贫困国家。同时,北欧七国与其他DAC国家在实施"提高援助有效性的措施"方面存在统计学差异,在"减贫机制"中起到了带头作用。

但是,"项目泛滥"对经济增长及减贫等方面的成果产生何种影响?这一问题尚不明确。该问题一直被搁置(Bourguignon,Sundberg,2007),大多数前人研究并不关注"项目泛滥",而是将所有的援助均一化,通过基于援助数量、成果的多国抽样回归分析进行了实证分析。"减贫机制"通过"提高援助有效性的措施"提高对发展中国家援助的效果,实现减贫目标。因此,本章将涉足前人研究未至的领域,尝试验证"项目泛滥"下的援助对MDGs各项指标产生的影响。在此基础上,考察是否应该像《巴黎宣言》所主张的那样,对所有发展中国家出现的"项目泛滥"现象全部采取相同的措施。但由于反映减贫情况的数据并不完善,所以本章仅选取MDGs的特别重要指标——婴幼儿死亡率、小学毕业率及减贫的最大动力——经济增长这三项指标,考察"项目泛滥"对它们的影响。

3.2　前人研究及问题

3.2.1　"项目泛滥"的定义

在分析"项目泛滥"的前人研究及其问题点之前,笔者首先以前人研究为基础,确定"项目泛滥"一词的定义。

2005年召开的DAC高层论坛上,OECD秘书长、DAC委员长在决算报告中指出,"在发展中国家实施的援助项目超过60000项,不同援助方制定的不同的实施手续不仅为发展中国家带来了沉重的负担,也妨碍了发展中国家自身实施体系的构建,援助方主导的方法降低了发展援助的效果"。卡森批评道,"在各地无计划地实施着超过实际需求的援助项目,这带来了诸多弊端"(Cassen,1994:175)。Frot and Santiso(2010)同样认为,援助方提供的援助急剧细小化,对于大多数受援国来说这已成为该国政府的沉重负担。进而,卡拉斯指出平均每个国家的援助方数量增加时,项目的平均规模将变小,援助细小化将导致信息共享、援助协调、计划制定及援助管理机构的成本增加、效率低下(Kharas,2007)。也就是说,"项目泛滥"是指"众多援助方通过不同的实施手续在发展中国家实施了片面的、无计划的援助项目,因此导致受援国手续费用增加的现象"。"项目泛滥"加重了发展中国家的负担,降低了发展援助的效率,损害了发展中国家政府的行政能力,降低了开发效果。

本书中所使用的"项目泛滥"一词,在日语的前人研究中被称为"プロジェクトの氾濫(项目泛滥)"(高橋,2010:385)、"援助の氾濫(援助泛滥)"(木村等,2007)、"援助細分化(援助细小化)"(木原,2009)。本书中"项目泛滥"一词源自卡森提出的"Project Proliferation",即"在各地无计划地实施着超过实际需求的援助项目,这带来了诸多弊端"(Cassen,1994:175),高桥将卡森在书中提出的"proliferation"一词翻译为日语"氾濫(泛滥)"(高橋,2002:112)。如上所述,"泛滥"所指的对象是"援助项目","在各地无计划地实施着超过实际需求的援助项目",这种情况"带来了诸多弊端",本书的观点与卡森(Cassen,1994)一致。因此,笔者没有使用"援助泛滥"一词,而是将这种现象称为"项目泛滥"。但是,有一些前人研究将援助方的援助预算分散化称为"援助泛滥",这使"项目泛滥"的定义变得更为复杂。但无论如何,本书中的"项目泛滥"一词都适合用于描述"在各地无计划地实施着超过实际需求的援助项目,并带来了诸多弊端"这种现象。此外,英语的前人研究中,相当于"项目泛滥"一词的用语有"recipient fragmentation"

(Acharya et al.,2006:8)、"project proliferation"(Morss,1984:465;Cassen,1994:175)、"donor fragmentation"(Knack,Rahman,2007)、"fragmentation of aid"(Kharas,2007:5)、"aid project proliferation"(Roodman,2006a)等。

3.2.2 对经济增长、卫生部门、教育部门的影响

虽然宏观的援助成果(Outcome)表现为MDGs各项指标所反映的"减贫"程度,但"经济增长"依然是减贫的最大动力。因此,援助在何种程度上推动了受援国的经济增长被定位为中期成果(Output),一直受到关注。但是,如"宏观—微观悖论"(Micro-macro Paradox)所主张的那样,微观层面上的援助有效性相对容易验证,但宏观层面上则较为困难,因此,各方面围绕着援助的有效性展开了激烈的争论。

新古典派的经济增长理论认为援助一直对提高收入水平产生正面效果,但援助中用于投资的比例β的大小影响该效果。观察以往的实证分析结果可以发现,关于援助中用于投资的比例所产生影响的分析出现了两种对立的结论。一种是悲观的实证结论,布恩曾指出,约3/4的援助用于政府部门消费,约1/4用于民间消费,没有资金用于投资(Boone,1996)。伊斯特利认为88个国家中仅有17个国家有意识地将援助用于投资(Easterly,1999)。Werker,Ahmed and Cohen(2009)确认了援助占GDP比每增加1%,民间最终消费只增加0.9%,同时储蓄额相应减少,但对投资、政府消费及出口都没有产生有统计学意义的影响。德巴里认为虽然消费的变化很大程度上受国内收入的影响,但完全不受援助比例变化的影响,所以不能说援助决定了消费的下限(Durbarry,2004)。

此外,以下的前人研究得出了乐观的实证结果。利维认为援助的86%—100%都用于投资(Levy,1987),此后,利维提出援助系数为1.02—1.23,该系数超过1时就会产生乘数效应(Levy,1988)。Feyzioglu,Swaroop and Zhu(1998)认为援助的30%用于投资,同时,如果援助变量中包括借款时这一比例将上升至58%。Lensink and Morrissey(2000)证实援助的22%用于投资。Hansen and Tarp(2001)通过差分广义矩估计方法(Difference GMM)得出援助系数高于1,为1.119。Harms and Lutz(2004)认为援助的1/4用于投资。进而,Burnside and Dollar(2000)将1970—1993年分为6个周期、每个周期4年,使用了56个发展中国家在每个周期内的平均面板数据,将政策质量、民族的多样性、暗杀者数量等政治变量(已在对20世纪90年代的经济增长的实证分析中证实)以及深化金融改革的影响作为控制变量,将经济政策指数作为解释变量,并设置了与援助的交

叉项,验证了援助和增长的相互作用。结果表明,无论采取普通最小二乘法(Ordinary Least Squares, OLS)还是采取二阶最小平方法(Two Stage Least Squared, TSLS),都表明援助本身效果甚微,不具有统计学意义,但援助和政策质量的交叉项则表明在推动经济增长方面具有统计学意义。由此可知在经济政策运行良好的国家,援助产生了推动经济增长的效果,而在经济政策运行较差的国家则没有产生效果,这一点对援助的大方向产生了重大影响。

此外,下文将介绍援助对卫生指标和教育指标影响的前人研究。这方面的研究较多。其中,威尔逊使用OECD / CRS的数据集,以96个国家为对象,对卫生发展援助与降低死亡率的相关性进行了考虑到内生性的实证分析(Wilson, 2011)。具体内容是以婴幼儿死亡率为中心,进行了OLS、固定效应模型及广义矩估计方法(Generalized Method of Moments, GMM)分析。实证分析得出的系数不具有统计学意义,因此他得出了卫生发展援助对死亡率几乎不产生影响的结论。Nixon and Ulmann(2006)则指出卫生指标难以计量,使用的指标不同结论也不同。

教育方面,Michaelowa and Weber(2007)将教育领域的援助额、管理指标、援助额与管理指标的交叉项、人口、人均GDP等作为控制变量,以120个低、中收入国家为对象,用GMM进行了考虑到内生性的实证分析。该研究分析了援助对小学入学率及毕业率的影响,并得出结论认为援助对发展中国家的初等教育产生正面影响。但是,受援国的政治、制度也至关重要,在不良的政府管理下,援助将对入学率产生负面影响。

如上所述,不同的实证分析得出了关于援助有效性的相反结论。但是包括交叉项模型在内,多数实证分析都将援助均一化,仅有少量前人研究从"项目泛滥"观点出发,对援助进行区别进而分析援助效果。笔者将在下文中介绍这些研究。

3.2.3 基于"项目泛滥"意识的援助效果实证分析

关于"项目泛滥"的前人研究,Acharya et al.(2006),Knackand Rahman(2007),Kihara(2012)等对本书所主张的"项目泛滥"现象给发展中国家行政能力带来的影响进行了研究,但关于"项目泛滥"对经济增长影响的研究并不多见。其中,木村(2007),Kimura et al.(2007,2012)首次验证了"援助泛滥"下的援助对受援国经济增长的影响。木村等(2007,2012)扩展了罗德曼(Roodman,2007a)模型,使用1970—2001年的DAC CRS数据中的承诺额作为援助额数据,计算出表示集中度(该集中度表示量化了的"援助泛滥"①度)的赫芬达尔—赫希曼指数(Herfindahl-Hirschman Index,HHI),并使用和援助额的交叉项,对援助和发展中国家经济增长的关系进行实证分析,最终得出了"援助泛滥"对受援国的经济增长产生负面影响的结论。

综上所述,多数前人研究都是在将援助均一化的前提下对援助的有效性进行实证分析。但是,区别对待援助,考察"项目泛滥"下的援助对受援国经济增长影响的研究并不多。在这个意义上,木村等(2007,2012)的研究值得被高度评价,但是这些研究是通过援助额来计算本书所主张的"项目泛滥"的程度指数,其分析结果可能无法准确反映"项目泛滥"的情况。此外,研究认为"项目泛滥"对发展中国家的全部部门产生了相同的影响,但本书认为"项目泛滥"对不同的部门产生的影响可能是不同的。

3.2.4 "项目泛滥"及援助有效性相关前人研究的主要问题

下文将阐述与援助有效性相关的前人研究中存在的主要问题。第一个问题如前文所述,以往的研究无论采取何种从属变量、模型、计算方法,几乎都将援助均一化处理(木村,2007),没有考虑到援助在"质"的方面的不同。因此,木村(2007)考察"援助泛滥"下的援助对经济增长的影响时,首次从援助承诺的数据中计算出集中度指数,并使用了与援助的交叉项进行分析。

前人研究中的第二个问题是分析所用数据的质量。包括木村等(2007)的研究在内,以往关于"项目泛滥"的研究都认为"项目泛滥"的问题在于它增加了发展中国家的手续费,虽然这一问题原因在于援助项目本身,但前人研究仅基于援助额计算泛滥指数。

此外,以往的研究多数通过OECD/DAC IDS CRS②数据中的承诺数据库进行分析(Fielding,Mavrotas,2008;Neanidis,Varvarigos,2009;Clemens,Radelet,Bhavnani,2004;Knack,Rahman,2007;Aldasoro et al.,2009;等)。这一方法存在两个问题。一是数据本身的可靠性。DAC事务局在逐步确认DAC CRS数据的

① 木村等(2007)将众多的援助方与项目的存在称为"援助泛滥",这些援助已经超出了受援国政府的管理能力,对公共资金流动的效率性也产生严重干扰,这一概念的意义与本书中所使用的"项目泛滥"一致。
② CRS基本包含了OECD发展援助委员会(DAC)几乎全部的成员国(23国)、国际开发金融机构以及联合国机构各个援助活动的相关详细信息。完整的数据集网址为:http://www.oecd.org/dac/stats/idsonline.htm(2014年9月10日访问)。

可靠性，并且提示了使用该数据时的注意事项[1]。注意事项中指出数据的覆盖率非常重要，建议使用覆盖率高的数据进行分析，反之则不适用于分析。具体来讲，DAC CRS的ODA承诺数据的覆盖率，1995年为70%，2000年以后为90%，到2003年以后基本达到100%。此外，开支数据覆盖率在2002年以前低于60%，2002年提高至90%，2007年以后基本达到100%。故建议使用1995年以后的承诺数据及2002年以后的开支数据。慎重起见，如使用两者均超过90%的数据，则承诺方面使用2000年以后的数据，开支方面使用2002年以后的数据。但实际情况是大多数研究都忽略了这一点，使用更早以前的数据分析"项目泛滥"问题。

分析"项目泛滥"时，DAC CRS数据的第二个问题是承诺数据中虽然计算了当年的承诺额，但在处理历时数年的案例时没有计算出每年的实际开支。因此，为掌握每年项目援助的实际情况，更适合使用记录了每年开支情况的开支数据。

如上所述，在测定"项目泛滥"问题中的项目数量时，如果考虑到DAC CRS数据的覆盖率及数据的特征，应该以2002年以后的DAC CRS开支数据为基准[2]。但是，开支数据也存在一些问题，例如，一个项目同时在多个地点开展时，很难掌握具体的手续费用。承诺数据中也存在同样问题。基于上述理由，本章将使用开支数据进行分析。

另外，在"项目泛滥"的相关研究中还存在下述问题。虽然有些项目直接反映在发展中国家的计划内，但很多研究将发生在援助国的活动经费也计算在内。木村（2007）认识到这一问题后，从DAC CRS的援助目的代码"purpose code"中去掉了代码为"900"的援助活动。理由是这类援助包括了"援助方的行政费用""为提高对发展合作的认知、兴趣而在援助方国内产生的援助费用"，这些费用与受援国的项目泛滥间不存在明显的关系。此外，Frot and Santiso（2010）使用的是DAC CRS中国家项目援助（Country Programmable Aid，CPA）数据，该数据是指除去人道援助、食物援助、紧急援助、债务救济、对NGO的预算支持、援助方的行政经费等没有直接反映在发展中国家项目中的费用，即援助流入数据[3]。OECD（2008c，2011）在分析"项目泛滥"现象时也使用了这一数据。本书也将使用上述数据进行分析[4]。但是，为更加缜密地进行分析，笔者将去掉"purpose

---

[1] 网址：http://www.oecd.org/dac/stats/crsguide.htm（2014年9月10日访问）。

[2] Hudson（2012：1）认为通过面板数据，使用2002年以后的数据可能做出有意义的分析。

[3] Kharas（2007a）认为这一数据比ODA更准确地反映了实际情况。

[4] 笔者将本次分析中构建的数据与OECD（2011）的数据进行比照后，确认了二者基本一致。

code"中代码为"500"的项目,只使用代码为"400"及之前的项目数量。理由是代码为"500"的GBS等援助并没有使"项目泛滥"情况恶化,相反起到了改善的作用。通过使用导致了"项目泛滥"现象的代码为"400"及之前的项目数量,能够得出更准确地反映发展中国家手续费用的数据[①]。

　　前人研究的第三个问题是,以往的研究普遍认为"项目泛滥"导致的手续费用是由发展中国家政府的全部部门共同承担。但是,项目援助并非平均覆盖受援国的全部部门,对不同部门的援助必然存在差异,特别是国际社会就MDGs达成共识后,援助越来越集中在以卫生、教育为中心的社会部门,所以不难想象各个部门承担的手续费用是不同的。

　　因此,本章将修正上述问题进行实证分析。具体来讲,即采取兼顾援助的"量"和"项目泛滥"的"质"的模式,基于2002年以后开支数据中的项目数量考察"项目泛滥",通过对经济增长、婴幼儿死亡率及小学毕业率三者的影响,验证"项目泛滥"对不同部门的影响的差异。本章第3.3节将说明"项目泛滥"指数及实证分析的方法(变量、数据、基本模型),第3.4节汇总估计结果,第3.5节将对本章内容进行归纳总结。

3.3　"项目泛滥"指数及实证分析的方法(变量、数据、基本模型)

3.3.1　"项目泛滥"指数

　　为了量化"项目泛滥"的程度,本节以前人研究(Acharya et al.,2006;Knack,Rahman,2007;木村等,2007;Kihara,2012;Annen,Moers,2012;等)中普遍使用的

---

① 本文使用的项目数量的计算方法与Frot and Santiso(2010)的方法一致,即分别给出DAC CRS中项目不同的ID,使援助行为完全独立,不同的援助方、不同的项目不会使用同一ID,同一援助方的不同项目也不使用同一ID。因此,可以利用这一性质计算出每个援助方的项目数。同时,去掉被标注了0或者负数的项目。但是,需要注意的是,有些援助项目是在多个地点展开,该项目产生的手续费用无法通过项目数来掌握,目前很难获得此类数据,这也是本研究的局限性所在。

计算方法为基础,用项目数量代替援助额计算HHI[①]。援助方用i表示,某一年对某个受援国提供的项目数量用q_i表示,提供给该受援国的援助总数用Q表示。赫芬达尔—赫希曼指数HHI为各援助方提供的项目数量所占总数比例的平方和:

$$HHI = \sum_{i=1}^{N} s_i^2 \qquad (3-1)$$

$S_i \equiv q_i/Q$是指援助方i提供的援助项目占总数的比例。木村(2007)用N表示援助方,用μ表示项目数量所占比例的平均值,用σ^2表示离散,将这两项分别写成下列等式。

$$\mu \equiv \frac{\sum s_i}{N} = \frac{1}{N} \qquad (3-2)$$

$$\sigma^2 \equiv \frac{\sum (s_i - \mu)^2}{N} = \frac{\sum s_i^2 - N\mu^2}{N} = \frac{HHI}{N} - \frac{1}{N^2} \qquad (3-3)$$

根据上述公式,可以将表示项目数集中度的赫芬达尔—赫希曼指数改写成:

$$HHI = N\sigma^2 + \frac{1}{N} \qquad (3-4)$$

如果援助方的数量固定,则离散越大HHI数值越高;如果援助方的援助占总数的比例相同,则离散为零,HHI等于1/N。因此,"项目泛滥"的问题越严重则HHI数值越小(木村等,2007)。

项目数量的HHI和经济增长、婴幼儿死亡率、小学毕业率的关系分别如图3-1、图3-2、图3-3所示。三张图的纵轴分别表示经济增长率、婴幼儿死亡率、小

---

① 计算集中度时,除HHI外还可以使用泰尔指数(Theil Index)。Acharya et al.(2006)使用泰尔指数的倒数来计算"援助方离散指数",即援助方将一定的援助预算分散到潜在受益国的程度。据Acharya et al.(2006:37)的解释,可以用下列公式求出泰尔指数。受益国i所受援助占该援助方援助总额的比例用x_i表示,首先求出$H(x)$的结果(潜在的受益国数用n表示):

$$H(x) \equiv \sum_{i=1}^{n} x_i \log\left(\frac{1}{x_i}\right)$$

H的最大值出现在等额的援助平均分配在n个国家时,各受益国获得的援助额为$\frac{1}{n}$,此时,

$$H(x) \equiv \sum_{i=1}^{n} \frac{1}{n} \log(n)$$

泰尔指数为最大值与$H(x)$实际值的差($\sum_{i=1}^{n} x_i = 1$):

$$T = \log n - H(x) \equiv \sum_{i=1}^{n} x_i \log(nx_i)$$

当所有潜在受益国获得等额援助时,泰尔指数T的最小值为0,援助差额越大,T的数值越大。如果潜在受益国只有一国($n=1$),则$T=0$。可见,当援助国仅对部分潜在受益国进行援助时,泰尔指数可以作为有用的指标,但如果考察特定的援助国的援助时,则更适合使用HHI。

学毕业率,横轴分别表示全部援助、卫生部门及教育部门各自的项目HHI。图3-1的纵轴表示"人均GDP"的增长率,从图3-1中可以看出援助对经济增长的促进效果与项目援助的集中度的关系呈倒U字形,同时,通过本图可以观测到援助集中度的最适值。从图3-2可以看出集中度数值越高死亡率越高,但没有援助对经济增长促进效果那么明显,呈舒缓的U字形。图3-3表明小学毕业率方面呈舒缓的倒U字形。三张图都表明援助集中度有一个最适值,项目的过度泛滥和过度集中都可能对各项指标产生负面影响。也就是说,虽然项目援助的集中度越高,在经济增长、婴幼儿死亡率、小学毕业率方面产生的效果越好,但影响的程度是递减的。图3-1只是简单地绘制了成果指标与HHI分布,下文将尝试通过多变量分析,进一步明确因果关系。

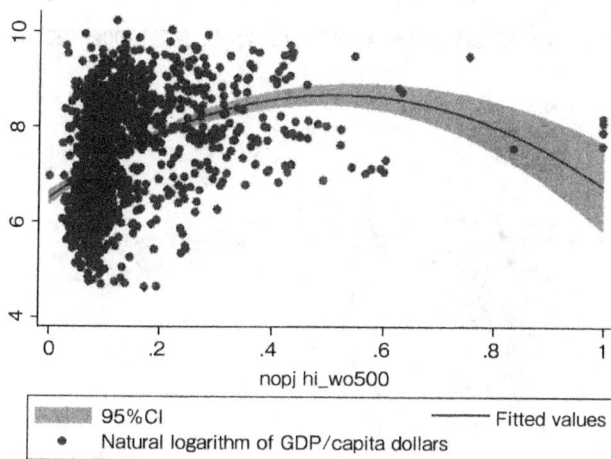

图3-1　项目数量的HHI和经济增长的关系[①]

① 图3-1、图3-2、图3-3 中的英文"Fitted values""95%CL""Natural logarithm of GDP/capita dollars""Mortality rate,under-5(per 1,000)""Primary completion rate,total(% of relevant age group)"分别译为"拟合值""95%置信水平""GDP 的自然对数/人均美元""死亡率 千分之五以下""小学毕业率,总计(相关年龄组别的百分率)"。(译者注)

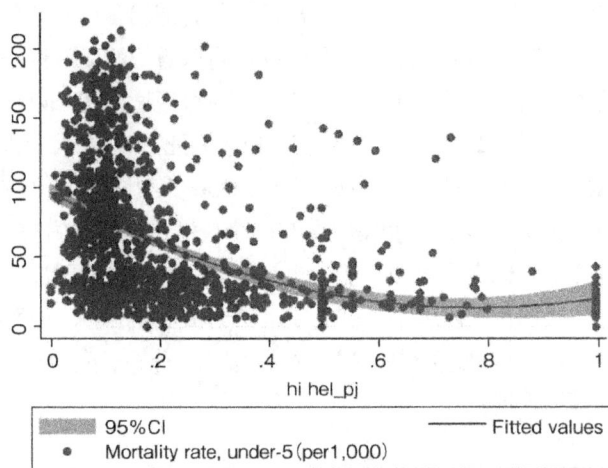

图3-2 卫生项目数量的HHI和婴幼儿死亡率的关系(2002—2010年)

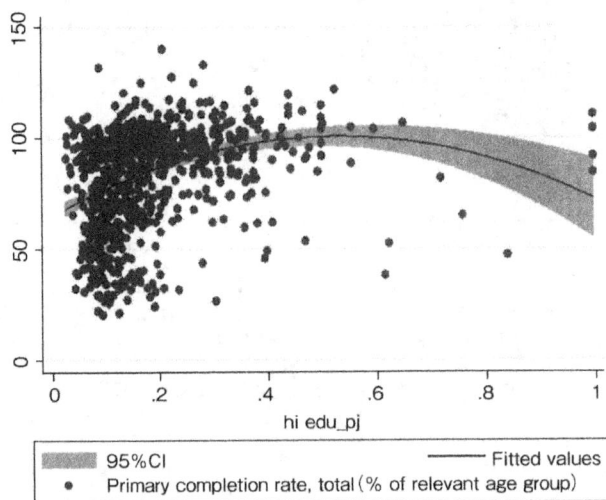

图3-3 教育项目数量的HHI和小学毕业率的关系(2002—2010年)

3.3.2 实证分析的方法(数据、变量、基本模型)

3.3.2.1 变量和数据

本节将分析"项目泛滥"下的援助对MDGs成果产生的影响。分析的时间对象为2002—2010年,但笔者只得到了2002—2007年的数据,因此将减贫指标中

"经济增长"和卫生及教育的成果指标,即婴幼儿死亡率和小学毕业率作为被解释变量,分析"项目泛滥"对这些指标的影响,其中经济增长是减贫的最大动力,卫生及教育的成果指标是MDGs的重要支柱。主要解释变量方面,图3-1、图3-2、图3-2中"项目泛滥"与"人均GDP增长率""婴幼儿死亡率""小学毕业率"三者的关系可能无法用一条线表示,所以本节采取"HHI×HHI"即HHI²的多指数模型。在此基础上,分别设定"HHI"和"HHI²"与援助方援助总额、援助方卫生援助总额及援助方教育援助总额的交叉项。

分析经济增长率所受影响的主要目的是考察"项目泛滥"下的援助对经济增长率的影响程度,因此其他控制变量将遵循标准的增长回归模型。具体选定了新古典派经济增长理论中重要的变量"投资额""开放度""金融深化指数(M2/GDP)"以及人力资本的代理变量"小学入学率"。"人口"(对数)中也包含了对规模经济或规模不经济的影响的测算。此外,众多前人研究(Burnside, Dollar, 2000; Collier, Dehn, 2001; Collier, Dollar, 2002; Collier, Hoeffler, 2002; Hansen, Tarp, 2000; Hansen, Tarp, 2001; Dalgaard, Hansen, Tarp, 2004; Roodman, 2007a)中将治理变量也作为对经济增长产生影响的解释变量,因此本书也使用这一解释变量。进而,将对利用上述治理变量及经济变量得出的援助及"项目泛滥"效果的稳健性进行确认。

婴幼儿死亡率方面,除"HHI""HHI²""援助方卫生援助额占GDP比"外,还将"援助方卫生援助额占GDP比"和"HHI""援助方卫生援助额占GDP比"和"HHI²"的交叉项作为主要解释变量。此外,同前人研究一样,将包含了"政府卫生开支额占GDP比"及"人均GDP(对数)"的模型作为基本模型。进而,Baez-Camargo and Jacobs(2011)指出能够反映国民对本国政府决策的参与度、言论自由、结社自由、自由媒体态度的"话语权和问责制(Voice and Accountability)"对卫生指标有正面的影响,因此本章也将"话语权和问责制"以及经济变量"投资""开放度""M2"作为控制变量,验证结果的稳健性。同时,在"政府卫生开支额对GDP比"的工具变量中,使用了对卫生开支产生影响,但没有直接对婴幼儿死亡率产生影响的"腐败控制制度"。

对小学毕业率所受影响的分析同婴幼儿死亡率的分析方法相同,主要解释变量中使用了"HHI""HHI²""援助方教育援助额占GDP比"及各自的交叉项,在此基础上增加了"人均GDP(对数)"作为基本模型。基本模型中,将治理指数中的"政府效能(Government Effectiveness)""规制质量(Regulatory Quality)""话语权和问责制(Voice and Accountability)"作为经济变量,将"投资"作为控制变量。

由于"政府教育开支额占GDP比"中缺失值较多,未将其列入变量。但可能因此产生遗漏变量偏差,所以将使用修正这一偏差的估计方法(后述)。

本章使用DAC CRS2002年以后的开支数据计算主要解释变量"HHI"。此外,援助方的援助总额、援助方卫生援助额及援助方教育援助额也根据DAC CRS数据计算。从世界银行的WDI中引用了"人均GDP增长率""婴幼儿死亡率""小学毕业率""人口""投资额""金融深化指数(M2/GDP)""政府卫生开支额"作为经济增长率的数据。"开放度"数据来自佩恩表(Penn World Table)。管理指标引用了Kaufmann, Kraay and Mastruzzi(2010)的综合治理指标(Aggregate Governance Indicators)。但是,由于无法得到每个国家所有年份的数据,因此笔者进行了非平衡面板分析。本次分析的描述性统计值如表3–1所示。

表3–1　描述性统计值

变　量	样本数	平　均	标准误差	最小值	最大值
人均GDP增长率	1288	2.96	5.10	−42.77	42.83
婴幼儿死亡率	1289	61.30	51.70	0.00	219.60
小学毕业率	877	83.42	22.21	20.55	140.17
项目HHI	1378	0.17	0.18	0.00	1.00
项目HHI^2	1378	0.06	0.15	0.00	1.00
卫生项目HHI	1334	0.26	0.26	0.00	1.00
卫生项目HHI^2	1334	0.13	0.26	0.00	1.00
教育项目HHI	1366	0.22	0.19	0.00	1.00
教育项目HHI^2	1366	0.09	0.18	0.00	1.00
援助额占GDP比	1244	8.94	14.88	0.00	167.95
卫生援助额占GDP比	1244	0.55	1.25	0.00	27.25
教育援助额占GDP比	1244	0.79	1.50	0.00	15.82
政府卫生支出额占GDP比	1253	3.50	2.71	0.03	21.11
援助×HHI	1244	1.33	3.37	0.00	35.36
援助×HHI^2	1244	0.35	1.34	0.00	16.76

续　表

变　量	样本数	平　均	标准误差	最小值	最大值
卫生援助额×卫生HHI	1220	0.13	0.48	0.00	10.22
卫生援助额×卫生HHI²	1220	0.05	0.22	0.00	3.83
教育援助额×教育HHI	1240	0.18	0.55	0.00	7.27
教育援助额×教育HHI²	1240	0.06	0.23	0.00	3.34
人口(对数)	1049	2.33	1.55	−0.69	7.20
人均GDP(对数)	1244	7.43	1.19	4.65	10.23
金融深化指数	1160	49.34	34.34	4.89	247.82
投资	1230	5.18	7.94	−37.62	161.80
开放度	1235	86.36	38.82	1.86	260.63
小学入学率(净)	818	85.64	14.02	29.19	99.87
腐败控制度	1274	−0.48	0.65	−1.92	1.55
管理能力	1272	−0.50	0.66	−2.45	1.59
政治稳定性	1270	−0.37	0.95	−3.32	1.54
规制质量	1272	−0.49	0.72	−2.68	1.54
法治	1280	−0.49	0.72	−2.67	1.45
话语权与问责制	1281	−0.39	0.86	−2.28	1.34
国家数	1379	87.62	56.15	1	182

3.3.2.2　基本模型

Hansen and Tarp(2001)考虑到了援助流程、一些国家无法观测到的特殊要因以及条件收敛这三种内生性,建议对援助有效性进行回归分析时,使用动态面板HHI,该方法可以兼顾内生性。此外,很多前人研究都论及考虑内生性问题的必要性。Hansen and Tarp(2001)建议使用的动态面板GMM包括差分GMM(Difference GMM)和系统GMM(System GMM)方法。首先,为修正遗漏变量导致的干扰项和解释变量存在相关的可能性,Arellano and Bond(1991)基于Holtz-Eakin,Newey,Rosen(1988)最初提出的方法使用了差分GMM估计。差分GMM

通过一阶差分修正固定效应的偏差。此外,将先觉变量、内生变量的滞后(Lag)作为工具变量对内生性进行修正。但是,Arellano and Bover(1995)认为滞后被解释变量的系数接近1时,接近随机游走的可能性高,此时滞后水平(Lagged Levels)成为一阶差分的弱工具变量。为了减轻弱工具变量的影响,Arellano and Bover(1995)和Blundell and Bond(1998)开发了系统GMM。系统GMM将水平回归方程和差分回归方程结合起来进行估计,其目的是修正弱工具变量。Blundell and Bond(1998)的模拟分析表明,滞后被解释变量的系数超过0.8时,随机游走的可能性高,因此系统GMM更有效,但系数较小时,差分GMM也是有效的。本章中"婴幼儿死亡率""小学毕业率"的滞后被解释变量的系数均超过0.8,所以下文的估计结果均采用系统GMM。以分析对经济增长的影响的模型为例,其估计公式如下:

$$Growth_{it} = \beta_1 Growth_{i,t-1} + (\beta_2 HHI_{it} + \beta_3 HHI_{it}^2) \times A_i d_{it} + \beta_{En} En_{it}$$
$$+ \beta_{Ex} Ex_{it} + \alpha_i + \alpha_t + \varepsilon_{it} \tag{3-5}$$

下角标 i、t 分别代表受援国和受援时间。$Growth$ 是表示"人均GDP增长率"的被解释变量。公式右边的主要解释变量包括表示项目援助集中度的"HHI"及其平方"HHI²""援助(开支)额占GDP比"及互相的交叉项。En_{it} 表示由先决变量和内生变量构成的矩阵。内生变量包括"援助(开支)额占GDP比"、"人口(对数)"、"小学入学率"、经济变量"投资额"、"开放度"、"金融深化指数(M2/GDP)"以及治理变量"政府效能"。此外,主要解释变量也作为内生变量处理。Ex_{it} 是外生变量时间虚拟变量(Time Dummy)。同时,将时间虚拟变量作为工具变量。α_i、α_t、ε_{it} 分别表示各国的固定效应、期间效应以及随机干扰项。计算使用系统GMM估计。

进而,对"婴幼儿死亡率"及"小学毕业率"的回归分析使用与上面相同的公式。在以"婴幼儿死亡率"为被解释变量的公式中,右边的主要解释变量包括表示卫生领域援助集中度的"HHI"及其平方"HHI²""卫生援助额所占GDP比"及各自的交叉项。En_{it} 中将"援助方保健援助额占GDP比""政府卫生开支额占GDP比""人均GDP(对数)""话语权和问责制""投资""开放度"及"金融深化指数(M2)"作为内生变量。Ex_{it} 将时间虚拟变量及"腐败控制度"作为工具变量。将"小学毕业率"作为被解释变量的公式中,右边的主要解释变量包括表示教育领域项目援助集中度的"HHI"及其平方"HHI²""援助方教育援助额占GDP比"及各自的交叉项。En_{it} 将"人均GDP(对数)""话语权和问责制""政府效能""投资"作为内生变量,Ex_{it} 将时间虚拟变量及"腐败控制度"作为工具变量。

上述系统GMM估计中,使用Hansen J统计值来检验各个工具变量是否满足干扰项和正交条件,通过Arellano-Bond统计值来检验干扰项是否序列相关[1]。此外,使用了系统GMM估计稳健标准误差的一步(One Step)。

3.4 估计结果

本节首先考察了"项目泛滥"对减贫最大动力——"经济增长"的影响。"提高援助有效性的措施"的背景是在难以增加援助资金的情况下,希望通过提高援助效率来提高援助的有效性。因此,本节重点考察通过集中那些导致"项目泛滥"的项目可以在何种程度上提高援助的有效性。考虑到内生性的GMM估计结果见表3-2。

表3-2 "项目泛滥"和经济增长

估计方法	System GMM	System GMM	System GMM	System GMM	System GMM	System GMM
	(1)	(2)	(3)	(4)	(5)	(6)
解释变量/被解释变量	人均GDP增长率	人均GDP增长率	人均GDP增长率	人均GDP增长率	人均GDP增长率	人均GDP增长率
人均GDP增长率 (t-1)	0.383***	0.361**	0.343**	0.385***	0.401***	0.396***
	(0.103)	(0.152)	(0.134)	(0.114)	(0.114)	(0.119)
项目援助集中度指数(HHI)(内生)	−10.05	−8.101	−11.82	−12.97	−12.27	−12.07
	(12.13)	(13.34)	(14.29)	(11.17)	(10.96)	(12.42)
HHI²(内生)	24.92	25.27	27.65	31.66	32.78	28.45
	(24.56)	(27.24)	(29.03)	(22.42)	(21.16)	(22.89)
援助额占GDP比(内生)	−0.140*	−0.147*	−0.163**	−0.199***	−0.194**	−0.166**
	(0.0788)	(0.0782)	(0.0818)	(0.0716)	(0.0747)	(0.0690)
援助额占GDP比×HHI(内生)	2.884**	3.016***	3.315**	3.404***	3.336***	3.126***
	(1.191)	(1.140)	(−1.269)	(1.124)	(1.124)	(1.003)

[1] 差分广义矩可以通过戴维·鲁德曼(David Roodman)制作的stata命令xtabond2进行估计。

续　表

估计方法	System GMM	System GMM	System GMM	System GMM	System GMM	System GMM
	（1）	（2）	（3）	（4）	（5）	（6）
援助额占 GDP 比× HHI²（内生）	−4.671**	−4.844**	−5.380**	−5.424***	−5.346***	−5.014***
	(2.008)	(1.911)	(2.130)	(1.898)	(1.882)	(1.695)
人口（对数）（内生）	0.179	0.496	0.236	0.283	0.417	0.253
	(0.245)	(0.350)	(0.335)	(0.342)	(0.329)	(0.378)
投资（内生）	0.130	0.153	0.155	0.133	0.147	0.134
	(0.143)	(0.134)	(0.136)	(0.138)	(0.139)	(0.137)
小学入学率（内生）	0.0234	−0.00437	0.0533	0.0183	0.0104	0.0402
	(0.0238)	(0.0575)	(0.0424)	(0.0317)	(0.0323)	(0.0367)
政治稳定度（内生）	0.0504					
	(0.904)					
政府效率（内生）		1.237				
		(1.475)				
规制质量（内生）			−0.468			
			(0.947)			
法治（内生）				−0.0212		
				(0.929)		
腐败控制度（内生）					0.768	
					(0.949)	
话语权和问责制（内生）						−0.0948
						(0.692)
2003 年（外生）	0.311	2.031	−2.385	0.797	1.340	−1.115
	(2.310)	(5.676)	(4.110)	(2.810)	(3.033)	(3.257)

续　表

估计方法	System GMM	System GMM	System GMM	System GMM	System GMM	System GMM
	(1)	(2)	(3)	(4)	(5)	(6)
2004年(外生)	1.089	2.872	−1.621	1.583	2.116	−0.371
	(2.397)	(5.677)	(4.069)	(2.837)	(3.085)	(3.227)
2005年(外生)	0.0983	1.908	−2.589	0.568	1.054	−1.401
	(2.164)	(5.640)	(3.986)	(2.665)	(2.911)	(3.148)
2006年(外生)	0.338	2.291	−2.372	1.020	1.525	−1.101
	(2.472)	(5.975)	(4.269)	(3.028)	(3.221)	(3.458)
2007年(外生)	0.597	2.537	−2.162	1.066	1.581	−0.951
	(2.258)	(5.400)	(3.780)	(2.653)	(2.831)	(2.891)
2008年(外生)	−0.932	0.984	−3.620	−0.466	0.0323	−2.507
	(2.292)	(5.428)	(3.879)	(2.721)	(2.900)	(3.036)
2009年(外生)	−3.675	−1.732	−6.433	−3.195	−2.655	−5.252
	(2.457)	(5.767)	(4.082)	(2.899)	(3.083)	(3.358)
2010年(外生)	0.539	2.364	−2.314	1.027	1.631	−0.884
	(2.410)	(6.258)	(4.423)	(3.099)	(3.335)	(3.599)
Arellano-Bond test AR(1)	0.002	0.001	0.001	0.001	0.001	0.001
Arellano-Bond test AR(2)	0.929	0.988	0.83	0.916	0.983	0.95
Hansen test	0.355	0.434	0.397	0.43	0.286	0.493
样本数	616	616	616	616	616	616
国家数	107	107	107	107	107	107

注：括号内表示的是全部的稳健标准误差。***、**、*分别代表在1%、5%、10%的显著性水平上拒绝零假设。HHI指标使用了DAC CRS的数据，并根据除韩国外的22个DAC国家以及世界银行、EU的支出数据进行了计算。(内生)表示内生变量，(外生)表示外生变量，工具变量使用了时间虚拟变量。

从"项目援助集中度指数(HHI)"来看,"HHI"升高则经济增长率降低。另一方面,"HHI"平方后,随着项目援助集中度的升高,与"HHI"相比,经济增长率升高且系数较大。也就是说,项目援助集中度的升高给经济增长率带来正面效果。这表明当"援助额占GDP比"为0,仅观察"项目泛滥"的情况下,"项目泛滥"对经济增长率的影响作为HHI函数,表现为一个具备最适值的U字形。但是,"HHI"和"HHI²"的值均没有统计学意义。"援助额占GDP比"方面,HHI值越高,经济增长率的统计学意义越小。这意味着当"HHI"和"HHI²"均为0,即"项目泛滥"达到极限的情况下,援助的增加对经济增长率产生负面影响。此外,从"援助额占GDP比和HHI的交叉项"来看,该系数为有统计学意义的正值,"援助和HHI²的交叉项"与"援助额占GDP比和HHI的交叉项"相比,系数为负才有统计学意义。即HHI对经济增长的影响在"援助额占GDP比"为零时表现为U字形(但无统计学意义),因此该影响随着"援助额占GDP比"的增加而发生变化。这些都是在不同模型下均能得出的稳健的结果。与控制变量经济指数、治理指数等的关系没有得出有统计学意义的结果。此外,通过Arellano-Bond统计值检验干扰项是否序列相关,通过Hansen J统计值检验工具变量是否满足干扰项和正交条件,均得出正确的数值,这说明本分析使用了正确的模型。

仅凭上述变量的系数对本模型所关注的HHI的综合效果进行判断存在一定的局限性,因此,笔者将带入具体的数值实现该效果的可视化。为了考察HHI对经济增长率的综合影响,将第1到第3个四分位数的"援助额占GDP比"及参考地区撒哈拉以南非洲及东亚的"援助额占GDP比"的平均值带入下面的公式中,借此确认援助额分别固定为上述数值时HHI对经济增长率的综合影响。

HHI对经济增长率的综合影响=(HHI系数+援助额×HHI和援助额交叉项的系数)×HHI+(HHI²系数+援助额×HHI²和援助额交叉项的系数)×HHI²

$$(3-6)$$

"HHI""HHI²""HHI²和援助额的交叉项"的系数使用了最具统计学意义的估计结果,即表3-2中(4)的模型数值。图3-4为可视化结果。此外,表3-3、表3-4反映了不同地区的项目HHI平均值和援助额平均值(援助额占GDP比)。

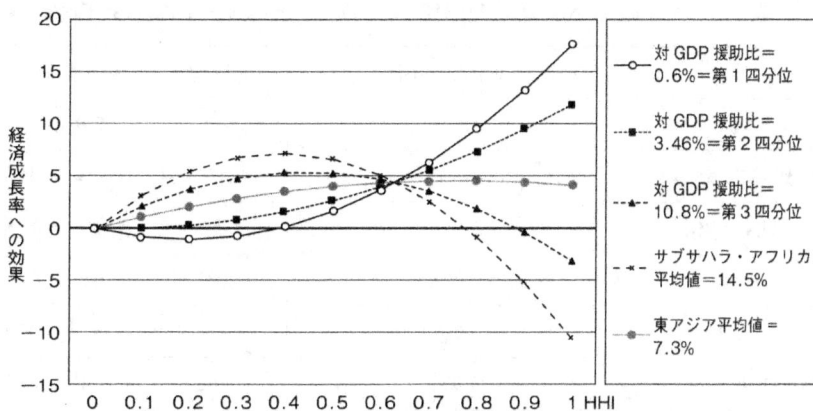

图3-4 HHI对经济增长率的综合影响：第1到第3个四分位数
和撒哈拉以南非洲及东亚地区的"援助额占GDP比"①

表3-3 不同地区的项目HHI平均值(2002年至2010年的平均值)

地区	项目HHI(平均)	标准误差	95%置信区间	
北非	0.111	0.023	0.065	0.157
撒哈拉以南非洲	0.123	0.007	0.109	0.137
北美、中美	0.252	0.011	0.231	0.272
南美	0.137	0.015	0.108	0.166
东亚	0.093	0.015	0.063	0.122
中东、近东	0.167	0.017	0.134	0.200
南亚、中亚②	0.100	0.012	0.076	0.124
欧洲	0.156	0.015	0.126	0.187
大洋洲	0.413	0.013	0.388	0.438

注：表3-3中的HHI为根据援助方提供的援助项目数量计算得出。

---

① 图3-4中的"経済成長率への効果""对GDP援助比""サブサハラ・アフリカ""東アジア"的中译文
分别是"对经济增长率的影响""援助占GDP比""撒哈拉以南非洲""东亚"。(译者注)
② 原著表3-3、表3-4、表3-6、表3-7、表3-9、表3-10中出现了"南·中欧アジア"一词，经查阅不存在
"南、中欧亚洲"这一地理概念。此词应为"南·中央アジア"。(译者注)

表3-4　不同地区的援助额平均值(援助占GDP比、2002年至2010年的平均值)

地区	平均援助额(占GDP比%)	标准误差	95%置信区间	
北非	1.008	2.099	−3.109	5.125
撒哈拉以南非洲	14.472	0.654	13.189	15.756
北美、中美	2.876	1.007	0.900	4.852
南美	2.236	1.293	−0.301	4.773
东亚	7.265	1.416	4.486	10.044
中东、近东	3.970	1.562	0.905	7.035
南亚、中亚	5.674	1.120	3.477	7.870
欧洲	2.622	1.432	−0.188	5.432
大洋洲	22.453	1.351	19.803	25.102

如图3-4所示,第1个四分位数"援助额占GDP比=0.6%"时,呈U字形,HHI位于最低值0.2到0.4区间时对经济增长率产生负面影响,之后对经济增长率产生正面影响。第2个四分位数"援助额占GDP比=3.46%"时,持续对经济增长率产生正面影响,HHI值越高影响越大。但是,第3个四分位数"援助额占GDP比=10.8%"的情况下,呈倒U字形,HHI位于峰值0.45到0.9区间时产生正面影响,其他则产生负面影响。在实际观测值中,首先,在撒哈拉以南非洲地区的"援助额占GDP比"平均值(14.5%)下,呈倒U字形,HHI位于峰值0.4到0.8区间时产生正面影响,其后则产生负面影响。此外,在东亚地区"援助额占GDP比"平均值(7.3%)下,虽然HHI达到0.6后略呈下降趋势,但持续对经济增长产生正面影响。

通过表3-3可以看出,撒哈拉以南非洲地区的HHI平均值为0.123,如果"援助额占GDP比"的地区平均值今后保持不变,则项目援助集中度保持在0.4之内,可以预见将会进一步推动经济增长。东亚地区的HHI平均值为0.093,如果"援助额占GDP比"的地区平均值今后也保持不变的话,集中项目援助同样会进一步提高经济增长率。为提高这些结果的可信度,本分析将各个案例均置于95%置信水平下(见图3-5到图3-9)。

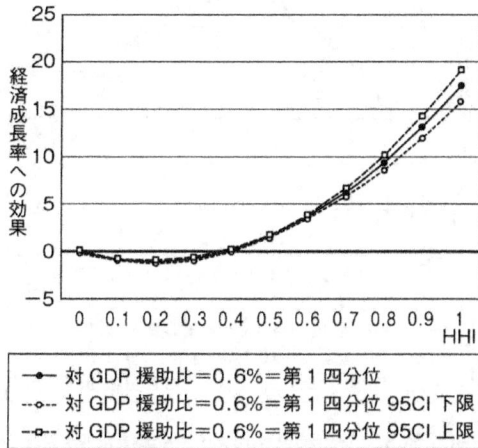

图3-5　HHI对经济增长率综合影响的95%置信水平：第1个四分位数[①]

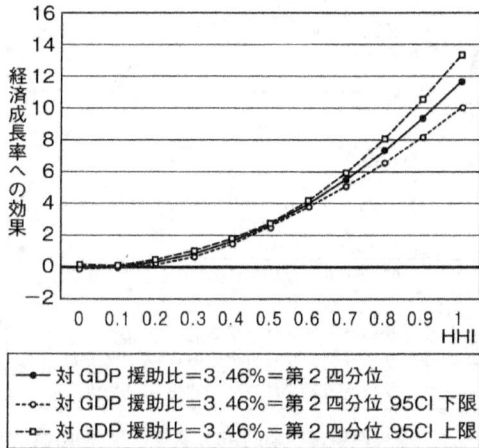

图3-6　HHI对经济增长率综合影响的95%置信水平：第2个四分位数

---

① 图3-5、图3-6、图3-7中的"経済成長率への効果""对GDP援助比"的中译文为"对经济增长率的影响""援助占GDP比"。(译者注)

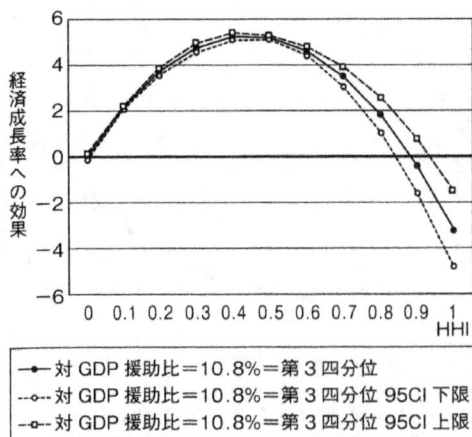

图3-7　HHI对经济增长率综合影响的95%置信水平:第3个四分位数

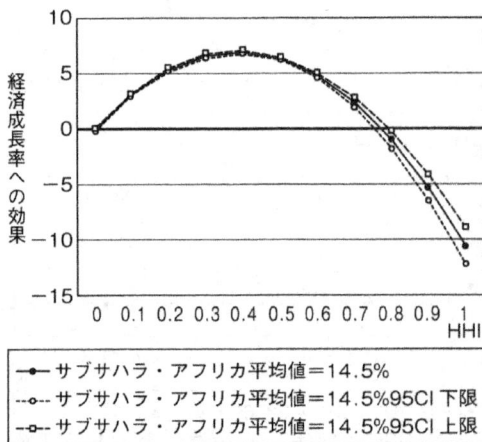

图3-8　HHI对经济增长率综合影响的95%置信水平:撒哈拉以南非洲地区①

---

① 图3-8中的"経済成長率への効果""サブサハラ·アフリカ"的中译文为"对经济增长率的影响""撒哈拉以南非洲"。(译者注)

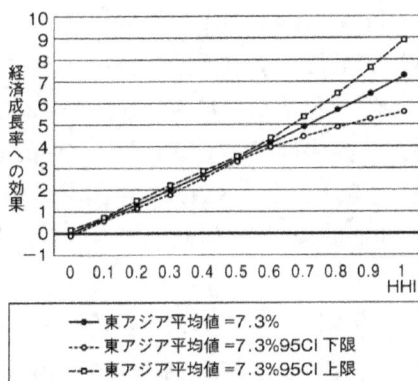

图3-9　HHI对经济增长率综合影响的95%置信水平：东亚地区[①]

如图3-5到图3-9所示，在HHI对经济增长率综合影响的95%置信水平下，HHI值极高时幅度会出现若干扩大，但此外基本一致，可信度较高。因此，可以认为基于上述估计结果的解释是正确的。

在上述结果的基础上，笔者改变"援助额占GDP比"的数值进行了模拟估计，借此确认"HHI对经济增长率的综合效果最好"以及"已经没有改善余地"两种情况下"援助额占GDP比"的阈值（见图3-10）。

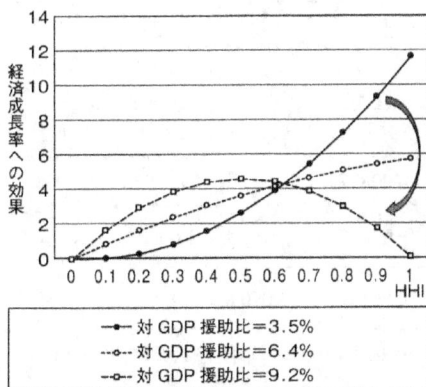

图3-10　HHI对经济增长率综合影响持续为正的情况：
"援助额占GDP比"置于3.5%—9.2%区间[②]

---

① 图3-9中的"経済成長率への効果""東アジア"的中译文为"对经济增长率的影响""东亚"。（译者注）
② 图3-10中的"経済成長率への効果""対GDP援助比"的中译文为"对经济增长率的影响""援助占GDP比"。（译者注）

模拟估计的结果表明,"援助额占GDP比"位于3.5%—9.2%时,集中受援国的项目援助将始终对经济增长产生正面影响。"援助额占GDP比"位于3.5%—6.4%时,HHI产生正面影响且影响持续扩大,但高于6.4%时,HHI达到峰值后开始递减呈倒U字形。而且,在"援助额占GDP比"为9.2%的案例中,HHI的最适值为0.5,此时呈左右对称的倒U字形。多数发展中国家的HHI均在0.5以下,这表明在经济增长方面,即使援助额不变,但通过集中项目援助也可能会促进经济增长。

反之,在"援助额占GDP比"高于9.2%的地区,如撒哈拉以南非洲等对援助依赖度高的国家,通过在一定程度上控制"项目泛滥",使HHI向最适值变化,则有可能比对援助依赖度低的国家更好地提高经济增长率。另一方面也表明,在这些国家中,项目过度集中反而可能会削弱经济增长的效果。

进而,笔者将考察"项目泛滥"和婴幼儿死亡率的关系。婴幼儿死亡率是指5岁以内儿童的死亡人数与1000名新生儿的比例。因此,数值越大表示婴幼儿死亡率问题越严重。系统GMM估计结果见表3-5。

表3-5 "项目泛滥"和婴幼儿死亡率

估计方法	System GMM	System GMM	System GMM	System GMM	System GMM	System GMM	System GMM
	(1)	(2)	(3)	(4)	(5)	(6)	(7)
解释变量/被解释变量	婴幼儿死亡率	婴幼儿死亡率	婴幼儿死亡率	婴幼儿死亡率	婴幼儿死亡率	婴幼儿死亡率	婴幼儿死亡率
婴幼儿死亡率(t-1)	0.972***	0.973***	0.976***	0.967***	0.972***	0.974***	0.965***
	(0.00831)	(0.00837)	(0.00911)	(0.00935)	(0.00870)	(0.00928)	(0.00910)
卫生项目集中度指数(HHI)(内生)	8.860***	9.454***	11.13***	12.60***	7.470***	8.821***	10.00***
	(2.746)	(2.919)	(3.010)	(4.435)	(2.331)	(2.354)	(2.953)
HHI²(内生)	-5.516**	-7.048**	-7.344***	-10.21***	-5.323**	-5.601***	-8.745***
	(2.396)	(2.854)	(2.631)	(3.687)	(2.553)	(2.113)	(2.720)
卫生援助额对GDP比(内生)	8.823**	8.603**	10.32***	10.61*	7.563**	8.743**	11.08*
	(4.190)	(3.550)	(3.613)	(5.495)	(3.673)	(3.829)	(6.149)
卫生援助额对GDP比×HHI(内生)	-10.28**	-9.707**	-12.02***	-12.29*	-8.426**	-10.04**	-12.43*
	(4.607)	(4.093)	(4.191)	(6.754)	(3.971)	(4.184)	(6.998)

续 表

估计方法	System GMM (1)	System GMM (2)	System GMM (3)	System GMM (4)	System GMM (5)	System GMM (6)	System GMM (7)
卫生援助额对GDP比×HHI²（内生）	-1.557*	-1.425*	-1.907**	-1.659	-1.199	-1.561*	-1.667
	(0.912)	(0.776)	(0.759)	(1.174)	(0.794)	(0.826)	(1.241)
政府卫生支出占GDP比（内生）	-0.238*	-0.384***	-0.275***	-0.565***	-0.351**	-0.235**	-0.692**
	(0.126)	(0.139)	(0.105)	(0.165)	(0.174)	(0.118)	(0.271)
人均GDP增长率（对数）（内生）	-0.727*	-0.648*	-0.858**	-0.768	-0.515	-0.643*	-0.752
	(0.369)	(0.390)	(0.388)	(0.503)	(0.346)	(0.376)	(0.493)
话语权和问责制（内生）	-0.263				-0.165	-0.224	0.278
	(0.405)				(0.412)	(0.367)	(0.576)
开放度（内生）		0.00759			0.00795		
		(0.00793)			(0.00906)		
投资（内生）			-0.00450			-0.00200	
			(0.0542)			(0.0500)	
M2/GDP（内生）				-0.00766			-0.00602
				(0.0101)			(0.0108)
2003年（外生）	4.314	3.518	4.861	5.778*	2.758	3.574	6.654
	(3.117)	(2.574)	(3.057)	(3.354)	(2.513)	(3.188)	(4.363)
2004年（外生）	4.417	3.559	5.042	5.853*	2.742	3.681	6.692
	(3.158)	(2.601)	(3.081)	(3.438)	(2.526)	(3.217)	(4.450)
2005年（外生）	4.255	3.395	4.846	5.762*	2.593	3.501	6.658
	(3.210)	(2.607)	(3.112)	(3.451)	(2.551)	(3.265)	(4.512)
2006年（外生）	5.080	4.205	5.846*	6.795*	3.266	4.317	7.537
	(3.306)	(2.744)	(3.238)	(3.721)	(2.642)	(3.376)	(4.682)
2007年（外生）	5.057	4.194	5.846*	6.829*	3.234	4.287	7.588
	(3.341)	(2.760)	(3.265)	(3.747)	(2.672)	(3.421)	(4.734)
2008年（外生）	5.068	4.176	5.859*	6.777*	3.225	4.301	7.581
	(3.431)	(2.810)	(3.338)	(3.791)	(2.738)	(3.507)	(4.815)

续 表

估计方法	System GMM	System GMM	System GMM	System GMM	System GMM	System GMM	System GMM
	(1)	(2)	(3)	(4)	(5)	(6)	(7)
2009年 (外生)	5.082	4.267	5.860*	6.805*	3.331	4.317	7.621
	(3.367)	(2.793)	(3.282)	(3.708)	(2.718)	(3.432)	(4.754)
2010年 (外生)	6.160	5.343*	6.951*	8.040*	4.395	5.396	8.839
	(3.915)	(3.201)	(3.627)	(4.372)	(3.121)	(3.840)	(5.482)
Arellano-Bond Test AR(1)	0.032	0.034	0.027	0.03	0.041	0.034	0.03
Arellano-Bond Test AR(2)	0.721	0.803	0.755	0.54	0.786	0.71	0.619
Hansen test	0.546	0.524	0.232	0.272	0.41	0.229	0.244
样本数	1053	1037	1045	985	1037	1045	985
国家数	137	135	137	130	135	137	130

注:括号内表示的是全部的稳健标准误差。***、**、*分别代表在1%、5%、10%的显著性水平上拒绝零假设。HHI指标使用了DAC CRS的数据,并根据除韩国外的22个DAC国家以及世界银行、EU的支出数据进行了计算。(内生)表示内生变量,(外生)表示外生变量,工具变量使用了时间虚拟变量和腐败控制度。

表3-5表明,随着"卫生项目集中度指数HHI"的增高,婴幼儿死亡率也表现为有统计学意义的增高。另一方面,"卫生项目集中度指数HHI"进行平方后的数值增高则婴幼儿死亡率表现为有统计学意义的降低。即当"卫生援助额对GDP比"为0时,"项目泛滥"对婴幼儿死亡率产生的影响呈倒U字形。保健项目集中度指数极低或极高时,可以改善婴幼儿死亡率。"卫生援助额占GDP比"系数为有统计学意义的正值,HHI为0,即"项目泛滥"达到极限时,会使死亡率增高。"卫生援助额占GDP比和HHI的交叉项"及"卫生援助额占GDP比和HHI²的交叉项"的系数均为有统计学意义的负值,HHI和婴幼儿死亡率的关系随"卫生援助额占GDP比"的变化而变化。但是,与"HHI"交叉项相比,随着HHI²交叉项的系数绝对值变小、项目援助集中度增加,对"卫生援助额占GDP比"的影响力也变小。此外,"政府卫生开支占GDP比"方面,随着开支的增加,婴幼儿死亡率呈有

统计学意义的递减趋势,这表明开支额的增高可以改善婴幼儿死亡率。其他的控制变量中,可以看出(1)(2)(3)及(7)的模型对改善婴幼儿死亡率有统计学意义,其余的经济变量及治理变量均未得出有统计学意义的结果。这些主要解释变量的结果是在不同模型下均可以得到的稳健结果。此外,通过Arellano-Bond统计值检验干扰项是否序列相关,通过Hansen J统计值检验工具变量是否满足干扰项和正交条件,均得出正确的数值,这说明本分析使用了正确的模型。

为实现HHI对婴幼儿死亡率影响的可视化,与对经济增长率的分析相同,笔者将第1到第3个四分位数的"卫生援助额占GDP比"及参考地区撒哈拉以南非洲及东亚的"卫生援助额占GDP比"的平均值带入到公式(1)中,借此确认"卫生援助额占GDP比"分别固定为上述数值时HHI对婴幼儿死亡率的综合影响。

"HHI""HHI²""HHI²和援助额的交叉项"的系数使用了最具统计学意义的估计结果,即表3-5中(3)的模型数值。图3-11为可视化结果。此外,表3-6、表3-7反映了不同地区的项目HHI平均值和援助额平均值(援助额占GDP比)。

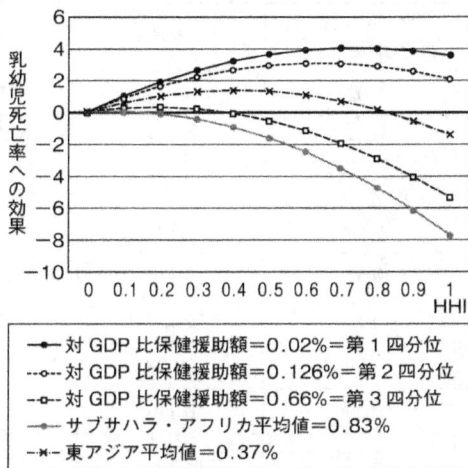

图3-11　HHI对婴幼儿死亡率的综合影响:第1到第3个四分位数
和撒哈拉以南非洲及东亚地区的"卫生援助额占GDP比"①

① 图3-11中的"乳幼儿死亡率への效果""对GDP援助比保健援助额""サブサハラ·アフリカ""東アジア"的中译文为"对婴幼儿死亡率的影响""卫生援助额占GDP比""撒哈拉以南非洲""东亚"。(译者注)

表3-6 不同地区的卫生项目HHI平均值(2002年至2010年的平均值)

地区	卫生项目HHI(平均)	标准误差	95%置信区间	
北非	0.240	0.035	0.171	0.308
撒哈拉以南非洲	0.179	0.011	0.158	0.200
北美、中美	0.451	0.017	0.419	0.484
南美	0.253	0.022	0.211	0.296
东亚	0.126	0.023	0.082	0.171
中东、近东	0.262	0.025	0.212	0.312
南亚、中亚	0.136	0.018	0.100	0.172
欧洲	0.220	0.024	0.174	0.266
大洋洲	0.523	0.020	0.485	0.562

表3-7 不同地区的卫生援助额平均值(援助额占GDP比、2002年至2010年的平均值)

地区	平均卫生援助额 (占GDP援助比%)	标准误差	95%置信区间	
北非	0.027	0.174	−0.315	0.369
撒哈拉以南非洲	0.830	0.054	0.723	0.936
北美、中美	0.081	0.084	−0.083	0.245
南美	0.107	0.107	−0.104	0.318
东亚	0.377	0.118	0.146	0.608
中东、近东	0.146	0.130	−0.109	0.400
南亚、中亚	0.290	0.093	0.108	0.472
欧洲	0.090	0.119	−0.143	0.323
大洋洲	2.145	0.112	1.925	2.365

如图3-11所示,第1个四分位数"卫生援助额占GDP比=0.02%"及第2个四分位数"卫生援助额占GDP比=0.126%"时,呈平缓的倒U字形,这表明婴幼儿死亡率在持续变高。第3个四分位数"卫生援助额占GDP比=0.66%"时,呈倒U字形,HHI位于峰值0.2到0.35区间时婴幼儿死亡率剧增,其后有所改善。在撒哈拉以南非洲地区的"卫生援助额占GDP比"的平均值(0.83%)下,HHI接近0.1时,婴幼儿死亡率剧增,其后婴幼儿死亡率持续改善。在东亚地区的"卫生援助额占

GDP比"平均值(0.37%)下,呈倒U字形,HHI位于峰值0.4到0.8区间时婴幼儿死亡率恶化。此外,如表3-6所示,撒哈拉以南非洲的HHI平均值为0.179,可以预见集中项目援助将进一步改善婴幼儿死亡率。东亚地区的HHI平均值为0.126,"项目泛滥"对该地区的婴幼儿死亡率没有产生太大影响。与对经济增长的分析相同,为提高这些结果的可信度,本分析将各个案例均置于95%置信水平下。详见图3-12到图3-16。

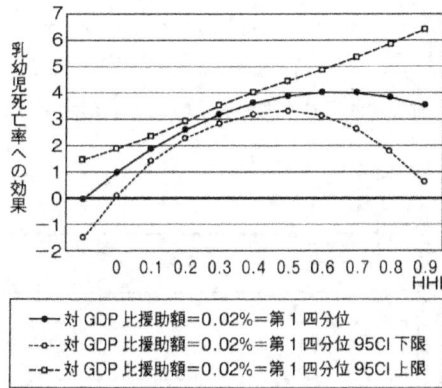

图3-12　HHI对婴幼儿死亡率综合影响的95%置信水平:第1个四分位数[①]

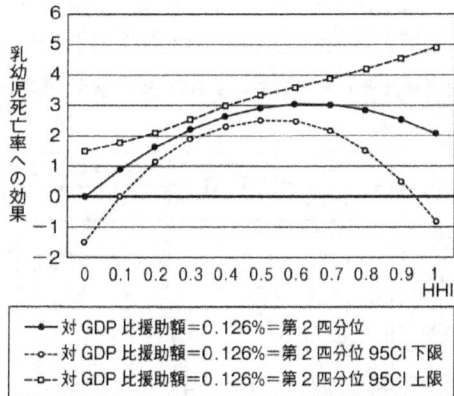

图3-13　HHI对婴幼儿死亡率综合影响的95%置信水平:第2个四分位数

[①] 图3-12、图3-13、图3-14、图3-15、图3-16、图3-17中的"乳幼児死亡率への効果""対GDP比援助額""サブサハラ·アフリカ""東アジア""対GDP比保健援助額"的中译文为"对婴幼儿死亡率的影响""援助占GDP比""撒哈拉以南非洲""东亚""卫生援助额占GDP比"。(译者注)

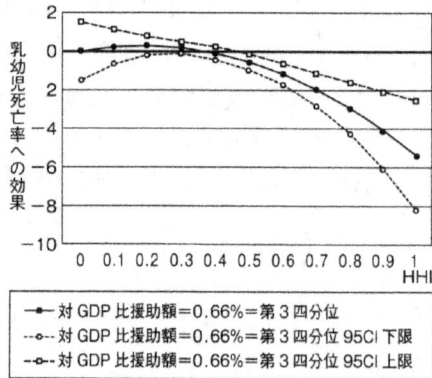

图3-14　HHI对婴幼儿死亡率综合影响的95%置信水平：第3个四分位数

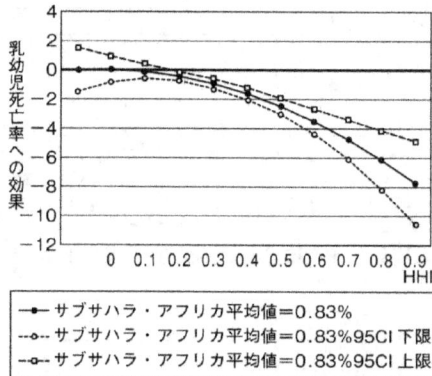

图3-15　HHI对婴幼儿死亡率综合影响的95%置信水平：撒哈拉以南非洲地区

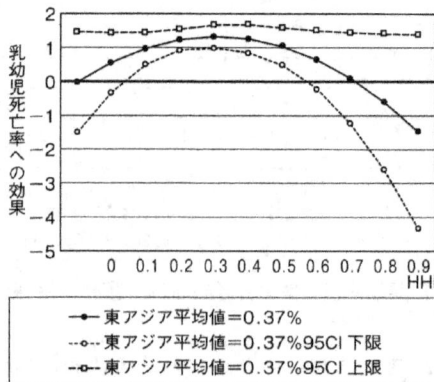

图3-16　HHI对婴幼儿死亡率的综合影响的95%置信水平：东亚地区

如表3-6所示,在HHI对婴幼儿死亡率综合影响的95%置信水平下,发展中国家的HHI数值集中在0.1到0.5区间,该数值以外的置信区间其幅度变大。这表明对卫生援助依赖度低的发展中国家即便改善"项目泛滥"现象,也无法判断对婴幼儿死亡率的负面影响是否会减少。另一方面,在对卫生援助依赖度高的国家中,通过集中援助项目能够降低婴幼儿死亡率。例如,表3-6中撒哈拉以南非洲地区的卫生项目HHI平均值为0.179,如图3-15所示,在撒哈拉以南非洲地区的HHI对婴幼儿死亡率的综合影响95%置信水平下,虽然HHI低于0.2和高于0.5时结果出现分歧,但可以预见通过集中项目援助能够降低婴幼儿死亡率。另一方面,如图3-16所示,在东亚地区的HHI对婴幼儿死亡率的综合影响95%置信水平下,HHI在低于0.1和高于0.5时分歧过大,缺乏可信度,这表明在这样的情况下即便提高卫生项目的集中度也不会对婴幼儿死亡率产生影响。表3-6中东亚的卫生项目HHI平均值为0.126,无法判断控制"项目泛滥"是否能够降低婴幼儿死亡率。

在上述结果的基础上,笔者采取与分析经济增长相同的方法,改变"援助额占GDP比"的数值进行模拟估计。结果如图3-17所示。

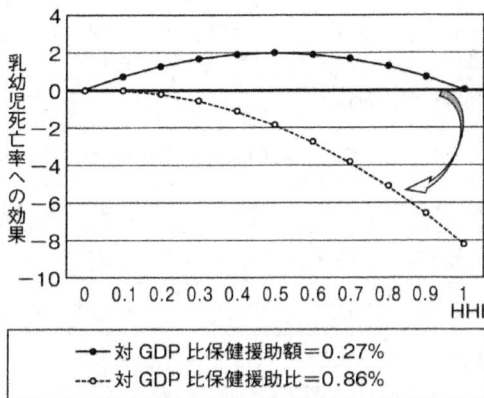

图3-17 HHI对婴幼儿死亡率综合影响持续为负(卫生援助额占GDP比低于0.27%)
和持续为正(卫生援助额占GDP比高于0.86%)的情况

如图3-17所示,"卫生援助额占GDP比"为0.27%时,HHI对婴幼儿死亡率影响持续为正,达到峰值0.5时呈左右对称的倒U字形,这表明在对卫生援助依赖度低的国家,"卫生援助额占GDP比"低于0.27%时,通过集中项目援助来改善婴幼儿死亡率的效果有限。另一方面"卫生援助额占GDP比"在0.27%至0.86%区间时,从HHI的高值开始,通过集中项目援助会起到一定作用。"卫生援助额占GDP比"高于0.86%时,可以预见婴幼儿死亡率会持续降低。在HHI值低、对卫生援助依赖度高的撒哈拉以南非洲地区,集中援助项目将有助于降低婴幼儿死亡率。另一方面,这一结果再次表明了在对卫生援助依赖度低的国家,即便改善"项目泛滥"现象,也有可能无法降低婴幼儿死亡率。

最后,笔者将分析"项目泛滥"对小学毕业率的影响。系统GMM结果见表3-8。HHI对小学毕业率的影响表现为和经济增长相同的U字形。但是,解释变量均得出了有统计学意义的结果。首先,通过教育项目集中度指数可以发现,随着HHI值的增高,小学毕业率表现为有统计学意义地降低。另一方面,"HHI²"与HHI相比,随着项目援助集中度的提高,小学毕业率也有所提高且系数为较大的正值。

表3-8 "项目泛滥"与小学毕业率

估计方法	System GMM	System GMM	System GMM	System GMM	System GMM	System GMM
	(1)	(2)	(3)	(4)	(5)	(6)
解释变量/被解释变量	小学毕业率	小学毕业率	小学毕业率	小学毕业率	小学毕业率	小学毕业率
小学毕业率(t-1)	0.859***	0.868***	0.862***	0.851***	0.862***	0.842***
	(0.0320)	(0.0322)	(0.0370)	(0.0350)	(0.0343)	(0.0407)
教育项目集中度指数(HHI)(内生)	-19.78*	-17.63*	-11.89	-19.07*	-18.38*	-15.06
	(10.56)	(9.731)	(10.62)	(10.63)	(9.755)	(10.46)
HHI²(内生)	36.32**	31.83**	27.39*	36.64**	34.32**	32.09**
	(16.78)	(13.93)	(14.18)	(17.45)	(15.05)	(15.77)
教育援助额占GDP比(内生)	-3.698*	-3.467*	-3.702**	-3.580*	-3.432	-2.791
	(1.954)	(2.051)	(1.734)	(2.013)	(2.158)	(1.820)
教育援助额占GDP比×HHI(内生)	22.34**	20.28*	21.50**	22.02*	20.38	17.46*
	(10.73)	(11.60)	(9.263)	(11.19)	(12.30)	(9.844)
教育援助额占GDP比×HHI²(内生)	-30.59**	-27.09*	-28.87**	-30.72**	-27.66	-24.41*
	(14.47)	(16.01)	(12.46)	(15.16)	(17.02)	(13.24)

续　表

估计方法	System GMM	System GMM	System GMM	System GMM	System GMM	System GMM
	(1)	(2)	(3)	(4)	(5)	(6)
人均GDP增长率(对数)(内生)	0.485	0.502	0.407	0.688	0.636	1.256
	(0.868)	(0.799)	(0.917)	(0.886)	(0.847)	(0.775)
管理能力(内生)	0.775			0.555		
	(0.855)			(0.894)		
规制质量(内生)		0.766			0.620	
		(0.857)			(0.930)	
话语权和问责制(内生)			−0.282			−0.182
			(0.696)			(0.710)
投资(En)				0.00426	0.0188	0.0244
				(0.0656)	(0.0719)	(0.0711)
2003年(外生)	11.51**	10.49*	10.53**	10.42*	9.912*	6.089
	(5.816)	(5.469)	(5.113)	(5.914)	(5.778)	(4.525)
2004年(外生)	12.67**	11.65**	11.67**	11.54*	11.04*	7.113
	(5.971)	(5.652)	(5.295)	(6.082)	(5.986)	(4.672)
2005年(外生)	12.41**	11.31**	11.26**	11.25*	10.71*	6.735
	(5.834)	(5.493)	(5.209)	(5.923)	(5.782)	(4.664)
2006年(外生)	12.30*	11.21*	11.45**	11.17*	10.58*	6.630
	(6.304)	(5.970)	(5.573)	(6.430)	(6.351)	(4.871)
2007年(外生)	12.47**	11.40*	11.62**	11.32*	10.74*	6.697
	(6.231)	(5.970)	(5.465)	(6.373)	(6.368)	(4.800)
2008年(外生)	12.10*	10.99*	11.09**	10.89*	10.32	6.171
	(6.240)	(5.906)	(5.499)	(6.375)	(6.308)	(4.791)

续　表

估计方法	System GMM	System GMM	System GMM	System GMM	System GMM	System GMM
	(1)	(2)	(3)	(4)	(5)	(6)
2009年(外生)	11.84*	10.78*	10.92*	10.64*	10.10	5.971
	(6.327)	(5.984)	(5.594)	(6.413)	(6.323)	(4.843)
2010年(外生)	12.01*	10.89*	11.00*	10.80*	10.21	6.043
	(6.410)	(5.996)	(5.681)	(6.508)	(6.360)	(4.919)
Arellano- Bond test AR(1)	0	0	0	0	0	0
Arellano- Bond test AR(2)	0.997	0.995	0.986	0.994	0.987	0.972
Hansen test	0.671	0.579	0.672	0.605	0.572	0.576
样本数	664	664	664	664	664	664
国家数	123	123	123	123	123	123

注:括号内表示的是全部的稳健标准误差。***、**、*分别代表在1%、5%、10%的显著性水平上拒绝零假设。HHI指标使用了DAC CRS的数据,并根据除韩国外的22个DAC国家以及世界银行、EU的支出数据进行了计算。(内生)表示内生变量,(外生)表示外生变量,工具变量使用了时间虚拟变量和腐败控制度。

也就是说,"教育援助额占GDP比"为0时,"项目泛滥"对小学毕业率的影响呈U字形。随着"教育援助额占GDP比"数值的升高,小学毕业率表现为有统计学意义地降低。当"项目泛滥"达到极限时,援助将起到负面作用。此外,"教育援助额占GDP比和HHI的交叉项"为有统计学意义的正值,"教育援助额占GDP比和HHI^{2}的交叉项"为有统计学意义的负值。反映HHI和小学毕业率关系的U字形随着"教育援助额占GDP比"的增加而变化。这些主要解释变量的结果均是在不同模型下也能够得出的稳健结果。但与控制变量中的经济指数、治理指数等的关系均未得出有统计学意义的结果。此外,通过Arellano-Bond统计值检验干扰项是否序列相关,通过Hansen J统计值检验工具变量是否满足干扰项和正交条件,均得出正确的数值,这表明本分析使用了正确的模型。

下文与其他被解释变量一样,为实现HHI对小学毕业率影响的可视化,将第1到第3个四分位数的"教育援助额占GDP比"及参考地区撒哈拉以南非洲及东亚地区的"教育援助额占GDP比"的平均值带入到公式(1)中,借此确认在"教育援助额占GDP比"分别固定为以上数值时HHI对小学毕业率的综合影响。"HHI""HHI²""HHI²和援助额的交叉项"的系数使用了最具统计学意义的估计结果,即表3-8中(1)的模型数值。图3-18为可视化结果。此外,表3-9、表3-10反映了不同地区的教育项目HHI平均值和教育援助额平均值(教育援助额占GDP比)。

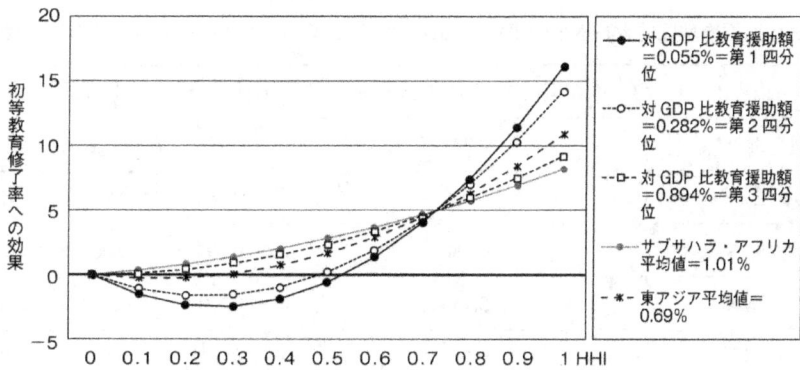

图3-18 HHI对小学毕业率的综合影响:
第1到第3个四分位数和撒哈拉以南非洲及东亚地区的"教育援助额占GDP比"①

表3-9 不同地区的教育项目HHI平均值(2002年至2010年的平均值)

地区	教育项目HHI(平均)	标准误差	95%置信区间	
北非	0.158	0.025	0.109	0.207
撒哈拉以南非洲	0.174	0.008	0.159	0.189
北美、中美	0.309	0.012	0.286	0.332
南美	0.205	0.016	0.174	0.235
东亚	0.137	0.016	0.105	0.169

① 图3-18中的"初等教育修了率への效果""对GDP援助比教育援助额""サブサハラ・アフリカ""東アジア"的中译文为"对小学毕业率的影响""教育援助额占GDP比""撒哈拉以南非洲""东亚"。(译者注)

续　表

地区	教育项目HHI(平均)	标准误差	95%置信区间	
中东、近东	0.212	0.018	0.177	0.248
南亚、中亚	0.124	0.013	0.098	0.150
欧洲	0.211	0.017	0.178	0.244
大洋洲	0.472	0.014	0.445	0.499

表3-10　不同地区的教育援助额平均值(教育援助额占GDP比、2002年至2010年的平均值)

地区	教育援助平均额(占GDP比%)	标准误差	95%置信区间	
北非	0.221	0.196	−0.163	0.605
撒哈拉以南非洲	1.018	0.061	0.898	1.137
北美、中美	0.188	0.094	0.004	0.373
南美	0.155	0.121	−0.082	0.391
东亚	0.695	0.132	0.436	0.954
中东、近东	0.274	0.146	−0.012	0.560
南亚、中亚	0.413	0.104	0.208	0.618
欧洲	0.191	0.133	−0.071	0.453
大洋洲	3.362	0.126	3.115	3.609

如图3-18所示,第1个四分位数"教育援助额占GDP比=0.055%"和第2个四分位数"教育援助额占GDP比=0.282%"时,HHI的影响呈U字形,HHI位于0到0.5区间时,小学毕业率降低,其中HHI为0.3时达到最低值,其后有所改善。第3个四分位数"教育援助额占GDP比=0.894%"时,呈平缓的U字形,此时持续对小学毕业率产生正面影响。撒哈拉以南非洲地区的"教育援助额占GDP比"平均值(1.01%)同样呈平缓的U字形,持续对小学毕业率产生正面影响。与此相对,东亚地区的"教育援助额占GDP比"的平均值(0.69%)呈U字形,当HHI超过0.3时,能够提高小学毕业率。为提高这些结果的可信度,本分析将各个案例均置于95%置信水平下(见图3-19到图3-23)。

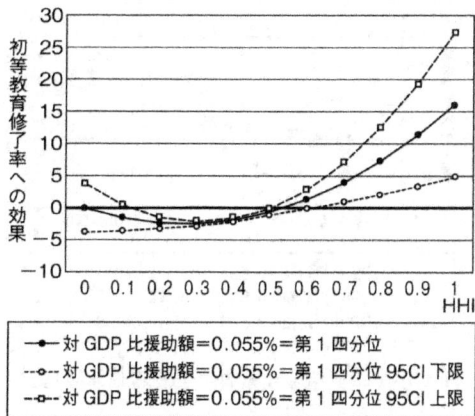

图3-19 HHI对小学毕业率综合影响的95%置信水平:第1个四分位数[①]

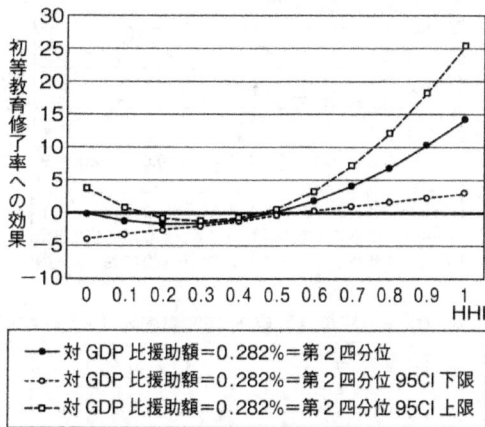

图3-20 HHI对小学毕业率综合影响的95%置信水平:第2个四分位数

---

① 图3-19、图3-20、图3-21、图3-22、图3-23、图3-24中的"初等教育終了率への効果""对GDP比援助额""サブサハラ・アフリカ""東アジア""对GDP比教育援助额"的中译文为"对小学毕业率的影响""援助占GDP比""撒哈拉以南非洲""东亚""教育援助额占GDP比"。(译者注)

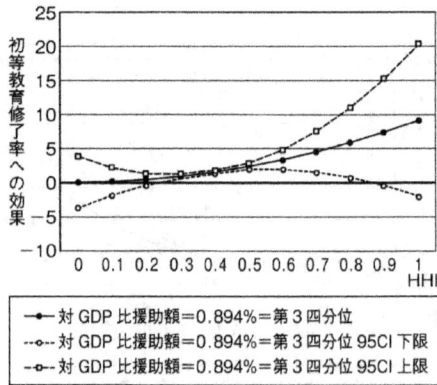

图3-21　HHI对小学毕业率综合影响的95%置信水平：第3个四分位数

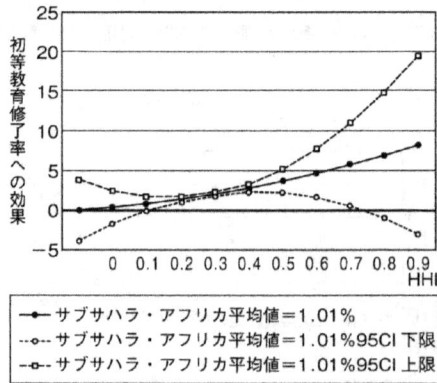

图3-22　HHI对小学毕业率综合影响的95%置信水平：撒哈拉以南非洲地区

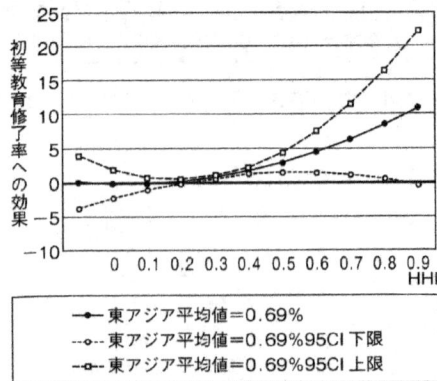

图3-23　HHI对小学毕业率综合影响的95%置信水平：东亚地区

如图3-19至图3-23所示,在HHI对小学毕业率综合影响的95%置信水平下,与婴幼儿死亡率相同,发展中国家的HHI数值集中在0.1到0.5区间,该区间之外估计精度降低。但是,在对教育援助依赖度低的国家中,通过集中项目援助使HHI超过0.7则能够提高小学毕业率。另一方面,在对教育援助依赖度高的发展中国家,HHI的高低不对小学毕业率产生影响。HHI值位于0.3至0.8区间时,"泛滥度"(或集中度)为0.5至0.6时产生积极意义。如表3-9中撒哈拉以南非洲地区的教育项目HHI平均值为0.174,表3-10中撒哈拉以南非洲地区的"教育援助额占GDP比"为1.018%,这些数值高出其他地区,通过集中项目援助将HHI值提高至0.4左右则能够提高小学毕业率(高于上述集中程度时未必会取得更好的效果)。另一方面,如表3-9所示,东亚地区的教育项目的HHI平均值为0.137,"项目泛滥"度高,如表3-10所示东亚的"教育援助额占GDP比"为0.695%,对教育援助依赖度高于其他地区,可以预见通过集中项目援助将HHI提高至0.7则能够提高小学毕业率。

在上述结果的基础上,采取与其他被解释变量分析相同的方法,改变"教育援助额占GDP比"的数值进行模拟估计,结果如图3-24。此处,笔者对集中项目援助但不会产生负面影响的"教育援助额占GDP比"的阈值进行了模拟估计。结果表明,在"教育援助额占GDP比"超过0.84%的对援助依赖度高的国家中,集中项目援助将持续产生正面影响。此外,在这些国家中,HHI对小学毕业率产生正面影响时,HHI基本处于0.25到0.9的区间。

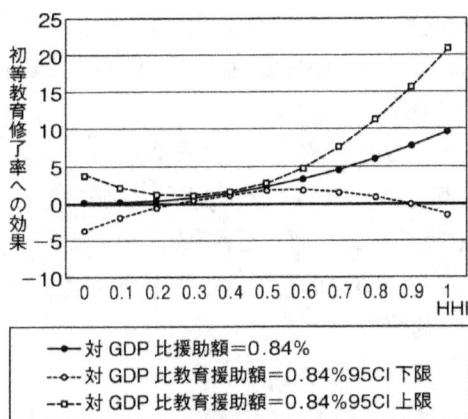

图3-24 HHI对小学毕业率的综合影响持续为正的情况(教育援助额占GDP比高于0.84%)

3.5 小结

前人研究的主要问题点表现在以下几个方面。第一,无论采取何种分析方法,都将援助进行均一化处理,研究过程中忽略了援助在"质"上的差异。第二,虽然受援国手续费用增加的主要原因在于援助方提供的项目,但多数关于"项目泛滥"的前人研究都仅用援助额来计算泛滥指数。同时,分析过程中忽略了DAC CRS数据的覆盖率问题,使用了可信期间之外的数据。第三,虽然项目援助并没有覆盖到发展中国家的全部部门,但在研究中认为全部部门共同承担了发展中国家应承担的手续费用。

为了修正前人研究中存在的问题,本部分不仅分析了"项目泛滥"下的援助对经济增长率的影响,还涉及特定部门,利用基于开支数据的项目数量对援助给婴幼儿死亡率和初等教育带来的影响进行了实证分析。

结果表明,在"项目泛滥"下的援助对经济增长率的影响方面,即使不增加援助额,通过集中项目援助也有可能促进经济增长。如虽然撒哈拉以南非洲地区等对援助依赖度高的国家"项目泛滥"问题严重,但通过控制援助使HHI向最适值变化,则可能在促进经济增长方面比对援助依赖度低的国家产生更好的效果。另一方面,在这些国家中,项目过度集中也非常可能会弱化经济增长的效果。

婴幼儿死亡率方面,在卫生"项目泛滥"度和对卫生援助依赖度都很高的撒哈拉以南非洲地区,集中项目援助则是有益的。另一方面,在对援助依赖度低的国家,即便改善"项目泛滥"情况,对婴幼儿死亡率的影响也可能不会发生变化。

小学毕业率方面,基本上集中援助项目都将持续产生正面效果,特别是对援助依赖度高的国家这种倾向更加明显。

综上所述,集中项目援助对不同部门的影响也是不同的。此外,HHI对经济增长、婴幼儿死亡率及小学毕业的综合影响表明,实施援助时应该同时考虑到发展中国家对援助的依赖度及该国"项目泛滥"的情况。以第3章的结论为基础,第4章将以对"减贫机制"接受度高的贫困国家为中心,考察作为"提高援助有效性的措施"而导入的GBS的效果。

4　"减贫机制"的代表性援助方式
—— GBS 的有效性和局限性

4.1　引言

本章将探讨预算支持作为"提高援助有效性的措施"中理想的援助方式是否克服了"项目泛滥"问题、提高了援助有效性,以及是否取得了相应的开发成果。GBS 将不限用途的援助资金直接拨入发展中国家国库,从而减少了手续费用,因此它是"提高援助有效性的措施"中具有代表性的援助方式。本章将重点分析这种援助方式。

由于无法通过一次分析辨明 GBS 对开发成果的影响,所以,笔者首先对显现成果的第一阶段,即 GBS 对预算的影响进行宏观分析。其后,对第二阶段,即 GBS 对政府开支的影响进行分析。希望通过对这两阶段的分析验证 GBS 对开发成果的影响。同时,也对 GBS 与限定用途的援助进行了比较,比较中考察了可替代性(转移可能性),希望借此使本研究具有较高的附加价值。

为在分析过程中考察 GBS 对政府开支以及对政府开支成果的影响,笔者将研究集中到特定政府部门开支的变化和成果所受的影响上。因此,计划选择以在 MDGs 中具有重要地位的卫生部门和教育部门作为研究对象,但由于政府教育开支的数据存在缺失值,所以最终选定了卫生领域作为分析对象。虽然政府卫生开支仅有 2006 年及以前的数据,但是华盛顿大学健康指标与评估研究所(Institute for Health Metrics and Evaluation,IHME[①])将缺失值补充完整,笔者将使用该数据进行分析。

第 4.2 节将介绍与本章内容相关的前人研究,第 4.3 节进行模型分析,第 4.4 节对所使用数据进行说明,第 4.5 节进行回归分析,最后一节进行归纳总结。

---

① http：//www.healthdata.org/(2014 年 9 月 10 日访问)。

4.2　前人研究

虽然近年不乏 GBS 的相关研究,但前人研究中鲜有关于 GBS 的综合性分析。其中,IDD and Associates(2006)以布基纳法索、马拉维、莫桑比克、尼加拉瓜、卢旺达、乌干达、越南这7个受援国为对象进行了分析,这是现有研究对象国家最多的研究。研究表明,在 GBS 的连锁效应方面,首先在直接效果方面,取得了《巴黎宣言》所期待的"强化政策对话""提高援助的针对性(提高发展计划的一致性)""增强援助的协调性"等效果,这些效果在一定程度上保障了发展中国家政府的所有权,提高了制订计划、预算的能力以及公共财政管理能力(财政原则、有效的资源配给、有效的公共服务和运营)等。另外,在减贫政策及提高服务交付能力的成果方面,虽然教育、卫生领域的基础服务在"量"上有所改善,但经常以牺牲"质"为代价,无法证实减贫的波及效应。Lawson et al.(2005)以坦桑尼亚的 GBS 为对象进行分析也得出了相同的结论,没有证实 GBS 和开发成果间的关系。

此外,与项目型援助不同,GBS 是与其他资金没有关联性的自由资金①,目前有一些研究对它与项目型援助的差异进行了理论性的探讨。Hefeker(2006)提出的理论模型认为,只要发展中国家本身不期待,那么无论是预算支持还是项目援助,一般都无法按照援助方的预期进行。进而,Cordella and Dell'Ariccia(2007)在同一模型下通过比较预算支持与项目援助考察了 GBS 成为理想援助方式的条件,即与援助国财政相比,援助的开支费用足够少,或者在作为援助方的发达国家和作为受援方的发展中国家的喜好相似的前提下,预算支持型援助才会受到欢迎。此外,Morrissey(2006)指出,援助方实施预算支持前必须由双方就使用计划达成共识,因此存在接受预算支持的发展中国家无法自由决定资金用途的可能性。如上所述,虽然有研究对预算支持和项目援助进行过比较,但是由于 GBS 形成时间短,数据积累不足,所以目前还没有关于 GBS 对预算影响的实证分析。Beynon and Dusu(2010)是唯一一项从统计学角度验证预算支持效果的研究,但该研究没有进行回归分析,仅分析了预算支持和 MDGs 指标的相关性,虽然认为两者相关,但完全没有考虑到内生性。

另一方面,关于援助可替代性(转移可能性)的实证分析也同时验证了粘蝇

---

① 本书所指的是 ODA 提供的 GBS。ODA 提出了各援助国、援助机构实施官方发展援助时的条件,在现行发展机制下,各援助方在 MDGs 这一共同目标的框架内实施 GBS。在这个意义上,GBS 不与其他援助发生联系。

纸效应。在可以转移时,某一主体接受附带条件的转移后,将会发生不同于来源方目的的开支。世界银行指出,此时存在①援助每增加1美元,政府开支未必会相应增加1美元(World Bank,1998);②某一特定领域内的援助流向其他领域这两种情况。特别是与①相关的情况被称为粘蝇纸效应。粘蝇纸效应是指政府接受资金转移时,与自主收入相比,这些外部资金的开支倾向是不同的,会出现资源分配不恰当的情况。

关于粘蝇纸效应的前人研究主要围绕中央政府和地方政府的关系展开。其中,早期的代表性研究有Bradford and Oates(1971)等。他们用等价定理进行了解释,即认为由中位投票者进行地方政府决策时,转移的资金无论是直接交给政府还是划入个人所得,政府开支的选择都是相同的。有很多研究基于这个理论框架,验证了中央政府资金转移的增加会导致地方政府开支发生何种变化。此外,对粘蝇纸效应进行研究验证的还有Fisher(1982);Hines,Thaler(1995);Bailey,Connoley(1998);Roemer,Silvestre(2002);Inman(2008);等。这些实证研究大多指出了中央政府和地方政府间的资金转移存在粘蝇纸效应。

麦圭尔指出,除中央政府和地方政府间的资金转移外,上述研究还适用于战时的配给制度、生活保障品的发放和现金发放、发达国家对发展中国家的国际援助等关系(Mcguire,1978)。实际上,学术界一直进行着发达国家对发展中国家的国际援助方面的可替代性研究。海勒分析了援助对非洲11个发展中国家的政府开支等官方机构开支结构的影响,结果表明援助的30%到60%被作为政府开支使用(Heller,1975)。Khilji and Zampelli(1994)利用美国的军事援助数据进行了可替代性的研究,结果表明有附属条件的军事援助全部被挪用到军费之外的领域。此外,Collier and Hoeffler(2007)考察了军费的决定因素,并提出了援助的11.4%被挪用为军费这一具有冲击性的结果。进而,Feyzioglu et al.(1998)使用面板数据分别验证了项目整体和个别项目的可替代性,结果表明项目整体的总量中未发现援助的可替代性,但5个部门中有3个部门存在个别项目的援助可替代性。

这些分析都默认了决定援助额的是外生条件。针对这种情况,布恩将人口、不同援助方的虚拟变量作为工具变量(Boone,1996),田村使用联合国的议席数这一工具变量进行估计(Tamura,2005)。Tamura(2005)在考虑援助决定过程的内生性的同时对粘蝇纸效应进行了推算,结果表明ODA对政府开支的影响系数为1.21,超过了1,可见粘蝇纸效应。

关于不同发展中国家的可替代性的研究也日益增多。如Pack and Pack

(1990)以印度为例、Pack and Pack(1993)以多米尼加为例、Van de Walle and Mu(2007)和Wagstaff(2011)以越南为例进行了验证。此外,Franco-Rodriguez et al.(1998)在对巴基斯坦的研究中,修正了海勒将援助假定为外生性的问题点(Heller,1975),并进行了兼顾内生性的分析。该研究认为,增加援助反而会导致政府消费开支的减少。

在卫生领域,Lu et al.(2010)验证了在卫生ODA拨款以及不拨款给政府或NGO的两种情况下,从政府自主收入直接转到卫生部门的下拨额的差异。结果表明,"对政府的卫生ODA"增加则政府的卫生开支减少(可替代性),但"对NGO的卫生ODA"增加时政府的卫生开支并不减少,甚至还有增加的倾向。这表明发达国家如果希望发展中国家增加卫生开支预算,则可以通过提高"对NGO的卫生ODA"实现这一愿望。

如上所述,虽然学术界一直进行着有关粘蝇纸效应及可替代性的研究,但由于数据不足等,以"减贫机制"中具有代表性的援助方式——GBS为对象的研究并不多。

此外,关于政府卫生开支对卫生指标影响的前人研究中,Baldacci et al.(2003)使用协方差结构模型,将包含了卫生和教育指标等的社会指标作为卫生指标的代理变量,进行了实证分析,证实了政府卫生开支对卫生指标产生正面影响。Anyanwu and Erhijakpor(2010)以非洲诸国为对象进行分析,同样确认了卫生开支对卫生指标的正面影响。另一方面,Filmer and Pritchett(1999)认为政府的卫生开支并不是决定婴幼儿死亡率的主要因素。Musgrove(1996)指出与政府的卫生开支相比,收入分配、女性的教育、文化才是解释婴幼儿死亡率的主要变量,并强调应把增加公共卫生开支作为优先课题。如上所述,虽然这些分析得出的结论不尽相同,但他们都没有分析导入GBS后的政府卫生开支对卫生指标的影响。因此,笔者将分析GBS对政府卫生预算的影响以及导入GBS后的政府卫生开支对卫生指标的影响,借此辨明学界尚未明确的GBS的有效性及局限性。

4.3 模型分析

为考察GBS的有效性,笔者依次考察了导入GBS后的政府开支结构的变化,以及开支结构变化时,通过服务交付带来的各项指标的变化。因此,本节前半部分将验证GBS对政府开支结构的影响,后半部分将验证在实施GBS后,卫生开支是否有大幅度的改善。

发展中国家政府未必能够反映出该国国民的诉求,所以假定外部资金转移到政府时,并不通过减少政府收入的方式调整政府开支和民间消费。同时,以该假定为前提,政府确定对各个领域的开支。本节将特别针对政府对卫生领域的开支进行分析。塚原(1988)根据此类模型进行了关于日本地方政府收入分配的研究。下文将参考此模型,假定即便有外部援助流入,发展中国家政府也不减少政府收入,并在此基础上进行研究。

发展中国家政府的效用函数如下:

$$u = u(G、H) \tag{4-1}$$

G 为卫生开支以外的政府开支,H 表示政府卫生开支。与选择民间消费和政府消费的普通效用函数不同,本函数在保持民间消费不变的前提下,调整政府消费中的开支项目。该效用在下面的预算约束下达到最大化:

$$G + H = R + GBS + (GBS之外的ODA) \tag{4-2}$$

R 为ODA之外全部的政府收入,GBS 为GBS。此时,如果发展中国家政府实行最优化,则导入下面的条件表达式:

$$u_G = u_H \tag{4-3}$$

这表示卫生开支的边际效用(每增加一日元时所得到的效用)与其他开支的边际效用是相同的。政府卫生开支表示为:

$$H_{it} = \beta_0 + \beta_1 R_{it} + \beta_2 GBS_{it} + \sum_{j=3}^{n} \beta_j x_{jit} + v_{it} \tag{4-4}$$

式中,$v_{it}=\delta_i+\delta_t+\varepsilon_{it}$,下角标 i 代表国家,t 代表年份。此处,x 表示可控变量,分析中主要使用的是"对政府的卫生ODA"及"援助方数量"。依据是"对政府的卫生ODA"增加时,发展中国家的卫生开支相对增多,因此可以认为政府减少了自主财源中的卫生开支。这种现象即是援助的可替代性。此外,实施GBS时需要进行政策对话,参加对话的援助方数量不同,与MDGs的对象密切相关的卫生领域的政府开支也会不同。因此,本研究对援助方数量也进行了回归分析。此外,δ_i 是为吸收个体效应而设的解释变量,δ_t 是为吸收时点效应而设的解释变量。

如果政府收入及预算支持都完全不限定用途,且两者基本一致,则两者将对卫生开支产生相同影响。但如果由于政策对话的有效性等,预算支持与自主财源的开支方式不同的话,则影响也不同。因此,下文将通过证明 $\beta_2 \neq \beta_1$ 这一假设来验证通常的政府收入和GBS对卫生开支的影响是否不同。

验证方法如下。首先,将公式(4-4)变形为:

$$H_{it} = \beta_0 + \beta_1 (R_{it} + GBS_{it}) + (\beta_2 - \beta_1) GBS_{it} + \sum_{j=3}^{n} \beta_j x_{jit} + v_{it} \quad (4-5)$$

根据这个公式,GBS的系数变为$\beta_2 - \beta_1$,所以如果该系数为正,则GBS对卫生开支的影响与政府收入的影响不同。可见,如果$\beta_2 - \beta_1$的值为正则可以证明存在粘蝇纸效应。

此处设定的模型与验证粘蝇纸效应的模型存在若干差异。多数研究粘蝇纸效果的论文认为,政府决定政府开支时适当调整政府收入,并在此基础上,验证接受转移资金对政府开支的影响与增加收入的影响时有何不同。而笔者假定发展中国家的政府收入是不具有弹性、已经由制度决定了的。笔者的分析模型是验证这种制度下政府收入的增加以及外部转移资金的增加时,政府开支,特别是卫生开支的不同。

考虑到政府的卫生开支受前一年度开支额的影响,所以笔者在分析中使用了包含了滞后效应的动态面板模型。基本的回归方程为:

$$H_{it} = \alpha H_{it-1} + \beta_0 + \beta_1 R_{it} + \beta_2 GBS_{it} + \sum_{j=3}^{n} \beta_j x_{jit} + v_{it} \quad (4-6)$$

差分模型如下:

$$\Delta H_{it} = \alpha \Delta H_{it-1} + \beta_1 \Delta R_{it} + \beta_2 \Delta GBS_{it} + \sum_{j=3}^{n} \beta_j \Delta x_{jit} + \theta_t + \Delta \varepsilon_{it} \quad (4-7)$$

式中:$\Delta H_{it} = H_{it} - H_{it-1}$,$\Delta R_{it} = R_{it} - R_{it-1}$,$\Delta GBS_{it} = GBS_{it} - GBS_{it-1}$,$\Delta x_{it} = x_{it} - x_{it-1}$,$\Delta \varepsilon_{it} = \varepsilon_{it} - \varepsilon_{it-1}$。

同时,$\theta_t = \delta_t - \delta_{t-1}$。公式(4-7)中,求差分GMM估计量时,将城市化率作为工具变量。在考察政府卫生开支变化的模型中,使用了考虑到混合OLS、固定效应模型及可以消除内生性的差分GMM[1]。

在卫生开支对卫生服务或卫生指标的影响方面,特别是实施GBS时,援助方集团将进行适当指导,这种情况下可能会对卫生开支产生有效影响。因此,笔者设定了以下模型:

$$Y_{it} = \beta_0 + \beta_1 H_{it} + \beta_2 H_{it} \times I \{ 1 | GBS > 0 \} + \sum_{j=3}^{n} \beta_j x_{jit} + v_{it} \quad (4-8)$$

式中,I是指示函数,实施了GBS时其值为1。由于认为当政府的卫生开支为0时,GBS没有产生影响,所以设置了GBS虚拟变量的系数为0这一约束条件。根

---

[1] 由于滞后被解释变量的系数未表现出较高数值,所以此处使用差分GMM进行估计。

据这个公式,未实施GBS时,用β_1表示卫生开支对卫生服务或卫生指标的影响;实施GBS时用$\beta_1+\beta_2$表示。通过上述的公式化,能够验证导入GBS后卫生服务或卫生指标是否获得明显改善。例如,Y表示卫生服务,当β_1和β_2均表现为有统计学意义的正值时,可以认为实施GBS时对卫生开支的影响大于未实施时。

具体来讲,将卫生指标中具有代表性的预防接种(卡介苗、麻疹疫苗)、孕产妇死亡率、婴幼儿死亡率作为被解释变量。在此基础上,考虑到序列相关,笔者选择了各个被解释变量的滞后期间。此外,将卫生领域中附条件的"对政府的ODA"及"对政府的ODA×GBS的指示函数(两者相乘)"作为解释变量进行分析。基于"卫生领域中附条件的ODA也能够反映出政策对话的某些影响"这一想法,笔者导入了上述变量。此外,在对孕产妇死亡率和婴幼儿死亡率的分析中,将"年度虚拟变量""援助方数量"及"就业率"[①]作为先决变量。此外,考虑到婴幼儿死亡率方面使用的是过去5年以内出生的婴幼儿死亡率的合计值,因此本分析使用了5阶滞后的工具变量。

4.4 数据

为了对上述模型进行实证分析,笔者使用多个国家的数据进行了回归分析。分析中需要卫生开支、政府收入、政府接受的GBS、对政府的卫生ODA、援助方数量、卫生服务、卫生指标等方面的数据。下文将对以上数据进行说明。

为考察政府收入和GBS的区别,本分析使用1997年(1998年开始实施GBS)以后的数据。此外,GBS的对象国分为最不发达国家、低收入国家、低中等收入国家、中上等收入国家4组,所以笔者将选取上述各组国家的数据。具体来讲,根据OECD/DAC的定义,将分析对象限定在截至2007年人均国民总收入(Gross National Income, GNI)低于11455美元的国家,最终选取了112个国家的数据。由于无法获得所有国家每年的数据,所以进行了非平衡面板分析。

首先,政府卫生开支的数据使用了IHME统计的政府卫生开支数据组。该数据组截至2006年,所以本分析使用了1997—2006年的数据。由于初始数据(GHE-A)是国内自主财源(包括GBS)的政府卫生开支和从援助方获得的卫生

[①] Zolala et al.(2012)对伊朗进行了调查,回归分析的结果表明失业会提高孕产妇死亡率,Meinam (2007)对印度的调查结果表明失业(未就业)的女性社会经济地位低下,教育程度低,婴幼儿死亡率增加,该调查指出了就业和孕产妇死亡率、婴幼儿死亡率的关系,因此本文将就业率添加到解释变量中。

ODA的合计值,所以需要从IHME数据组中减去"对政府的卫生ODA"(DAH-Gov),从而计算出政府自主财源的卫生开支(GHE-S)。结果与Lu et al.(2010)所使用的数值是一致的。政府收入方面使用了IMF的《世界经济展望》(World Economic Outlook)的收入(Revenue)数据。

　　GBS数据来自OECD CRS。因为发展中国家根据包含了援助方援助计划的预算计划进行政府开支,所以本分析使用了承诺额数据。DAC事务局建议使用1995年以后可信度高的DAC CRS的承诺额数据,所以本分析使用了1997年以后的数据。但是,如果按照IDD and Associates(2006)的定义理解本研究中的GBS,则上述数据中包含了不属于该范围的数据。而CRS给出了广义定义,CRS指南指出,除普通的GBS外,GBS还包括部门预算支持、结构调整项目、为稳定国际收支的援助以及其他一般计划型援助[1]。其中,本书所使用的GBS不包括部门预算援助之后的项目。同时,笔者按照本研究的基准对CRS数据进行了处理。具体来讲,从CRS援助类别代码中提取出GBS代码51010,并删除其中不属于GBS的部分。据《巴黎宣言监察报告》记载,1998年GBS开始在乌干达实施GBS,此前的援助均不是GBS。因此,本分析使用的是1998年以后的数据。其中,中分类为"预算支持(Budget Support)",该分类下仅限于用于"预算支持(Budget Support)"或"减贫(Poverty Reduction)的项目及用法语标记为"Aide Budgetaire""Appui Budgetaire""Soutien Budgetaire"或"Reduction Pauvrete"的项目。其他如"收支平衡(Balance of Payment)""结构调整(Structural Adjustment)"以及个别明确记载了政策的项目与GBS的宗旨不同,所以也不列入考察对象。在此基础上,也除去了如紧急灾难援助等情况的零散数据。此外,多数GBS是在制定了PRSP后实施的,所以以制定PRSP的年份为参考,除去了制定年份前的数据[2]。进而,笔者将GBS的数据分为以世界银行为中心的PRSC数据和其他GBS数据两部分进行考察。其中,明确标注了PRSC的部分为"PRSCGBS",其余的部分为"其他GBS"。

　　另外,本节后半部分使用了可以代表卫生服务及卫生指标的数据对卫生指标所受影响进行分析。首先,代表卫生服务的数据包括卡介苗和麻疹疫苗预防接种率,该数据来自WDI的数据组。通过该数据组可以掌握预防接种的普及情况,从而推算出该国卫生服务的发展水平。此外,代表卫生指标的数据使用了

---

[1] 参考以下网址:http://www.oecd.org/dataoecd/16/53/1948102.pdf(2014年9月11日访问)。

[2] 例外:IDD and Associates(2006)中记录了乌干达是从1998年开始实施GBS的,所以将这一案例也作为GBS处理。

IHME 提供的孕产妇死亡率和婴幼儿死亡率的数据。孕产妇死亡率是反映生产环境的卫生状况、母体的健康状况等综合性指标,婴幼儿死亡率反映了至少最近5 年的健康状况和卫生状况,所以决定婴幼儿死亡率的因素比决定孕产妇死亡率的因素更具有中长周期性。

如第4.3 节所述,将卫生服务或卫生指标作为解释变量,将"政府卫生开支和GBS 虚拟变量的交叉项"以及"对政府的卫生 ODA 和 GBS 虚拟变量的交叉项"代入解释变量中进行回归分析。

此外,还使用15 岁以上人口的就业率作为解释变量,用来解释孕产妇死亡率、婴幼儿死亡率等卫生指标。数据来自WDI 中的"就业人口比例[Employment to Population Ratio, 15+, total(％)]"。该数值反映了就业人数占15 岁以上人口比例。

各个变量中不存在缺失数据的样本共计941 份,其中包括最不发达国家、低收入国家490 份。描述性统计值见表4-1 和表4-2。

表4-1 描述性统计值(政府卫生支出)

	变量	样本数	平均	标准误差	最小值	最大值
全体发展中国家	政府卫生开支	941	0.0226679	0.0123596	0.0012355	0.073154
	政府税收	941	0.2049129	0.1052998	0.0072864	0.6406109
	GBS	941	0.0022121	0.0085812	0	0.1007024
	PRSC GBS	941	0.0004035	0.0024144	0	0.02615
	其他GBS	941	0.0018086	0.0074492	0	0.0863087
	对政府的ODA	941	0.003955	0.0064227	0	0.0702645
	援助方数量	941	0.3687566	1.205943	0	10
	城市人口	941	45.3647	21.69953	7.64	92.64
低收入国家	政府卫生开支	490	0.0179246	0.0105722	0.0012355	0.073154
	政府税收	490	0.1676917	0.1094757	0.0072864	0.5538143
	GBS	490	0.0039543	0.0114404	0	0.1007024
	PRSC GBS	490	0.000684	0.003173	0	0.02615
	其他GBS	490	0.0032703	0.0100017	0	0.0863087
	对政府的ODA	490	0.0067072	0.0077444	0	0.0702645
	援助方数量	490	0.6306122	1.59379	0	10
	城市人口	490	32.38053	15.60301	7.64	86.5

表4-2　描述性统计值（卫生指标）

	变量	样本数	平均	标准误差	最小值	最大值
全体发展中国家	卡介苗	1035	86.13816	13.96096	20	99
	麻疹	1067	76.51921	18.35174	15	99
	孕产妇死亡率	1092	382.3711	377.5356	21.7	2106.1
	婴幼儿死亡率	1092	75.55864	53.98307	6.59	250.06
	政府卫生开支	1092	0.0223443	0.0120469	0	0.0729221
	GBS虚拟变量	1092	0.1355311	0.3424468	0	1
	政府卫生开支和GBS虚拟变量的交叉项	1092	0.0025583	0.0076803	0	0.063063
	对政府的卫生ODA	1092	0.0041915	0.006579	0	0.0702645
	对政府的卫生ODA和GBS虚拟变量交叉项	1092	0.0013943	0.0052372	0	0.0702645
	援助方数量	1092	0.3406593	1.142975	0	10
	城市人口	1092	44.48271	21.16214	7.64	92.64
	就业率	1092	59.84673	11.18754	36.4	86
低收入国家	卡介苗	562	80.30071	15.56495	20	99
	麻疹	555	66.76036	18.36391	15	99
	孕产妇死亡率	576	614.9672	365.255	44.5	2106.1
	婴幼儿死亡率	576	112.2303	48.69582	13.88	250.06
	政府卫生开支	576	0.017915	0.0102722	0	0.0729221
	GBS虚拟变量	576	0.2100694	0.4077117	0	1
	政府卫生开支和GBS虚拟变量的交叉项	576	0.0036902	0.0087704	0	0.063063
	对政府的卫生ODA	576	0.0070257	0.0078418	0	0.0702645
	对政府的卫生ODA和GBS虚拟变量交叉项	576	0.0024675	0.0069638	0	0.0702645
	援助方数量	576	0.5798611	1.503808	0	10
	城市人口	576	32.37559	15.20572	7.64	86.5
	就业率	576	64.57921	10.501	38.1	86

从全部数据来看,政府卫生开支占GDP比最高的国家达到7.3%,平均值在2.2%左右。政府收入占GDP比最高的国家达到64%,平均值在20%左右。共有15个国家的政府收入为负数,其原因是由于战乱而无法获取这些国家的准确数据。因此,本研究不包括这些国家的数据。此外,各数据中还存在GBS高于政府收入的情况,这种情况在布基纳法索、布隆迪、马拉维、马里、莫桑比克、尼日尔、卢旺达、坦桑尼亚、乌干达等财政基础薄弱的最不发达国家都出现过一两次。总览全部情况可知,GBS基本占政府收入的1%,占GDP的0.2%左右。"对政府的卫生ODA"占GDP比最高的国家为7%,平均值在0.4%左右。GBS的变化趋势见图4-1。

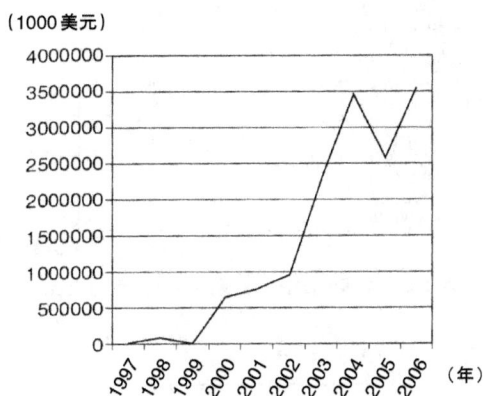

图4-1 GBS的变化趋势

虽然一般认为GBS始于1998年,但GBS真正导入并迅速发展起来是在导入PRSP之后。特别是在制定了完整版PRSP的2002年前后,由于PRSC的正式实施,GBS的规模迅速壮大,GBS作为主要的援助方式发展起来。受援国情况如图4-2所示,接受额从大到小依次是坦桑尼亚、印度尼西亚、莫桑比克、乌干达、加纳等国。

卫生指标方面,卡介苗、麻疹疫苗接种率最高的国家为99%,平均值分别为86%和76%。孕产妇死亡率最高的国家为每10万人中2106人,平均为382人。婴幼儿死亡率最高的国家为每1000人中250人,平均为76人。四项卫生指标的变化趋势如图4-3至图4-6所示,卡介苗接种率在1997—2000年有所改善,但2000—2002年处于停滞状态,其后又开始改善。麻疹疫苗接种率改善缓慢。孕产妇死亡率2000年前后停滞,其后开始降低。婴幼儿死亡率持续降低。最不发达国家、低收入国家各项指标变化趋势和全体发展中国家基本是平行的,由此可见卫生情况不容乐观。

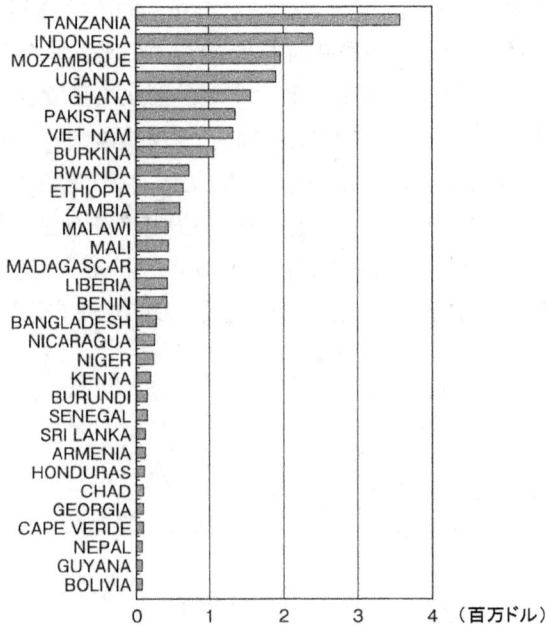

图4-2 各国的GBS接受额(单位:百万美元)①

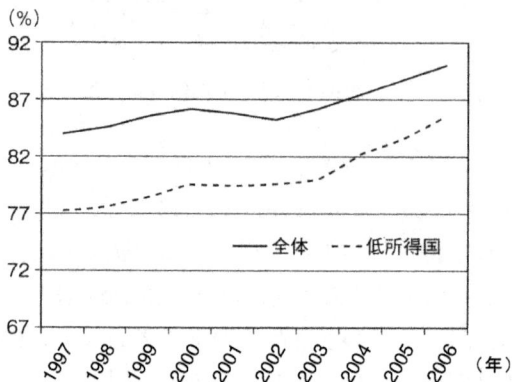

图4-3 卡介苗接种率(%)的变化趋势②

① 图4-2中的国家名从上至下依次是:坦桑尼亚、印度尼西亚、莫桑比克、乌干达、加纳、巴基斯坦、越南、布基纳法索、卢旺达、埃塞俄比亚、赞比亚、马拉维、马里、马达加斯加、利比里亚、贝宁、孟加拉国、尼加拉瓜、尼日尔、肯尼亚、布隆迪、塞内加尔、斯里兰卡、亚美尼亚、洪都拉斯、乍得、格鲁吉亚、佛得角、尼泊尔、圭亚那、玻利维亚。(译者注)
② 图4-3、图4-4、图4-5、图4-6中的"全体""低所得国"的中译文分别是"全体国家""低收入国家"。(译者注)

(%)

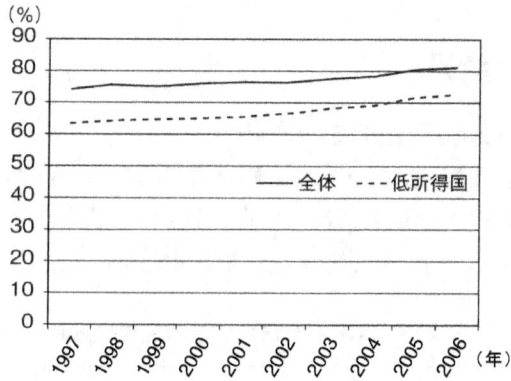

图4-4　麻疹疫苗接种率(%)的变化趋势

(人/10万人)

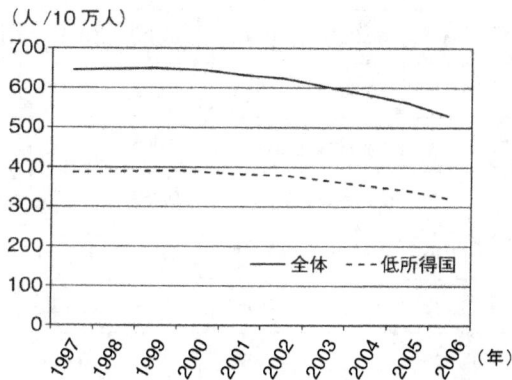

图4-5　每10万人中孕产妇死亡率(人)的变化趋势

(人/1000人)

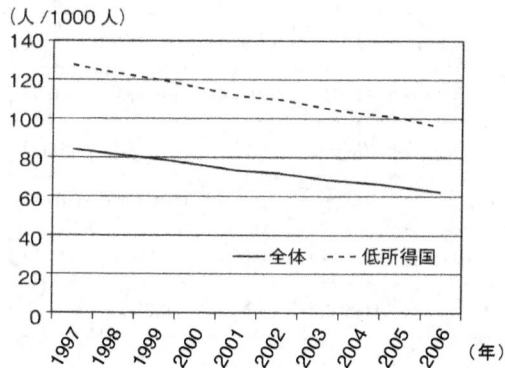

图4-6　1000人中婴幼儿死亡率(人)的变化趋势

4.5　估计结果

4.5.1　对政府卫生开支的影响

笔者使用上述数据,通过混合OLS、固定效应模型、差分GMM,对实施GBS时政府卫生开支结构的变化系数进行了估计,结果见表4-3。该表分别列出了以全体发展中国家及最不发达国家、低收入国家为对象的估计结果。

表4-3　估计结果:混合OLS、固定效应模型

	全　体				最不发达国家、低收入国家			
	混合OLS	混合OLS	固定效应	固定效应	混合OLS	混合OLS	固定效应	固定效应
政府卫生开支	0.045***	0.045***	0.001	0.009	0.035***	0.035***	0.016**	0.015**
	(0.004)	(0.004)	(0.006)	(0.006)	(0.005)	(0.005)	(0.008)	(0.001)
GBS	0.123**		0.108**		0.065		0.127***	
	(0.057)		(0.046)		(0.059)		(0.046)	
PRSC GBS		0.046		0.164***		−0.031		0.189***
		(0.132)		(0.055)		(0.125)		(0.056)
其他GBS		0.134**		0.102**		0.077		0.121**
		(0.060)		(0.046)		(0.062)		(0.046)
对政府的卫生ODA	−0.021	−0.023	−0.479***	−0.178***	0.209*	0.206*	−0.452***	−0.451***
	(0.114)	(0.114)	(0.089)	(0.090)	(0.120)	(0.12)	(0.094)	(0.094)
援助国数	−0.000**	−0.001*	−0.000	−0.000	−0.000	−0.000	−0.000	−0.000
	(0.001)	(0.000)	(0.000)	(0.000)	(0.000)	(0.000)	(0.000)	(0.000)
常数项	0.014***	0.014***	0.022***	0.022***	0.010***	0.010***	0.018***	0.018***
	(0.001)	(0.001)	(0.001)	(0.001)	(0.001)	(0.001)	(0.001)	(0.001)
GBS Test	0.078		0.098**		0.030		0.111**	
PRSC GBS Test		0.002		0.155***		−0.066		0.173***

续　表

	全　体				最不发达国家、低收入国家			
	混合OLS	混合OLS	固定效应	固定效应	混合OLS	混合OLS	固定效应	固定效应
其他GBS Test		0.089		0.092**		0.042		0.105**
P-Squared	0.146	0.146	0.166	0.167	0.137	0.138	0.22	0.221
样本	941	941	941	941	490	490	490	490

注:括号内为稳健标准误差。***、**、*分别代表在1%、5%、10%的显著性水平上拒绝零假设。

　　全体发展中国家的数据表明,即便政府收入和GBS增加,政府卫生的开支仍会增加。通过混合OLS方法可知政府收入、GBS两者都实现了有统计学意义的增长;在固定效应模型下,只有在GBS增加时政府卫生开支的增加才具有统计学意义。此外,将GBS分为"PRSCGBS"和"其他GBS"时,混合OLS方法下仅"其他GBS"使政府卫生开支出现具有统计学意义的增加,固定效应模型下,"PRSCGBS"和"其他GBS"均使政府卫生开支出现具有统计学意义的增加。在政府收入和GBS的差异方面,固定效应模型下,"PRSCGBS"和"其他GBS"两者均比政府收入更能推动政府卫生开支具有统计学意义的增加。具体来讲,"PRSCGBS占GDP比"每增加1%,政府卫生开支增加0.164%;"其他GBS"每增加1%,政府卫生开支增加0.102%。此外,无论是在混合OLS方法下还是固定效应模型下,"对政府的卫生ODA"的增加都会导致政府卫生开支的减少,在固定效应模型下具有统计学意义。

　　最不发达国家、低收入国家的数据表明,即便政府收入和GBS增加,政府卫生的开支仍会增加。混合OLS方法下,政府收入使政府卫生开支出现具有统计学意义的增加;在固定效应模型下,政府收入、GBS两者都使政府卫生开支出现具有统计学意义的增加。将GBS分为"PRSCGBS"和"其他GBS"时,固定效应模型下,"PRSCGBS"和"其他GBS"均使政府卫生开支出现具有统计学意义的增加。在政府收入和GBS的差异方面,在固定效应模型下,GBS比政府收入更能推动政府卫生开支具有统计学意义的增加。将GBS分为"PRSCGBS"和"其他GBS"时,两者均比政府收入更能推动政府卫生开支具有统计学意义的增加。具体来讲,"GBS占GDP比"每增加1%,政府卫生开支增加0.11;分为"PRSCGBS"和"其他GBS"时,分别为0.17%和0.11%,两者均比政府收入更能推动政府卫生开支的增加。"对政府的卫生ODA"在混合OLS方法下实现了政府卫生开支具有统计学意义的增加,但在固定效应模型下,"对政府的卫生ODA"的增加则使政府卫生开支发生具有统计学意义的减少。

以上分析没有考虑内生性,但实际上,政府卫生开支的数额可能会对援助方GBS的数额及"对政府的卫生ODA"产生影响,政府收入本身也可能会受到某些影响并发生变化。因此,将这些因素作为内生变量进行分析是妥当的。下文中,笔者将这些因素作为内生变量,并参考Arellano and Bond(1991)进行差分GMM估计。

差分GMM的估计结果见表4-4。全体发展中国家和最不发达国家、低收入国家两者的估计结果在Hansen Test下,均得出足够大的数值,在Arellano-Bond Test AR(1)下,得出足够小的数值,在Arellano-Bond Test AR(2)下,得出足够大的数值,这表明本分析选定的模型是正确的。

表4-4 估计结果:对卫生开支的影响、差分GMM

政府卫生开支	全 体		最不发达国家、低收入国家	
政府卫生开支(t-1)	0.396***	0.376***	0.379**	0.354**
	(0.131)	(0.134)	(0.174)	(0.176)
政府税收(内生)	−0.013	−0.015	0.005	0.001
	(0.014)	(0.014)	(0.021)	(0.019)
GBS(内生)	0.055		0.104**	
	(0.060)		(0.048)	
PRSC-GBS(内生)		0.115		0.129*
		(0.079)		(0.074)
其他GBS(内生)		0.045		0.081*
		(0.052)		(0.045)
对政府的卫生ODA(内生)	−0.570***	−0.577***	−0.463***	−0.455***
	(0.116)	(0.120)	(0.124)	(0.118)
援助方数量(先决)	−0.001*	−0.000	−0.001*	−0.001*
	(0.000)	(0.000)	(0.000)	(0.000)
1997年			−0.003	−0.003
			(0.002)	(0.002)

续　表

政府卫生开支	全　体		最不发达国家、低收入国家	
1998年	−0.002**	−0.002**	−0.002	−0.002
	(0.001)	(0.001)	(0.002)	(0.002)
1999年	−0.003**	−0.002**	−0.002	−0.002
	(0.001)	(0.001)	(0.002)	(0.002)
2000年	−0.002	−0.002	−0.001	−0.001
	(0.001)	(0.001)	(0.002)	(0.002)
2001年	−0.002**	−0.002**	−0.002	−0.002
	(0.001)	(0.001)	(0.001)	(0.001)
2002年	−0.002*	−0.002**	−0.002	−0.002
	(0.001)	(0.001)	(0.002)	(0.001)
2003年	−0.002**	−0.002***	−0.002*	−0.003**
	(0.001)	(0.001)	(0.001)	(0.001)
2004年	−0.001*	−0.001*	−0.002	−0.002
	(0.001)	(0.001)	(0.001)	(0.001)
2005年	−0.001*	−0.001*	−0.001	−0.001
	(0.001)	(0.001)	(0.002)	(0.001)
GBS Test	0.069		0.099**	
PRSC GBS Test		0.130*		0.128*
其他GBS Test		0.060		0.080*
Hansen Test	0.608	0.643	0.321	0.214
Arellano−Bond Test AR(1)	0.003	0.004	0.078	0.096
Arellano−Bond Test AR(2)	0.505	0.551	0.177	0.187
样本数	708	708	366	366

注:括号内为稳健标准误差。***、**、*分别代表在1%、5%、10%的显著性水平上拒绝零假设。(内生)表示内生变量,(先决)表示先决变量。

　　估计结果表明,全体发展中国家的政府收入和GBS均未得出有统计学意义的数值,因此无法辨别两者对"政府卫生开支"的影响。另一方面,"对政府的卫生ODA"增加时政府卫生开支出现具有统计学意义的减少。具体来讲,"对政府的卫生ODA"每增加1%,政府卫生开支减少0.57%,政府整体卫生开支的增长仅为0.43%。在政府收入和GBS的差异方面,GBS比政府收入更能推动政府卫生开支的增加。特别是"PRSCGBS"比政府收入更能推动政府卫生开支具有统计学意义的增加。具体是"PRSCGBS占GDP比"每增加1%,政府卫生开支增加0.13%。

最不发达国家、低收入国家的数据表明,即便政府收入和GBS增加,政府卫生开支仍会增加。GBS使政府卫生开支出现具有统计学意义的增长。GBS占GDP比每增加1%,政府卫生开支增加0.1%。将GBS分为"PRSCGBS"和"其他GBS"时,两者均使政府卫生开支出现具有统计学意义的增加。"PRSCGBS"为0.13%,"其他GBS"为0.08%。在政府收入和GBS的差异方面,GBS比政府收入更能推动政府卫生开支具有统计学意义的增加。将GBS分为"PRSCGBS"和"其他GBS"时,两者均比政府收入更能推动政府卫生开支具有统计学意义的增加。具体是GBS每增加1%,政府卫生开支增加0.1%;分为"PRSCGBS"和"其他GBS"时,两者均比政府收入更能推动政府卫生开支具有统计学意义的增加,前者为0.13%,后者为0.08%。"对政府的卫生ODA"使政府卫生开支发生具有统计学意义的减少。具体是"对政府的卫生ODA"每增加1%,政府卫生开支减少0.46%。

4.5.2　对卫生指标的影响

为了考察GBS的效果,上节分析了导入GBS后政府开支结构的变化情况。估计结果表明GBS对政府开支的结构产生了一定影响。下文中,笔者将采取与上节相同的方法,即通过混合OLS方法、固定效应模型、差分GMM对政府开支发生变化后政府服务的变化情况或指标的变化情况进行实证分析。

4.5.2.1　预防接种:卡介苗、麻疹疫苗

混合OLS方法、固定效应模型的分析结果见表4-5。

表4-5　估计结果:对卡介苗、麻疹疫苗接种率的影响、混合OLS方法、固定效应模型

	卡介苗				麻疹疫苗			
	全　体	最不发达国家、低收入国家	全　体	最不发达国家、低收入国家	全　体	最不发达国家、低收入国家	全　体	最不发达国家、低收入国家
	混合OLS	混合OLS	固定效应	固定效应	混合OLS	混合OLS	固定效应	固定效应
政府卫生开支	2.924***	2.250***	0.748	1.006	5.184***	4.625***	1.306	1.288
	(0.301)	(0.538)	(0.689)	(0.964)	(0.389)	(0.786)	(1.026)	(1.339)

续　表

	卡介苗				麻疹疫苗			
	全　体	最不发达国家、低收入国家	全　体	最不发达国家、低收入国家	全　体	最不发达国家、低收入国家	全　体	最不发达国家、低收入国家
	混合OLS	混合OLS	固定效应	固定效应	混合OLS	混合OLS	固定效应	固定效应
政府卫生开支和GBS虚拟变量的交叉项	−0.649	0.671	0.913	1.12	−0.983	0.584	1.506**	1.627
	(0.610)	(0.948)	(0.596)	(0.947)	(0.795)	(1.155)	(0.641)	(0.981)
对政府的卫生ODA	−3.402***	2.330**	0.856	0.839	−6.538***	1.898	−0.454	−0.673
	(1.051)	(0.944)	(0.808)	(0.923)	(1.564)	(1.320)	(1.422)	(1.604)
对政府的卫生ODA和GBS虚拟变量的交叉项	4.487***	0.871	0.484	0.348	6.173***	1.051	1.233	1.270
	(1.189)	(1.232)	(0.822)	(0.990)	(1.818)	(1.641)	(1.221)	(1.417)
常数项	0.807***	0.742***	0.838***	0.774***	0.669***	0.566***	0.732***	0.640***
	(0.009)	(0.012)	(0.016)	(0.020)	(0.012)	(0.015)	(0.026)	(0.030)
R−Spuared	0.083	0.058	0.025	0.033	0.154	0.293	0.047	0.0722
样本数	1035	562	1035	562	1067	555	1067	555

注:括号内为稳健标准误差。***、**、*分别代表在1%、5%、10%的显著性水平上拒绝零假设。

卡介苗接种率方面,全体发展中国家在混合OLS方法下的结果表明,一方面,"对政府卫生开支"增加时,卡介苗接种率出现有统计学意义的提高。另一方面,"对政府的卫生ODA"增加时,反而会使接种率出现有统计学意义的降低,但导入GBS后,接种率出现有统计学意义的提高。固定效应模型下,虽然两者的增加都使接种率有所提高,但均未得出有统计学意义的结果。一方面,最不发达国家、低收入国家中,"对政府卫生开支"及"对政府的卫生ODA"两者的增加均使接种率出现有统计学意义的提高。另一方面,导入GBS后,虽然接种率有所提高,但未得出有统计学意义的结果。

麻疹疫苗接种率方面,除去部分结果,基本与卡介苗接种率的情况一致。全体发展中国家在混合OLS方法下的结果表明,一方面,对政府卫生开支增加时,麻疹疫苗接种率发生有统计学意义的提高。另一方面,"对政府的卫生ODA"增加时,反而会使接种率出现有统计学意义的降低,但导入GBS后,接种率出现有统计学意义的提高。固定效应模型下,与卡介苗接种率不同,导入GBS后"对政府卫生开支"使接种率出现有统计学意义的改善,此外均未得出有统计学意义的结果。最不发达国家、低收入国家的麻疹疫苗接种率在混合OLS方法下均出现改善的倾向,但未得出有统计学意义的结果。固定效应模型下也未得出有统计学意义的结果。

以上的分析没有考虑到内在性,但实际上存在着政府根据卫生服务交付情况及卫生指标的完成情况决定卫生开支的可能性,同时也存在援助方根据上述提供情况和完成情况实施"对政府的卫生ODA",导入、维持或撤走GBS的可能性,因此考察卫生服务的交付情况、卫生指标的完成情况时,也应将这些因素作为内生变量。下文的分析与前文一样,将这些因素作为内生变量进行差分GMM估计。

差分GMM的估计结果见表4-6。全体发展中国家和最不发达国家、低收入国家两者的估计结果在Hansen Test下,均得出足够大的数值,在Arellano-Bond Test AR(1)下,得出足够小的数值,在Arellano-Bond Test AR(2)下,得出足够大的数值,这表明本分析选定的模型是正确的。

表4-6 估计结果:对卡介苗、麻疹疫苗接种率的影响,差分GMM

	卡介苗			麻疹疫苗	
	全 体	最不发达国家、低收入国家		全体	最不发达国家、低收入国家
卡介苗(t-1)	0.008***	0.007***	麻疹疫苗(t-1)	0.006***	0.006***
	(0.001)	(0.001)		(0.001)	(0.001)
卡介苗(t-2)	0.000	0.000	麻疹疫苗(t-2)	−0.001**	−0.001**
	(0.001)	(0.001)		(0.001)	(0.001)
政府卫生开支(内生)	2.975**	3.065*	政府卫生开支(内生)	2.519	1.993
	(1.449)	(1.787)		(1.676)	(1.925)
政府卫生开支和GBS虚拟变量的交叉项(内生)	0.779	0.437	政府卫生开支和GBS虚拟变量的交叉项(内生)	−0.354	−2.006
	(1.270)	(1.409)		(1.000)	(1.972)

续 表

	卡介苗			麻疹疫苗	
	全 体	最不发达国家、低收入国家		全体	最不发达国家、低收入国家
对政府的卫生ODA（内生）	2.690*	1.616	对政府的卫生ODA（内生）	−0.764	−2.161
	(1.422)	(1.668)		(1.704)	(2.080)
对政府的卫生ODA和GBS虚拟变量的交叉项(内生)	1.211	1.140	对政府的卫生ODA和GBS虚拟变量的交叉项(内生)	2.191	2.317
	(1.876)	(1.668)		(2.538)	(2.377)
1999年	0.001	−0.013	1999年	−0.029***	−0.063***
	(0.012)	(0.020)		(0.009)	(0.017)
2000年	0.001	−0.008	2000年	−0.017**	−0.048***
	(0.009)	(0.015)		(0.007)	(0.011)
2001年	−0.016**	−0.023*	2001年	−0.019**	−0.045***
	(0.008)	(0.013)		(0.008)	(0.012)
2002年	−0.010	−0.018	2002年	−0.023***	−0.042***
	(0.007)	(0.012)		(0.007)	(0.012)
2003年	−0.008	−0.015	2003年	−0.011	−0.023***
	(0.007)	(0.009)		(0.007)	(0.008)
2004年	−0.007	−0.005	2004年	−0.009	−0.020**
	(0.010)	(0.011)		(0.007)	(0.009)
2005年	−0.003	−0.006	2005年	0.001	−0.005
	(0.007)	(0.008)		(0.007)	(0.010)
Hansen Test	0.831	0.534	Hansen Test	0.517	0.544
Arellano-Bond Test AR(1)	0	0	Arellano-Bond test AR(1)	0	0
Arellano-Bond Test AR(2)	0.332	0.865	Arellano-Bond test AR(2)	0.242	0.45
样本数	706	387	样本数	721	376

注：括号内为稳健标准误差。***、**、*分别代表在1%、5%、10%的显著性水平上拒绝零假设。(内生)表示内生变量,(先决)表示先决变量。

估计结果表明,在卡介苗接种率方面,全体发展中国家的"对政府卫生开支"和"对政府的卫生ODA"两者增加时,卡介苗接种率出现有统计学意义的提高。具体是"对政府卫生开支"每增加1%,接种率提高2.97%,"对政府的卫生ODA"每增加1%,接种率提高2.69%。另外,导入GBS的情况未得出有统计学意义的结果。最不发达国家、低收入国家"对政府卫生开支"和"对政府的卫生ODA"两者的增加均使接种率出现改善倾向,但仅在"对政府卫生开支"方面得出有统计学意义的结果。"对政府卫生开支"每增加1%,接种率提高约3%。在麻疹疫苗接种率方面,在全体发展中国家和最不发达国家、低收入国家均未得出有统计学意义的结果。

4.5.2.2 孕产妇死亡率及婴幼儿死亡率

下文将考察孕产妇死亡率和婴幼儿死亡率所受的影响。

混合OLS方法、固定效应模型的分析结果见表4-7。

表4-7 估计结果:孕产妇死亡率、婴幼儿死亡率所受影响:混合OLS方法、固定效应模型

	孕产妇死亡率				婴幼儿死亡率			
	全体	最不发达国家、低收入国家	全体	最不发达国家、低收入国家	全体	最不发达国家、低收入国家	全体	最不发达国家、低收入国家
	混合OLS	混合OLS	固定效应	固定效应	混合OLS	混合OLS	固定效应	固定效应
政府卫生开支	−55.982***	−42.537**	−4.642	−4.500	−13.359***	−13.063***	−3.594***	−3.919***
	(8.035)	(18.150)	(7.554)	(9.972)	(0.960)	(2.032)	(0.906)	(1.169)
政府卫生开支和GBS虚拟变量的交叉项	39.267**	43.369	0.616	−2.298	4.889**	5.175	−1.278	−2.483*
	(18.991)	(27.513)	(8.526)	(12.824)	(2.229)	(3.191)	(0.900)	(1.421)
对政府的卫生ODA	239.311***	73.051***	−8.703	−13.671	24.797***	−1.086	−6.536***	−7.416***
	(31.169)	(27.203)	(15.847)	(16.643)	(3.618)	(3.519)	(1.321)	(1.415)
对政府的卫生ODA和GBS虚拟变量的交叉项	−95.614**	14.176	−27.658*	−22.587	−10.748**	6.796	−1.252	−0.163
	(44.472)	(39.171)	(15.133)	(16.110)	(4.782)	(4.329)	(1.857)	(1.860)
援助方数	−0.191**	−0.468***	−0.062	−0.0571	0.008	−0.034**	−0.029***	−0.027***
	(0.085)	(0.096)	(0.078)	(0.082)	(0.013)	(0.014)	(0.005)	(0.005)

	孕产妇死亡率				婴幼儿死亡率			
	全　体	最不发达国家、低收入国家	全　体	最不发达国家、低收入国家	全　体	最不发达国家、低收入国家	全　体	最不发达国家、低收入国家
	混合 OLS	混合 OLS	固定效应	固定效应	混合 OLS	混合 OLS	固定效应	固定效应
就业率	0.077***	0.065***	0.024	0.077	0.013***	0.009***	−0.002	0.003
	(0.009)	(0.013)	(0.032)	(0.057)	(0.001)	(0.002)	(0.003)	(0.005)
常数项	−0.446	2.258**	2.587	1.480	0.171**	0.751***	0.991***	1.079***
	(0.560)	(0.918)	(1.968)	(3.737)	(0.086)	(0.138)	(0.178)	(0.292)
R-Squared	0.293	0.107	0.072	0.106	0.348	0.145	0.276	0.321
样本数	1092	576	1092	576	1092	576	1092	576

注:括号内为稳健标准误差。***、**、*分别代表在1%、5%、10%的显著性水平上拒绝零假设。

在孕产妇死亡率方面,全体发展中国家在OLS方法下的结果表明,政府卫生开支增加时,孕产妇死亡率出现有统计学意义的降低,但导入GBS后反而未发生有统计学意义的降低。"对政府的卫生ODA"的增加反而使孕产妇死亡率出现有统计学意义的增加,但导入GBS后未得出有统计学意义的结果。固定效应模型下未得出有统计学意义的结果。最不发达国家、低收入国家的政府卫生开支增加时,发生有统计学意义的降低,但导入GBS后不仅未得出有统计学意义的降低结果,反而出现了增加的倾向。"对政府的卫生ODA"增加时,孕产妇死亡率有所降低,导入GBS后虽未获得有统计学意义的结果,但有所降低。在固定效应模型下,仅"对政府的卫生ODA和GBS虚拟变量的交叉项"出现有统计学意义的负面结果。

婴幼儿死亡率在混合OLS方法下的结果表明,全体发展中国家的情况与对孕产妇死亡率的影响结果一致。即政府卫生开支增加时,死亡率发生有统计学意义的降低。但在导入GBS后反而未发生有统计学意义的降低。"对政府的卫生ODA"增加时,反而会造成孕产妇死亡率有统计学意义的增加,导入GBS后会发生有统计学意义的降低。最不发达国家、低收入国家的政府卫生开支增加时,出现有统计学意义的降低,但导入GBS后不仅未得出有统计学意义的降低结果,反而出现了增加的倾向。"对政府的卫生ODA"增加时,虽未得出有统计学意义的结果,但有所降低,导入GBS后出现有统计学意义的降低结果。固定效应模型下,全体发展中国家在"政府卫生开支""对政府的卫生ODA"增加并导入GBS后,婴幼儿死亡率均出现降低的倾向。在"政府卫生开支""对政府的卫生ODA"增加时,出现有统计学意义的降低结果。最不发达国家、低收入国家中,与全体发展中国家的分析结果相同,"政府卫生开支和GBS的交叉项"也得出了具有统计学意义的结果。

差分GMM的估计结果如表4-8所示。全体发展中国家和最不发达国家、低收入国家两者的估计结果在Hansen Test下,均得出足够大的数值,在Arellano-Bond Test AR(1)下,得出足够小的数值;在Arellano-Bond Test AR(2)下,得出足够大的数值。这表明本分析选定的模型是正确的。

表4-8　估计结果:孕产妇死亡率、婴幼儿死亡率所受影响,差分GMM

孕产妇死亡率			婴幼儿死亡率		
	全　体	最不发达国家、低收入国家		全　体	最不发达国家、低收入国家
孕产妇死亡率(t-1)	0.01***	0.013***	婴幼儿死亡率(t-1)	0.008***	0.007***
	(0.001)	(0.001)		(0.003)	(0.003)
政府卫生开支(内生)	−26.575***	−23.709***	婴幼儿死亡率(t-2)	0.001	0.001
	(5.853)	(7.808)		(0.003)	(0.003)
政府卫生开支和GBS虚拟变量的交叉项(内生)	−4.982	3.133	政府卫生开支(内生)	0.869	0.198
	(7.301)	(6.865)		(0.896)	(0.552)
对政府的卫生ODA(内生)	−34.860**	−16.762	政府卫生开支和GBS虚拟变量的交叉项(内生)	−0.310	−0.585
	(13.712)	(10.438)		(0.393)	(0.706)
对政府的卫生ODA和GBS虚拟变量的交叉项(内生)	−8.560	1.358	对政府的卫生ODA(内生)	−0.162	−0.283
	(7.803)	(5.362)		(0.548)	(0.541)
援助方数(先决)	0.031	0.022	对政府的卫生ODA和GBS虚拟变量的交叉项(内生)	0.371	0.183
	(−.0.041)	(0.058)		(0.346)	(0.237)

续　表

	孕产妇死亡率			婴幼儿死亡率	
	全　体	最不发达国家、低收入国家		全　体	最不发达国家、低收入国家
就业率(先决)	0.016***	0.001	援助方数(先决)	0.001	0.004
	(0.006)	(0.005)		(0.002)	(0.004)
1998年	0.067	0.041	就业率(先决)	−0.000	−0.000
	(0.047)	(0.131)		(0.000)	(0.000)
1999年	0.068	0.028	1999年	0.012***	0.024***
	(0.045)	(0.132)		(0.003)	(0.006)
2000年	0.068*	−0.048	2000年	0.008***	0.016***
	(0.038)	(0.114)		(0.003)	(0.005)
2001年	0.082*	−0.058	2001年	0.007***	0.013***
	(0.045)	(0.111)		(0.002)	(0.004)
2002年	0.039	−0.057	2002年	0.004**	0.008***
	(0.028)	(0.087)		(0.002)	(0.003)
2003年	0.056*	−0.078	2003年	0.004***	0.005*
	(0.030)	(0.071)		(0.001)	(0.003)
2004年	0.042	−0.073	2004年	0.001	−0.000
	(0.032)	(0.061)		(0.002)	(0.004)
2005年	0.010	−0.036	2005年	0.002	0.002
	(0.019)	(0.038)		(0.001)	(0.003)
Hansen Test	0.469	0.529	Hansen Test	0.354	0.343
Aerllano-Bond Test AR(1)	0.024	0.07	Aerllano-Bond Test AR(1)	0.01	0.052
Aerllano-Bond Test AR(2)	0.185	0.116	Aerllano-Bond Test AR(2)	0.91	0.781
样本数	858	457	样本数	744	398

注:括号内为稳健标准误差。***、**、*分别代表在1%、5%、10%的显著性水平上拒绝零假设。(内生)表示内生变量,(先决)表示先决变量。

孕产妇死亡率方面,全体发展中国家在"政府卫生开支""对政府的卫生ODA"增加并导入GBS后,均出现降低倾向。在"政府卫生开支""对政府的卫生ODA"增加时,得出有统计学意义的降低结果。具体是"政府卫生开支"每增加1%,孕产妇死亡率每10万人减少26人。"对政府的卫生ODA"每增加1%,孕产妇死亡率每10万人减少34人。最不发达国家、低收入国家中,"政府卫生开支"增加时,孕产妇死亡率得出有统计学意义的降低结果。具体是"政府卫生开支"每增加1%,孕产妇死亡率每10万人减少24人。其他项目均未得出有统计学意义的结果。

婴幼儿死亡率方面的各个系数分别是,"政府卫生开支"为正,"政府卫生开支和GBS的交叉项"为负,"对政府的卫生ODA"为负、"对政府的卫生ODA和GBS虚拟变量的交叉项"为正,但均未得出有统计学意义的结果。

上文通过混合OLS方法、固定效应模型以及差分GMM分析了卫生开支及卫生指标所受的影响。结果表明考虑了内生性和序列相关性的差分模型在Hansen Test中,通过了Arellano Bond Test AR(1)和Arellano Bond Test AR(2)的检测,证明了本分析使用了正确的模型。因此,通过差分GMM估计可知,在对卫生开支的影响方面,全体发展中国家"对政府的卫生ODA"使"政府卫生开支"出现具有统计学意义的减少,即结果表明存在可替代性。此外,GBS的验证结果表明,PRSC比政府收入更能促进"政府卫生开支"有统计学意义的增长,存在粘蝇纸效应。最不发达国家、低收入国的GBS使"政府卫生开支"发生有统计学意义的增长,GBS的验证结果表明,"PRSCGBS"和"其他GBS"两者均比政府收入更能增加政府卫生开支,存在粘蝇纸效应。与"其他GBS"相比,"PRSCGBS"更能够增加政府卫生开支。进而,"对政府的卫生ODA"使"政府卫生开支"发生有统计学意义的减少,表明存在可替代性。

卡介苗和麻疹疫苗的接种率对卫生指标的影响颇有深意,且出现了不同的结果。全体发展中国家在"政府卫生开支"和"对政府的卫生ODA"增加时,卡介苗接种率出现有统计学意义的改善;最不发达国家、低收入国家在"政府卫生开支"增加时,卡介苗接种率有所改善,但麻疹疫苗接种率方面未得出有统计学意义的结果。此外,也未验证出GBS的有效性。

孕产妇死亡率和卡介苗接种率相同,在"政府卫生开支"和"对政府的卫生ODA"增加时,出现有统计学意义的降低。最不发达国家、低收入国家在"政府卫生开支"增加时,出现有统计学意义的降低。婴幼儿死亡率方面未得出有统计学意义的结果,也未验证出 GBS 的有效性。

4.6　小结

本部分尝试通过两个阶段的分析辨明未在前人研究中验证过的 GBS 对开发成果的影响。

第一阶段通过与政府收入的比较,分析了 GBS 对政府卫生开支的影响,并得出两个颇具深意的结果。一是最不发达国家、低收入国家在 PRSC 和"其他 GBS"方面都表现出粘蝇纸效应,与此相对,从包括较发达国家在内的全体发展中国家来看,仅在 PRSC 方面存在粘蝇纸效应。这表明在收入较低的国家,GBS 对政府卫生预算的影响大于自主财源,反映出了政策对话的效果。另外,包括较发达国家在内的全体发展中国家在 PRSC 方面均存在粘蝇纸效应,体现出了世界银行政策对话的重大作用。二是"对政府的卫生 ODA"在全体发展中国家及最不发达国家、低收入国家均表现出可替代性。

第二阶段进行了对导入 GBS 后的政府卫生开支对卫生指标影响的实证分析,但未能证明在第一阶段存在粘蝇纸效应的 GBS 对开发成果的影响。此外,在各个卫生指标方面,"政府卫生开支""对政府的卫生 ODA"及 GBS 均得出不同的结果。"对政府的卫生 ODA"改善了卡介苗接种率和降低了孕产妇死亡率指标,但在麻疹疫苗接种率和婴幼儿死亡率上未得出有统计学意义的结果,且无法验证其中的因果关系。此外,"政府卫生开支""对政府的卫生 ODA"及 GBS 对麻疹疫苗接种率及婴幼儿死亡率的影响均未得到验证。由于婴幼儿死亡率是计算 5 岁以下婴幼儿的死亡率,因此可能会受各方面复杂因素的影响。另外,在改善迅速的卡介苗接种率和降低孕产妇死亡率方面,"对政府的卫生 ODA"发挥了一定作用。

综上所述,GBS 对低收入的贫困国家的预算产生了影响,显示出政策对话的有效性,但未对开发成果产生影响。这一结论与以往的研究成果一致,即 GBS 的有效性包括"政策对话的强化""援助的针对性的提高(提高发展计划的整合性)""援助协调性的发展"等效果,保障了发展中国家政府的所有权,提高了制订计划、编制预算的能力及公共财政管理能力(财政原则、有效的资源分配、有效的公共服务和运营)等,GBS 的效果主要体现在强化中央政府的行政财政能力方面。另外,限定用途的"对政府的卫生 ODA"对可以在短期之内得到改善和降低的卡介苗接种率和孕产妇死亡率指标做出了贡献,但没有检验出不限定用途、直接拨入预算的GBS对上述两个指标产生的影响。

上述结果表明,GBS与实际的事业实施、服务交付之间存在着巨大的差距。预期中GBS有效性的实现过程是强化公共财政管理的能力、促进公共开支和政策的系统化,进而强化政府执行减贫政策、服务交付的能力,但事实证明这一预期有时无法反映发展中国家的实际情况。通过与GBS一起实施的政策对话程序,制订计划、编制预算、实施各项事业,但在计划和实施的过程中,发展中国家的行动和援助方的预期间产生了一定的分歧。

本章从宏观角度对GBS给政府卫生开支和卫生指标带来的影响进行了综合性的实证分析。下文,笔者将围绕"减贫机制"下政府和援助方的交集方式,对政策对话的实施情况、各项事业的开展情况进行更具体的、更符合援助实际情况的分析。

5 坦桑尼亚的"减贫机制"及国际援助体系的变化

5.1 引言

以非洲地区为中心的"项目泛滥"现象已经成为一个需要国际社会共同面对的课题,该现象最终发展为涵盖了全体发展中国家的"减贫机制"发展战略。同时,以北欧七国为中心的援助方的重点援助对象是撒哈拉以南非洲及部分西亚、拉丁美洲的贫困国家,这些国家对"减贫机制"的接受度高于发展中国家整体水平。在这些对"减贫机制"接受度高的地区,国际发展援助由"单独型"向"协调型"转变,受援国和援助方的交集方式也由原本的援助项目向覆盖全部开发领域的综合性交集发展。

笔者验证了这种新的体制是否能够提高援助有效性,以及是否取得预期的发展成果,结果表明在兼顾受援国援助依赖度和项目援助集中度的情况下,通过集中援助可以提高援助的有效性。另外,与其他地区相比,对"减贫机制"接受度高的地区减贫率较低,这并不符合预期。此外,"减贫机制"中具有代表性的援助方式——GBS的效果也未达到影响开发成果的程度。

那么,为何无论是否积极实行"提高援助有效性的措施",都无法在以撒哈拉以南非洲为中心的贫困国家取得预期效果呢?为何援助与实际的事业实施、服务交付的能力间会产生差距呢?这也许是因为虽然发展中国家看似接受了国际援助体系,但实际上基于当地的社会、经济、政治文化采取了不同于援助方专家们设想的行动。

为了辨明上述问题,笔者从对"减贫机制"接受度高的非洲国家中选择了积极开展援助措施的坦桑尼亚作为考察对象,在第5章到第7章中展开分析。本章将具体关注以下问题:"项目泛滥"的问题化过程、"减贫机制"在坦桑尼亚政府和援助方之间的形成过程,以及作为新型发展援助资源的GBS是如何被定位的,与GBS相关的各政府部门间的关系是如何变化的,哪种变化会对发展战略产生影响,最终构筑了何种体制。

在坦桑尼亚的案例分析中使用的资料和史料除前人研究外,笔者主要使用了在坦桑尼亚实施的对政府、援助方、NGO的采访和在当地收集的第一手资料,希望通过这些资料体现本研究的独创性。具体包括笔者1997年10月至2001年3月驻坦桑尼亚工作期间以及2001年、2005年、2010年、2011年、2012年在坦桑尼亚通过田野调查获得的谈话记录、各种会议数据、资料等。

第5.2节梳理了前人研究和主要观点,第5.3节阐述将坦桑尼亚作为分析对象的理由,第5.4节梳理"项目泛滥"及"减贫机制"的发展过程,第5.5节分析GBS在坦桑尼亚产生影响的背景,第5.6节介绍"减贫机制"形成过程中的主导部门,第5.7节考察援助体系的变化以及政府和援助方集团内部各行动方关系的变化,最后进行归纳总结。

5.2　前人研究及主要观点

从本节的问题意识出发,笔者首先回顾了被视为古典研究的詹姆斯·弗格森的研究(Ferguson,1994)。弗格森在关于南非莱索托王国开发情况的研究中指出很多开发项目甚至没有实现最基本的目标。尽管如此,这些失败的项目却改变了当地的制度。具体来讲,加拿大实施的农业、家畜业援助项目通过官僚主义权力以及去政治化的贫困、国家、开发这一意识形态国家机器,强化了莱索托王国的国家权力(Ferguson,1994:256)。即虽然没有实现项目所明示的增加农业产值、提高小规模生产者收入等目标,但莱索托王国通过援助项目在其他领域获得了启示,并以此进一步扩大了国家权力。弗格森的研究表明,发展中国家官员可能会根据不同于援助方援助脚本的理由,实施自己所希望的"发展"(近藤,2007),而且通过项目这种交集方式,援助方所期待的开发效果可能会被发展中国家的官员层所改变。这表明发展计划和实施之间,有可能会出现不同于援助方设想的变化,这一观点给本书的分析带来了重要启示。但是,弗格森的研究没有过多涉及从"单独型"向"协调型"转变过程中的"减贫机制",因此,在考察减贫战略(Poverty Reduction Strategy,PRS)的形成过程时,笔者将参考古尔德关于坦桑尼亚的研究(Gould,2005)。

Gould(2005)以坦桑尼亚为例,用PRS形成过程中的"铁三角"框架解释了新型接受援助的方式,即政府、援助方、非政府行为体这三个集团内部关系的变化及该变化促成了地方政府杰出人物和社会团体杰出人物的联动。古尔德的研究虽然涉及了PRS形成过程中各行为体关系的变化,但在政府、援助方、非政府行为体这三个集团内部的行为体的排除和筛选及权力(制定政策时的参与权、发言权、影响力)形成机制方面,仅考察了"贫困监测体系"下的非政府行为体。同时,古尔德也没有探讨在"减贫机制"中发挥重要作用的发展中国家政府和援助方集团内,世界银行、北欧七国及发展中国家财政部垄断了权力的原因、其他政府直属机构及援助方的排序变化情况、行为体的重新部署等问题,分析对象也仅限于"贫困监测体系"下的非政府行为体。此外,古尔德的研究并未充分探讨非政府行为体的关系变化给发展援助的政策和实施带来的影响。笔者将基于上述前人研究中未辨明的问题点展开分析,这也正是本书的独创性所在之处。

5.3 将坦桑尼亚①作为分析对象的理由

本章案例分析对象的选取要件之一是该国应对"减贫机制"接受度高,二是需考察该国"提高援助有效性的措施"的实施情况。如前文所述,撒哈拉以南非洲、部分西亚及拉丁美洲的贫穷国家对"减贫机制"的接受度较高。为了实现减贫目标,这些国家已经制定了 PRSP、MTEF 及 SWAp,此外,还导入了 GBS,积极实施"提高援助有效性的措施"。其中,明显积极实施"提高援助有效性的措施"的国家有加纳、肯尼亚、坦桑尼亚、乌干达、赞比亚。这些国家都制定了联合援助战略(Joint Assistance Strategy,JAS)文件。该战略文件旨在协调援助方的国别援助计划,并推进"提高援助有效性的措施"的实施。文件高度认同《巴黎宣言》所提倡的提高受援国的主导权,强化援助对受援国政府的针对性、援助方援助行为的协调化、援助成果管理,深化问责制等。为实现这些倡议,文件中提出了面向发展战略的针对性,将援助统一到受援国政府的预算中(预算化),利用受援国的政府体系(公共财政管理、调配、会计及监察),促进援助方之间的分工机制(Division of Labor,DOL)及提高政策对话的质量,提高援助的可预测性(Predictability),援助方式、调查/研究的协调化,减少手续费用等策略,真正地将《巴黎宣言》提倡的方法写入条文中。其中,加纳、坦桑尼亚、乌干达、赞比亚的JAS文件都主张 GBS 是理想的援助方式。为了提高文件的约束力,接受 JAS 的援助方签署了备忘录,将 JAS 文件定位为援助方的联合文件。在此基础上,坦桑尼

---

① 坦桑尼亚联合共和国是1961年从英属东非独立的噶尼喀和1963年独立的桑给巴尔于1964年合并成立的联合共和国。桑给巴尔有独立的政府和议会及不同的经济计划和经济管理,所以本书未将桑给巴尔政府自行管理的"桑给巴尔"列入研究对象。因此,不做特别说明时,坦桑尼亚指的是"噶尼喀",即"坦桑尼亚本土"。

亚政府承认(议会承认)并签署了 JAS 文件,至此,JAS 文件成为政府和援助方间官方联合文件,以此巩固了"减贫机制"。因此,笔者从本章开始将以坦桑尼亚为对象进行案例分析。

5.4 "项目泛滥"及"减贫机制"的形成

本节首先概括说明坦桑尼亚开发的进程,并借此确认坦桑尼亚政府和援助方是如何围绕"项目泛滥"这一问题展开讨论的。

5.4.1 "项目泛滥"认识的形成

坦桑尼亚政府独立后,第一任总统朱利叶斯·坎巴拉吉·尼雷尔(Julius Kambarage Nyerere)于 1966 年发表了《乌贾马——非洲社会主义的基础》一书,书中提出了基于非洲传统互相扶持精神的家族共同体式的乌贾马社会主义。"乌贾马"是指摒弃殖民时期所形成的资本主义价值观,恢复非洲固有的、传统的互相扶持精神,旨在建设自主的国家①。其后,1967 年的《阿鲁沙宣言》(The Arusha Declaration and TANU's Policy on Socialism and Self-Reliance)成为坦桑尼亚国家建设纲领,该宣言宣布建设主要生产方式国有化并以农业为基础的联合体国家,援助方认同并支持这项新的社会经济原则(Freeman,1982)。基于该建设纲领,坦桑尼亚的公共部门开始迅速膨胀。

独立之初,坦桑尼亚民营部门占全部就业人口的 70%,至 1984 年发展为公共部门占就业人口的 70%。因此,随着政府机构的膨胀,财政情况不断恶化,国内储蓄匮乏,坦桑尼亚陷入了国内投资只能依靠援助的困境,实际上,政府收入的大部分也要依靠发展援助。此外,"乌贾马"政策希望通过强制集中村落实现民族统一,这也进一步加剧了财政恶化。实施"乌贾马"政策后,坦桑尼亚先后经历了两次石油危机、东非共同体解体,经济负担继续增大,对乌干达的战争(1978—1979)使财政开支急增,20 世纪 80 年代前期的干旱导致粮食减产。在上述外因和尼雷尔政权经济运行失败这一内因的共同作用下,进入 20 世纪 80 年代,坦桑尼亚开始出现经济危机的征兆,因此,坦桑尼亚实施了结构调整政策,但该政策并未驶入正轨,经济继续恶化。双边发展援助的援助方为使其他国家也能加入援助,将与 IMF 的和解作为对坦桑尼亚进行援助的条件(Campbell,Stein,1992:

---

① 参照 Nyerere(1962)。

70)。虽然尼雷尔对此表示抗议,但1985年尼雷尔卸任后,坦桑尼亚最终接受了IMF、世界银行的结构调整政策。

在IMF、世界银行及双边发展援助的援助方强有力的援助及1989年实施了强化结构调整项目后,坦桑尼亚的经济实现了正增长。强化结构调整项目下的众多经济决策理论在坦桑尼亚政府内部得以确立,IMF、世界银行导入的结构调整政策也被赋予了合理性。另外,1993年(财政年度),坦桑尼亚政府未征收援助方商品进口支援项目的对应资金(购买进口商品的准备金)问题被曝光,不仅如此,在援助方的支持下实现民营化的发电厂也发生了贪污事件,政府和援助方间的关系日益紧张。1995年2月末,援助国顾问小组(Consultative Group,CG①)会议上,各国对坦桑尼亚政府的贪污问题及坦桑尼亚的发展情况,特别是企业管理和财政管理的薄弱性进行了严厉批判。与此相对,坦桑尼亚政府认为援助方的要求难以实现且超出正常程度,对此表达了不满(The President's Office et al.,2004b)。此外,尽管援助方已经实施了数额巨大的援助,但并未取得预期的效果,这也使援助方的挫折感大幅增加。

如图5-1所示,坦桑尼亚人均GDP在20世纪90年代初期转为负增长。进而,在援助方积极支援的卫生部门及教育部门中,1992年婴幼儿死亡率1000人中高达92人,高死亡率导致了平均寿命仅为51岁。教育部门的问题也非常严重,1980年的小学入学率为93%,但1990年降至69%。中学入学率与其他撒哈拉以南非洲地区17%的平均值相比,坦桑尼亚仅为4%,这进一步加大了援助方对坦桑尼亚的不满。在这种情况下,世界银行和IMF搁置了对坦桑尼亚的贷款,相关援助方也停止了项目援助。进而,援助方方面表达出如果坦桑尼亚不解决税收及贪污问题将终止一切援助的强硬态度,坦桑尼亚政府和援助方的关系持续恶化(Helleiner et al.,1995)。

在上述背景下,1995年6月,由丹麦主导制定的《赫莱纳报告》②首次提出了"项目泛滥"问题。具体来讲,该报告在"援助方的协调和援助效果"这一项内容中指出,自独立以来,在坦桑尼亚实施的项目超过2000个,援助方也超过40个,这种情况下在援助方和坦桑尼亚政府间进行协调是非常困难的(Helleiner et

① CG会议的目的是援助方和国际机构共享受援国的经济形势、发展计划、开发项目等方面的信息,并通过交换意见及表达援助目的促进政策对话及进行调整援助。该会议一般由世界银行发起,在巴黎召开。(国际开发记者社:《国际合作用语集》,第73页。)
② 全称为《独立顾问团关于坦桑尼亚与其援助者发展合作问题报告》,作者在原著中使用了"Report of the Group of Independent Advisers on Development Cooperation Issues between Tanzania and its Aid Donors"这一英文名称。(译者注)

(年率%)

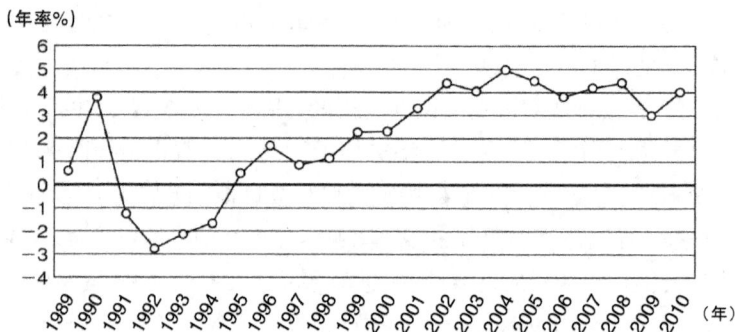

图5-1　坦桑尼亚人均GDP增长率

出处:笔者根据WDI的数据制作。

al.,1995:15)。该报告还提到坦桑尼亚政府认为援助方绕开或不信任坦桑尼亚政府体系,构建了援助项目的"孤岛",同时对援助方要求的会议、报告文件、合同过多的情况表示不满。进而,报告指出虽然众多援助方开展了援助,但坦桑尼亚政府并未充分了解这些项目,甚至连政策框架文件实际上也并不是坦桑尼亚方面积极自主制定的,而是由援助方制定的。也就是说,《赫莱纳报告》一方面指出未进行调整的、片面的项目援助会增加政府的手续费用,给政府沉重负担,另一方面倡导发展中国家政府所有权的重要性及各援助方进行协调的重要性。此外,报告中还包括坦桑尼亚政府应发挥主导权,援助方应更好地发挥合作伙伴精神,与坦桑尼亚政府进行协调的同时,重新审视公共开支、制定政策等反映了SWAp精神的内容,同时也提出应该积极实行"提高援助有效性的措施"。

除上述内容外,《赫莱纳报告》还提出了改善政府和援助方关系的21条建议。其中,指出了坦桑尼亚应实施公务员改革、预算改革及经济运营、社会领域战略以及渎职对策等。基于这些建议,1995年6月坦桑尼亚政府和援助方确认了应由双方共同努力进行坦桑尼亚的开发。此外,以该报告为契机,政府和援助方之间的"单独型"援助开始转向由政府和多数或全部援助方共同实施的"协调型"援助,并以此推动未来的开发。《赫莱纳报告》出台后,坦桑尼亚政府和援助方才开始认识到"项目泛滥"是双方的共同课题,为何在此之前双方没有形成这样的认识? 为此,笔者考察了关于坦桑尼亚"项目泛滥"的前人研究,并指出了前人研究中关于经常性开支的问题点。

如本书第2章分所述,与"项目泛滥"相关的课题之一是发生"项目泛滥"时难以保障合理的经常性开支。实施项目援助时,原则上由受援国承担与项目相关的人工费、水电费等经常性开支。因此,当项目数量增加时,用于维持项目运行的经常性开支也增加,这不仅增大了受援国的预算负担,而且在无法保障合理预算的情况下,项目也难以为继。关于坦桑尼亚问题的前人研究中已指出了这一问题。Therkildsen and Semboja(1992)指出,1967年,坦桑尼亚接受了《阿鲁沙宣言》后试图扩大包含社会服务交付在内的公共事业领域,但公共事业的发展超过了GDP的增长,这一方面使经常性预算的负担变大,另一方面使坦桑尼亚的公共事业对发展援助的依赖度进一步提高。此外,Havnevik et al.(1988:125)指出,1970—1973年发展援助占GDP的7.2%,1980—1982年占13.2%,1986年上升到16.9%。其后,坦桑尼亚对援助的依赖度不断上升,1992年达到峰值30%,此后直至1999年保持持续下降趋势,1999年之后基本在10%到17%区间变化(见图5-2)。由此可见,坦桑尼亚对援助的依赖度一直很高,政府总预算的25%—30%以及开发预算的80%左右都依靠国际援助。

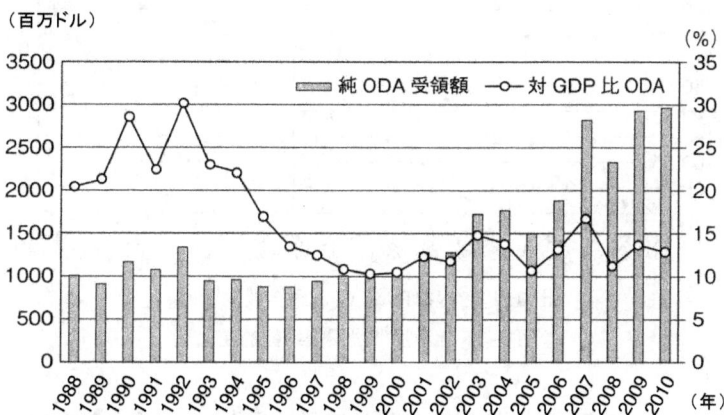

图5-2 对坦桑尼亚的官方发展援助(ODA)①

从上述情况可知,政府无法从预算中拨出经常性开支,因此,初等教育陷入不稳定的状态(Syrimis,1998),地方卫生领域中必要药品的供给也需依靠援助资金,其他多种基础医疗也受到财政不足的限制,地方公路情况恶化,国家发展也只能依靠援助方的项目援助,而项目援助的增加所导致的"项目泛滥"又占用了

① 图5-2中的"百万ドル""純ODA受取額""对GDP比ODA"的中译文分别是"百万美元""纯ODA接受额""ODA占GDP比"。(译者注)

经常性开支的预算。

IMF、世界银行的结构调整政策导致这种情况越发恶化。为了实现项目的可持续性必须保障经常性开支,但由于结构调整政策导致的财政紧缩使坦桑尼亚的经常性预算更加窘迫。但即便如此,当时的援助方也没有意识到"项目泛滥"这一问题。

援助方在冷战结束后开始意识到"项目泛滥"问题的背景如本书第2章所述,冷战结束后,欧洲开始讨论援助的有效性问题。援助方在坦桑尼亚出现了"援助疲劳",对坦桑尼亚的发展援助不断减少(见图5-3)。对以丹麦为中心的北欧四国来说,"项目泛滥"问题的出现正是一个好的契机。此外,对于世界银行来说,这一现象在贷款停滞不前的非洲出现也是一个合适的时机。

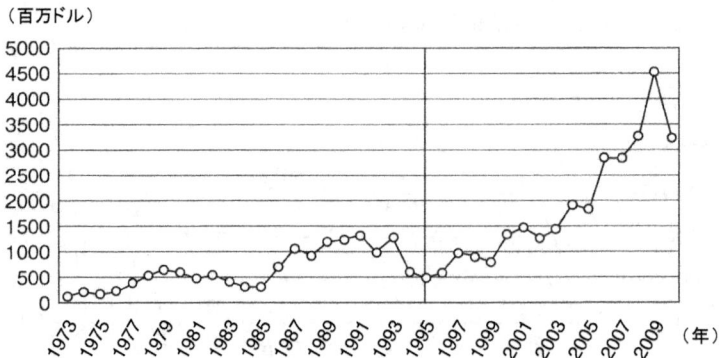

出处:笔者根据DAC CRS承诺数据制作。

图5-3 坦桑尼亚发展援助额的变化[①]

以坦桑尼亚政府和援助方共同签署《赫莱纳报告》为契机,1995年以后,为了克服"项目泛滥"问题,"提高援助有效性的措施"取得了迅速的进展,其后形成了"减贫机制"。"减贫机制"的形成经历了两个阶段:第一阶段从1995年6月制定《赫莱纳报告》到2000年末制定PRSP;第二阶段从2001年制定PRSP并开始提供GBS到2006年10月议会通过《坦桑尼亚联合援助战略文件》(Joint Assistance Strategy in Tanzania,JAST)。下文笔者将对这两个"减贫机制"的形成阶段及发挥主导作用的行为体进行分析。

——————————

[①] 图5-3中的"百万ドル"的中译文为"百万美元"。(译者注)

5.4.2 "减贫机制"形成的第一阶段(1995—2000)

从坦桑尼亚国家独立后至《赫莱纳报告》形成之前,支持尼雷尔方针的北欧四国和20世纪80年代导入结构调整政策的世界银行对坦桑尼亚的开发产生了重要影响。《赫莱纳报告》的制定由丹麦主导,以北欧四国为中心。为了进一步巩固《赫莱纳报告》作为援助指南的地位,北欧四国积极推动其他援助方和坦桑尼亚政府的行动。1995年,姆卡帕当选为坦桑尼亚总统,新政府与北欧四国就《赫莱纳报告》中的提议进行协商后,双方于1996年在以《赫莱纳报告》为基础的发展合作伙伴关系协议,即"新北欧与坦桑尼亚发展伙伴关系(The New Nordic-Tanzania Development Partnership)"上达成了共识。为将该共识推广到所有援助方,1997年1月,双方就以《赫莱纳报告》为基础、包括了18项联合声明的Agreed Notes再次达成共识。其中,政府的责任事项包括政府需制定发展的远景规划,自主制定、实施、监测及评价发展计划,提高预算管理过程的有效性,强化财政管理体系等。另一方面,援助方的责任事项包括仅支持坦桑尼亚发展计划中的优先事项,实施援助时需提高援助的可预测性,进行长期的财政承诺,尽快将援助转移到预算支持上,强化对国家体系的利用,提高政府和援助方会谈的效率性以及协调援助手续以减轻坦桑尼亚政府的管理负担等。此外,将赫莱纳教授招募到CG会议这一举措促进了《赫莱纳报告》的主流化。1997年12月,在坦桑尼亚召开的CG会议邀请了赫莱纳教授本人,教授对《赫莱纳报告》各项措施的进展情况进行了评价。这进一步标志着《赫莱纳报告》作为坦桑尼亚发展指南的地位得以确立。可以说,CG会议对政府和援助方协调措施的进展情况做出评价是史无前例的。如上所述,《赫莱纳报告》成为影响1995年之后坦桑尼亚发展援助的重要报告。

在《赫莱纳报告》主流化过程中,坦桑尼亚政府基于《赫莱纳报告》及该报告后来提出的建议推动了实际的改革。1998年,在政府的责任事项——制定远景规划方面,坦桑尼亚政府在日本等国的援助下,制定了《愿景2025》①;1997年制定了《国家根除贫困战略文件》(National Poverty Eradication Strategy, NPES)。进而,坦桑尼亚政府开始稳步推进《赫莱纳报告》中建议的公务员改革、预算改革及经济运营、社会领域战略以及反贪政策等。特别是在社会领域,根据《赫莱纳报

---

① 全称为《坦桑尼亚发展愿景2025》(The Tanzannia Development Vision 2025),作者使用了其简称,下同。(译者注)

告》的建议,坦桑尼亚政府开始导入SWAp,继而1998年进行了地方政府改革,2000年农业部门也根据建议开始进行各项改革。在上述过程中,预算的一元化得以推进,卫生、教育等部门导入了CBF。1998年3月,导入了MTEF来制定三年期的预算。此外,从1999年上半年开始,政府着手商议制定《坦桑尼亚援助战略文件》(Tanzania Assistance Strategy,TAS),该文件是《赫莱纳报告》出台后的"提高援助有效性的措施"的集大成者。TAS是为跟进《赫莱纳报告》及Agreed Notes,实现坦桑尼亚政府和援助方之间为实施"提高援助有效性的措施"所进行的援助协调及手续协调的相关承诺的制度化。

5.4.3 "减贫机制"形成的第二阶段(2001—2006)

坦桑尼亚导入了涵盖所有开发领域的PRSP之后,原本在特定部门和改革中广泛实施的"提高援助有效性的措施"发展为更具综合性的措施。因此,导入PRSP后"减贫机制"的形成进入第二阶段,下文将对此进行介绍。

1999年9月,IMF、世界银行年会宣布导入PRSP,同年末坦桑尼亚决定导入PRSP。2000年3月坦桑尼亚制定了暂定版PRSP,3月末IMF缔结了PRGF(1999年11月ESAF改名为PRGF),世界银行也在4月初通过理事会会议,迎来了强化重债穷国计划的决策点(Decision Point)。此后,经过包括各种集会、市民团体在内的区域研究会(Zonal Workshop)的讨论,2000年8月,完整版PRSP终于得到议会承认,经过细微改动后于10月份定稿,完整版PRSP的制定意味着强化重债穷国计划达到完成点(Completion Point)的必要条件已经成立。翌年11月,强化重债穷国计划终于迎来了完成点。PRSP作为中期发展计划,是政府和援助方的共同目标。PRSP与SWAp相同,由政府和利益相关者基于《赫莱纳报告》联合制定。进而,以北欧七国①为中心的9个援助方(丹麦、瑞典、芬兰、挪威、爱尔兰、荷兰、英国、瑞士、EU)接受了坦桑尼亚的PRSP后,于2001年开始提供GBS。世界银行开始以PRSC的方式提供GBS,2002年开始将PRSC统一到GBS框架内。通过制定PRSP、导入GBS,原本局限在特定部门的政策对话发展为覆盖坦桑尼亚各个开发领域的综合性政策对话。受此影响,TAS也不再局限在特定部门和改革上,而是将讨论对象扩大到涉及全部开发领域的"提高援助有效性的措施"上来。在这个过程中,对提高援助有效性持积极态度的北欧四国、世界银行、英国等援助方和

---

① 另有说法是北欧七国正式开始于2002年,但众所周知,在此之前这些国家就作为理念相同的集团进行了密切的合作。

态度谨慎的日本(从援助额上看日本为主要援助方)展开激烈讨论。但由于积极支持"提高援助有效性的措施"的援助方影响力大,"GBS是最理想的援助方式"这一观点占据了优势。在进行了长达三年的讨论后,终于在2002年完成了TAS。2004年,为进一步巩固"提高援助有效性的措施",实施了关于政府和开发伙伴共同实现发展援助的合理化、协调化的调查,希望借此实现以下内容:合并重复的援助;实现PRS过程和国家预算的集约化;减少开发伙伴调查团数量,特别是援助方在坦桑尼亚政府编制预算的忙碌期(国家预算完成时期)开启"静默模式"将任务降至最少;进一步促进援助协调化如构建援助方分工机制以选择和集中重点援助领域等。以上内容都与减少手续费用相关,而手续费用正是"项目泛滥"的主要问题,解决这一问题的关键是扩大GBS规模。继而,与2005年3月发表的《巴黎宣言》相呼应,同年4月援助方召开会议商议了制定JAS来代替TAS。与TAS相比,JAS不仅包含了政府和援助方,还承认了非政府行为体的作用,旨在形成更具综合性的"提高援助有效性的措施"。TAS不需要议会通过,但JAS于2006年11月获内阁同意,12月在政府财政部①主办的仪式上由财政部长发布官方承认声明,JAS成为政府和援助方的联合官方文件(本田,2006:4)。至此,面向以减贫为目标的"提高援助有效性的措施"的"减贫机制"伴随制度化进程正式形成,GBS为最理想的援助方式,其后依次是部门预算支持、CBF及项目援助。

综上所述,在"减贫机制"形成的第一阶段,政府和援助方在"项目泛滥"问题上达成了共识,从这个概念出发,在以北欧四国为中心的援助方集团中迅速展开了以导入SWAp和提供CBF为中心的"提高援助有效性的措施"。这极大地改变了自坦桑尼亚独立以来长达30余年的以项目援助为中心的援助体系。政府和援助方之间原本通过个别项目形成的交集方式向以全体部门为对象的交集方式转型,这种具有冲击性的变革彻底改变了原有的援助方式。但是,在"减贫机制"形成的第一阶段发生的变革尚未覆盖到全部开发领域,对象仅限于特定部门和改革。进而,在"减贫机制"形成的第二阶段,在坦桑尼亚政府的主导下,全体利益相关者联合制定了PRSP,并开始导入新型援助方式GBS,减贫成为政府和援助方的共同目标,并形成了以实现此目标为目的的综合性"提高援助有效性的措施"。在这一阶段,获议会通过的JAS文件是《赫莱纳报告》出台10年以来,"提高援助有效性的措施"的集大成性成果。政府和援助方共同签署备忘录后,JAS成为官方联合战略文件,坦桑尼亚的"减贫机制"最终得以确立。

---

① 坦桑尼亚政府进行了部门改组,以前称为财政部,后改组为财政、经济部,但本书中统称为"财政部"。

5.5　GBS在坦桑尼亚产生影响的背景

本节将考察GBS在坦桑尼亚"减贫机制"的形成过程发挥了重要作用的背景。

GBS的特征是将不限定用途的援助资金直接注入发展中国家的国库。与项目援助需要在援助方的管理下进行不同,GBS被划入发展中国家的预算,实现预算化后将置于发展中国家政府的管理下。但是,与项目援助不同,援助方在提供GBS前要求发展中国家进行政策对话并设置一定条件,这可能会导致发展中国家的全部发展政策都受到干涉。发展中国家以受到干涉为代价获取发展援助资源,因此在决定接受GBS时特别需要政治性的判断。如英国国家审计署的监察报告指出印度拒绝了预算支持(National Audit Office,2008)。那么,为何坦桑尼亚接受了GBS?为何GBS规模迅速扩大?笔者将在下文中分析这些问题的背景,这与后文将论述的"减贫机制"的方式也有密切联系。

首先,笔者考察了坦桑尼亚GBS的规模及发展情况。如图5-4所示,2001年度刚开始导入GBS时接受额为2.3亿美元,2009年度为9亿美元,增长了近4倍。

（百万ドル）

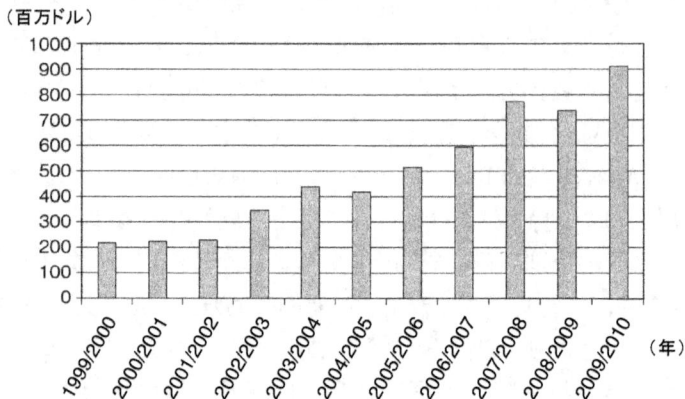

出处:笔者根据坦桑尼亚中央银行的数据制作。

图5-4　坦桑尼亚GBS接受额的变化[①]

其次,如图5-2所示,坦桑尼亚对援助的依赖度一直居高不下,从中可见发展援助的重要性。为考察发展援助和GBS对坦桑尼亚整体预算的影响,笔者考察了国家收入占总预算比、ODA占总预算比以及GBS占总预算比(见图5-5)。

———————————

① 图5-4中的"百万ドル"的中译文为"百万美元"。(译者注)

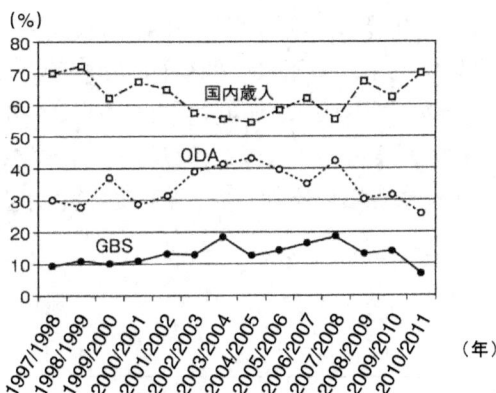

出处：笔者根据坦桑尼亚财政部预算演讲的数据制作。

图 5-5　国家收入占总预算比、ODA 占总预算比以及 GBS 占总预算比[①]

如图 5-5 所示，国内收入占总预算比在 50% 到 70% 多之间变化，2000 年度至 2004 年度一直呈下降趋势，其后开始升高。相反，ODA 占国家收入比在 30% 到 40% 间变化，这再次表明了坦桑尼亚对援助的依赖度很高。从 2001 年开始，GBS 占总预算比（2001 以前的多边债务基金被计入 GBS）基本在 10% 到 20% 间变化。进而，为了分析 GBS 对经常性开支和开发费用占国家预算比的影响，笔者考察了经常性开支和开发费用占国家预算的比例。

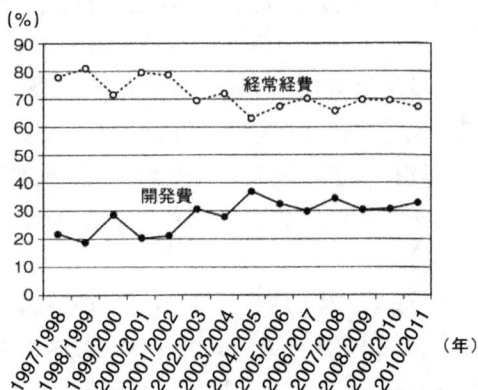

出处：笔者根据坦桑尼亚财政部预算演讲的数据制作。

图 5-6　经常性开支和开发费用占国家预算的比例[②]

---

① 图 5-5 中的"国内歳入"的中译文为"国内收入"。（译者注）
② 图 5-6 中的"経常経費""開発費"的中译文分别为"经常性开支""开发费用"。（译者注）

截至2003年,在经常性开支和开发费用占国家预算比中,经常性开支在70%到80%间变化,开发费用在20%到30%间变化。2003年以后,经常性开支在60%到70%间变化,开发费用在30%到40%间变化(见图5-6)。可见,用于坦桑尼亚国家运行的经常性开支占用了大量的预算。笔者在图5-7中考察了坦桑尼亚的国内年收入是否能够保障经常性开支,结果表明经常性开支一直高于国内年收入。

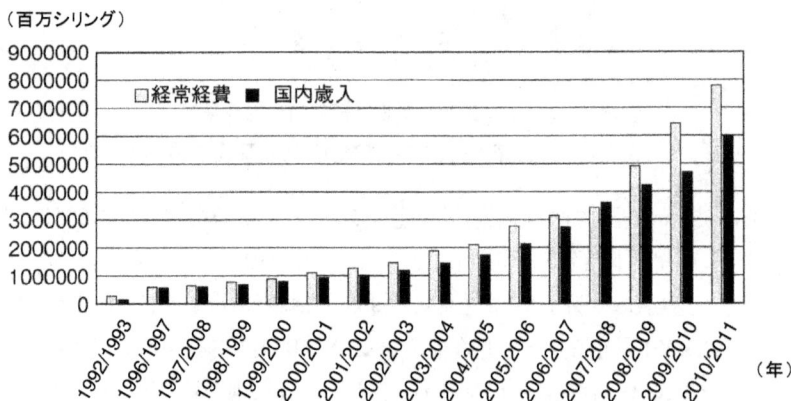

出处:笔者根据坦桑尼亚财政部预算演讲的数据制作。

图5-7 坦桑尼亚经常性开支和国内年收入①

上文表明,坦桑尼亚仅靠国内年收入无法负担用于国家运行的经常性开支,因此,发展援助对坦桑尼亚有着重要意义。但是,项目援助所需的经常性开支原则上由坦桑尼亚政府承担。此外,普通篮子基金的用途受到限制,坦桑尼亚政府无法灵活使用,而GBS被划拨到国家预算中,对于坦桑尼亚政府来讲这是一种非常便于使用的援助方式。

图5-8反映了超出国内年收入部分的经常性开支和GBS的关系以及填补国内年收入不足部分后GBS转化为开发预算的比例。如图5-8所示,近几年的经常性开支预算呈放缓趋势。如图5-8中灰色区域所示,2001年以后导入的GBS在填补国内年收入不足部分后转化为开发预算的比例缓慢上升。可见,GBS一

---

① 图5-7中的"百万シリング""国内歳入""経常経費"的中译文分别为"百万先令""国内收入""经常性开支"。(译者注)

方面可以填补经常性开支不足的部分,另一方面还能够转换为国家预算。也就是说,GBS不仅对于国家运行,对于坦桑尼亚的开发来说也是不可或缺的。

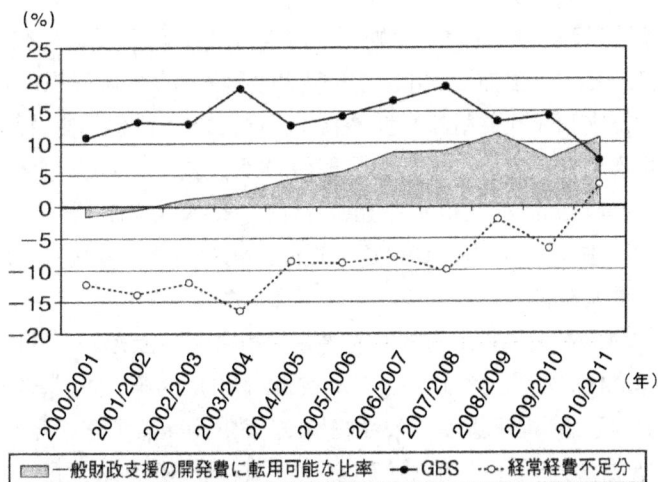

图5-8　经常性开支不足部分和GBS的关系、GBS转化为开发费用的比例①

　　另外,坦桑尼亚政府所使用的预算管理系统也离不开GBS。坦桑尼亚的预算执行管理采取现金管理的方式。财政部发布的预算指南要求各机关按活动项目提供每个月的现金流量。这是一种基于开支预算获得资金分配的工作计划。资金的开支由预算限额委员会决定。这种制度从1996年至2000年12月每个月进行一次资金分配,从2001年起改为每个财政季度进行一次。另外,非优先部门的资金分配仍然保持每月一次,但限额的设定为每季度一次(2010年9月27日,对财政部预算局副局长的采访)。

　　开支金额由上个会计季度的国内收入和援助方的拟援助金额决定。坦桑尼亚较容易出现现金总额不足以保障所有计划开支的情况,当金额不足时,首先支付预算限额委员会确定的优先开支项,即法定开支、人工费、水电能源费、监狱等公共设施的餐饮费,警察局、医院、紧急情况及意外情况的开支等。虽然剩余资金将被分配到其他机构和开支项目中,但优先部门的其他经费(Other Charges)仍需被优先保障。这导致了开发开支中的国内资金部分及非优先部门的其他经

① 图5-8中的"一般財政支援の開発費に転用可能な比率""経常経費不足分"的中译文分别为"GBS转化为开发费用的比例""经常性开支不足部分"。(译者注)

费往往会出现短缺的情况。因此,不限定用途、有弹性的GBS成为重要的财政来源。此外,GBS的可预测性和援助方实际提供的资金对坦桑尼亚经常性开支和开发费用产生了很大影响。

如上所述,坦桑尼亚仅靠自主财源无法维持国家运行,无论是在支付经常性开支方面还是推进开发方面,GBS的可预测性和援助方实际提供的资金对坦桑尼亚经常性开支和开发费用都产生了很大影响,GBS的比例越高,援助方的影响力越大。坦桑尼亚政府将GBS作为最理想的援助方式,援助方也认为GBS是可以发挥自己影响力的"减贫机制"的重要援助方式,双方均积极导入GBS的原因也正在于此。进而,可以看出GBS这一援助方式对坦桑尼亚接受发展援助的方式也产生了重大影响。

通过SWAp对"提高援助有效性的措施"做出了巨大贡献的北欧四国,为何能够产生发挥这样的影响力? 此外,在"减贫机制"形成的第二阶段,北欧七国以导入PRSP为契机,将"提高援助有效性的措施"发展为涵盖了全部开发领域、更具综合性的措施,为什么他们能够产生这样的影响? 笔者将在下节中分析上述问题。

5.6 "减贫机制"形成过程中的主导行为体

5.6.1 "减贫机制"形成过程中的主导行为体:北欧四国及北欧七国

为了解北欧四国及后来的北欧七国在坦桑尼亚的影响力,笔者首先考察它们对坦桑尼亚援助额的变化。独立以来,坦桑尼亚一直接受着国际社会的巨额发展援助。图5-9和图5-10分别表示了北欧四国、英国、日本、世界银行的发展援助额的变化和比例。

北欧四国或北欧七国是一个有着共同认识的集团,他们通过紧密合作影响着发展援助。虽然每一个国家的援助规模都不大,但作为一个整体,该集团的影响力是巨大的。北欧四国对第一任总统尼雷尔的非洲型社会主义政策持有强烈共鸣,他们一直通过大规模援助支持着坦桑尼亚。如图5-10所示,在制定《赫莱纳报告》的20世纪90年代之前,该集团对坦桑尼亚的援助额一直都占很大比例。此外,不仅援助额所占比例高,北欧四国还通过在当地召开"对坦桑尼亚合作北欧四国会议"等,保持与坦桑尼亚政府密切的政策对话。这是该集团在坦桑尼亚具有高度影响力的主要原因。此外,1994年,北欧四国作为援助方的中心,实施了援助冻结。坦桑尼亚能够接受丹麦主导制定的《赫莱纳报告》也证明了北欧四国的影响力。此外,当时坦桑尼亚政府预算的约30%、开发预算的约80%都需要依靠发展援助,因此,坦桑尼亚也不得不接受以北欧四国为中心的援助方的建议。

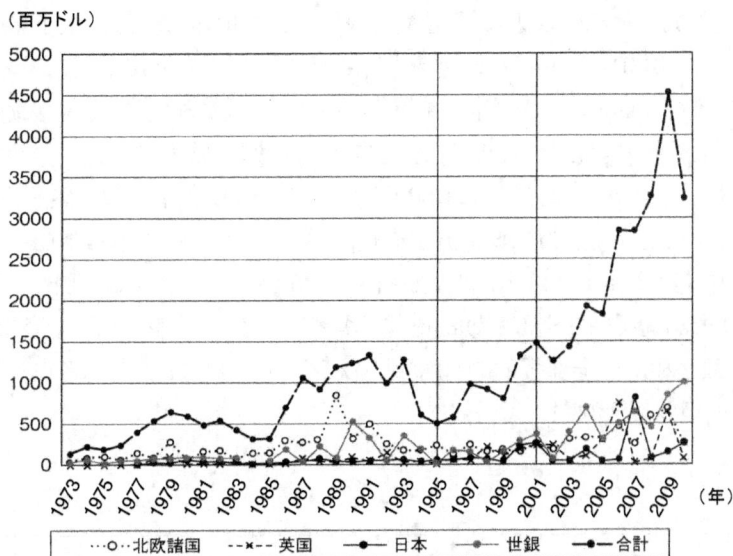

（百万ドル）

出处:笔者根据DAC CRS的数据制作。

图5-9　北欧四国、英国、世界银行、日本、美国的发展援助额的变化①

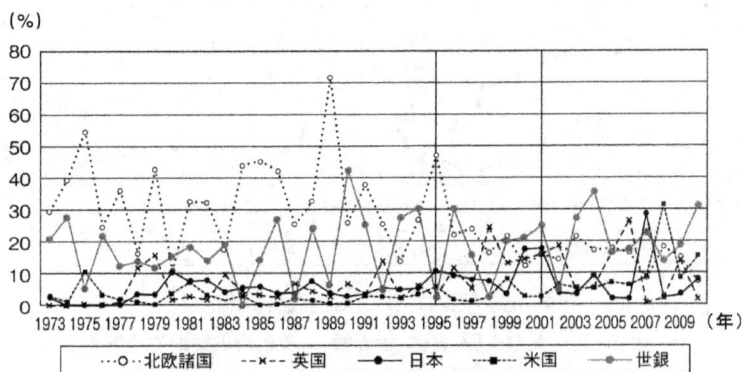

（%）

出处:笔者根据DAC CRS的数据制作。

图5-10　北欧四国、日本、世界银行、美国所占援助的比例(%)

---

① 图5-9、图5-10、图5-11中的"百万ドル""北欧諸国""世銀""米国""北欧諸国プラス"的中译文分别为"百万美元""北欧四国""世界银行""美国""北欧七国"。(译者注)

如上所述,通过以北欧四国为中心的援助方的努力,实现了《赫莱纳报告》的主流化。另一方面,北欧四国的援助在完成该报告的1995年达到峰值,其后占全部发展援助的比例开始降低。在这个过程中,世界银行、英国等积极支持在"减贫机制"形成的第二阶段发挥了重要作用的PRSP和GBS,借此扩大了影响。英国在1997年DFID成立前,援助主要以项目为中心。成立DFID后,在第一任部长克莱尔·肖特(Clare Short)的强烈倡议下,英国成为减贫和实施"提高援助有效性的措施"的领导者。在"减贫机制"形成的第二阶段,北欧七国和世界银行发挥了主导作用。世界银行通过导入PRSP及倡导扩大HIPCs两者联动,发挥了极大的影响力,北欧七国则成为GBS主流化进程的最大原动力(刚开始实施GBS时,9个援助方中有7个属于北欧七国)。如图5-11所示,在"减贫机制"形成的第二阶段,北欧七国的援助占全部援助的比例非常高。在这一阶段,世界银行和北欧七国援助额之和高达全部援助的50%到70%,这一数据也反映出两者在对援助高度依赖的坦桑尼亚的强大话语权。

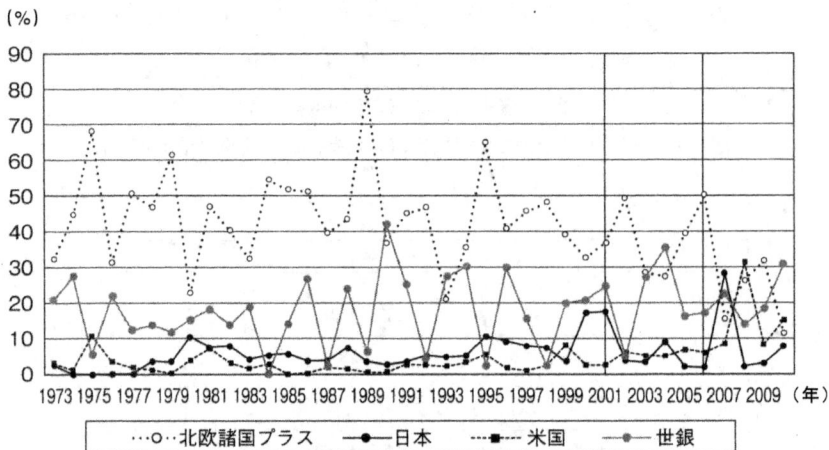

出处:笔者根据DAC CRS的数据制作而成。

图5-11 北欧七国、日本、世界银行、美国所占援助的比例

在奠定"减贫机制"基础的过程中,涌现出一批核心人物,但是无法通过援助方的动向了解这些人物的行为。在坦桑尼亚,这些人物没有得到应有的关注。此外,据笔者所知,在关于坦桑尼亚"减贫机制"形成过程的前人研究中,还没有对组织之外个人层面的研究。因此,笔者希望通过介绍对"减贫机制"的形成产生重大影响的个人行为体,使本研究更具深意。下文除使用了可以查阅到的资料外,还使用了笔者在20世纪90年代后期到2000年初期在JICA坦桑尼亚事务所工作期间所获得的访谈资料。

5.6.2 "减贫机制"形成过程中的开拓者

在制定《赫莱纳报告》之际,由丹麦外交部提议并与坦桑尼亚财政部协商,组成了包括赫莱纳教授[1]、托尼·基利格[2]、本诺·恩德鲁[3]、克努特·埃里克·斯文森[4]在内的调查团。这些人积极采取行动促成《赫莱纳报告》的主流化,因此本书将他们称为"减贫机制"的开拓者(以下简称"开拓者")。

首先介绍的是《赫莱纳报告》的作者——赫莱纳教授本人。如前文所述,赫莱纳教授在CG会议中发挥了重要影响力。为了使"提高援助有效性的措施"超越坦桑尼亚一国的界限发展为援助的趋势,瑞典外交部在世界银行的协助下,于1999年8月30日、31日在斯德哥尔摩召开了"在现场开展伙伴关系(Making Partnerships Work on the Ground)"会议。当时的CBF还未充分发挥作用,该会议以坦桑尼亚、乌干达、越南三国为案例分析对象,讨论了如何将《赫莱纳报告》提出的伙伴关系推广到发展援助现场。具体标准包括每个国家至少要推进一项SWAp并导入CBF等(OECD,2000;World Bank,2003)。与会的援助方包括北欧四国、世界银行、UNDP等;坦桑尼亚方面,出席此次会议的有丹麦的皮特·汉森大使(Peter Hansen,当时为丹麦驻坦桑尼亚大使)、世界银行的詹姆斯·亚当斯(James Admas,当时为世界银行坦桑尼亚国家事务局局长)、坦桑尼亚时任总统本杰明·威廉·姆卡帕(Benjamin William Mkapa)、财政部副部长助理毗努伊勒·里莫(Peniel Lyimo,后升任副部长)等人。曾身处丹麦外交部的汉森、瑞典外交部的斯坦·瑞兰达(Sten Rylander)、世界银行总部的詹姆斯·亚当斯以及非洲经济研究协会(肯尼亚本部)的时任所长本诺(前达累斯萨拉姆大学教授)等人作为"减贫机制"的开拓者,是致力于坦桑尼亚综合发展援助进程的功臣。制定《赫莱纳报告》时,他们作为坦桑尼亚发展援助的负责人身处自己的国家或邻国支持着坦桑尼亚。如第2章所述,在丹麦、瑞典、世界银行等援助方为推进"提高援助有

---

[1] Gerald K. Helleiner:调查团团长,当时任职于多伦多大学经济系。
[2] Tony Killick:当时任职于英国海外发展研究所(Overseas Development Institute),其后调入DFID。
[3] Benno Ndulu:当时任职于非洲经济研究协会(African Economic Research Consortium)和达累斯萨拉姆大学(University of Dar es Salaam),现为坦桑尼亚中央银行总裁。
[4] Knud Erik Svendsen:任职于哥本哈根发展研究中心(Center for Development Research)。

效性的措施"制定新型援助指南时,正是这群开拓者在各自的国家制定了相关方针。为了实现"提高援助有效性的措施"的主流化,他们集结在坦桑尼亚。1998年,汉森出任丹麦驻坦桑尼亚大使,同年,瑞兰达出任瑞典驻坦桑尼亚大使,1999年6月,亚当斯赴坦桑尼亚出任世界银行坦桑尼亚国家事务局局长。1998年4月,身处肯尼亚的本诺被聘任为世界银行东非·宏观经济科首席经济学家,他通过世界银行坦桑尼亚事务所直接参与了"减贫机制"的形成过程。

冷战结束后,上述开拓者作为积极推进"提高援助有效性的措施"的世界银行或北欧四国的代表,同时也作为坦桑尼亚政府和援助方之间的桥梁而四处奔走。从世界银行、北欧四国的上述动向中,也能够看出世界银行坦桑尼亚事务所所长亚当斯、丹麦大使汉森等人是如何积极推进"提高援助有效性的措施"的。由于日本对TAS采取完全不同的态度,他们还拜访了日本大使馆的佐藤大使(笔者一起出席),就日本对TAS的合作进行了谈判。如上所述,在官方和非官方的场合都能够看见他们积极开展活动的身影。

另一方面,《赫莱纳报告》的作者之一本诺曾任达累斯萨拉姆大学教授,在坦桑尼亚政府的相关人员中人脉众多,他在"减贫机制"中也发挥了核心作用。坦桑尼亚方面的开拓者主要以本诺为中心,同时还包括财政部副部长助理里莫①、财政部副部长姆公加(Mgonja)以及首相办公室副主任莫雷罗(Morello)等人。非政府行为体经济社会研究基金会(Economic and Social Research Foundation,ESRF)的万古埃教授、减贫研究机构(Research on Poverty Alleviation,REPOA)的赛博加(Semboja)教授等人也发挥了重要作用。同时,本诺成为坦桑尼亚政府和援助方间的桥梁。万古埃教授为ESRF编委会主任,赛博加教授为编委会成员,顾问编委包括里莫、万古埃教授、赛博加教授。在前文中提到的斯德哥尔摩会议中,姆卡帕总统表明了坦桑尼亚将积极应对"提高援助有效性的措施",与姆卡帕总统共同出席此次会议的里莫副部长助理被选任为TAS秘书长及公共开支审查(Public Expenditure Review,PER)委员会秘书长,姆公加出任PRSP审查秘书长等,坦桑尼亚与积极推进PER、MTEF的世界银行及北欧七国保持着密切联系。根据《赫莱纳报告》的提议,坦桑尼亚为改善税收管理,决定设立税务局(Tax Revence Authonity,TRA)。作为非洲经济研究协会研究所所长,本诺的工作地点在奈洛比,但他兼任TRA筹备理事会理事长,在长达3年的时间里,利用周末时间为TRA的设立做出了巨大贡献(2011年3月4日对本诺的采访)。万古

---

① 后历任财政部副部长、农业部副部长、首相办公室副主任。

埃教授接替赫莱纳教授,出任《赫莱纳报告》独立监督组(Independent Monitoring Group)组长,赛博加教授担任了坦桑尼亚与援助方召开GBS会议时的主持人等。此外,PRSP、PER、MTEF等在"减贫机制"中发挥了重要作用的文件也被委托给顾问团制定,万古埃教授、赛博加教授所在的ESRF及REPOA经常接受此类委托。如上所述,开拓者们在"减贫机制"的形成过程中发挥了重大作用。而他们在坦桑尼亚之外的地区对"减贫机制"所做出的贡献也更好地证明了这一点。

本诺教授在积极实施"提高援助有效性的措施"的SPA会议上进行过两次主题发言,对SPA的讨论产生了很大影响。万古埃教授以SPA会议及DAC GBS联合审查评论家的身份发挥着其影响力。世界银行的亚当斯历任坦桑尼亚国家事务局局长、世界银行副总裁,为了使"提高援助有效性的措施"发展为世界援助的趋势,他一直致力于《巴黎宣言》的实现。此外,作为世界银行的领导者,他出任2003年罗马会议和2005年DAC高层会议及《巴黎宣言》的协调员。本诺曾兼任坦桑尼亚中央银行副总裁顾问和援助协调部部长,对世界银行的SPA等援助进行协调(2011年3月4日对本诺的采访)。其后,他出任坦桑尼亚中央银行总裁,现在仍然致力于坦桑尼亚的开发。丹麦的皮特大使结束在坦桑尼亚的工作后,出任双边援助的副主任,作为小组专家出席了世界银行主办的PRSP会议等。2004年之后,他出任丹麦驻越南大使,越南对"提高援助有效性的措施"同样持积极态度。如上所述,"减贫机制"的开拓者们密切合作,对坦桑尼亚乃至全世界的"减贫机制"的形成都起到了巨大的作用。

如表5-1所示,坦桑尼亚"减贫机制"的形成与全世界"减贫机制"的形成紧密联系,这个结果似乎也证明了坦桑尼亚对"减贫机制"的高度接受是必然的。为配合北欧四国和世界银行SWAp的主流化,坦桑尼亚率先导入了SWAp,在"减贫机制"形成过程中,坦桑尼亚起到了先驱作用。

表5-1 "减贫机制"和坦桑尼亚

年份/年	"减贫机制"的形成过程	坦桑尼亚
1994	在津巴布韦首都哈拉雷召开关于新型计划支持的研讨会	在丹麦的主导下,开始进行援助方式调查
1995	·IMF召开关于非洲地区结构调整的研讨会 ·SIDA提出关于SWAp的政策报告 ·世界银行提出关于部门投资计划的讨论稿	·制定《赫莱纳报告》,"项目泛滥"问题引发关注 ·开始实施"提高援助有效性的措施";坦桑尼亚政府和援助方开始就导入SWAp达成共识

续　表

年份/年	"减贫机制"的形成过程	坦桑尼亚
1996	・DANIDA 提出 SWAp 指南 ・欧盟事务局会议上介绍了部门发展计划的概念,表明了将在人类发展、社会发展领域支持部门发展计划 ・EU 国家的教育专门会议就实施 SWAp 援助达成共识 ・荷兰外交部提出部门预算支持指南 ・SPA 召开了关于部门投资计划的研讨会	・就"新北欧与坦桑尼亚发展伙伴关系(The New Nordic-Tanzania Development Partnership)"达成共识 ・开始在卫生部门、教育部门实施 SWAp,导入了 CBF
1997	在哥本哈根召开"卫生部门的全部门方法"研讨会	・1 月,接受《赫莱纳报告》 ・在 12 月的 CG 会议上,确定将按《赫莱纳报告》实施开发
1998	・世界银行发布 CDF ・世界银行制定 Assessing Aid: Whatworks, What Doesn't and Why	开始实施 MTEF
1999	・1 月,世界银行导入 CDF ・9 月,IMF 在年会上发布 PRSP	・开始制定 TAS ・开始制定 PRSP
2000	・SPA5:贫困对策、SP、预算支持以及手续的协调化成为重要支柱 ・9 月,设定千禧年目标	完成 PRSP,4 月达到决策点,10 月制定 PRSP
2001	DAC 设立了"援助手续协调化"特别调查委员会(2001 年 1 月—2002 年 12 月)	开始导入一般预算支持;11 月,扩大 HIPCs 完成
2002	蒙特雷发展资金会议在完成 MDGs 所需的措施、增加援助资金、实施有效援助等方面达成共识,G8 峰会将非洲问题作为主要课题之一	・集中开展关于援助手续协调化的讨论 ・完成 TAS:推进基于 TAS 的援助协调、针对性援助、政府所有权以及政府主导
2003	2 月,通过《罗马协调化宣言》;导入 PBA、预算支持、储备基金等新型援助方式,并在援助手续的协调化(援助方之间、援助方和受援方之间)、简洁化、提高援助方援助预测性等方面达成共识	开发 TAS 行动计划:提高援助流程的可预测性,将外部资金统一到国家预算中,实施协调且合理的援助过程,提高援助协调以及管理外部资金的国家能力
2004	2 月,在马拉喀什召开了开发成果管理会议,就成果管理的基本理念达成共识:(1)成果报告制度应简洁;(2)不应该根据结果管理,而是为了结果而管理;(3)不仅要完成问责制,还要将成果信息用于决策	通过政府和援助方会议,实施关于合理化、协调化的调查;整理重复的援助,并努力将援助集中到 PRS 及国家预算中;减少援助方调查团数量,特别是设置了"静默时期"(制定国家预算期间)

续 表

年份/年	"减贫机制"的形成过程	坦桑尼亚
2005	3月,DAC高层会议采纳了《巴黎宣言》;积极在援助现场导入《巴黎宣言》。坦桑尼亚、赞比亚、阿富汗、乌干达、加纳、肯尼亚等国积极制定JAS	4月召开关于JAS的会议:开始制定JAS,该文件旨在实现开发伙伴援助战略的一体化、降低手续费用、提高政府主导权、提高援助效果
2006		JAS获得议会承认:成为坦桑尼亚政府和援助方间的官方文件

注:2000年SPA5改名为"Strategic Partnership with Africa"。
出处:笔者制。

5.7 援助体系的变化及政府、援助集团内部成员关系的变化

本节将考察"减贫机制"形成后援助体系的变化,以及随之发生的政府和援助方集团内部各成员间关系的变化。笔者将按照 "减贫机制"形成前、"减贫机制"形成的第一阶段、"减贫机制"形成的第二阶段的时间顺序进行分析。首先,考察援助方集团。

5.7.1 援助体系变化带来的援助集团内各成员间关系的变化

坦桑尼亚独立后,援助方对坦桑尼亚的援助主要以项目为中心。图5-12反映了政府和援助方通过项目援助建立的交集。

如图5-12所示,"减贫机制"形成前,各个援助方通过与相关政府部门的个别交集实施以项目为中心的援助。而接受项目援助的部门为对应不同的援助方,分别采取了不同的手续(报告文件、会计处理、任务对应等)。各个援助方分别与坦桑尼亚政府进行个别交涉,在这个意义上,虽然各援助方提供的援助量有所区别,但援助方之间没有先后顺序。

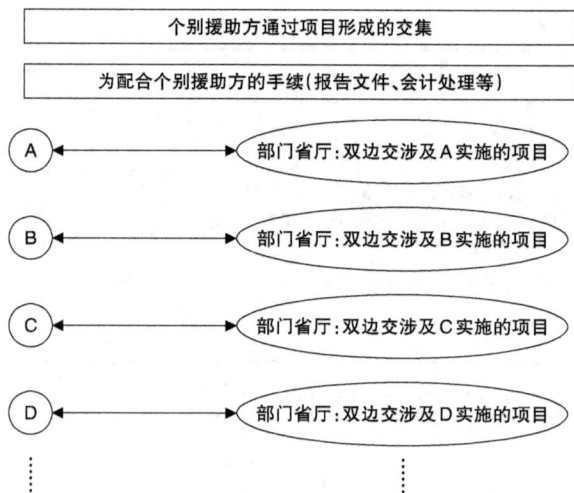

注：A、B、C、D分别代表不同的援助方。

出处：笔者制。

图5-12 "减贫机制"形成前政府和援助方的交集[①]

　　"减贫机制"形成的第一阶段和之前的一大区别是该时期为克服"项目泛滥"问题导入了SWAp。此前的项目援助是"个别援助"，即援助方根据发展中国家的申请选定项目，并通过政府和个别援助方两者间的交集实施这些项目。与此相比，SWAp是在发展中国家政府的主导下，由援助的利益相关者联合制定涵盖所有部门的发展计划、编制、实施、监测、评价预算，是"协调型援助"。随着这种"协调型援助"的实施，政府和援助方的交集也从项目发展到所有部门。图5-13反映了实施SWAp后政府和援助方的交集。

　　通过导入SWAp，原本的项目交集变为政府部门和关注该部门的援助集团间的交集。这一变化在很大程度上改变了以往的援助方式。因此，围绕这一变化，各方面展开了关于援助的讨论。

----

① 图5-12为译者根据原著图5-12制作，图中所用线条粗细及文本框大小等与原著略有不同，但内容与原著保持一致。(译者注)

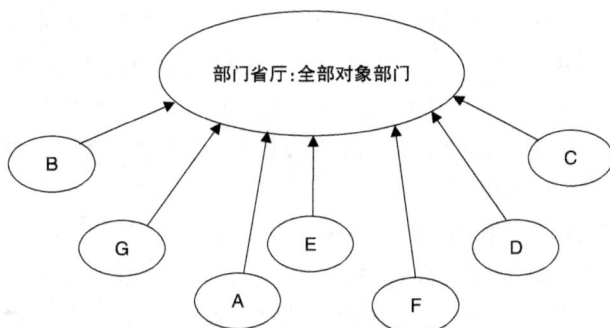

注：英文字母代表不同的援助方。

出处：笔者制。

图5-13　实施SWAp后政府和援助方的交集[①]

　　积极支持"提高援助有效性的措施"的DFID以及荷兰、瑞典、丹麦等北欧七国成员主张SWAp应该包括以减轻坦桑尼亚政府手续费用为目的的"援助手续协调化""援助开支机构统一化""由项目援助到计划支持的转型""提高援助的可预测性""缔结备忘录"等内容。通过以上内容可知，上述援助方与对"提高援助有效性的措施"持谨慎态度的日本、美国、法国等存在巨大差异。其中，最大的争议是是否要导入CBF这种新型的援助方式。北欧七国认为导入CBF能够实现"提高援助有效性的措施"；日本则展开了"最佳组合论（Best Mix）"认为应由坦桑尼亚基于自身主导权选择援助方式。这一论调的背景是日本担忧导入CBF后项目援助向计划支持转型，这将使本国（日本）脱离以项目援助为中心的援助方针。此外，为了提供CBF，需要对以往的制度进行大幅修改，因此，日本对北欧七国的主张表现出了强烈的抵触[②]。

　　尽管日本反对，但"减贫机制"形成过程中，北欧七国等援助方努力促成了"提高援助有效性的措施"在TAS中的明文化，坦桑尼亚政府也支持这一主张并导入了CBF。援助方在对待SWAp的态度上出现了分歧。例如，卫生SWAp方面，卫生部和援助方将导入SWAp作为卫生改革的一环，先后出台了《宗旨联合声明》（Joint Statement of Intent），以及以导入CBF为目的的《援助方—政府协议文

---

① 图5-13为译者根据原著中图5-13制作，图中所用线条粗细及文本框大小等与原著略有不同，但内容与原著保持一致。（译者注）

② 但是，日本认识到了"提高援助有效性的措施"的重要性，虽然对CBF及GBS等继续持谨慎态度，但2000年以后，日本对SWAp及PRSP表现出了积极的态度。日本同丹麦一起启动农业SWAp，最终提供了GBS。

件》(Joint Donor and GoT Side Agreement)。最终,这些文件获得了坦桑尼亚政府和DANIDA、DFID、爱尔兰援助署(Irish Aid)、NORAD、瑞士发展与合作署(Swiss Agency for Development and Cooperation,SDC)及世界银行的共同署名。如上所述,是否参加SWAp、是否参加CBF,必然导致卫生领域中援助方的差异化以及决定一些援助方的进退。

具体来讲,通过实施SWAp,可以获得制订部门发展计划的参与权和话语权。进而,通过提供CBF,不仅可以参与发展计划,还能够获得包括决定开支用途在内的部门预算方面的参与权和话语权,并借此提高在该部门的存在感和影响力。而不提供CBF的援助方被贴上了阻碍"提高援助有效性的措施"的标签。如上所述,援助方内部形成了"提供CBF的援助方""实施SWAp的援助方"及"未加入援助方"这样的排序。

下文将考察"减贫机制"形成的第二阶段的情况。和第一阶段相比,该时期的一大变化是在SWAp和CBF的基础上,导入了PRSP和GBS。PRSP和GBS的导入将第一阶段中SWAp和CBF的框架由特定部门扩展到坦桑尼亚的全部开发领域。但是,GBS和CBF的区别是,CBF限定用途,并且资金是转到国库以外的特定账户内,而GBS则是将不限定用途的援助资金直接投入国库中,因此GBS是一种更为尊重坦桑尼亚政府所有权的援助方式。图5-14反映了PRSP下政府和援助方间的交集。

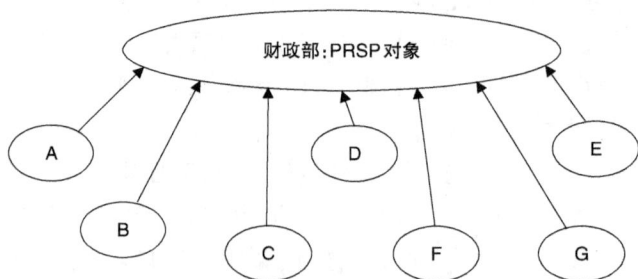

注:英文字母代表不同的援助方。

出处:笔者制。

图5-14 PRSP下政府和援助方间的交集①

---

① 图5-14为译者根据原著中图5-14制作,图中所用线条粗细及文本框大小等与原著略有不同,但内容与原著保持一致。(译者注)

在导入 GBS 问题上,积极支持"提高援助有效性的措施"的北欧七国等援助方和日本再次围绕着"预算支持 VS 项目援助"展开争论。但是,如第 5.4 节和第 5.5 节所述,北欧七国和世界银行等援助方与坦桑尼亚政府间已经达成共识,并在 JAST 中指出 GBS 是最理想的援助方式。而且,随着 GBS 的导入,与 PRSP 相关的所有开发领域都设置了制约条件,同时,为了促进、监测 GBS 的效果,还构建了绩效评估框架(Performance Assessment Framework,PAF)(国際合作綜合研修所,2004a)。

虽然不提供 GBS 的援助方也能够参与 PRSP 的制定过程,但是政策目标和开发成果的标准是由政府和提供 GBS 的援助方设定的,所以只有提供 GBS 的援助方才能够参与到这一政策对话中来。因此,未提供 GBS 的援助方在参与坦桑尼亚发展援助战略方面的影响力是有限的。

综上所述,在"减贫机制"形成以前,除 IMF、世界银行外,双边发展援助的援助方在坦桑尼亚开发政策制定方面的参与度、话语权没有很大差别。但是,在"减贫机制"形成的第一阶段,SWAp 和 CBF 成为援助主流,政府和援助方之间的交集发生了变化,提供 CBF 的援助方在所有部门的影响力都有所增大。发展到"减贫机制"形成的第二阶段,PRSP 和 GBS 成为援助主流,提供 GBS 的援助方在坦桑尼亚全部开发领域的影响力都得以增大。

5.7.2　援助体系变化带来的坦桑尼亚政府部门间关系的变化

本节与上节一样分三个阶段考察援助体系的变化所引发的坦桑尼亚政府部门间关系的变化。在"减贫机制"形成的第一阶段,坦桑尼亚政府根据《赫莱纳报告》的建议,将公务员改革、预算改革及经济运营、社会领域战略、反贪政策作为改革的重点,相关政府部门获得的援助数量及它们与援助方的交集均有所增加。通过 IMF、世界银行的结构调整政策实施的公务员改革、预算改革及经济运行扩大了援助方和财政部的交集,社会领域战略的改革扩大了援助方和卫生部及教育部的交集并相应地增加了援助数量。导入 CBF 后,限定用途的发展援助资金成为相关部门的预算,因此这些部门获得发展援助资源时的参与权也随之扩大。在"减贫机制"形成的第二阶段,导入 PRSP 和 GBS 使政府内部各个部门间的关系发生了变化。总统办公室计划委员会功能的变化如实地反映了这一情况。总统办公室计划委员会的结构、功能、名称随着时间的推移发生着变化。根据 1989 年发布的法案①,在总统办公室设置计划委员会,所有的开发案均需上报该委员会。

---

① 坦桑尼亚于 1989 年 6 月 12 日设立计划委员会。

但是,随着"减贫机制"的推进以及PRSP和GBS的导入,发展为所有项目都需要通过财政部〔2011年3月21日对总统办公室计划委员会主任经济学家弗卡斯(Focas)的采访〕审批。也就是说,财政部成为坦桑尼亚政府最有权力的部门。

如上所述,坦桑尼亚政府的财政部和援助方中提供GBS的集团成为坦桑尼亚"减贫机制"的动力。进而,JAST文件将援助方分为"领导(Lead Partners)""行动(Active Partners)""委托(Delegating Partners)"三类,以此规定了他们参与PRSP政策协商的方式。"领导"在援助方会议及政府和援助方进行政策协商时发挥协调、领导作用,"行动"不仅要积极参与策划相关部门(主题)的会议、还需要做出一定程度的承诺,如不能仅为获取信息而出席会议,还要进行信息分析及就特定副议题与政府进行协调等。"委托"原则上不需要定期参加援助方会议,可以将政策协商事宜"委托"给"领导"及"行动",除共享与决策相关的所有基本信息外,他们还能够通过"领导"及"行动"表达意见(本田,2006)。这种分工机制是在坦桑尼亚财政部的要求下建立的(见图5-15)。此外,2006年,在PRSP下开展的各部门的分工见表5-2。如图5-15所示,在PRSP下召开了多次政府和援助方会议。每次会议上,虽然各行为体的行为有所不同,但原则上都导入了SWAp,制定了相关部门的政策以及计划、监测及评价预算。此外还可以看出北欧七国中有多个国家成为"领导"。通过这种分工,进一步细化了援助方的部署。

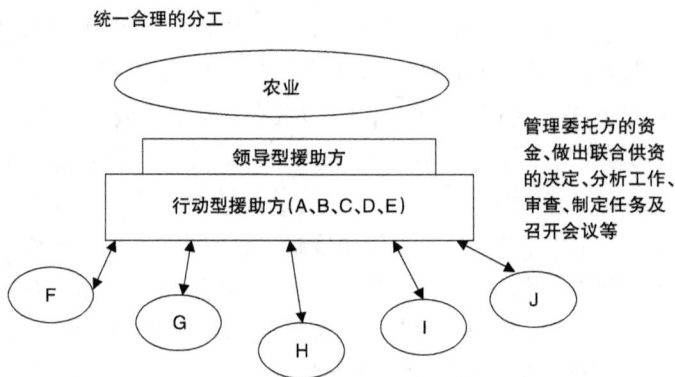

出处:根据Joint Assistance Strategy for Tanzania.p15节选。

图5-15　JAST中援助方的分工机制[1]

---

① 图5-15为译者根据原著中图5-15制作,图中所用线条粗细及文本框大小等与原著略有不同,但内容与原著保持一致。(译者注)

表5-2 分工机制

援助方	GBS	Cluster 1:增长与收入贫困								Cluster 2:生活质量与社会幸福						Cluster 3:管理和问责							桑给巴尔	合计(A+L)	
		宏观经济	农业	旅游/环境(4)	食品安全	私营贸易	运输	能源	信息与通信技术	教育	饮用水	卫生(3)	艾滋病(2)	男女平等	人道主义	行政部门	法律部门	地方行政改革(7)	公共服务改革	反腐败(5)	公共财政管理	贫困监测(6)		加入JAS	完成第一次JAS
比利时(8)			A	A	A	A	A			A	A		A		A		A	A						11	4-5
丹麦(9)	×	A	Exit08	L	A	A	Exit10						A		A	Co-L	A	A	A		A		A	12	9
芬兰	×		A	L						D						A						Dy.L	A	6	4
法国(10)	×		A	A					A	A		A				A				A			A	6	5
德国	×	A		Exit07							A		L											6	5
爱尔兰	×									Exit06	L	A/L07	A	A		Exit07	Exit08	A				D		7	7
意大利																A		Co-L						0	0
荷兰	×	A				A				L	D	A	A	L		A		Co-L						8	9
波兰																								0	0
西班牙																								0	0

续　表

	GBS援助方	Cluster 1:增长与收入贫困								Cluster 2:生活质量与社会幸福						Cluster 3:管理和问责							桑给巴尔	合计(A+L)	
		宏观经济	农业	旅游/环境(4)	食品安全	私营贸易	运输	能源	信息与通信技术	教育	饮用水	卫生(3)	艾滋病(2)	男女平等	人道主义	行政部门	法律部门	地方行政改革(7)	公共服务改革	反腐败(5)	公共财政管理	贫困监测(6)		加入JAS	完成第一次JAS
瑞典(11)	×	L		A		A		A	A	A	A		A	A		A	A	A	A		A		A	13	6
UK/DfID	×	L	A	A		A	L			A	A	D	D			Co-L		A	A	D	A	L	D	10	
EC	×	B	L	A		A	L	D		A	B	B	B		A/D	A		B			L	B	A	8	7
挪威	×	L	D	A			L			A			A			A		D	D		A	D	A	9	
瑞士	×	L				L	End 07	A		A	A	L	L			A		A	D		A	A	D	9	
日本	×	A	A	In06		A	A	A		A	A	A	A			A		A	A		A	A		12	
美国(12)	×					A	A			A	A	L	L							A		A	A	7	
加拿大国际发展署(13)	×			A		A		A		A	A	A	A	A		A	A	D	A		A	A	A	11	
非洲开发银行	×		A	A		A	A	A		A	A	A	A			A	A				A	A	A	7	
世界银行(14)	×	A	A	A		A	A	A	A	A	A	L	L			A	A	A	L	A	A	L	A	19	

续 表

援助方	GBS援助方	Cluster 1:增长与收入贫困								Cluster 2:生活质量与社会幸福						Cluster 3:管理和问责							桑给巴尔	合计(A+L)	
		宏观经济	农业	旅游环境(4)	食品安全	私营贸易	运输	能源	信息与通信技术	教育	饮用水	卫生(3)	艾滋病(2)	男女平等	人道主义	行政部门	法律部门	地方行政改革(7)	公共服务改革	反腐败(5)	公共财政管理	贫困监测(6)		加入JAS	完成第一次JAS
国际货币基金组织(15)		L				A		A								A					A		A	6	
联合国儿童基金会(16)			A	A						A		A	A	A	A	A	A						A	10	
联合国人口基金(17)		A							A			A	A	L									A	6	
联合国开发计划署(18)		A		A	L				A	A			A	A	A	L	L	A	L	L	A	L	L	14	
世界粮食计划署(19)			A	A	A					A		A	A	A	L								A	9	
联合国开发计划署(20)			L	A		A					A	A	A	A	A		A						A	9	
世界卫生组织(21)			A								A	A	A										A	5	
国际劳工组织(22)			A			A				A			A		A		A					A	A	8	

续 表

	GBS援助方	宏观经济	Cluster 1:增长与收入贫困							Cluster 2:生活质量与社会幸福						Cluster 3:管理和问责							桑给巴尔	合计(A+L)	
			农业	旅游/环境(4)	食品安全	私营贸易	运输	能源	信息与通信技术	教育	饮用水	卫生(3)	艾滋病(2)	男女平等	人道主义	行政部门	法律部门	地方行政改革(7)	公共服务改革	反腐败(5)	公共财政管理	贫困监测(6)		加入JAS	完成第一次JAS
联合国教科文组织(23)				A					A	A	A		A	A	A								A	8	
联合国工业发展组织			A		A	A		A						A										5	
国际农业发展基金会			A		A	A																	A	4	
联合国难民署										A	A	A	A		L									6	
联合国艾滋病规划署(24)										A	A	A	Co-L	A								A	A	8	
联合国人居署				A							A			A		A		A						4	
总计	14	13	13	13	5	16	7	7	5	17	13	17	21	14	11	17	10	11	5	5	12	13	20		
完成第一次JAS	12	12	12	12	5	16	6	7	5	17	13	17	21	14	11	17	8	11	5	5	12	13	20		

注:L表示领导型伙伴(L Partners),深色底纹;A表示行动型伙伴(A Partners),浅灰色底纹;D表示委托型伙伴(Delegating Partners),灰色底纹。

出处:本田(2006)。

表5-2反映了PRSP下设置的各部门（主题）会议。除表5-2中所列出的会议外，还召开了对GBS、PER、MTEF等政策产生较大影响的政府和援助方会议。图5-16为坦桑尼亚政策对话结构的示意图。

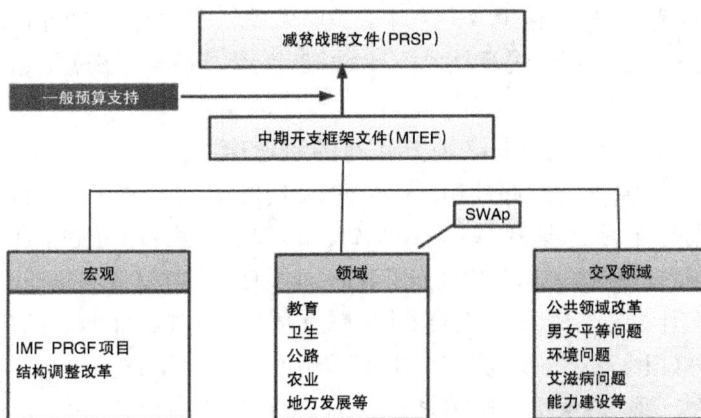

出处：笔者制。

图5-16　坦桑尼亚的政策对话结构示意图①

如图5-16所示，坦桑尼亚的"减贫机制"实际上构建了以财政部和提供GBS的援助方为顶点的缜密的政策对话体制。该体制将PRSP作为政府和援助方的联合发展战略，在该战略下召开各个部门/主题的政府和援助方会议，并将政策参与权分为"领导""行动"和"委托"三类，借此收集援助方多样化的方针、意见，将各个主题或部门会议的成果吸收到MTEF、PRSP中来。不仅如此，财政部和提供GBS的援助方设定了包含制约条件的标准，这些制约条件对坦桑尼亚发展援助的各个方面都具有影响力，同时通过PAF管理进展情况。如上所述，将开发政策权集中在财政部和提供GBS的援助方上的体制得以确立。

此外，坦桑尼亚政府和援助方会对发展援助的实施情况和成果进行评价，援助方以此评价为依据进行下一年度包括GBS在内的承诺，坦桑尼亚政府也据此编制预算。但是，中央政府和援助方制订的计划和预算是否渗透到实际开展各项事业和提供服务的各政府部门、地方政府了呢？由于PRSP、SWAp等政策对话

---

① 图5-16为译者根据原著中图5-16制作，图中所用线条粗细及文本框大小等与原著略有不同，但内容与原著保持一致。（译者注）

都在达累斯萨拉姆(坦桑尼亚首都)进行,所以各政府部门都能够参与到发展计划及MTEF中来。但是地方政府并没有参与中央层面的政策对话,所以为考察这些计划和预算是否渗透到地方,笔者认为有必要采访坦桑尼亚地方政府的相关人员,并对所获资料进行确认。因此,笔者于2011年3月进行了田野调查,首先考察了地方政府是否根据坦桑尼亚中央政府和援助方联合制订的计划、预算来制订当地的计划和预算,进而考察了"减贫机制"在地方政府的渗透程度。

5.7.3 "减贫机制"在地方政府的渗透度

坦桑尼亚各县根据《愿景2025》、PRSP、部门发展计划及MTEF,制订本地的计划和预算。实际上,笔者发现下发到各县①的MTEF等资料中也包括《中期计划及预算编制指南》等内容,其中列出了各地方政府按照MTEF及各部门发展计划制订预算、计划的详细清单。各县都按照该清单制订计划。而且,在制订县级计划、预算时(坦桑尼亚财政年度是7月到翌年6月),每年9月或10月,按自下而上的顺序,村、郡、县依次提出需求。12月,郡开发委员会(Ward Development Committee)制订村落计划和郡级计划,然后将计划提交至县政府。

另一方面,财政部每年2月或3月将标明了援助方承诺额的《中期计划及预算编制指南》下发到各县。1月份左右,各县根据中央政府制定的MTEF及部门政策决定县级部门的优先顺序,并上报至计划部。计划部对上交的材料进行汇总后,由各个部门的委员会管理团队(Council Management Team,CMT)协同相关领域的议员和负责人进行审议,2月末前再将计划交到各县的社会服务常任委员会,社会、城市基础建设、环境常任委员会,艾滋病常设委员会等进行审议。其后,3月份由计划行政、财政常设委员会协同上述常设委员会委员长进行最终审议,咨询委员会召集县内权威的利益相关者(NGO、宗教相关者等)在一天内完成审议。4月上旬,将计划提交至州事务局(Regional Secretariat),根据州事务局的建议,通常在4月中旬,在全体顾问会议上定稿。各县将计划终稿提交至财政部,并就此与财政部进行交涉,根据财政部提出的最高限额进行修改后再次上交,确定最终版后通知全体顾问组。

如上所述,在地方政府已经构建了根据坦桑尼亚中央政府和援助方联合制订的计划、预算来制订本地计划和预算的体制。

---

① 坦桑尼亚的行政区划中,"县"相当于中国的"省"。(译者注)

5.8　小结

坦桑尼亚的"减贫机制"以1995年的《赫莱纳报告》为转机,迅速推进了"提高援助有效性的措施",并在导入PRSP的第一阶段奠定了机制的基础。这一时期,以北欧四国为中心的援助从以项目为主的"单独型"援助向导入SWAp后的"协调型"援助转型,同时导入了CBF,这进一步加速了"提高援助有效性的措施"的实施。此外,PRSP和GBS的导入强化了坦桑尼亚全部开发领域的"提高援助有效性的措施",TAS实现了"提高援助有效性的措施"的明文化。此后,TAS升级为JAST,并通过了内阁审议,这进一步巩固了坦桑尼亚的"减贫机制"。进而,在"减贫机制"的形成过程中,构建了以财政部和提供GBS的援助方为顶点的政策对话机制,同时笔者通过调查得知"减贫机制"已经渗透到地方政府制订计划、预算的过程中。坦桑尼亚"减贫机制"的形成与世界"减贫机制"的形成已经联动。

如上所述,坦桑尼亚在"减贫机制"的形成过程中,构建了以涵盖全部开发领域的PRSP以及包括所有部门的SWAp为中心的开发体制。该体制改变了原本以项目援助为中心的发展援助。在达累斯萨拉姆,通过财政部及主要部门的官员和援助方工作人员的交集,制定PRSP及发展计划、设定标准,并以此为依据实施各项事业、提供服务。这表明北欧七国是提供GBS援助方的核心,这一援助集团的援助方针对坦桑尼亚的发展战略和预算产生重大影响。未提供GBS的援助方对发展战略的参与是有限的,与提供GBS的援助方相比,他们对开发的影响也较小。另外,对所有援助项目实行一元化管理的财政部在坦桑尼亚政府内发挥着绝对的领导作用。如上所述,在"减贫机制"下形成的体制在很大程度上改变了发展援助的方式。

那么,如此缜密的体制是否能带来援助方所期待的结果呢? 同时,这又意味着什么? 笔者将在下文考察上述问题。

6 "减贫机制"中政府和援助方交集下的坦桑尼亚援助管理实际情况

6.1 引言

为了确立"减贫机制",强化"提高援助有效性的措施",减少手续费,援助方在坦桑尼亚积极实施了多项措施。为确认援助方是否通过这些措施取得了预期效果,本章将按照MGDs中的目标顺序依次考察坦桑尼亚MDGs的完成情况,并分别将各个目标在坦桑尼亚的进展情况绘制成图。图中的虚线表示MDGs的目标值,黑点表示实际测算出的各项指标的数值,虚线和黑点的位置反映了目标的完成情况。绘制图表时使用了世界银行MDGs的数据组①。

例如,图6-1反映的是"目标一 每天生活费不足1.25美元(购买力平价)的人口比例"在坦桑尼亚的完成情况。

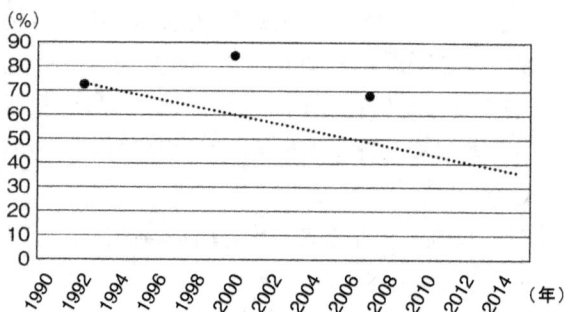

图6-1 目标1 每天生活费不足1.25美元(购买力平价)的人口比例

"目标1 每天生活费不足1.25美元(购买力平价)的人口比例"是政府和援助

---

① 参照 http://databank.worldbank.org/data/Views/VariableSelection/SelectVariables.aspx?source=Millennium%20Development%20Goals(2014年9月10日访问)及 http://mdg-trade.org/Index.aspx(2014年9月10日访问)。

方最为关注的事项,分别于1992年、2000年及2007年进行了3次统计,1992年数值为72.59%;2000年情况恶化,数值高达84.57%。虽然2007年有所改善降至67.87%,但依然和目标存在巨大差距。按这种发展趋势,预计难以实现2015年降至36.3%这一目标。笔者采取同样方法依次确认了MGDs中主要目标的完成情况,详细内容收录在书后的补遗(Appendix)-1中。基本要点如下:教育部门的小学入学率虽有所改善,但是以牺牲"质"为代价的。婴幼儿死亡率在逐步降低,但孕产妇死亡率的改善非常缓慢。此外,饮用水安全问题也几乎没有得到改善。

迄今为止,坦桑尼亚接受了巨额援助,图6-2反映了坦桑尼亚历年ODA的接受额和ODA接受额排名。

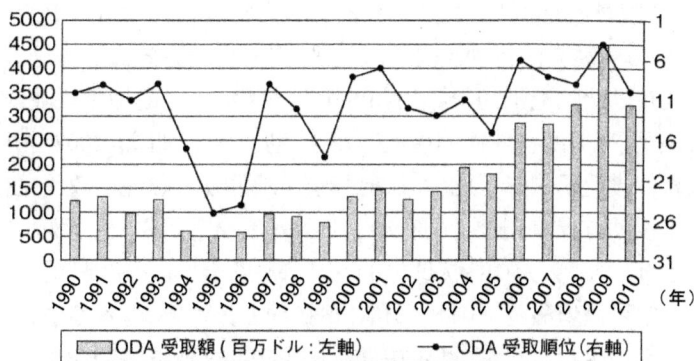

注:笔者根据WDI数据制作而成。

图6-2 ODA的接受额(单位:百万美元)和ODA接受额排名[1]的变化

如图6-2所示,除去1994年政府和援助方关系恶化时期,坦桑尼亚的ODA接受额在全世界ODA接受国中的排名基本在10位上下,与其他发展中国家相比,坦桑尼亚接受了更多的发展援助。虽然坦桑尼亚接受了巨额的援助并且对"减贫机制"的接受度极高,但MDGs的完成情况未达到援助方所期待的程度。

这一结果是否说明坦桑尼亚政府看似接受了和援助方缜密构建的国际援助体系,但实际上采取了有别于援助方期待的行动呢? 或者援助方自身的行动也偏离了最初的设想? 为解决这些疑问,笔者将进一步明确"减贫机制"中存在的

[1] 图6-2中的"ODA受取額(百万ドル:左軸)""ODA受取順位"的中译文分别为"ODA接受额(百万美元:左轴)""ODA接受额排名(右轴)"。图6-2所反映地坦桑尼亚ODA接受额与图5-2有较多不同,但由于涉及原文数据无法修改,所以译者按原文内容进行翻译。(译者注)

问题。

第6.2节将说明分析的角度和方法,第6.3节对提供GBS的援助方(以下简称"GBS援助方")的行动进行定量分析,第6.4节对坦桑尼亚财政部和地方政府的行动进行实证分析,最后进行归纳总结。

6.2 分析的角度及方法

在确认坦桑尼亚的行动是否有别于援助方所期待的行动之前,应先了解何为"援助方所期待的行动"。通过"减贫机制"的形成过程可知以北欧七国为中心的GBS援助方为了实现减贫目标,提出PRSP并将之作为政府和援助方的联合发展战略文件,同时制定了"提高援助有效性的措施"作为实现PRSP的保障。因此,GBS援助方所期待的行动正是积极推进"提高援助有效性的措施"。对于接受并积极支持以北欧七国为中心的GBS援助方援助理念的坦桑尼亚政府来说,也需要按照"提高援助有效性的措施"采取行动。但是,近藤(2007)指出虽然发展中国家看似接受了国际援助体系,但基于当地的社会、经济、政治文化因素采取了不同于援助方专家们设想的行动。此处需要留意的是,从北欧七国的行动中可以看出,已经默认为GBS援助方的行动都是符合"减贫机制"的。但实际情况如何呢?笔者以坦桑尼亚财政部和GBS援助方为对象,考察"减贫机制"下双方的实际行动是否符合预期,并希望借此辨明援助未取得预期成果的原因。分析过程中,笔者重点关注GBS援助方是否按约定提供了坦桑尼亚所必需的GBS以及JAST提出的项目援助转为GBS的进展情况。通过辨明这两个问题,确认双方是否采取了预期行动。另外,坦桑尼亚政府希望通过以财政部和援助方为中心制订的发展计划和预算可以实现良好的服务交付,就此,笔者将在下文中考察财政部是否按照年度计划在恰当的时间将补助金下拨到地方政府以及下拨补助金的进展率对各县各部门的开支进展率产生的影响。

6.3 GBS援助方的行动

GBS援助方在坦桑尼亚一贯主张实施"提高援助有效性的措施",提高援助的可预测性以及尽快实现从项目到GBS的转型等。从这些主张来看,援助方必然能够在约定的时间向坦桑尼亚提供GBS。虽然DAC CRS及财政部的官方网站上收录了GBS的年度开支数据,但是很难得到每月或者每个季度的开支数据。

所以,前人研究没有反映出GBS的实际供给情况。为此,2011年3月,笔者在进行田野调查时采访了坦桑尼亚中央银行总裁本诺并向他介绍了本研究。因为中央银行记录了所有编入预算的发展援助,所以本诺总裁爽快地答应了笔者希望其提供各援助方GBS数据的请求。笔者基于这些数据将每季度GBS的开支变化汇总在图6-3中。此外,为便于与年度开支进行比较,绘制了图6-4。此外,坦桑尼亚的财政年度为每年7月到翌年6月,Q1表示财政年度中的第一季度,即7月到9月。

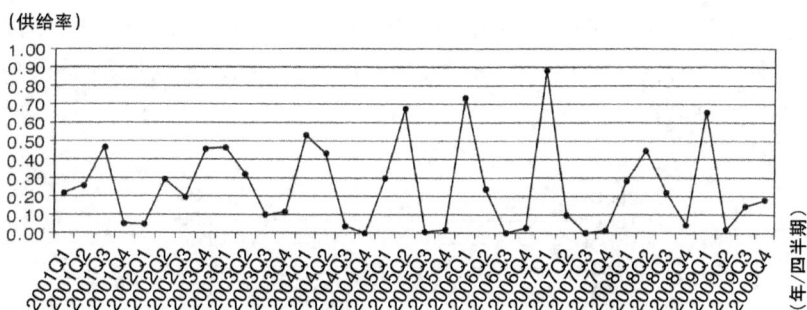

出处:笔者根据坦桑尼亚中央银行数据制作而成。

图6-3 GBS季度供给率(每季度GBS供给/年度GBS供给)的变化

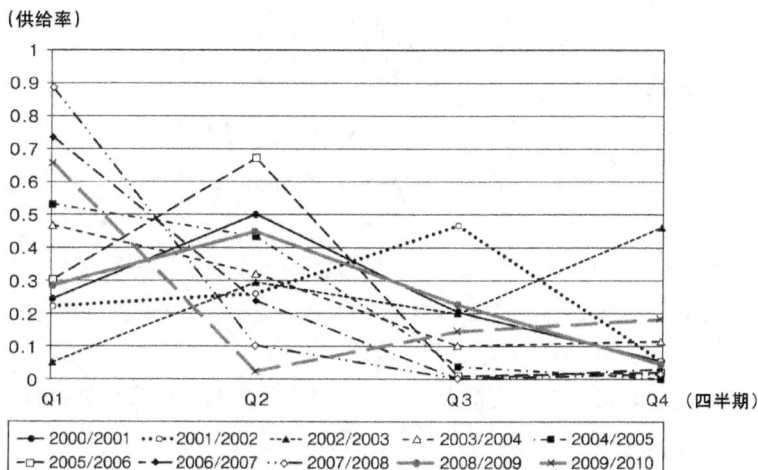

图6-4 各年度GBS季度供给率(每季度GBS供给/年度GBS供给)的比较

坦桑尼亚的预算编制程序在9月份前后启动,10月到11月份召开全体部门大会及各部门会议,同时实施部门评价及 GBS 评价,其后由援助方进行承诺。12
月,向各部/财政部提交预算案,同月,向各部及各地方政府提供预算指南,各部根
据该指南制订预算。翌年4月,各部向财政部预算局、财政部向国家预算委员会、
国家预算委员会向内阁提交预算案(Budget Estimate)。国会在6月开始进行预
算审议,最晚不超过8月末。因为 GBS 将被编入政府预算,所以援助方应在财政
年度开始的7月份提供 GBS。

如图6-4所示,本应在第一季度提供的 GBS,被延迟到第二、第三甚至第四季
度提供,这使 GBS 的可预测性变得极低。

另外,通过 DAC CRS 中的承诺额数据可以看出"减贫机制"下由项目向 GBS
转型过程中,项目数量的变化情况以及项目数量变化和发展援助承诺额变化的
关联性(见图6-5)。

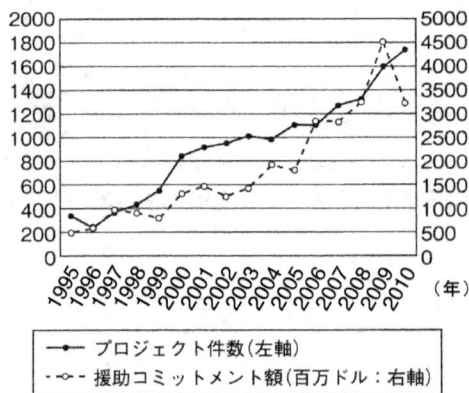

图6-5 项目数量和发展援助承诺额的变化①

如图6-5所示,1995年制定了《赫莱纳报告》后,发展援助额和项目数量均有
所增加。但是,从2000年到完成 JAST 的2006年,项目数量的变化趋势和之前相
比有所放缓,但2006年以后升幅又开始增大。

根据上述的 GBS 季度开支情况和项目数量无法判断 GBS 援助方是按计划提
供 GBS 或仅是徒有其表。因此,为考察各援助方提供 GBS 的时间及提供 GBS 后
项目的变化情况,笔者将考察发展援助额和项目的关联性。分析结果收录在书

① 图6-5中的"プロジェクト件数(左軸)""援助コミットメント額(百万ドル:右軸)"的中译文分别
为"项目数量(左轴)""援助承诺额(百万美元:右轴)"。(译者注)

后补遗（Appendix）-2中，此处以在"减贫机制"中处领导地位的丹麦、提供了大额GBS的英国、世界银行以及挪威为例，对分析结果进行简要说明。图6-6反映了丹麦提供GBS的时间。图6-7反映了项目数量和发展援助额间的关联性。

（百万ドル）

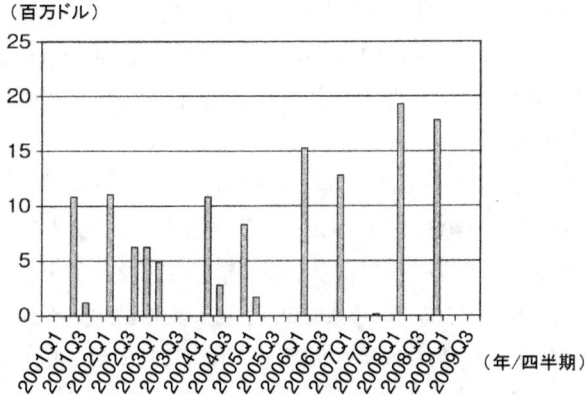

图6-6　丹麦GBS供给的变化

（件数）

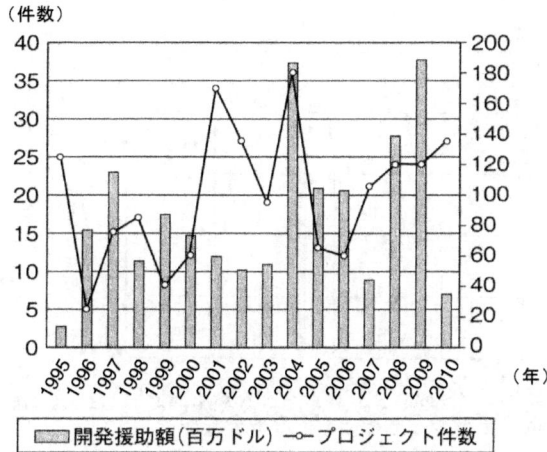

開発援助額（百万ドル）　プロジェクト件数

图6-7　丹麦的项目数量和发展援助额的变化①

如图6-6所示，在开始提供GBS的最初几年，丹麦多在第三季度和第四季度

① 图6-6、图6-7、图6-8、图6-9、图6-10、图6-11、图6-12、图6-13中的"百万ドル""開発援助額""プロジェクト件数"的中译文分别为"百万美元""发展援助额""项目数量"。（译者注）

提供GBS。但2005年度、2007年度及2009年度均在年初提供GBS,可见供给时间有所改善。供给额虽然在2006年以后有所增加,但作为GBS援助方,2000万美元是一个较小的数额。此外,项目数量在2001年以后开始减少,但随着发展援助额的增加,2004年又有所增加,此后又随着援助额的减少而减少,2006年以后呈上升趋势。可见,项目数量的变化与援助额的变化相呼应,但2001年导入GBS以后,项目数量多于2001年的仅有2004年。由此可知,对GBS提供额和项目数量的关系进行判断并非易事,而且丹麦作为"减贫机制"中领导型的援助方,其行动也未达到预期高度。

下文中的图6-8、图6-9反映了英国的情况。除去个别年份,英国基本在财政年度即将开始时提供GBS。此外,GBS的提供额虽然在2007年后有所下降,但与其他援助方相比,仍然具有绝对优势,2007年超过了2亿美元。项目数量的变化与援助额的增减无关,2001年导入GBS后项目数量骤减,至2007年降低到每年只有10项到20项。虽然2008年项目数量有所增加,但英国的行动的确非常符合其作为"减贫机制"推动者的身份。

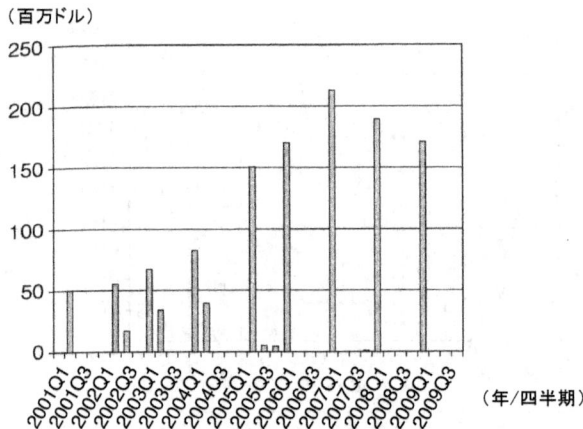

图6-8　英国GBS供给的变化

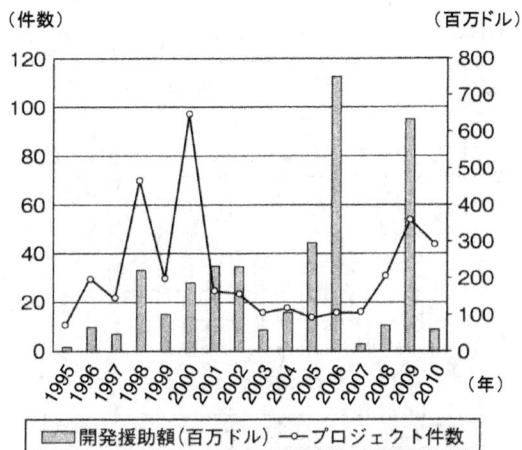

图6-9　英国的项目数量和发展援助额(单位:百万美元)的变化

　　世界银行的情况如图6-10所示,提供GBS时间的可预测性不高,每年都不一样,但数额巨大,所以可以推测出这会对坦桑尼亚政府产生较大的负面影响。另外,如图6-11所示,项目数量的变化与援助额变化存在关联性。如上所述,世界银行的行动有违预期,但由于其供给规模巨大,所以反而干扰了援助的可预测性。

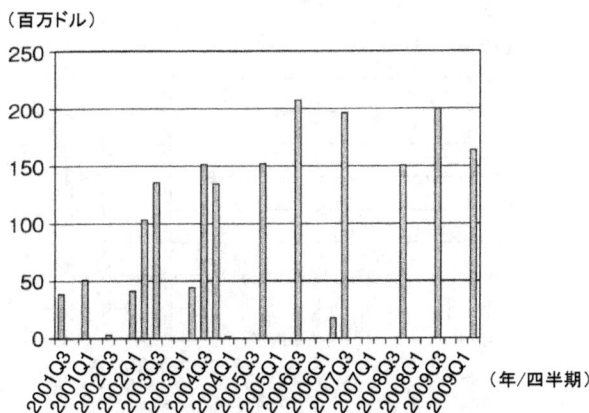

图6-10　世界银行GBS供给的变化

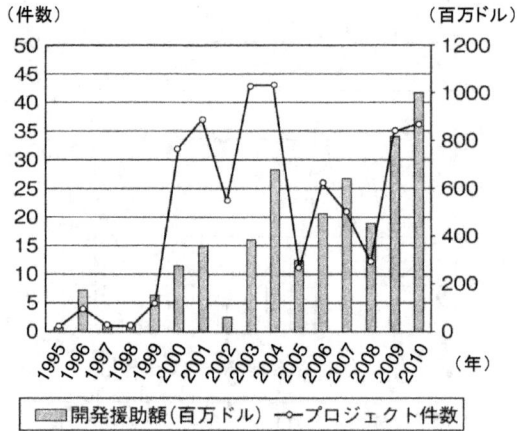

图6-11 世界银行的项目数量和发展援助额的变化

如图6-12所示,挪威提供GBS的时间仅在最初几年有所延迟,从2004年开始(除2008年)都是在财政年度即将开始时提供GBS。2006年开始增加供给额。另外,项目数量在开始提供GBS后反而增加,2002年以后均超过100项,这种行动有违于"提高援助有效性的措施"。如图6-13所示,仅从这一点来看,可以认为挪威利用了北欧七国的影响力,采取了一种搭便车式的行动方式。

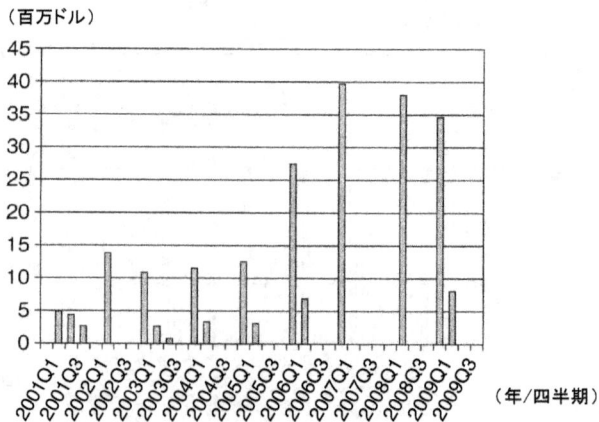

图6-12 挪威GBS供给的变化

（件数）　　　　　　　　　　　　　　　　（百万ドル）

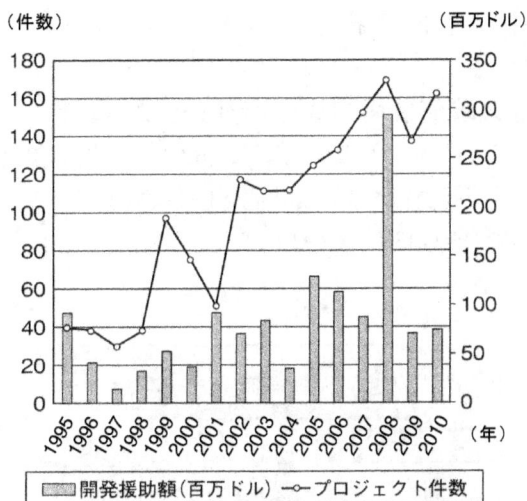

图6-13　挪威的项目数量和发展援助额的变化

　　包含上述结果在内的所有分析结果表明,不同GBS援助方的行动间存在巨大差异。需要特别指出的是在北欧七国内部也存在着不同。特别是其核心国家丹麦的行动低于预期值,这让人十分意外。此外让人吃惊的是挪威恰恰与期待相反,在提高援助额时不仅没有将项目转型为GBS,甚至还增加了项目援助。而英国和瑞典〔参照补遗(Appendix-2)〕的行动符合预期,是模范的援助方。北欧七国之外的GBS援助方中,除EU外都没有按预期行动。综上所述,大多数在坦桑尼亚"减贫机制"中发挥核心作用的GBS援助方虽然看似都在积极地推进"提高援助有效性的措施",但事实并非如此。这一情况可能会影响到发展援助的成果。

6.4　坦桑尼亚财政部及地方政府的行动

　　财政部是否基于以财政部和GBS援助方为中心制订的PRSP及部门发展计划、预算,是否按年度计划适时向地方政府下拨补助金？补助金的进展率对各县各部门的开支进展率产生何种影响？本节将在对上述问题进行实证分析的同时,考察地方政府在接受补助金后采取了何种行动。

　　分析中首先辨明中央政府向地方政府下拨补助金的情况以及地方政府对这笔占地方政府预算大半的中央补助金的使用情况。在此基础上,笔者将对由财政部到地方的下拨资金和预算执行间的关系进行实证分析。

6.4.1 地方政府使用中央政府补助金的倾向

坦桑尼亚地方政府的收入来源有三项,分别是中央政府(及援助方)拨给各部门的补助金、一般开发补助金以及其他援助方、NGO的直接支持和自主财源,其中包括了纳入预算的GBS(见图6-14)。

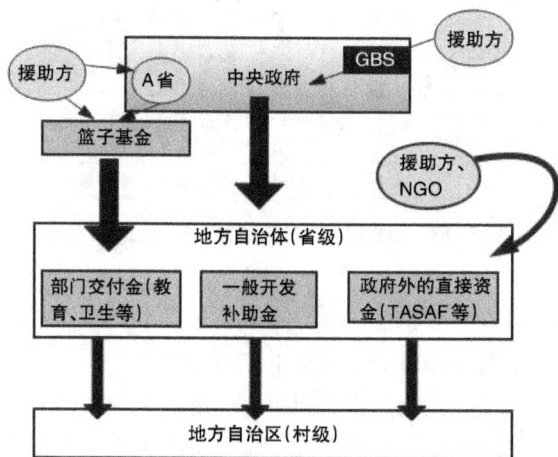

出处:笔者根据田野调查时的访谈结果制作。

图6-14 地方政府的收入构成①

图6-15反映了2005—2006年度到2007—2008年度每季度中央政府对地方政府的开发预算和经常性预算的执行率②以及来自县自主财源的县预算执行率。如图6-15所示,下拨到地方政府的开发预算执行率没有实现每季度25%,第一季度平均不到10%,除了2005年第三季度,补助金基本都在第四季度下拨。经常性预算的执行率,除2005年外基本比较稳定。自主财源的预算执行率基本是第一季度低,第二季度开始提高,其后相对稳定。

---

① 图6-14为译者根据原著中图6-14制作,图中所用线条粗细及文本框大小等与原著略有不同,但内容与原著保持一致。(译者注)
② 执行率(Performance Ratio)是指与计划中的预算相比,实际的开支额或者接受额(实际值/预算值×100%)。例如,如果预算完全按照计划执行,则执行率为100%。每季度的执行率是指每季度开支或接受额在该年度计划预算中的比例。如完全按计划执行,则每季度的执行率应为25%。

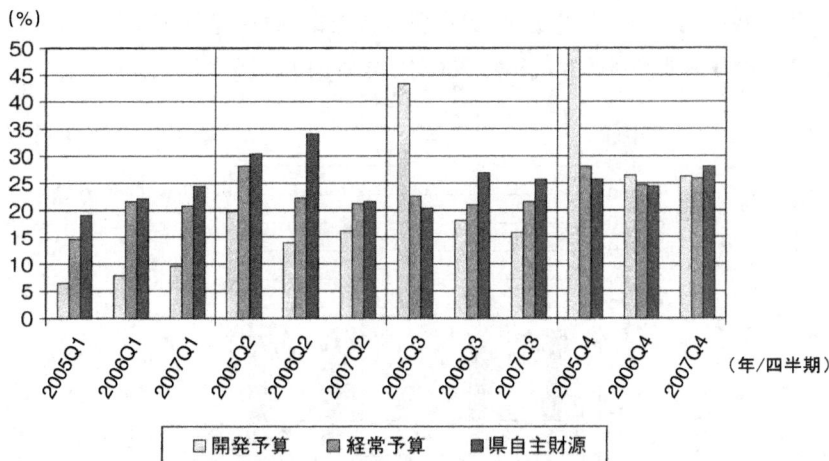

图6-15 每季度中央政府的开发预算、经常性预算及县自主财源的县预算执行率[1]

进而,通过中央政府对地方政府资金下拨率的季度总和可以看出中央政府下拨补助金的年度执行率。如图6-16所示,中央政府的年度补助金下拨执行率均未达到100%,2006年还不到80%。

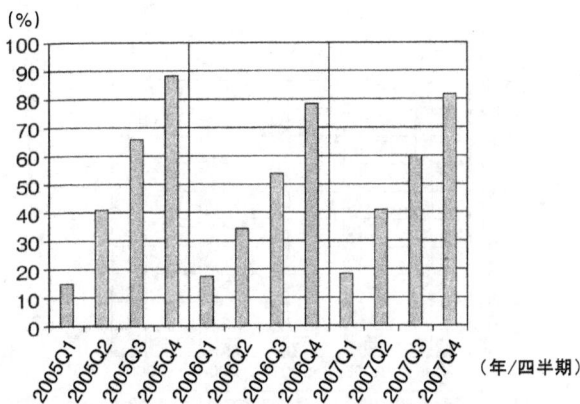

出处:根据坦桑尼亚省级行政和地方政府事务部 log in Tanzania制作。

图6-16 中央政府的补助金执行率(累计)

---

[1] 图6-15中的"開発予算""経常予算""県自主財源"中译文分别为"开发预算""经常性预算""县自主财源"。(译者注)

　　地方政府的预算执行率方面,县经常性开支的执行率基本高于80%,而开发开支的执行率较低,2007年为56%,2008年为65%(见图6-17)。

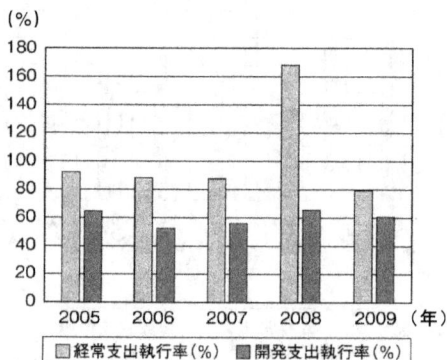

图6-17　地方政府的执行率:经常性支出和开发开支[①]

　　图6-18反映了县预算构成情况。2005年至2009年的5年平均值中,中央政府的补助金为93%,自主财源为7%,中央政府的补助金占县预算的绝大部分。此外,开支方面,经常性开支平均为80%左右,开发费用为20%左右(见图6-19)。

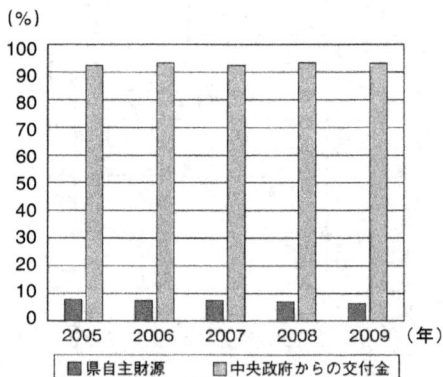

图6-18　县收入明细[②]

[①] 图6-17中的"経常支出執行率""開発支出執行率"的中译文分别为"经常性开支执行率""开发开支执行率"。(译者注)

[②] 图6-18中的"県自主財源""中央政府からの交付金"的中译文分别为"县自主财源""中央政府的补助金"。(译者注)

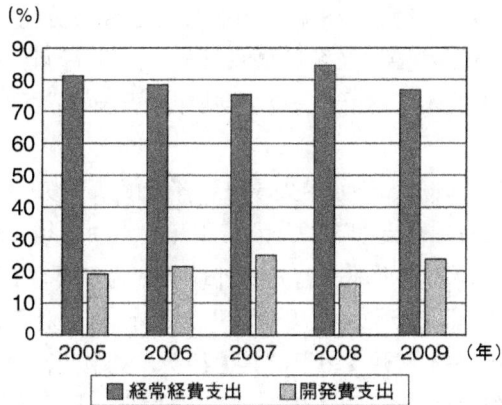

出处：根据坦桑尼亚省级行政和地方政府事务部 log in Tanzania制作。

图6-19　县开支明细[①]

　　坦桑尼亚80%的贫困人口都居住在首都以外的地区，因此由地方政府实施的服务交付对于实现PRSP目标来说意义重大。中央政府的补助金占据了地方政府预算的核心位置，所以为了使地方政府能够更好地实施服务交付，中央政府必须按照政府和援助方达成共识的计划向地方政府下拨补助金。为此，笔者将就财政部对地方政府的资金下拨和地方自治体的预算执行率的关系进行实证分析。

6.4.2　实证分析

6.4.2.1　模型

　　本节设定的分析模型用于考察每季度中央政府的补助金和县自主财源的进展率对每季度的县预算执行率的影响程度。本节对各县每季度的预算执行率中的经常性开支和开发费用以及卫生、初等教育、饮用水、公路、农业等重点领域的经常性开支和开发费用进行分析。分析中使用混合OLS模型，回归方程如下：

$$y=\beta_0+\beta_1 transfer+\beta_2 own+\beta_3 transport+\varepsilon \qquad (6-1)$$

　　首先，为了考察政府的补助金和县自主财源对全县各季度的经常性开支和开发费用执行率的影响，将"经常性经费开支率"和"开发费用开支率"代入被解释变量y。在对不同领域进行分析时，为把握在县整体预算执行率中无法看出的

---

① 图6-19中的"経常経費支出""開発費支出"的中译文分别为"经常性经费开支""开发费用开支"。（译者注）

更为详细的预算执行率所受影响,笔者将经常性经费分为主要项目"人工费"和"其他经费",与开发费用及各领域总开支一起进行回归分析,即每个领域的被解释变量包括"人工费开支率""其他经费开支率""开发费用开支率"及"总开支率"。

其次,解释变量 *transfer* 表示中央政府对各县预算下拨的进展率,为考察其对县整体的"经常性费用开支率"和"开发费用开支率"的影响,笔者将中央政府的下拨资金统称为"补助金下拨率",并将补助金分为经常性预算和开发预算,即"经常性预算下拨率"和"开发预算下拨率"。此外,为了对各个领域进行更详细的分析,在各领域"人工费开支率"和"其他经费开支率"所受影响方面追加"经常性预算下拨率"和"补助金预算下拨率",在"开发费用开支率"方面追加"开发预算下拨率",在"总开支率"方面追加"总预算下拨率"。此外,*own* 表示各县每季度所计划的年度自主财源征收率,即"自主财源率"。*transport* 表示各县的"交通费",这项费用是指从最大城市达累斯萨拉姆到该县所消耗的燃油费(距离与单位距离所耗燃油费的乘积)。之所以包括了这个变量,是因为距离达累斯萨拉姆越远就越有可能在调配方面没有合适的从业者,因此预算执行就越困难。此外,还有一个原因是燃油费用越高越容易由于某种理由对预算执行产生影响。但这一变量仅在混合 OLS 模型中较为重要,在后文所用的固定效应模型中,各县和达累斯萨拉姆间的距离作为不随时间变动的个体属性被除去。

笔者在混合 OLS 模型的基础上,利用了面板数据的特性,在固定效应模型下使用各县的数据对每季度数据进行了回归分析。回归方程如下:

$$y_{it}=\beta_0+\beta_1 transfer_{it}+\beta_2 own_{it}+\beta_3 transport_{it}+\varepsilon_{it} \qquad (6-2)$$

方程中的 $\varepsilon_{it}=\mu_i+v_{it}$,该模型考虑了个体效应。下角标 i、t 分别代表县和时期。

实际上,由于无法排除同时决定各县预算执行率和中央政府的下拨或县自主财源进展率的可能性,所以笔者在进行固定效应模型分析后,使用可以消除内生性的差分 GMM 进行估计[①],回归方程如下:

$$y_{it}=\beta_1 y_{i,t-1}+\beta_2 transfer_{it}+\beta_3 Own_{it}+\beta_4 transport_{it}+\alpha_i+\alpha_t+\varepsilon_{it} \qquad (6-3)$$

下角标 α_i、α_t、ε_{it} 分别表示各国的固定效应、期间效应及随机干扰项。

上述差分 GMM 估计通过 Hansen J 统计值检验工具变量是否满足干扰项和正交条件,通过 Arellano-Bond 统计值检验干扰项是否序列相关。此外,使用了包含稳健标准差的一步(one-step)估计法。

① 本章中附条件的被解释变量系数未表现为高系数,所以根据差分 GMM 进行估计。

6.4.3　数据

下文中笔者将考察每季度县接受、执行预算的进展程度,并借此证明财政部推迟补助金的下拨将干扰地方政府预算的执行。

笔者基于坦桑尼亚地方政府财政工作组(Local Government Finance Working Group)网站中的地方政府信息(Local Government Information)进行了数据统计[①]。网站提供了除桑给巴尔外的坦桑尼亚 133 个县从 2005—2006 年度到 2007—2008 年度的信息。笔者选取并汇总了其中能够反映所有县的接受、执行预算进展情况的数据。接受预算方面汇总了包括中央政府下拨到地方政府的补助金,占地方政府预算核心的卫生、初等教育、饮用水、公路、农业领域的人工费下拨资金、补助金、开发补助金、部门下拨资金,地方政府自主财源等收入金额占各年度预算的进展率。县开支执行进展率汇总了与经常性开支,开发费用,卫生、初等教育、饮用水、公路、农业领域的人工费,其他经费,其他开发费用,各领域总开支的年度计划相比,每季度实际的开支率。该期间,由于一些县的合并产生了缺失值,去掉缺失值后得到观测数据 1488 项。因为笔者汇总的是接受率和开支率,两项均为进展率,所以一般不会出现负值,但实际数据中也出现了负数。对此类数据进行详细分析后发现,很多情况是一些县份基于某种理由接受额超过了计划额,其后又基于某些理由进行抵扣。超出和抵扣部分相同时,将负值部分视为没有进展,将超出和抵扣部分相同的项用 0 表示;扣除超出部分后为正值时,则计算平均进展率。此外,有的县份对超出部分进行抵扣的情况基本集中在第四季度,此时用平均进展率进行替换的部分较多,故除去这样县份的数据后,得到观测数据 1457 项。进而,对于相抵之后得出异常正值的数据,有必要继续验证实际中是否发生这些开支。笔者直接删除了一个季度的开支或下拨率高达300% 这种极度异常的数值。最终观测结果的描述性统计值见表 6-1。饮用水及农业的补助金在此期间还未开始下拨。

此外,还有一个解释变量"交通费",如前文所述,该变量为从最大城市达累斯萨拉姆到该县的距离和燃油费的乘积。从达累斯萨拉姆到该县的距离和燃油费的数据来自坦桑尼亚国土交通部。原数据提供的是每月燃油费的价格,笔者据此算出每个季度的平均值。此外,燃油包括汽油和柴油,此处使用两者的平均值。

[①]　此处参考的网站地址是:http://logintanzania.net/index.htm(2012 年 9 月 25 日访问)。

这些数据的描述性统计值汇总在表6-1中。进展率的单位为%,如表6-1所示,一个年度的总数为100%,所以理论上每季度的平均进展率应为25%,实际的数值也在25%左右。整体上结果比25%略低一些的原因是笔者删除了进展率高达300%的异常值。所有变量的最低进展率均为0,可见存在着某一季度完全没有下拨或执行预算的情况。

表6-1 描述性统计值

变量	样本数	平均	标准误差	最小值	最大值
经常性经费开支率	1456	22.53036	10.25368	0	101.3
开发费用开支率	1438	17.60702	25.2531	0	274.4
补助金下拨率	1456	21.25501	10.92245	0	137.4
自主财源率	1455	24.38713	19.67378	0	276.3
经常性预算下拨率	1456	22.12761	11.30689	0	160.7
开发预算下拨率	1439	22.63106	30.7197	0	262.5
卫生人工费开支率	1450	20.96055	12.68507	0	190.9
卫生其他费用开支率	1454	26.04563	27.84505	0	281.5
卫生开发费用开支率	1442	16.36006	30.25937	0	290.7
卫生总开支率	1456	21.30165	13.17493	0	144.3
卫生经常性预算下拨率	1452	21.95275	15.11852	0	220.1
卫生补助金预算下拨率	1453	24.30489	32.0569	0	268.4
卫生开发预算下拨率	1448	7.361671	24.99999	0	267.7
卫生总预算下拨率	1455	23.16625	17.26422	0	241.4
初等教育人工费开支率	1456	22.92685	11.90172	0	114.6
初等教育其他经费开支率	1447	26.60735	27.13407	0	284.3
初等教育开发费用开支率	1439	14.30938	30.62614	0	296.7
初等教育总开支率	1456	22.20111	11.88994	0	161.5

续　表

变量	样本数	平均	标准误差	最小值	最大值
初等教育经常性预算下拨率	1452	23.85627	17.52067	0	282.4
初等教育补助金预算下拨率	1450	8.99331	22.96183	0	262.4
初等教育开发预算下拨率	1447	10.5443	31.03564	0	293
初等教育总预算下拨率	1456	22.3022	16.3055	0	250.8
饮用水人工费开支率	1454	17.06702	15.64934	0	259.5
饮用水其他经费开支率	1449	21.15921	22.96107	0	279.9
饮用水开发费用开支率	1446	7.894813	24.5179	0	296
饮用水总开支率	1450	17.32152	24.60693	0	299.5
饮用水经常性预算下拨率	1451	21.1867	18.24619	0	240.1
饮用水开发预算下拨率	1443	7.279487	26.11417	0	290.8
饮用水总预算下拨率	1440	18.97604	26.8642	0	234.3
公路人工费开支率	1450	20.5411	18.72363	0	292
公路其他经费开支率	1423	21.90246	26.26967	0	298.7
公路开发费用开支率	1450	17.04338	24.8838	0	295.2
公路总开支率	1448	24.95876	32.59399	0	291.1
公路经常性预算下拨率	1453	23.10537	23.99939	0	292.4
公路补助金预算下拨率	1452	15.14525	28.15759	0	270
公路开发预算下拨率	1449	10.49427	26.08103	0	258.8
公路总预算下拨率	1449	27.07043	31.74424	0	271.3
农业人工费开支率	1449	11.74479	20.80758	0	294.3
农业其他经费开支率	1450	21.97214	26.17038	0	288
农业开发费用开支率	1440	14.48285	32.03752	0	300
农业总开支率	1441	21.98779	32.19637	0	296
农业经常性预算下拨率	1448	18.08059	19.2955	0	249.9

续　表

变量	样本数	平均	标准误差	最小值	最大值
农业开发预算下拨率	1423	19.24645	41.48391	0	273.4
农业总预算下拨率	1431	22.81027	30.23675	0	263.7
距离（单位：千米）	1456	763.389	403.9512	27.6	1542
燃油费	1456	1322.954	166.7527	1105	1648.193
交通费（单位：千先令）	1456	1010.817	556.3457	30.498	2541.514

6.4.4　估计结果

上文通过混合OLS和固定效应模型进行了估计，下文笔者将对可以消除内生性、可信度最高的差分GMM估计结果进行说明。此外，所有的混合OLS和固定效应模型估计结果收录在书后的补遗（Appendix）-3中以供参考。笔者首先考察了中央政府补助金和县自主财源的年度进展率对各县每季度经常性经费开支率和开发费用开支率的影响，前者中央政府的"经常性预算下拨率"和县的"自主财源率"、后者"开发预算下拨率"和县的"自主财源率"均得到了有统计学意义的差分GMM估计结果。差分GMM估计结果汇总在书后的补遗（Appendix）-4中。

其次，笔者考察了卫生、初等教育、饮用水、公路及农业等地方政府主要发展领域是否也得出相同结果。下文从卫生领域开始依次考察估计结果。表6-2是县卫生领域的人工费开支率、其他经费开支率、开发费用开支率、总开支率所受影响的差分GMM估计结果。

表6-2　县卫生领域的人工费开支率、其他经费开支率、开发费用开支率、总开支率所受影响
（差分GMM估计结果）

模型NO.	(5)	(6)	(7)	(8)
解释变量/被解释变量	卫生人工费开支率	卫生其他费用开支率	卫生开发费用开支率	卫生总开支率
卫生人工费开支率 （t−1）	−0.0240			
	(0.0406)			
卫生其他费用开支率 （t−1）		−0.132		
		(0.170)		

续　表

模型NO.	（5）	（6）	（7）	（8）
解释变量/被解释变量	卫生人工费开支率	卫生其他费用开支率	卫生开发费用开支率	卫生总开支率
卫生开发费用开支率（t-1）			-0.0222	
			（0.0619）	
卫生总开支率（t-1）				0.0378
				（0.242）
卫生经常性预算下拨率	0.102***	0.0747		
	（0.0389）	（0.275）		
卫生补助金预算下拨率	0.0471***	-0.0666		
	（0.0180）	（0.129）		
卫生开发预算下拨率			0.0224	
			（0.0598）	
卫生总预算下拨率				0.365*
				（0.194）
自主财源率	0.0297	0.0711	0.0992	-0.0789
	（0.0204）	（0.164）	（0.119）	（0.121）
交通费	0.00382	-0.0260*	-0.00664	-0.0130
	（0.00710）	（0.0148）	（0.0214）	（0.00957）
2005年第二财务季度	2.737	-20.49***	-17.65*	-8.289**
	（2.924）	（5.645）	（9.355）	（3.867）
2005年第三财务季度	1.985	-21.99***	-11.00	-9.987**
	（3.259）	（6.134）	（10.67）	（4.254）
2005年第四财务季度	5.598*	-6.126	-0.406	3.219
	（3.172）	（5.986）	（8.829）	（3.759）

续　表

模型NO.	（5）	（6）	（7）	（8）
解释变量/被解释变量	卫生人工费开支率	卫生其他费用开支率	卫生开发费用开支率	卫生总开支率
2006年第一财务季度	-2.709	-20.15***	-22.05***	-10.83***
	（2.538）	（5.246）	（7.352）	（4.301）
2006年第二财务季度	-0.837	-18.07***	-12.54	-5.322
	（2.581）	（5.120）	（8.170）	（3.679）
2006年第三财务季度	-0.968	-21.55***	-13.54	-9.056**
	（2.871）	（6.764）	（9.388）	（4.340）
2006年第四财务季度	-3.408	-4.824	-6.957	-8.210**
	（2.787）	（7.106）	（8.686）	（3.869）
2007年第一财务季度	-3.788**	-14.04***	-21.26***	-8.812***
	（1.800）	（5.277）	（5.101）	（2.672）
2007年第二财务季度	-5.068**	-2.796	-9.895*	-8.224**
	（2.224）	（6.102）	（5.467）	（2.170）
2007年第三财务季度	-5.746***	-2.994	-12.08**	-8.715***
	（2.065）	（4.411）	（4.866）	（1.952）
样本数	1163	1171	1137	1182
县数	133	133	133	133
Arellano-Bond Test AR（1）	0	0.047	0	0.031
Arellano-Bond Test AR（2）	0.73	0.197	0.431	0.838
Hansen J Test	0.289	0.47	0.122	0.939

注：括号内为稳健标准误差。***、**、*分别代表在1%、5%、10%的显著性水平上拒绝零假设。工具变量为时间虚拟变量。

　　如表6-2所示，产生有统计学意义影响的变量仅有"卫生经常性预算下拨率"

"卫生补助金下拨率"对"卫生人工费开支率"的影响以及"卫生总预算下拨率"对"卫生总开支率"的影响。"卫生经常性预算下拨率"及"卫生补助金下拨率"每提高1%,每季度县人工费开支率的减少量分别仅为0.1%和0.0471%。此外,"卫生总预算下拨率"每提高1%,"卫生预算总开支率"的减少量为0.365%。但是,"卫生部门其他经费开支率"和"卫生开发费用开支率"的变量结果均没有统计学意义,无法验证两者的影响。

　　下面考察县初等教育领域的人工费开支率、其他经费开支率、开发费用开支率、总开支率所受影响,表6-3为差分GMM估计结果。

表6-3　初等教育领域的人工费开支率、其他经费开支率、开发费用开支率、总开支率所受影响（差分GMM估计结果）

模型 NO.	(9)	(10)	(11)	(12)
解释变量/被解释变量	初等教育人工费开支率	初等教育其他费用开支率	初等教育开发费用开支率	初等教育总开支率
初等教育人工费开支率(t-1)	−0.342			
	(0.208)			
初等教育其他费用开支率(t-1)		−0.259*		
		(0.143)		
初等教育开发费用开支率(t-1)			0.0342	
			(0.0846)	
初等教育总开支率(t-1)				−0.111
				(0.0985)
初等教育经常性预算下拨率	0.286	0.343		
	(0.183)	(0.221)		
初等教育补助金预算下拨率	0.0308	0.0423		
	(0.0520)	(0.202)		
初等教育开发预算下拨率			0.195**	
			(0.0877)	

续　表

模型　NO.	(9)	(10)	(11)	(12)
解释变量/被解释变量	初等教育人工费开支率	初等教育其他费用开支率	初等教育开发费用开支率	初等教育总开支率
初等教育总预算下拨率				0.429**
				(0.190)
自主财源率	−0.0428	0.161	0.110*	0.0576
	(0.0577)	(0.252)	(0.0638)	(0.0864)
交通费	0.00385	−0.00794	0.0172	0.00319
	(0.00637)	(0.0164)	(0.0163)	(0.00710)
2005年第二财务季度	−0.704	−8.375	−2.183	1.193
	(3.168)	(7.184)	(7.018)	(3.238)
2005年第三财务季度	−1.389	−0.890	19.45**	−0.220
	(3.756)	(10.09)	(8.771)	(3.208)
2005年第四财务季度	0.799	9.158*	10.32	2.923
	(2.977)	(5.431)	(7.285)	(2.896)
2006年第一财务季度	−1.488	9.028	−6.066	−1.327
	(2.395)	(5.719)	(5.336)	(2.487)
2006年第二财务季度	−2.278	−2.431	−4.391	−2.970
	(2.561)	(6.476)	(5.726)	(3.263)
2006年第三财务季度	−1.922	0.686	12.95*	0.189
	(3.110)	(7.903)	(7.763)	(3.235)
2006年第四财务季度	−0.497	−0.746	1.976	0.164
	(2.463)	(6.576)	(6.346)	(2.824)
2007年第一财务季度	−2.100	4.985	−5.581	−1.064
	(1.632)	(3.945)	(3.806)	(1.881)

续　表

模型 NO.	(9)	(10)	(11)	(12)
解释变量/被解释变量	初等教育人工费开支率	初等教育其他费用开支率	初等教育开发费用开支率	初等教育总开支率
2007年第二财务季度	−2.781	1.858	−1.407	−1.780
	(1.927)	(3.866)	(3.726)	(1.930)
2007年第三财务季度	−1.684	−0.215	−0.0436	−1.608
	(1.585)	(3.683)	(3.650)	(1.864)
样本数	1167	1148	1129	1184
县数	133	133	133	133
Arellano-Bond Test AR(1)	0.059	0.047	0	0.001
Arellano-Bond Test AR(2)	0.357	0.36	0.254	0.833
Hansen test	0.451	0.316	0.271	0.173

注:括号内为稳健标准误差。***、**、*分别代表在1%、5%、10%的显著性水平上拒绝零假设。工具变量为时间虚拟变量。

如表6-3所示,和卫生领域不同,产生有统计学意义的变量仅有中央政府的"初等教育开发预算下拨率"和县的"自主财源率"对"初等教育开发费用开支率"的影响,以及"教育总预算下拨率"对"教育总开支率"的影响。中央政府的"初等教育开发预算下拨率"和县的"自主财源率"每提高1%,每季度县"初等教育开发费用开支率"的减少量为0.195%和0.11%,教育事业的进展程度也与之相符。在这种情况下,与县的独立财源相比,中央政府下拨资金的系数更大,对"初等教育开发费用开支率"也产生更大影响。另外,没有解释变量对初等教育部门的经常性经费开支率产生有统计学意义的影响。

为了便于观察饮用水、公路及农业领域的结果,笔者继续使用去掉时间虚拟变量结果的估计结果(表6-4、表6-5、表6-6)。其中,验证公路领域中"公路总开支率"所受影响的模型未通过Arellano-Bond统计值和Hansen J统计值的检测,故除去。

表6-4　县饮用水领域的人工费开支率、其他经费开支率、开发费用开支率、总开支率所受影响
（差分GMM估计结果）

模型NO.	（13）	（14）	（15）	（16）
解释变量/被解释变量	饮用水人工费开支率	饮用水其他费用开支率	饮用水开发费用开支率	饮用水总开支率
饮用水人工费开支率(t-1)	−0.211*			
	(0.124)			
饮用水其他费用开支率(t-1)		−0.0333		
		(−0.0498)		
饮用水开发费用开支率(t-1)			−0.313**	
			(0.147)	
饮用水总开支率(t-1)				−0.0172
				(0.0466)
饮用水经常性预算下拨率	0.286*	0.225***		
	(0.158)	(0.0750)		
饮用水开发预算下拨率			0.133	
			(0.235)	
饮用水总预算下拨率				0.107**
				(0.0485)
自主财源率	−0.0265	0.0587	0.0931	0.0567
	(0.0923)	(0.0403)	(0.224)	(0.0482)
交通费	0.00192	−0.0118	0.00347	−0.0311*
	(0.00747)	(0.00925)	(0.0131)	(0.0166)
样本数	1168	1163	1137	1137
县数	133	133	133	133
Arellano-Bond Test AR(1)	0.062	0	0.051	0
Arellano-Bond Test AR(2)	0.094	0.329	0.111	0.248
Hansen J Test	0.938	0.128	0.458	0.457

注：括号内为稳健标准误差。***、**、*分别代表在1%、5%、10%的显著性水平上拒绝零假设。
工具变量为时间虚拟变量。

表6-5 县公路领域的人工费开支率、其他经费开支率、开发费用开支率、总开支率所受影响
（差分GMM估计结果）

模型NO.	（17）	（18）	（19）
解释变量/被解释变量	公路人工费 开支率	公路其他费用 开支率	公路开发费用 开支率
公路人工费开支率(t-1)	-0.00707		
	(0.0637)		
公路其他费用开支率(t-1)		-0.000748	
		(0.0416)	
公路开发费用开支率(t-1)			0.0327
			(0.0523)
公路经常性预算下拨率	0.132*	0.0258	
	(0.0722)	(0.0467)	
公路补助金预算下拨率	0.105***	-0.0215	
	(0.0273)	(0.0448)	
公路开发预算下拨率			0.113**
			(0.0521)
自主财源率	-0.00838	0.0907	-0.0332
	(0.0328)	(0.0581)	(0.0766)
交通费	0.00962	-0.0171	-0.0165
	(0.0113)	(0.0124)	(0.0113)
样本数	1154	1122	1166
县数	133	131	133
Arellano-Bond Test AR(1)	0	0	0
Arellano-Bond Test AR(2)	0.955	0.964	0.491
Hansen J Test	0.176	0.638	0.198

注：括号内为稳健标准误差。***、**、*分别代表在1%、5%、10%的显著性水平上拒绝零假设。
工具变量为时间虚拟变量。

表6-6　县农业领域的人工费开支率、其他经费开支率、开发费用开支率、总开支率所受影响
（差分GMM估计结果）

模型NO.	(21)	(22)	(23)	(24)
解释变量/被解释变量	农业人工费开支率	农业其他费用开支率	农业开发费用开支率	农业总开支率
农业饮用水人工费开支率(t-1)	-0.128			
	(0.141)			
农业其他费用开支率((t-1)		0.0162		
		(0.0398)		
农业开发费用开支率(t-1)			0.190	
			(0.143)	
农业总开支率				0.0295
				(0.0457)
农业经常性预算下拨率	0.373	0.0621		
	(0.286)	(0.0545)		
农业开发预算下拨率			0.0213	
			(0.180)	
农业总预算下拨率				0.0417
				(0.0865)
自主财源率	-0.441**	-0.0786	0.194	0.0494
	(0.214)	(0.0590)	(0.317)	(0.0718)
交通费	0.0256*	-0.0244	-0.0118	-0.00999
	(0.0132)	(0.0153)	(0.0215)	(0.0143)
样本数	1160	1156	1104	1125
县数	133	133	133	133
Arellano-Bond Test AR(1)	0.019	0	0	0
Arellano-Bond Test AR(2)	0.18	0.95	0.628	0.52
Hansen J Test	0.761	0.92	0.285	0.101

注：括号内为稳健标准误差。***、**、*分别代表在1%、5%、10%的显著性水平上拒绝零假设。工具变量为时间虚拟变量。

如表6-4、表6-5、表6-6所示,在饮用水领域产生正面且有统计学意义影响的解释变量为"饮用水经常性预算下拨率"对"饮用水人工费开支率""饮用水领域其他经费开支率"及"饮用水总开支率"的影响。另一方面,可以看出"交通经费"对"水总开支率"产生有统计学意义的负面影响。其他的解释变量均未得出有统计学意义的结果。

在公路领域产生正面且有统计学意义影响的解释变量为"公路经常性预算下拨率"和"公路补助金预算下拨率"对"公路人工费开支率"的影响,"公路开发预算下拨率"对"公路总开支率"的影响。其他的解释变量均未得出有统计学意义的结果。

最后,农业领域中,"自主财源率"对"农业人工费开支率"产生有统计学意义的负面影响,"交通费用"产生有统计学意义的正面影响。

上述的所有模型通过Arellano-Bond统计值检验干扰项是否序列相关,通过Hansen J统计值检验工具变量是否满足干扰项和正交条件,均得出正确的数值,这表明本分析使用了正确的模型。

为使上述估计中有统计学意义的结果更易于理解,笔者将县预算执行率所受影响汇总在表6-7中,各领域经常性开支和开发费用的执行率所受影响汇总在表6-8中。

表6-7 估计结果汇总(有统计学意义的结果)

解释变量/被解释变量	经常性费用开支率	经常性费用开支率	开发费用开支率	开发费用开支率
补助金下拨率	●		●	
经常性预算下拨率		●		
开发预算下拨率				●
自主财源率	●	●		●

注:●表示有统计学意义的正值。

表6-8　各领域的估计结果汇总（有统计学意义的结果）

	解释变量/被解释变量	人工费开支率	其他费用开支率	开发费用开支率
卫生领域	卫生经常性预算下拨率	●		
	卫生补助金预算下拨率	●		
	卫生总预算下拨率			
初等教育领域	初等教育开发预算下拨率			●
	初等教育总预算下拨率			
	自主财源率			●
饮用水领域	饮用水经常性预算下拨率	●	●	
	饮用水总预算下拨率			
	自主财源率			●
	交通费			
公路领域	公路经常性预算下拨率	●		
	公路补助金预算下拨率	●		
	公路开发预算下拨率			●
农业领域	自主财源率	▲		
	交通费	●		

注：●表示有统计学意义的正值，▲表示有统计学意义的负值。

　　上述结果中有两个颇有深意的现象。第一，中央政府的补助金增加时，县经常性开支和开发费用的执行率也会提高，但即便如此，如第6.4.1节中所述，中央政府并未按计划下拨补助金，特别大多数开发预算资金经常在下半年下拨。此外，可以看出2005年度的经常性预算下拨发生变动，而有的年度并未按计划下拨资金。可见，财政部的行动并不符合"减贫机制"的预期。

　　第二，虽然中央政府的补助金增加时，县整体的经常性开支和开发费用的执行率都会有所提高，但是各领域的情况未必如此，有时会出现波动。中央政府的补助金对开发费用开支产生正面影响的只有初等教育和公路领域，对人工费用开支产生正面影响的只有卫生、饮用水、公路三个领域。

　　出现上述两个现象的原因在于,虽然在中央政府按计划下拨补助金的情况下,地方政府能够根据经议会同意的计划进行开发和运行,但实际上各领域内的开发和运行都是地方政府根据自己的判断进行的。

　　为了验证这一结论,笔者使用上述实证分析的数据,对进行总统选举[①]的2005年的预算分配和普通年份的差异进行了回归分析,其中将中央政府的补助金执行率作为被解释变量,将2005年度到2007年度每季度的时间虚拟变量作为解释变量。分析结果表明,革命党(CCM)以绝对优势获胜后,第三季度补助金的分配与平时不同,出现有统计学意义的正面影响,但第二年变为有统计学意义的负面影响。该结果虽然是根据简易的回归分析得出的,但也表明坦桑尼亚政府在"减贫机制"之外有着独自的判断标准。

　　对中央政府的补助金和地方政府的预算执行率进行的实证分析结果表明,不仅财政部没有按照坦桑尼亚政府和援助方达成共识的"减贫机制"进行行动,坦桑尼亚地方政府也存在这种可能。

6.5　小结

　　本章的分析得出了多个颇有深意的结论。首先,未取得援助方预期成果的原因在于无论是在"减贫机制"形成过程中发挥了核心作用的GBS援助方自身还是坦桑尼亚财政部、具体实施各项事业的地方政府都没有按计划开展行动。

　　那么,为何除英国和瑞典外的GBS援助方和坦桑尼亚财政部、地方政府都没有按照计划行动呢?其中一个重要原因是,有些行为体只是为了享受"减贫机制"所带来的好处才加入开发中来。首先,GBS援助方参与开发所获得的好处是巨大的,不仅可以掌握坦桑尼亚开发的主导权,还可以参与到仅凭项目援助无法参加的涵盖所有开发领域的政策对话中,从而获得制定政策的参与权和话语权,借此提高自身的存在感,并能够获得坦桑尼亚政府的政策方针、其他重要信息,以及对于其他援助方来说也有益的信息等。此外,通过和其他援助方的协调及政策对话,可以获得仅凭一个援助方无法获得的巨大政策影响力,这也是非常有利的一点。在此基础上,不能忽视的一点是无论是对国外还是对国内,这都关系着积极开展"提高援助有效性的措施"、有效利用援助的主张。而在坦桑尼亚官

---

① 2005年12月14日进行总统选举和国政选举,贾卡亚·基奎特总统以82.28%的得票率以绝对优势获胜,CCM得到了约70%的投票率,通过直接选举产生的232个议席中,CCM占了206席。

方将GBS作为最理想的援助方式、将项目作为最不理想的援助方式的前提下,未提供GBS的援助方被贴上了阻碍"提高援助有效性的措施"的标签。如上所述,成为GBS援助方即证明了自己是按照"减贫机制"展开行动的,并可以借此享受更多好处。而且,在"减贫机制"所构建的体制下,坦桑尼亚的核心开发政策可能会被置于GBS援助方控制下,因此可以说这是提供GBS援助的最大好处。

坦桑尼亚政府通过和援助方共同努力、积极建立"减贫机制"的同时,使自己的行动看似接受了这一机制的最大好处就是获得了不同于项目援助、可以划入预算并能够灵活使用的GBS援助。划入预算的自由资金不仅可以用来填补关系到国家运行的重要预算中自主财源的缺口,还意味着可以将这些资金用于坦桑尼亚发展的优先事项上。实际上,选举期间的财政情况已经证明了这一点。第二个好处是对于坦桑尼亚政府来说,建立了一个可以控制援助方影响力的体制。如第5章所述,关系到全部开发领域的重要政策对话由以往以项目援助为主时各个援助方之间的交集开始转变为财政部和GBS援助方之间的交集。此外,在各部门/主题的工作中,也通过分工合作将与政府接触的援助方限定在"领导"上,借此集中了和援助方之间本来多样性的交集,构建了能够控制援助方影响力的体制。对于坦桑尼亚政府来说,这是最大的好处。

此外,本章最具深意的结论是即便坦桑尼亚政府和援助方都采取了不同于设想的行动,但从结果上来看,"减贫机制"的存在使坦桑尼亚发展援助的政治形态发生了很大变化。

在坦桑尼亚政府和援助方联合构建的"减贫机制"下,发展援助的形式是通过中央政府官员和援助方的交集制定坦桑尼亚的核心开发政策——发展计划和编制预算,但援助方并不参与实际的实施,而是通过进展情况和结果报告进行管理和评价,这样就形成了一个援助方有限参与的框架。因此,接受发展援助的功能就完全集中到达累斯萨拉姆的中央政府官员和援助方之间开展的开发管理上。此外,由于GBS被划入坦桑尼亚政府预算,所以实际的事业实施、服务交付都被委托给坦桑尼亚的国内政治。笔者在2011年3月访问了坦桑尼亚地方政府,在采访中听闻了一些地方议员参与了本县根据发展计划实施项目的情况。例如,建设小学计划获批后,中央政府下拨折合100万日元的预算用于建设一所小学,但在实际建设时,有4名地方议员参与,预算也因此被四等分,最终4所使用25万日元建设的小学均未竣工。坦桑尼亚有很多这种烂尾工程。通常来说,利用有限的预算即便只建成一所小学也能够提高教育效果,从有效性的观点来看这是合理的,但对于地方议员来说,也许通过即便无法竣工的小额建设向居民展示"自己争取到了地方建设经费"这一点也是很重要的。如上所述,缜密的"减贫机制"在现实中分化为二元逻辑,一方面是决定了坦桑尼亚发展援助方向的达累斯萨拉姆的"援助的逻辑",另一方面是排除了援助方参与的国内政治中的事业实施、服务交付这一"实施的逻辑"。

本章以坦桑尼亚为例分析了看似被积极推进的"提高援助有效性的措施"在以撒哈拉以南非洲地区为中心的贫困国家未取得预期效果的原因以及与实际的事业实施、服务交付能力间存在差距的原因。分析结论表明本应该提高对"减贫机制"接受度的GBS援助方和坦桑尼亚政府的行动都偏离了设定的轨道,而且缜密的"减贫机制"下的政策对话体制也分裂为"援助的逻辑"和"实施的逻辑",这些都是导致开发未取得预期效果的原因。

7 坦桑尼亚援助管理的实际情况

7.1 引言

第5章和第6章的分析结果表明,坦桑尼亚的"减贫机制"并未取得预期效果,和实际的事业实施、服务交付能力间也存在差距,其主要原因是本应提高对"减贫机制"接受度的GBS援助方和坦桑尼亚政府的行动都偏离了设定的轨道,而且在缜密的"减贫机制"下的政策对话体制也分裂为"援助的逻辑"和"实施的逻辑"。

但是,坦桑尼亚政府即使要违背与援助方的共识也要追求的是什么呢?笔者在考察这一问题时,注意到了"减贫机制"未能取得预期效果的原因。如第6章所述,JAST获得了国会同意,而且相关政府部门也参与到内容制定中来,所以该减贫战略文件无声地反映了坦桑尼亚政府所期待的"发展"。但是,为了辨明坦桑尼亚政府未采取预期行动的背景,有必要先明确坦桑尼亚政府期待的"发展"和援助方期待的"发展"是否不同;或者两者基本方向相同,但是在为达成目的所采取的发展战略及援助方法上两者意见不同。笔者认为通过考察坦桑尼亚政府在面对获得不同的发展援助资源机会时的对策可以完成对上述问题的验证。此外,考察坦桑尼亚政府面对这些发展援助资源时,通过改组政府机构建立了何种接受机制,也能完成对上述问题的验证。并且通过这两种考察,可以了解坦桑尼亚政府的逻辑。

中国对非洲的援助备受关注,其在坦桑尼亚的影响力也不断增强,所以,笔者选取了中国的援助作为考察对象。关于中国对外援助的前人研究中,有观点认为中国的对外援助"重新粉刷了国际发展的色调"(Manning,2006:384),是"改变了游戏规则的无声革命"(Woods,2008:1221),所以坦桑尼亚可能会对中国采取不同的态度。在DAC等援助方视线未及的地方,坦桑尼亚对不同于"减贫机制"的援助行为所采取的态度才是辨明坦桑尼亚政府真正目的的线索。

笔者关注坦桑尼亚政府面对不同的发展援助资源时改组政府机构的第二个理由是,如果坦桑尼亚在面对中国的援助时采取了制度化的行动,那么该制度能够反映出坦桑尼亚政府真正的目的和规范。

此外,此前的分析都是将坦桑尼亚作为一个整体,但不同的政府部门、不同的政治家对援助、发展战略及理想的援助方式的认识可能会不同。本章的分析也考虑到了这一问题。

但是,目前关于中国对外援助的研究中存在的问题是,在没有掌握中国对外援助事实关系的情况下仅凭直觉进行了讨论,未必能够真正地辨明中国的动向。近年,国际社会对中国援助的关注不断增加,并开始收集这方面的数据,笔者认为通过细心查阅报纸信息和中国大使馆的信息以及通过向政府相关人员进行核实,基本能够确认中国对外援助的情况①。

笔者通过查阅报纸信息及中国大使馆的信息,确认了中国对坦桑尼亚援助的情况。但是,仅凭这些调查无法判断中国对坦桑尼亚的援助是否与"减贫机制"相同。为了解中国对坦桑尼亚援助的实际情况,笔者向相关人员进行了确认。笔者于2010年9月及2012年3月两次赴坦桑尼亚,采访了坦桑尼亚政府相关人员,借此了解他们对中国援助的看法以及DAC等援助方对中国援助的看法。采访对象②包括中央政府(财政部、地方政府部、卫生部、能源和矿产部、公路国营公司、中央银行)、地方政府(多多马县、巴加莫约县、慕芬迪县、伊林加县、莫罗戈罗县、坦噶县、基萨拉韦县、卡拉圭县、姆万扎县)、援助方〔世界银行、DFID、EU、德国复兴信贷银行(Kreditanstalt fur Wiederaufbau,KfW)、爱尔兰、韩国、JICA、日本大使馆等〕以及社会团体(NGO:政策论坛,智库:REPOA等和民营企业),在采访过程中收集了大量资料。笔者将使用访谈结果、采访时收集的第一手资料以及其他资料进行分析。

本章的构成如下:第7.2节考察坦桑尼亚"减贫机制"下的中国援助以及坦桑尼亚政府相关人员、援助方、NGO对中国援助的看法。第7.3节考察坦桑尼亚政府相关人员对GBS的看法。第7.4节将在辨明坦桑尼亚政府新的动向与中国援助的关系的同时,阐述坦桑尼亚政府所期待的发展战略。此外,笔者还考察坦桑尼亚政府在面向不同的发展援助资源时,通过改组政府机构建立了何种接受机

---

① 2011年4月,中国国务院新闻办公厅发布了《中国对外援助白皮书》。通过《中国对外援助白皮书》可知,中国从1950年开始实施对外援助,至2009年末累计向161个国家及30余个国际、地区组织提供了2562亿9000万元人民币的援助。提供援助的方式分为三类:商务部进行的无偿援助、无息贷款以及中国进出口银行的优惠贷款。非洲是重点援助区域,中国特别重视对非洲农业及经济基础设施的支援。

② 选定访问对象时,笔者在中央政府部门和援助方中选择了"减贫机制"的核心部门以及受中国援助的影响较大的部门,此外随机抽选地方政府作为考察对象。

制,最后对本章进行归纳总结。此外,下文中笔者统一称DAC援助方和世界银行等为"DAC等援助方",将中国、印度、巴西等称为"非DAC援助方"。

7.2 中国对坦桑尼亚的援助和"减贫机制"

7.2.1 中国对坦桑尼亚的援助

坦桑尼亚政府和中国是"40多年来诚心诚意,有着兄弟般的感情"的关系,"两国牢固的友谊纽带建立在毛泽东和尼雷尔提出的互相尊重的原则之上"(Ministry of Industry,Trade and Marketing,2010:1)。

中国先后援建了坦桑尼亚—赞比亚铁路(坦赞铁路)、友谊纺织厂(Friendship [Urafiki]Textile Factory)、桑给巴尔住宅项目(the Housing Schemes in Zanzibar),最近支援了新国家体育场的建设等。进入21世纪,在中非合作论坛(Forum on China-Africa Cooperation,FOCAC)下构建了新型的中非关系。

2000年以后,中国在FOCAC的框架下致力于对非援助,并于2012年召开了第5回部长级会议。在该框架下,中国也实施了对坦桑尼亚的援助。此外,在中国和坦桑尼亚的援助协定方面,2008年4月,坦桑尼亚总理平达随同总统基奎特访华,与胡锦涛主席举行会谈,其后签订了两国经济技术合作协定等7个合作文件[1]。其后,两国于2012年缔结了第15次经济技术协议[2]。中国对坦桑尼亚的援助是根据坦桑尼亚的请求进行的。根据中坦技术协议,中国实施的援助主要包括以下三类。

7.2.1.1 派遣医疗队

中国医疗队的派遣始于1968年3月,两国至今已有40多年以上的医疗合作史。中国从特定省份选拔医疗队派往特定的国家,为期两年(2012年8月29日,对驻乌干达中国大使馆工作人员的采访)。派往坦桑尼亚本土的医疗队来自中国山东省,近年派出的医疗队包括:2009年8月的第21期医疗队主要分配在达累斯萨拉姆的莫西比利国立医院、多多马县医院、多波拉县医院、马拉县医院;2011年8月6日,由来自山东省的23位医生组成的第22期医疗队抵达坦桑尼亚。其中6位女医生和8位男医生被分配到多多马、塔波拉和马拉州立医院,另外7位男医生和2位女医生被分配到莫西比利国立医院。第24期医疗队的22名医生来自

① http://news.xinhuanet.com/newscenter/2008-04/11/content_7960716.htm(2014年9月10日访问)。
② http://tz.china-embassy.org/eng/xwdt/t930282.htm(2014年9月10日访问)。

江苏省,负责对桑给巴尔进行医疗援助。如上所述,中国向坦桑尼亚本土及桑给巴尔分别派出了22期和24期医疗队,累计派遣了2000余名医生。此外,中国的医生在包括多多马、塔波拉、鲁伍马、穆索马、姆特瓦拉、林迪、基戈马、欣延加、姆贝亚、莫罗戈罗、辛吉达、达累斯萨拉姆以及若干偏远村落在内的19个州展开医疗合作[①]。2009年末,中国开始向坦桑尼亚派遣青年志愿者。

7.2.1.2　人才培养援助

迄今为止,中国共接受了1500余名坦桑尼亚留学生及约2000名公务员到中国留学、进修。中国政府决定从2009年至2011年接收100名奖学金留学生,2009年当年接收了68名。奖学金留学生以取得学士、硕士、博士学位为目的[②]。2011年,赴中国学习的坦桑尼亚学生超过700人[③]。到中国进行短期公务员进修的人数分别为2006年96人、2007年242人、2008年78人、2009年128人、2010年273人、2011年146人(坦桑尼亚公务员厅)。2011年8月11日,坦桑尼亚中国校友会(China Alumni Association of Tanzania,CAAT)[④]正式成立。

7.2.1.3　公共设施的建设项目

中国最早的大型援非工程是坦赞铁路。该项目始于1967年[⑤],1975年建成通车。赞比亚始发站悬挂着毛泽东的头像,铁路一直延伸到达累斯萨拉姆港,长达1860千米的轨道上排列着刻有"中华人民共和国制"字样的枕木(水野,2011:54)。此外,中国对刚果民主共和国也进行了超过100亿美元的大规模铁路项目援助。坦赞铁路将会成为连接刚果民主共和国、安哥拉,最终直达东非、中非的干线[⑥]。除坦赞铁路外,2000年以后的援助项目还包括2009年2月竣工的国家体育场。该场地位于达累斯萨拉姆,占地6.8万平方米,可以容纳6万人[⑦]。此外,还有莫罗戈罗农业技术示范中心(Agricultural Technology Demonstration Center)、查林兹供水工程、莫西比利国立医院心脏外科诊疗培训中心等项目。莫罗戈罗农业技术示范中心占地62万平方米,主要具备办公与培训、试验展示及生产和示范三种功能。该中心2010年9月竣工,并于2011年4月移交给农业、粮食保障、

① http://tz.china-embassy.org/eng/xwdt/t577975.htm(2014年9月10日访问)。
② http://tz.china-embassy.org/eng/xwdt/t619346.htm(2014年9月10日访问)。
③ http://tz.china-embassy.org/eng/xwdt/t946463.htm(2014年9月10日访问)。
④ http://tz.china-embassy.org/eng/xwdt/t849427.htm(2014年9月10日访问)。
⑤ http://tz.china-embassy.org/eng/xwdt/t946463.htm(2014年9月10日访问)。
⑥ http://tz.china-embassy.org/eng/xwdt/t930282.htm(2014年9月10日访问)。
⑦ Steve William. "China plays major role in promoting Africa's development in IPP Media". September 8th 2012.http://www.ippmedia.com/frontend/index.php?1=45608(2014年9月10日访问)。

工会部①。莫西比利国立医院心脏外科诊疗培训中心由中国山东对外经济技术合作集团负责,2010年3月开始施工,2011年8月竣工。此外,2008年4月11日,中国商务部陈德敏部长与坦桑尼亚外交和国际合作部部长伯纳德·门贝就尼雷尔国际会议中心项目签署共识文件,该会议中心于2012年9月竣工,2013年3月25日,习近平主席在尼雷尔国际会议中心发表演讲②。此外,规模较大的项目还包括由中国进出口银行提供融资的光纤网络建设和桑给巴尔机场航站楼建设。

此外,近几年,中国官方资本和民间资本合作实施的大型经济基础设施建设也展示了中国的影响力。这些项目将在第7.3节中详述。

7.2.2 坦桑尼亚政府相关人员、DAC等援助方、NGO视角下中国援助的特征和"减贫机制"

如前文所述,中国对坦桑尼亚的援助历史悠久,主要以项目为中心展开。2000年以后,在FOCAC框架下,中国根据坦桑尼亚政府的请求实施援助。但是,从这一点无法判断中国对坦桑尼亚的援助和坦桑尼亚在"减贫机制"下的行动是否存在关联。因此,笔者通过对坦桑尼亚政府相关人员和DAC等援助方工作人员的采访,考察了中国对坦桑尼亚援助的实际情况及坦桑尼亚是否根据"减贫机制"下的"提高援助有效性的措施"采取行动。

首先,笔者了解了坦桑尼亚政府相关人员、DAC等援助方、NGO对中国援助的看法。

7.2.2.1 政府相关人员、DAC等援助方、NGO视角下的中国援助及其特征

接受采访的国会议员〔革命党(Chama Cha Mapinduzi,CCM)、民主进步党(Chama Cha Demokrasia na Maendeleo,CHADEMA)、国民党(Civil United Front,CUF),2012年3月20日进行采访〕及能源和矿产部副部长马斯威(Maswi)(2011年3月22日进行采访)等人众口一词,认为"和DAC援助方不同,中国政府是在了解坦桑尼亚的需求后,提供坦桑尼亚所希望的援助"。中央银行总裁本诺(2012年3月21日进行采访)说道:"近些年,中国的影响力日益增强。"此外,坦桑尼亚研究机构REPOA的万古埃教授(2012年3月18日进行采访)就中国对坦桑尼亚的援助做出如下评价:

---

① http://tz.china-embassy.org/eng/xwdt/t946463.htm(2014年9月10日访问)。

② http://tz.china-embassy.org/eng/xwdt/t461227.htm(2014年9月10日访问),以及 http://tz.china-embassy.org/chn/zt_1/t1030584.htm(2014年9月10日访问)。

坦桑尼亚和中国的关系历史悠久。首先,中国的社会主义让尼雷尔铭刻在心。从地缘政治学来看,中国提供了如坦赞铁路的建设等西方国家无法实施的援助。(冷战中)有来自东方和西方的很多援助选项。现在,中国不仅提供援助,也致力对原材料等产业的投资。建筑公司效率高、价格低。中国的做法是先建设再收款。而且可以允许坦桑尼亚使用本国的从业人员。另一方面,日本和中国有着相似的地方,制定PRSP时,(西方国家关注"贫困")日本重视"增长"。不能仅有西方的援助,出现不同形式的援助才能使体制更健全。中国带来了不同的援助模式。如果没有中国的参与,仅依靠DAC援助方的话就无法顾全援助的全部方面了。

接受采访的DAC等援助方虽然都对中国对坦桑尼亚的援助感兴趣,但并不充分了解实际情况。UNDP常驻代表(2012年3月15日进行采访)认为:"中国根据非洲国家的请求提供援助(Demand-side意向),这与DAC成员国采取的Supply-side意向型做法是不同的。"

NGO政策论坛的管理员(2012年3月21日进行采访)认为:"中国和坦桑尼亚的关系如同坦赞铁路般悠长,但近几年中国对非洲采取了新的做法。和DAC等援助方的开发模式不同,中国对坦桑尼亚政府提供的援助不附加条件。"

综上所述,中国对坦桑尼亚的援助历史悠久,中国援助受到了坦桑尼亚政府相关人员的欢迎,研究机构也认为中国和西方两种不同援助模式的并存是较为理想的。此外,UNDP将两者的差异归纳为"Demand-side意向(中国)"和"Supply-side意向(DAC援助方)"。

那么,中国对坦桑尼亚援助的具体特征是什么呢?下文将考察这一问题。

7.2.2.2 中国对坦桑尼亚援助的特征

(1)决策迅速及响应坦桑尼亚请求的援助

采访结果表明,坦桑尼亚政府相关人员一致认为中国援助的特征是决策迅速、根据坦桑尼亚的请求进行援助。2012年3月20日,希尼安加的国会议员(CCM)对中国的决策做出如下说明:"我方向中国大使馆提出关于饮用水需求的提案后,中方约定时间进行了商谈,共用了3—4周的时间就做出了实施援助的决定。中方不仅是对政府的请求反应如此迅速,所有的领域都是一样的。"

此外,为了核实中国援助决策的迅速性,笔者于2011年3月22日①对能源和矿产部副部长马斯威、能源和矿产管理局代理局长及副局长进行了采访。在采访中,马斯威副部长很自豪地介绍了中国援建燃气输送管线②的决策过程。马斯威副部长2011年7月23日由总统办公室地方行政厅调动到地方行政部出任代理副部长,2012年1月升任能源和矿产部副部长。

"赴任后的2011年8月,财政部提出了能源领域的6项优先事项。财政部向中方提出最优先的燃气输送管线建设计划后,当月就收到了中国政府的答复。9月22日到9月25日,本人随坦桑尼亚政府访问团一起访问了中国。中国的技术人员奋战3天3夜彻底调查并验证了可行性报告的内容。10月份,中方的60名技术人员抵达坦桑尼亚,坦桑尼亚政府的访问团也再次访问中国并在中国度过了2012年元旦。此后,坦桑尼亚迎来了中国访问团,双方在总统主持的委员会上进行了协商。一周后,中国进出口银行代表抵达坦桑尼亚。3月23日我方与中国财政部副部长进行协商,决定5月底前签署文件。项目总费用为12亿美元,其中75%由中国提供优惠贷款(年利2%,偿还期限20年,宽限期为7年),20%来自中国的商业贷款(非优惠贷款),5%来自坦桑尼亚政府的预算。本项目的可行性调查包括社会环境影响调查在内,都由坦桑尼亚政府实施,同时还组织了60—100人进行了工程养护方面的项目研修。"实际上2012年6月,中国做出了提供12亿美元的决定③。

如上所述,在如此巨大的项目上,从询问中国合作意向到实施仅花费了不到1年时间。其他援助方的融资议案,一般从议案的形成到开始施工,世界银行需要2年10个月到5年3个月,亚洲开发银行需4年2个月到4年3个月,非洲开发银行需3年3个月到7年,德国复兴信贷银行需5年到5年6个月,可见通常需要3年以上的时间。通过这组数据可以看出中国决策过程的迅速性。

马斯威副部长继续说道:"设备开发方面非常需要一年内高达8亿5000万美元的援助。面对如此巨大的金额,坦桑尼亚自然会选择贷款利息低的一方。欧洲援助方的实际支付额和援助承诺额间存在很大出入,基本上仅为承诺额的一半。有一些援助方还没有提供今年的GBS。机会摆在面前时,自然会去把握。

---

① 原文使用了"2011年3月22日"这一时间,但与下文出现的时间有所冲突。由于难以确认准确时间,此处按原文翻译。(译者注)
② 为解决坦桑尼亚电能不足问题,分别以姆特瓦拉州的木纳吉海湾(Manzi Bay)和基鲁瓦县的松戈松戈为起点,达累斯萨拉姆为终点,建设全长532千米的燃气输送管线。
③ http://allafrica.com/stories/201307230124.html(2014年9月10日访问)。

我曾在财政部工作过,所以很清楚欧洲援助方并没有按约定足额支付GBS。"

进而,马斯威副部长又举了其他事例来证明中国提供了能够满足坦桑尼亚政府需求的迅速且灵活的援助。

"2011年6—7月坦桑尼亚发生了严重的电能危机。也许是察觉到这一情况,8月,中国大使访问了财政部,无偿提供了2000万美元(现金),作为购买燃料的资金以解决电能不足问题。这项援助并不是由坦桑尼亚财政部促成的,而是中国大使馆主动实施的。这就是朋友。当你饥饿的时候马上为你提供食物。缔结燃气输送管线的工程与采购合同(Engineering and Procurement Contract, EPC)时,能源和矿产部做了报道,但这次我们没有公开。"

如上所述,中国在必要的时候迅速地向坦桑尼亚政府提供必要的援助,这种难能可贵的援助非常受欢迎。

(2)交集的多样性及灵活性

能源和矿产部要将具体的项目计划(议案内容、资金调度的负责人、估价等)提交到国会能源和矿产委员会进行讨论。笔者于2012年3月20日采访了8位委员会委员①。查尔斯·姆维杰(Charles Mwijage)国会议员作为受访者代表说道:"全场一致通过了由中国实施本项目的提议。决定因素之一就是中国的利息低。具体来讲,中国的利息是2%,而日本为20%。"

对于在本项目中JICA的利息仅为0.1%这一情况,查尔斯·姆维杰做出了简要说明:"如果事先得知日本的条件更为有利,我们就会求助日本,但是当时完全不知道日本的条件。为此,委员会做出判断认为由中国实施项目更为有利,因此决定支持这份计划。即便日本的贷款利息较低,但依然没有把日本纳入考虑的原因是我们并不知道日本的贷款条件,日方完全没有和我方接触过。我们熟知中国的政治思想、经济情况等,对中国的理解已经渗透到国会议员当中。如果我们知道日本的融资条件,委员会是有权力选择日本的。"

这次采访耐人寻味的一点就是,进行发展援助时,日本只接触了中央政府官员,而中国除了政府官员外,也与政治家们进行了广泛的接触。继而,查尔斯·姆维杰做出如下发言:"中国、印度等国家在坦桑尼亚的活动非常积极,普通民众都知道中国企业在运输、能源、建设等部门的行动。虽然我知道JICA也开展了各种各样的合作,但民众并不知道。这大概是因为日本没有让国民和国会议员参与

---

① 该委员会共30人,此次受访者包括执政党CCM的5位议员,在野党CHADEMA的1位议员,在野党CUF的两位议员。

其中的缘故吧。此外,能源和矿产委员会90%的委员都曾访问过中国(该委员会共有议员30人)。本人也受中国政府邀请出席了议员联盟会议及相关商务活动,2007年以后已经访问了中国三次,但是还没有委员访问过日本。普通民众并不知道日本也对坦桑尼亚提供了GBS。"

此外,更让人震惊的是他并不认同《赫莱纳报告》,并且说道:"DAC等援助方不应该只接触财政部和政府官员,只听取他们的意见,而是应该聆听更多人的声音。如果仅听财政部的话,那么我们是开展不了任何工作的。"

这些发言证明了坦桑尼亚在"减贫机制"下的发展援助是没有国会议员参与,是去政治化的,同时也证明了"减贫机制"是建立在仅包括了坦桑尼亚中央政府官员和援助方工作人员的政策对话体制下的,并且最终分裂为"援助的逻辑"和"实施的逻辑"。在DAC等援助方构建的有局限性的交集和政策对话框架外,中国通过一切途径创造和坦桑尼亚的交集并展开援助。

此前的分析都是将坦桑尼亚作为一个整体,下文笔者将分别考察坦桑尼亚政府部门和政治家对"减贫机制"中代表性的援助方式——GBS的看法。

7.3　坦桑尼亚政府对GBS的看法

国会能源和矿产委员会姆韦迦戈(Mwijiage)国会议员(2012年3月20日进行采访)说道:"政府需要资金,同时也希望将所有的援助放入同一个篮子。不能仅依靠财政部这一条渠道,而是需要通过多种方式获取援助。这需要对已有的援助方式做加法。中国有着多种援助渠道。虽然GBS一直被认为是最理想的援助,但真的是所有人都这么想吗?事实上,国民并不知道GBS是最理想的援助方式。"

财政部对外预算局副局长马里萨(Malisa)(2010年9月24日进行采访)认为:"GBS比项目援助要好。一直以来GBS都被当作最理想的援助方式,并且获得了法律承认。援助必须经过国库。而多数情况下,项目援助都有特定的账户,所以无法进行预测。GBS的可预测性较高。项目无法保证预算。此外,GBS划入政府预算后,可以用于经常性开支和开发费用。"

中央银行总裁本诺(2010年9月24日进行采访)认为:"GBS的优点在于它以长期以来的政策对话为基础,由政府和援助方作为一个整体实施。"

此外,省级行政和地方政府事务部财务局局长姆乔明(Mchome)(2010年9月5日进行采访)认为:"此前援助方一直在不同区域开展了既定项目,但是援助方并不直接和接受项目的县进行交涉,也不通过中央政府,而是直接以县为对象实施项目。因此,我方认为应该取消项目援助。"

人事厅政策立案局局长卡布古鲁(Kabunguru)(2010年9月28日进行采访)说道:"我知道日本从最初推迟参与GBS时间,到最后决定投入资金花费了数年时间。GBS有以下优点:①可以利用当地能够利用的资源制订计划;②不实施个别项目,而是将资金统一到国家计划体系中;③坦桑尼亚政府作为资金接收方,在程序管理中享有主导权;④强化了国家开发方面的政府问责制;⑤手续费用比项目援助要小;等等。"

此外,能源和矿产部副部长马斯威(Maswi)(2011年3月22日进行采访)认为:"GBS是坦桑尼亚政府的方针,但同时本部门也欢迎项目援助。"

综上所述,政治家们期待多样化的援助,并且比起项目援助,中央政府部门基本上更期待GBS。但是,也可以看出有些部门也欢迎项目援助。大家站在各自的立场上,想法未必一致,但是对于坦桑尼亚政府来说,无论GBS还是项目援助都是它所欢迎的。通过本次采访,笔者再次确认了对DAC等援助方进行综合管理的财政部认为GBS才是理想的援助方式这一事实。

下一节将在本节讨论的基础上,考察坦桑尼亚政府新的动向和中国援助间的关系。

7.4 坦桑尼亚政府的自主发展

坦桑尼亚制定了长期计划《愿景2025》,2010年10月制定了中期国家发展计划PRSP。此外,JAST中明确记载了政府和援助方将基于共同的援助战略进行开发。

坦桑尼亚共制定了三次PRSP。第一次PRSP(2010年10月制定)将减贫问题放在了首位;第二次PRSP,即经济增长和减贫的国家战略(National Strategy for Growth and Reduction of Poverty,NSGRP)于2005年开始实施,如其名称所示,该计划重视经济增长。计划名称的斯瓦希里语首字母拼在一起是"MKUKUTA"。MKUKUTA的开发课题的三个支柱分别是:①经济增长及减少贫困;②提高生活质量和社会福利;③良性统治和问责制。在该计划的预算分配方面,将每个支柱中所明示的横跨不同部门的优先施策方案作为优先事项。第一次PRSP与MKUKUTA的不同点在于前者重视减贫,后者重视增长。2010年11月坦桑尼亚政府正式发布了以2010/2011年—2014/2015年为时间对象的MKUKUTA-Ⅱ。MKUKUTA-Ⅱ作为MKUKUTA的后继战略,在保持原有三个支柱不变的同时,将通过经济增长实现减贫作为战略重点。在重视农业和基础设施的同时,推进了社会服务质量的改善,相继实施了地方政府行政、公共财政管理领域的改革。

2011年3月21日,笔者采访总统办公室计划委员会工作人员后得知由2008年新设置的总统办公室计划委员会牵头,坦桑尼亚政府开始着手制定坦桑尼亚国家发展计划。2011年6月,政府制定了《坦桑尼亚五年发展计划》(Tanzania Five Year Development Plan 2011/12—2015/16)(以下简称《五年发展计划》)",2011年末,政府将该计划的最终版提交给援助方。2012年1月召开的年度国家发展战略(Annual National Development Strategy)会议上,财政部部长代表政府宣布MKUKUTA是一份发展战略文件,坦桑尼亚政府将基于《五年发展计划》进行发展(2012年3月15日对UNDP的采访)。总统办公室计划委员会首席经济学家强调这是一份由坦桑尼亚政府自主发起、秘密制定的战略计划,其发言如下(2011年3月21日进行采访):

"为了实现《愿景2025》,政府自主发起并制定了《五年发展计划》。制定过程中,得到了达累斯萨拉姆大学赛博加教授(政府研究机构所长)、万古埃教授(REPOA所长)、本诺教授、中央银行以及相关部门的支持。虽然援助方没有提供资金援助,但国外研究机构国际经济增长中心(International Growth Center)也为本计划提出了建议。"

如上所述,虽然坦桑尼亚和援助方之间已有联合发展战略文件,但是坦桑尼亚政府依然秘密制定国家发展计划,这说明了虽然看似坦桑尼亚政府和DAC等援助方在"减贫机制"下拥有共识,但实际上政府期待的"发展"和DAC等援助方的期待未必一致。坦桑尼亚政府绕开援助方,秘密制定了国家发展计划的原因可以从以下几方面考虑。

第一,制定第一次PRSP时,坦桑尼亚政府虽然接受了援助方的想法全面提出减贫,但在第二次PRSP,即MKUKUTA中,坦桑尼亚政府表明了重视农业和基础设施,以经济增长为目标的意向。但是,坦桑尼亚对援助的依赖度高,在难以独自达成目标的情况下,援助方并没有充分满足坦桑尼亚的需求。如图7-1所示,从1995年制定《赫莱纳报告》到2006年制定JAST,原本以生产领域和经济基础设施为中心的援助发生了重大转变,对社会部门的发展援助成为主流。另一方面,在这段期间内,对有助于经济增长的生产部门和经济基础设施的发展援助较少。2008年,设立总统办公室计划委员会后,经济基础设施的建设逐渐增加。

（百万ドル）

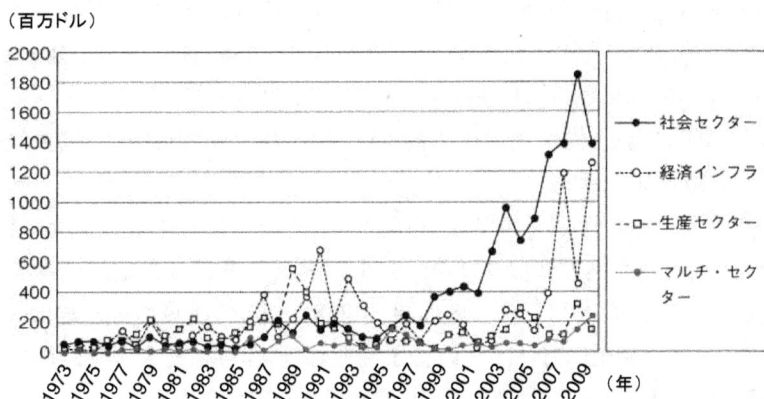

出处：笔者根据DAC CRS数据计算。

图7-1　坦桑尼亚各部门发展援助的变化[①]

第二，如图5-8所示，导入GBS后，国家运行所必需的经常性开支不足的部分就逐渐由包括GBS在内的国内收入来填补。虽然进程比较缓慢，但将剩余资金用于开发预算的经济环境已经开始逐步完善起来。

第三，DAC等援助方将发展援助集中在社会部门的同时，中国的影响力进一步增强。

为此，下文将分析中国在坦桑尼亚国家发展计划（National Development Plan，NDP），即《五年发展计划》中的作用，借此考察坦桑尼亚政府期待的"发展"和援助方期待的"发展"是否不同；或者两者基本方向相同，但在为达成目标所采取的发展战略及援助方法上两者意见是否不同。

7.4.1　坦桑尼亚政府的新动向及《五年发展计划》中中国的作用

《五年发展计划》提出了旨在发挥坦桑尼亚增长潜力的战略核心由5个优先事项构成：①基础设施，特别是通过大型投资实现的能源、运输设施（港口、铁路、公路、航空运输）、饮用水和卫生、信息与通信技术（Information and Communication Technology，ICT）；②农业、粮食方面的农业改革——高附加价值农作物的灌溉、自给、出口、开发；③产业发展，特别是使用肥料、水泥、纤维、煤

[①] 图7-1右侧框格中的日文的中译文从上至下依次为："社会部门""经济基础建设""生产部门""所有部门"，"百万ドル"为"百万美元"。（译者注）

炭、钢铁等当地原材料的产业及官民合作的经济特区的开发;④以科学、技术为重点的人力资源和技术开发;⑤观光、贸易、金融服务(The United Republic of Tanzania, President's Office, Planning Commission, 2011)。

该计划的中心人物中央银行总裁本诺(2012年3月21日进行采访)对《五年发展计划》做出如下评价:

"该计划巧妙地运用了公共投资作为吸引民间投资的强有力手段。具体来讲,1美元政府资金将至少吸引2美元的民间投资。投资方式是建设物流中心。政府提供土地,民间进行投资。政府投资4000万美元,将吸引4亿美元①的民间投资。传统的发展援助方法虽然改善了商业环境,但存在资金不足的瓶颈,远离了战略领域。巧妙的官方投资的目的正是消除投资瓶颈。"

因此,坦桑尼亚制定了长期计划《愿景2025》,并根据该计划实施PRSP作为国家中期发展计划。此外,JAST中明确记载,政府和援助方应基于PRSP进行开发。尽管如此,坦桑尼亚方面却自主发起、制定了《五年发展计划》。对此,援助方有何看法?对于这一问题,本诺总裁回答:"援助方认为这并不有趣,且ODA并不灵活。如果可以在坦桑尼亚的战略领域使用ODA就好了,但如果无法使用ODA,那么就需要能够吸收民间资本的其他资金。坦桑尼亚需要更为灵活的优惠贷款,借此消除投资瓶颈。"

这些观点对本章的分析来说是非常重要的。耐人寻味的是,在坦桑尼亚"减贫机制"形成过程中起到核心作用的中央银行总裁本诺本人也承认以往的ODA是不灵活的,虽然ODA的中心是改善商业环境,但它远离了坦桑尼亚经济增长的战略领域。而且,在以往的PRSP下,DAC等援助方未涉足的正是坦桑尼亚政府期待的经济增长战略领域,因此,政府用《五年发展计划》代替了PRSP。这与坦桑尼亚政府绕开援助方自主发起、秘密制定国家发展计划的原因是一致的。此外,本诺总裁的具体构想如下:

"2011年6月制定的《五年发展计划》是以国家战略投资为目标的战略性文件。作为通往内陆的大门,坦桑尼亚应该利用地理优势,通过光缆建设完善数据服务,正确利用资源和农业,完善港口建设,加强中央铁道走廊等手段带动经济增长。而且应该将姆特瓦拉建设成经济增长支柱的一个基地。原因是该地区周边天然气储备丰富,可以作为生产工厂或者出口基地。此外,还将建设物流中

---

① 此处倍数关系不对应,1美元吸收2美元的投资,那么4000万美元应吸收8000万美元投资。由于涉及原文数据无法修改,所以此处按原文内容翻译。(译者注)

心。为此,需要改善港口设施以及供电情况。此外,改善商业环境时也需要光纤网络的建设。对燃气输送管线的援助对于稳定坦桑尼亚的电力来说是必需的。"

进而,他对中国的援助项目做出如下评价:

"近年,中国的影响力日益增强。虽然,中国建筑业在铁路等基础设施方面的影响力一直很强,但近年中国企业承包了世界银行的工程①。中国的实力是从海底光纤网络工程开始进一步展示出来的。该网络以坦桑尼亚为着陆点,连接了乌干达、卢旺达、布隆迪、赞比亚、马拉维。以坦桑尼亚为中心,连接所有的内陆国家。这项工程包括两笔优惠贷款。2011年,坦桑尼亚实现了所有州联网,2012年末,实现了所有县都通了3G②。紧随其后的是铁矿业中林刚嘎—姆处处玛的炼铁工程。中国民营企业中标该项目,但还没有开始施工。下周将就燃气输送管线工程进行协商。松戈松戈的天然气工厂是我们的生命线。我们也开始着手筹建农业开发银行。如果与中国达成共识,中国将通过进出口银行进行投资。"

如上所述,《五年发展计划》执行委员会会长、中央银行总裁本诺,就坦桑尼亚具有野心的增长蓝图侃侃而谈。根据这一计划,中国参与到以社会部门为中心的经济增长战略领域中来。具体来讲,中国参与了电能稳定、资源开发、港口、铁道、公路等内外运输的完善,ICT等商务环境的完善和投资等,这些正是《五年发展计划》中记载的支撑今后坦桑尼亚增长战略的核心部分。表7-1汇总了《五年发展计划》中国的主要援助内容,图7-2是表7-1的可视化示意图。图7-2中的编号表示的是表7-1中项目的编号。

为了进一步明确《五年发展计划》和中国的密切关系,笔者将在下文中简要介绍中央银行总裁本诺提及的中国铁矿工程和电力工程,这是《五年发展计划》中指出的重要项目。

---

① 笔者通过公路国营公司的资料确认了2008年中国企业在坦桑尼亚干线公路合同中的竞标情况,世界银行招标的5项工程中,中国企业中标4项,中标率高达80%。此外,坦桑尼亚政府招标的公路工程中,中国企业获得37件中的31件,中标率为84%。中国企业在大型公路工程方面的中标率都在80%以上。

② 2010年4月,中国进出口银行和坦桑尼亚政府签署了约1亿美元的优惠贷款(利息为0.75%)。这项产业由两个优惠融资完成,一个是坦桑尼亚国家信息与通信技术(ICT Broadband Infrastructure Backhome Network Project),另一个是规模约为7000万美元的桑给巴尔国际机场改建工程。http://www.globaltimes.cn/content/807257.shtml(2014年9月10日访问)。

表7-1 《五年发展计划》的核心优先事项及主要的中国援助

图7-2中的编号	项目名	优先事项	援助额	援助类型	项目援助方	备注
①	坦赞铁路	（Ⅰ）	累计超过5亿美元	贷款、无偿贷款、取消债务	中国政府	1975年10月通车后中国继续援助（如，2012年3月进行了修复及经营援助等）
②	光纤网络工程（全国）	（Ⅰ）	4亿美元	贷款	中国进出口银行	2012年11月开始施工
③	姆特瓦拉—达累斯萨拉姆燃气输送管线项目	（Ⅰ）	12亿美元	贷款	中国进出口银行	2012年9月达成共识
④	库拉西尼物流中心(地点:达累斯萨拉姆的库拉西尼)	（Ⅲ）	4亿美元	贷款	中国进出口银行、中国发展银行	始于2014年
⑤	林刚嘎—姆处处玛炼铁工程	（Ⅲ）	30亿美元	贷款	中国国际商业银行,坦桑尼亚Stanbic银行	2012年9月达成共识,预计2017年完成
⑥	尼雷尔国际会议中心(地点:达累斯萨拉姆)	（Ⅰ）	1500万美元	贷款	中国进出口银行	2012年9月完成
⑦	莫罗戈罗农业技术示范中心	（Ⅱ）	700万美元	无偿	中国政府	2010年9月完成
⑧	查林兹供水工程	（Ⅰ）	3700万美元	无偿	中国政府	2003年9月完成后继续援助
⑨	桑给巴尔机场航站楼	（Ⅰ）	7100万美元	贷款	中国进出口银行	2012年2月开始施工

注:《五年发展计划》中的优先事项包括:①基础设施,特别是通过大型投资实现的能源、运输设施(港口、铁路、公路、航空运输)、饮用水和卫生、信息与通信技术;②农业、粮食方面的农业改革——高附加价值农作物的灌溉、自给、出口、开发;③产业发展,特别是使用肥料、水泥、纤维、煤炭、钢铁等当地原材料的产业及官民合作的经济特区的开发;④以科学、技术为重点的人力资源和技术开发;⑤观光、贸易、金融服务。

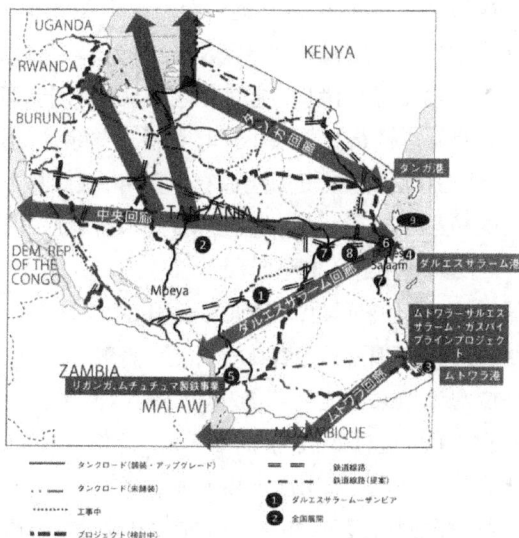

出处：本图为笔者根据坦桑尼亚共和国基础设施发展部（2007）

《10年运输投资计划第一阶段（2007.08—2011.12）主要报告》等资料制作。

注：图7-2中的数字编号对应表7-1中的数字编号。

图7-2　《五年发展计划》和主要的中国援助①

7.4.2　根据坦桑尼亚国家发展计划实施的中国援助

7.4.2.1　铁矿工程

首先，笔者将考察由中国民营企业中标的林刚嘎—姆处处玛炼铁工程对坦桑尼亚政府的重要性及其项目化的困难性。

坦桑尼亚是一个有前景的能源大国，但目前有组织地进行大规模开发的只有黄金和坦桑石（宝石），两者占全部矿产出口的97%（2008年）。已经探明有丰富储量的镍、铜、铁、钴、天然钨、钒、稀有金属、稀土等都尚未进行开发。理由是工业化过程中的运输费用问题。笔者对JICA派驻坦桑尼亚工业、贸易和市场部

---

① 图7-2中的"タンガ回廊""タンガ港""中央回廊""ダルエスサラーム回廊""ダルエスサラーム港"
"リガンガ、ムチュチュマ製鉄事業""ムトワラ回廊""ムトワラ—ダルエスサラーム・ガスパイプ
ラインプロジェクト""ムトワラ港""タンクロード（舗装、アップグレード）""鉄道線路""タンク
ロード（未舗装）""鉄道線路（提案）""工事中""ダルエスサラーム—ザンビア""プロジェクト（検
討中）""全国展開"的中译文分别是"坦噶走廊""坦噶港""中央走廊""达累斯萨拉姆走廊""达累斯
萨拉姆港""林刚嘎—姆处处玛铁工程""姆特瓦拉走廊""姆特瓦拉—达累斯萨拉姆天然气输送管
线工程""姆特瓦拉港""运油公路（铺设、改造）""铁道线路""运油公路（未铺设）""铁道线路（提案）"
"正在施工""达累斯萨拉姆—赞比亚""项目（讨论中）""在全国开展"。（译者注）

的专家进行采访后(2012年3月16)得知这些专家曾推动日本商社在林刚嘎—姆处处玛的炼铁业展开工业化活动,但据专家反映这些日本商社认为"铁矿石遍布全世界,重要的是开采地要靠近港口,纯度要达到60%以上,而且需要预先知晓存贮量有多少,还需要靠近铁路。如果不同时具备这些条件的话,很难实现产业化。通过调查,坦桑尼亚项目的投资风险过高。此外,最新技术是花费数小时时间,将钢铁和煤炭的粒子混合后烧熔,如果这项技术得以应用,铁矿的产业化还是存在可能性的,但目前还未进入实证阶段"。

产业化的瓶颈之一是运输问题,坦桑尼亚运输的成本可以参考以下数据,从上海到达累斯萨拉姆的海运距离为12000千米,运输费用为每吨100美元。与此相对,从达累斯萨拉姆到坦桑尼亚西部的基戈马的运输费用为每吨160美元,到邻国乌干达的首都坎帕拉运输距离为2300千米,运输费约为每吨250美元(水野,2011:48)。可见内陆运输的费用远远高于海上运输。

进而,派驻工业、贸易和市场部的专家说道:"但是,在林刚嘎—姆处处玛发展铁矿业是坦桑尼亚独立以来的夙愿。坦桑尼亚国家开发公司(National Development Corporation,NDC)曾谈起过这一愿望,并花费两年的时间表明开发意向。这需要实施地表探测和数百次的挖掘勘探。英国的技术顾问也参与了此产业,并提交了意向书。最终,有40多家公司提出了意向书。其中包括'安哥拉美国'等世界最大的公司,但提出具体发展计划的只有中国的两家企业和印度的两家企业。而且,中国企业(中国四川宏达集团)决定在坦桑尼亚的煤炭、电力、铁矿产业进行一体化投资,最后该公司以30亿美元中标获得开发权,并决定建设炼铁厂。中非发展基金、中国进出口公司成为这一项目的见证人。"

从坦桑尼亚方面出席签字仪式的人员就能够看出这一工程对坦桑尼亚的深远意义。2011年9月,坦桑尼亚副总统、NDC理事长、工业、贸易和市场部部长、财政部副部长、项目所在地区的议员、官员等共计200人出席了签字仪式[①]。

合作的具体内容是四川宏达集团(Sichuan Hongda Co. Ltd.)和NDC合作,通过竞标获得一所煤炭发电站及两座铁矿石矿山的开发权,借此获得了价值13亿美元的铁矿开发权。四川宏达集团持有合作项目80%的权益,其余的20%归NDC所有。此外,据坦桑尼亚政府官员称,四川宏达集团在收回投资成本后,NDC的股份将增加至49%[②]。项目内容是截至2015年第一季度完成姆处处玛

---

① http://tz.china-embassy.org/eng/ztgx/t849427.htm(2014年9月10日访问)。
② 此处参考2011年9月24日的《华西都市报》。

600兆瓦的发电站和300兆瓦的炼铁厂,并建设两条50万吨的铁生产线。同时,根据情况可能会增建一所发电站[①]。

如上所述,如此大规模的投资项目是坦桑尼亚独立以来的夙愿,但实现产业化则困难重重。最终,中国参与到这一难以实现产业化的工程中来,中国的积极参与可以改善坦桑尼亚国内运输和港口建设等产业化瓶颈问题。

7.4.2.2 电力工程

下文笔者将说明中国援助在支撑坦桑尼亚今后经济增长和国民生活的电力工程中的重要性。

坦桑尼亚本土的电能开发是在《电力系统总体规划》(2009年修订)下实施的,该规划的有效期至2033年。但是,这份规划中虽然记载了电力发展及电力输送的短期(2009—2015年)和长期(2016—2033年)计划以及对今后需求的预测等,但现状是坦桑尼亚政府的电厂建设及电力输送并未按计划进行,电能开发采取的措施是优先实施获得融资的项目。电力主要依靠水力发电和火力发电。如表7-2所示,应在2016年前实现的短期电力发展计划[②]中,坦桑尼亚政府的自筹资金非常有限,基本上需要依靠世界银行和中国等方面的援助。

表7-2 电力发展计划(短期)

计划开始运行年份	发电类别		发电站名称	设备容量(兆瓦)	资金来源
2012	火力	天然气	Ubungo	100	本国资金、借款
		柴油	Mwanza	60	本国资金、借款
2013	风力		Singida	50	世界银行
	火力	煤炭	Kiwira	200	中国
2013	火力	天然气	Kinyerezi	240	日本
		天然气	Mtwara	300	中国
		天然气	Somanga	230	
2015	水力		Rusumo	21	世界银行及其他
	进口		Singida–Nairobi	200	世界银行及其他

① 参照 http://www.reuters.com/article/2011/09/22/tanzania-china-mining-idUSL5E7KM1HU20110922 (2014年9月10日访问)。

② 坦桑尼亚国家电力公司〔2011年1月27日联合能源部门工作组(JESWG)召开会议时〕发布的资料。

续　表

计划开始运行年份	发电类别	发电站名称	设备容量(兆瓦)	资金来源
2016	水力	Ruhudji	358	中国
合计1759				

出处：2011年1月27日JESWG会议资料。

在这样的情况下，本诺总裁介绍的天然气输送管线项目引起了笔者的关注。为此，笔者采访了JICA派驻工业、贸易和市场部的专家(2012年3月16日进行采访)，确认了该项目的重要性。

"坦桑尼亚海岸线沿线有4处天然气田。其中一处在基卢瓦县的松戈松戈，一直延伸到达累斯萨拉姆。另外3处的开发较为困难。坦桑尼亚政府之前就有将输送管线从姆特瓦拉铺设到达累斯萨拉姆的构想，但一直没有实现。松戈松戈的天然气工厂是坦桑尼亚的生命线。中国在这里投入了资金。"

中国决定投资姆特瓦拉—达累斯萨拉姆燃气输送管线项目的过程已在上文中介绍过。该项目总额为12亿美元，坦桑尼亚和中国于2012年6月达成共识，为解决坦桑尼亚电能不足的问题，分别以姆特瓦拉州的木纳吉海湾(Mnazi Bay)和基卢瓦县的松戈松戈为起点，达累斯萨拉姆为终点，建设全长532千米的输送管线。此外，这个成套援助项目还包括了实际可达3900兆瓦发电量的两处天然气提纯设备的建设。对于这次的项目，坦桑尼亚政府和世界银行就接受中国的援助达成了共识。该大型项目将会解决电能不足问题，同时目前0.34美元的电价(每度)也会降至0.12美元[①]。

通过上述内容可以看出中国援助在支撑坦桑尼亚今后经济增长和国民生活的电力部门中的重要性。中国的姆特瓦拉—达累斯萨拉姆燃气输送管线项目可以解决坦桑尼亚电能不足问题并能够大幅降低电价，所以无论是对宏观经济还是对国民生活都是大有裨益。可见，《五年发展计划》中的重要项目也是在中国的援助下进行的。

除上述项目之外，根据第14次协议，中国政府将为坦赞铁道建设五年计划(2011/1212—2015/1616)提供4000万美元经费(总经费为2亿7800万美元)。此

---

① Guardian. "Tanzania, China Seal 532km Gas Pipeline Deal". David Malingha Dova. Ed. *Tanzania's China-Funded Gas Pipeline to Be Started This Year*. Manhattan：Bloomberg, 2012, pp.1-2. http://www.bloomberg.com/news/2012-06-14/tanzannia-s-china-funded-gas-pipeline-to-be-started-this-year-1.html(2014-09-10).

外,中国已经开始对连接坦噶姆索马和坎帕拉的铁道建设进行可行性调查(对水野专家的采访)。

通过2012年3月对坦桑尼亚政府相关人员、援助方的采访,笔者得出以下结论:第一,尽管坦桑尼亚政府和援助方已就联合发展战略达成共识,但坦桑尼亚政府绕过援助方,自主发起、秘密制定了新的坦桑尼亚国家发展计划;第二,中国参与到以社会部门为中心的经济增长战略领域中来,这符合《五年发展计划》的构想,中国的援助在坦桑尼亚今后的经济战略中是不可或缺的。这一结果说明,坦桑尼亚政府和DAC等援助方的发展战略基本相同,但是坦桑尼亚政府仅依靠DAC等援助方集中在社会部门的援助无法实现其所期待的"发展",这说明两者的意见存在差异。坦桑尼亚政府为实现其所期待的"发展",自主制定了《五年发展计划》,在被DAC等援助方忽略的战略领域中获得了中国的援助资源。

最后,为了将这些行动纳入正轨,实现自己所期待的"发展",坦桑尼亚政府构建了何种接受援助的机制? 又是如何有效率地利用了发展援助资源? 笔者将在下文中通过计划委员会的变迁来考察上述问题。

7.5 国家计划制定机构的变迁

总统办公室计划委员会首席经济官弗卡斯(2012年3月21日进行采访)说道:"坦桑尼亚计划委员会的组织、功能、名称都随时间的推移发生过变化,有过名为经济计划部的时期,也有过和财政部合并的时期,2008年以后成为总统办公室的直属机构。"

国家计划制定部门的变迁如表7-3所示。诚如弗卡斯首席经济官指出的那样,坦桑尼亚计划委员会的功能和名称都随时间的推移发生过变化。

表7-3 国家计划制定机构的变迁

年份	组织名称	职能
1929	规划局(Planning Agency)	准备殖民地发展基金的投资计划
1937	中央计划委员会,财政司司长办公室 (Central Planning Committee, Finance Secretary Office)	制定及实施计划
1940	计划委员会,财政秘书办公室 (Planning Commission, Finance Secretary Office)	为第二次世界大战期间的经济建设进行计划判研

续　表

年份	组织名称	职能
1945	计划委员会,财政秘书办公室 （Planning Commission, Finance Secretary Office）	建议、分析、详查新的投资计划
1949—1961	发展和工程部,秘书长、州长办公室 （Development and Works Department, General Secretary, Governor's Office）	调整发展计划
1961—1964	经济发展委员会,经济规划部 （Economic Development Commission, Ministry of Economic Planning）	就发展计划向政府提出建议
1964	总统办公室发展规划部 （Development Planning Department, President's Office）	分析所有关于政治、国内外经济以及共同体开发的建议以及制定发展计划
1965—1975	经济事务和发展部规划部 （Ministry for Economic Affairs and Development Plans）	调整及监督发展计划;高级、中级专家根据需求进行建议及监督;完善统计及培养分析能力
1975—1980	财政、经济事务和规划部 （Ministry of Finance, Economic Affairs and Planning）	制定计划(如大型产业发展战略等)
1980—1985	计划经济部 （Ministry of Planning and Economic Affairs）	在经济低迷期制定及实施经济复兴政策
1985—1989	财政、规划和经济事务部 （Ministry of Finance, Planning and Economic Affairs）	协调计划及监督经济
1989—2000	总统办公室计划委员会 （Planning Commission, President's Office）	制定及监督实施经济管理、国家经济发展计划
2000—2005	总统办公室规划和私有化办公室 （Planning and Privatization, President's Office）	经济、国有企业的民营化及调整发展投资政策、实施出口战略等
2005—2007	计划、经济和授权部 （Ministry of Planning, Economy and Empowerment）	除监督计划和民营化外,还负责调整减贫战略及经济增长战略
2008至今	总统办公室计划委员会 （Planning Commission, President's Office）	制定可以实现经济、社会福利长期目标的政策和战略,监察经济管理及与计划相关的政府决策

出处:根据坦桑尼亚联合共和国总统办公室、计划委员会(2011),《国民经济发展规划与指导1961—2011》[The United Republic of Tanzania Planning Commission.Prsesident Office(2011). Planning and Guidance for National Economic Development.1961-2011]制作而成。

在15次的机构变革中,将计划委员会纳入总统办公室管辖的共有1964年、1989年、2000年和2008年四次。这四次均为发展援助的重要时期。1964年是坦桑尼亚国家独立、成立联合共和国的年份。计划委员会在该时期负责分析所有与经济、国内外政治及地区开发相关的建议并制定发展计划。第二次将计划委员会纳入总统办公室管辖的时间是1989年。这一年导入了IMF、世界银行在1986年提出的结构调整政策,扩大了发展援助,援助依赖度占GDP比超过了20%。在发展援助的影响力不断提高的背景下,计划委员会作为总统办公室的直辖机构,获得了更大的权力。所有项目均需提交至委员会,实现了委员会对所有项目的一元化管理。由此可见,通过计划委员会,坦桑尼亚政府一方面可以控制发展援助的影响力,另一方面可以实现对发展援助资源的一元化管理。1989年设立总统办公室计划委员会的法令第6条如下:

> 根据《宪法》《1972年政府分权型政府管理法案(暂行版)》《1972、1982年地方政府法案(区当局)》《1982地方政府(城市负责机构)法案(地方政府)》《1982年及其他政府职能部门、工作业绩相关法规》,总统办公室计划委员会是在经济管理、计划相关事务和权力方面的最高顾问机构,对议会负责。

可见,作为政府的最高顾问机构,总统办公室计划委员会有很大权力。其后,该委员会制定了《愿景2025》。时至今日,《愿景2025》作为长期国家发展计划也备受重视。2000年是"减贫机制"形成过程中制定PRSP的年份。弗卡斯首席经济官(2012年3月21日进行采访)说道:"根据1989年的法案,所有项目都要经过计划委员会。但其后实施了各种改革以及导入了PRSP等,实际上发展为所有项目都由财政部管理。"

随着"减贫机制"形成过程的推进以及PRSP和GBS的导入,发展为所有的项目都需要经过财政部。如上所述,坦桑尼亚政府构建了由财政部对援助方的发展援助进行一元化管理的体制,形成了可以更有效地获得援助方发展援助资源的框架。而在PRSP下进行的国有企业民营化无疑是政府的重大关切问题。因此,2000年,在经济/国有企业的民营化和调整发展投资政策、出口战略等目的下,总统办公室计划委员会增加了管理民营化的职能。2008年,为了监测在经济、社会福利长期目标下,政策和战略的制定、经济管理及计划等方面政府决策的执行情况,计划委员会被再一次划入总统办公室管辖,并制定了《五年发展计划》。弗卡斯首席经济官(2012年3月21日进行采访)说道:"无论是将计划委员会移至总统办公室管辖,还是制定《五年发展计划》,都是在新的使命下重新认识了法案。最终项目都需要由计划委员会管理。"

如上所述,在《五年发展计划》下,所有项目都将置于总统办公室计划委员会的一元化管理下。

另一方面,弗卡斯首席经济官(2012年3月21日进行采访)补充道:"GBS继续由财政部管理。"进而,他说道:"DAC援助方旨在实现MDGs,政府则希望经济增长。为了实现经济增长,《五年发展计划》将重点放在完善基础设施、能源供给、农业、人才培养、贸易促进、金融服务方面,而MKUKUTA-Ⅱ(第三次PRSP)是综合战略。两者没有冲突,援助方能够持续为实施MKUKUTA-Ⅱ(第三次PRSP)提供帮助,同时也能为实施《五年发展计划》的项目提供资金。"

可见,DAC等援助方对待以实现MDGs为目标的PRSP和体现坦桑尼亚政府增长愿望的《五年发展计划》的态度是不同的。通过上文可知,在对援助依赖度高、发展必须依靠援助的情况下,坦桑尼亚政府为了涉足可以按自己意志实现增长的战略领域,有必要建立新的框架和接受机制以获取极具魅力的中国援助。但是,中国的援助并未加入坦桑尼亚和DAC等援助方联合构建的"减贫机制"框架。而DAC等援助方的发展援助对坦桑尼亚政府所期待的"发展"来说仍是不可缺少的资源,减贫依然是重要战略。因此,坦桑尼亚有必要综合吸收未加入"减贫机制"框架中的援助和"减贫机制"框架下的发展援助这两种不同的援助。如果坦桑尼亚政府可以做到这一点,则可以在获得资源的同时按自己的期待发展。这一接受援助的框架是坦桑尼亚政府自主发起、制定的《五年发展计划》,也是PRSP继续存在的理由。

综上所述,从坦桑尼亚政府发展计划委员会的变迁可以看出,通过机构改组,坦桑尼亚政府巧妙地构建了可以将对其发展具有影响力且不可缺少的发展援助资源置于一元化管理的体系。在以项目援助为中心的时代,总统办公室计划委员会被赋予对所有项目进行一元化管理的法律权限;在"减贫机制"的形成过程中,财政部取代计划委员会对所有项目进行一元化管理。其后,随着中国的援助资源不断增多,总统办公室计划委员会再次获得管理所有项目的权力,但GBS继续由财政部管理。经历上述变迁后,坦桑尼亚政府构建了可以管理所有援助方援助资源的框架,借此可以高效获取大量的发展援助资源。坦桑尼亚政府在面对获取不同类型资源的机会时,通过主动灵活地改组国家计划制定机构,构建了计划框架及接受发展援助的机制。政府和援助方之间新的交集如图7-3

所示。在总统办公室计划委员会自主制定的长期计划《愿景2025》及中期计划《五年发展计划》下，由总统办公室计划委员会对所有项目进行一元化管理。开发过程中，DAC等援助方在PRSP、SWAp下，通过中央政府官员实施以社会部门为中心的援助，GBS援助方通过财政部提供GBS，而中国通过与总统、内阁成员、政治家、各部官员等在经济基础设施等经济增长的战略领域与坦桑尼亚建立了双边关系，并根据《五年发展计划》开展行动。

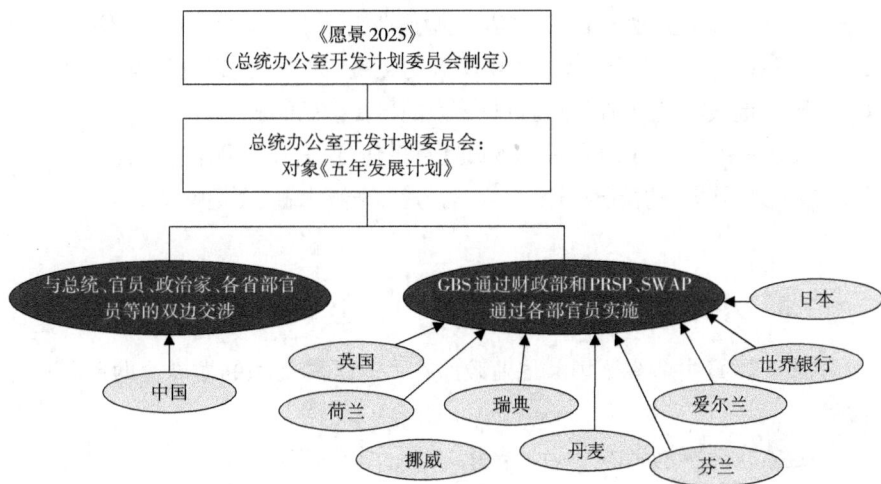

出处：笔者制。

图7-3 政府和援助方新的交集[①]

从上述一系列变迁中可以看出，坦桑尼亚政府在这个进程中一边学习一边构建了可以主动地获得资源并按期待进行发展的接受体制。在1989年将一元化管理所有项目的法律权限赋予总统办公室计划委员会之前，坦桑尼亚政府不得不接受了IMF、世界银行提出的结构调整政策，同时，援助大幅增加，援助依赖度占GDP比高达20%以上，坦桑尼亚政府被迫认同了这种援助接受机制。此外，《赫莱纳报告》出台后，基本是在援助方的主导下构建了接受援助的框架。但是，坦桑尼亚政府在和援助方联合制定JAST的过程中，学习了援助方的思考方式和推进开发的方法，坦桑尼亚财政部方面也逐渐开始发挥自主权，主动构建了接受

---

① 图7-3为译者根据原著中图7-3制作，图中所用线条粗细及文本框大小等与原著略有不同，但内容与原著保持一致。(译者注)

援助的框架,如要求援助方建立分工合作体制等。此外,该时期构建了由财政部对所有项目进行一元化管理的体制。此后,2008年将计划委员会置于总统办公室管辖下,与其说这是在援助方领导下构建的框架体制,不如说这是由坦桑尼亚政府自主构建的既能维持原有框架又能获取不同类型资源的新框架。坦桑尼亚"减贫机制"的先驱者本诺教授、赛博加教授、万古埃教授等人以及与援助方接触的中央政府官员通过频繁召开政府、援助方会议及联合制订发展计划,充分理解了援助方的思维方式及援助方所期待的发展援助方式。这在坦桑尼亚政府构建新框架方面发挥了重要作用。坦桑尼亚政府改变了以往配合援助方想法的接受机制,发挥在"减贫机制"形成过程中学到的经验,构建了比以往更具主动性、可以最大限度地获得资源并按期待进行开发的接受援助的机制。

UNDP常驻代表(2012年3月15日进行采访)说道:"坦桑尼亚方面是退到幕后,一边观察援助方的情况一边决定应对方案。"这种说法可谓贴切。

7.6 小结

笔者在本章中考察了坦桑尼亚政府在面对不同类型的发展援助资源时的对策。

通过本章分析笔者得出以下结论。首先,中国没有参加坦桑尼亚政府和援助方会议、SWAp,但坦桑尼亚政府非常欢迎中国的援助。另一方面,笔者比较了坦桑尼亚政治家、中央政府财政部以及各部对"减贫机制"下GBS的看法后发现,大家站在各自的立场上,意见并不统一。具体来看,整体上,无论是GBS还是项目援助都是坦桑尼亚政府所欢迎的。但是,分开来看的话,政治家们期待多样化的援助渠道,比起项目援助,中央政府部门基本上更期待GBS,财政部站在预算执行的立场上也更加期待GBS,但有一些领域的部门则欢迎项目援助。这一事实耐人寻味。如第5章所述,"提高援助有效性的措施"是在援助方的主导下开始实施的,其明文化的倡导者也是以北欧七国为中心的援助方。坦桑尼亚财政部作为DAC等援助方的交涉窗口,积极接受"提高援助有效性的措施"。从坦桑尼亚政府整体来看,也欢迎GBS之外的援助方式,对DAC等援助方采取了具有两面性的行动。

其次,笔者考察了坦桑尼亚政府和DAC等援助方在发展战略方面的意见是否不同,结果表明坦桑尼亚政府和DAC等援助方的发展战略基本相同,但是在坦桑尼亚政府依靠DAC等援助方集中在社会部门的发展战略是无法实现其所期待的"发展"的,因此,坦桑尼亚政府自主制定了《五年发展计划》,在DAC等统援助方忽略的战略领域中获得了中国的援助资源。如第1章所述,第二次世界大战后的"国际发展标准"是增长标准和减贫标准的周期性交替。冷战后,在减贫标准下形成了"减贫机制"。增长标准和减贫标准的形成都是由援助方主导的,"减贫机制"也是以DAC等援助方为中心构建起来的。在这一过程中,几乎没有发展中国家的参与。坦桑尼亚的"减贫机制"也是在援助方的主导下形成的,但坦桑尼亚政府重视减贫战略的同时,也追求经济增长。

在此基础上,通过坦桑尼亚政府发展计划委员会的变迁可以看出,通过机构改组,坦桑尼亚政府巧妙地构建了可以将对其发展具有影响力且不可缺少的发展援助资源置于一元化管理的体系。在以项目援助为中心的时代,总统办公室计划委员会被赋予对所有项目进行一元化管理的法律权限;在"减贫机制"的形成过程中,财政部取代计划委员会对所有项目进行一元化管理。其后,随着中国的援助资源不断增多,总统办公室计划委员会再次获得管理所有项目的权力,但GBS继续由财政部管理。经历上述变迁后,坦桑尼亚政府构建了可以调动所有援助方援助资源的框架。坦桑尼亚政府在面对获取不同类型资源的机会时,通过主动灵活地改组国家计划制定机构,构建了计划框架及接受发展援助的机制。而且,这一框架和机制的设计者正是"减贫机制"中坦桑尼亚方面的负责人。从这一点可以看出,坦桑尼亚政府已经通过和援助方密切的政策对话,学习了援助方的思考方式以及援助方希望的要求内容,并活用从中学到的经验,培养了自己的能力。

综上所述,DAC等援助方缜密地构建了"减贫机制",以减贫为目标将援助集中在社会部门。同时,坦桑尼亚政府一边在与DAC等援助方在达成的共识下活动,一边面对获得不同类型资源的机会,巧妙地构建了接受这些援助的机制,确保自己可以按期望进行开发并有效获得与之相应的必要的发展援助资源。在DAC等援助方的认知框架下是无法理解这一问题的。从这一角度来看,笔者并未过分强调分析以坦桑尼亚为代表的受援方逻辑的意义。笔者将在下一章中围绕此问题展开详细论述。

8 本书的意义及展望

8.1 本书的贡献及今后的课题

贫困问题是当今国际社会的共同问题。冷战后,为了解决贫困问题构建了国际援助体系。本书的贡献在于通过分析这一体系的展开情况及非洲援助管理的实际情况,辨明了前人研究中没有讨论过的"减贫机制"的问题所在,借此为今后的援助提供了方向。在分析过程中,本书主要做出了以下八个贡献。

第一,后冷战时代的"减贫机制"被国际社会广泛接受,本书明确了"减贫机制"下援助管理机制的实际情况。笔者将"国际援助体系"分为"政策层面"和"实施层面",并认真分析了"减贫机制"的形成过程。分析过程中,笔者成功地辨明了"政策层面"的周期性和"实施层面"中援助手续的新变化。

第二,确认了"项目泛滥"这一以非洲及特定国家为中心的个别现象最终演变为综合性发展战略。前人研究中虽然也提过"项目泛滥",但没有考察过援助方的对策。与此相对,笔者的一项重要研究成果是厘清了综合性发展战略的形成路径,即在发展援助环境变化的背景下,特定的援助方开始在援助方国内、国际会议上就"项目泛滥"现象展开讨论,并最终形成了发展战略。

第三,本书对"项目泛滥"下的援助有效性进行了实证分析,辨明了在何种程度上提高项目援助的集中度可以提高援助有效性。关于"项目泛滥"下援助有效性的前人研究主要存在以下三个问题:一是不考虑援助方式,将所有援助视为均一现象,即忽略了援助在"质"上的差异。二是尽管援助方的援助项目是导致发展中国家手续费用增加的主要原因,但诸多前人研究仅用援助额来测定援助泛滥指数,而且所使用的DAC CRS数据也存在覆盖率问题,分析中使用了超出覆盖期间的、可信度低的数据。三是项目援助并没有覆盖发展中国家的所有部门,但研究认为由所有部门共同负担了发展中国家应承担的手续费用。与此相对,本书不仅分析了"项目泛滥"对经济增长率的影响,还涉足特定部门,使用基于开支数据的项目数量对婴幼儿死亡率及小学毕业率所受的影响进行了实证分析。

同时,参考发展中国家对援助的依赖度,辨明了在何种程度上提高HHI才能为上述部门提供有效援助,这将有助于发展援助的实际工作。

第四,本书考察了GBS援助方提供GBS的实际情况,同时通过实证分析辨明了GBS的有效性和局限性,这也是本书的贡献之一。尽管GBS是国际发展援助共同体最关注的事项,但预算支持的历史较短,数据积累不足,所以前人研究中基本没有进行过实证分析。与此相对,笔者得到了GBS援助方每个月对坦桑尼亚提供GBS情况的第一手数据,借此辨明了援助方的行动,并从DAC CRS的数据中整理出GBS的相关数据,对GBS给发展中国家预算带来的影响及GBS援助的有效性进行了实证分析,辨明了GBS的有效性和局限性。这一点和第三点相同,都将有助于国际援助体系和国际援助管理研究的发展。

第五,本书辨明了援助体系变化导致的坦桑尼亚政府部门及援助方之间关系的变化。前人研究没有辨明在"减贫机制"的形成过程中起到重要作用的发展中国家政府和援助方集团的排序变化以及各行为体间关系的变化。与此相对,本书认为在坦桑尼亚制定政策时的参与权、话语权等影响力方面,在"减贫机制"形成前,除IMF、世界银行外,实施双边援助的援助方差别不大,但随着SWAp和CBF的主流化,政府和援助方之间的交集产生了变化,提供CBF的援助方对所有部门的影响力增大。而且,援助方成员间的关系按照GBS援助方、部门预算支持援助方、CBF援助方以及项目援助方的顺序进行了重排。在"减贫机制"形成前、以项目援助为中心的时期,IMF、世界银行的结构调整政策由坦桑尼亚财政部负责,项目援助分别由不同政府部门负责,各政府部门的影响力没有太大差别。随着"减贫机制"形成的推进以及PRSP和GBS的导入,项目援助发展为所有项目都要经过财政部,财政部成为坦桑尼亚政府最具实权的部门。而且,在坦桑尼亚政府和援助方之间还构建了以财政部和GBS援助方为主的缜密的政策对话体制。如上所述,通过对"减贫机制"的考察,辨明了坦桑尼亚政府部门内部及援助方之间关系的变化,这不仅可以为坦桑尼亚国家研究提供新的信息,还可以以此为基础深入比较,以期引出国际援助体系研究的新论点。

第六,本书辨明了发展中国家政府和援助方两者都没有采取"减贫机制"下"提高援助有效性的措施"所期待的行动。坦桑尼亚政府和援助方联合制定了JAST,并经坦桑尼亚议会同意,由坦桑尼亚政府和援助方共同签署。双方在为实施"提高援助有效性的措施"的合作过程中形成了"减贫机制"。虽然如此,但使用数据进行定量分析的结果表明,在坦桑尼亚"减贫机制"中起到核心作用的多数GBS援助方貌似采取了符合"提高援助有效性的措施"的积极行动,但事实并非如此。而关于中央政府补助金下拨执行率和地方政府的预算执行率的实证分析结果表明,坦桑尼亚政府采取了有违于"减贫机制"的行动,不仅是财政部,地方政府也是如此。如上所述,坦桑尼亚政府和GBS援助方的行动都与预期不符,这一事实也体现出了一贯主张利他主义的国际发展援助中现实政治的深意。

第七,本书辨明了在"减贫机制"下缜密地构建起来的政策对话体制最终分化为"援助的逻辑"和"实施的逻辑"。前人研究并未充分反映坦桑尼亚政府和援助方之间交集的实际情况。与此相对,笔者对坦桑尼亚"减贫机制"的形成过程进行了仔细分析,结果表明"项目泛滥"问题的改善使坦桑尼亚政府和援助方形成了新型政策对话体制,援助相关者特定化,并由他们垄断了与援助有关的所有交集。一方面,通过中央政府官员和援助方的交集制定坦桑尼亚的核心发展政策,即发展计划和预算编制,但援助方并不参与实际的实施,而是通过进展情况和结果报告进行管理和评价,此为"援助的逻辑";另一方面是没有援助方参与的国内政治中的事业实施、服务交付,此为"实施的逻辑",这一结论将有助于辨明国际发展援助的谈判机制。

第八,本书以"减贫机制"为中心,辨明了发展中国家获取发展援助资源的援助管理机制。多数前人研究是从援助方的视角探讨援助管理这一问题,其对发展中国家援助管理实际情况的不了解程度让人意外。此外,前人研究也没有阐明发展中国家为获得不同类型的援助采取了哪些行动。与此相对,本书明确了坦桑尼亚政府一方面迎合了援助方的发展战略和援助行为,另一方面采取了对援助方阳奉阴违的行动,按照自己的期待实现"发展"。进而,坦桑尼亚政府在面对获取不同类型的资源的机会时,通过主动灵活地改组国家计划制定机构,构建了计划框架及接受发展援助的机制。而且,坦桑尼亚政府通过和援助方密切的政策对话,学习了援助方的思考方式以及援助方希望的要求内容,并活用从中学到的经验,构建了以有效地获得不同类型的资源及实现自己所期待的发展为目的的接受机制。上述结论将有助于今后从多个角度分析发展援助。

如上所述,本书提出了多种新的观点,但至少存在以下四个未解决的问题。

第一是方法论的问题。笔者在坦桑尼亚对北欧七国进行采访时实施了包括采访发展中国家政府相关人员、援助方、NGO等的田野调查,尽可能地对可以获得的数据、资料以及前人研究中的文献进行补充。即便如此,宏观分析也只能使用第二手资料。此外,数据有效性方面也受到制约。例如,在考察GBS对发展中国家预算的影响及GBS有效性时,不仅是卫生部门,笔者也希望能够将教育等部门作为分析对象,但由于数据的缺失而无法实现。数据方面存在着上述问题,但是,笔者获得了现阶段可以得到的全部数据以及实施了能够进行的采访。

第二,本书内容的覆盖面存在一定局限性。本书对坦桑尼亚政府获得发展援助后的预算使用方法及地方政府的行动进行了实证分析,但没有充分辨明各级政府使用发展援助的具体方法以及在使用中存在何种制约因素等情况。此外,大部分分析是将坦桑尼亚政府作为整体处理,没有涉及政府部门间的利益冲突和执政党CCM内部的派系争斗等问题。如果能够进一步明确这些问题,则可以更好地还原援助管理的实态,笔者将在今后的研究中继续这一课题。

第三,本书将对"减贫机制"接受度最高的坦桑尼亚作为分析案例,希望通过该案例了解非洲的情况。对"减贫机制"接受度高的撒哈拉以南非洲国家包括埃塞俄比亚、加纳、肯尼亚、马拉维、乌干达、坦桑尼亚、赞比亚、贝宁、布基纳法索、布隆迪、马里、莫桑比克、卢旺达等。其中,以"提高援助有效性的措施"最为积极的坦桑尼亚为代表,加纳、肯尼亚、乌干达和赞比亚都签订了JAS。这些国家和坦桑尼亚的情况基本一致,仅在程度上有所差别。另外,也不能排除这些国家的行为逻辑有所不同。今后需要采取与坦桑尼亚相同的方法,分别站在各国的立场上进行分析。这种分析是具有可行性的。

第四,本书的分析是以对"减贫机制"接受度高的国家为中心进行的。具体来讲,东亚等地区的情况与出现在撒哈拉以南非洲地区的现象并不相同,因此无法通过"减贫机制"的观点进行说明。只有辨明东亚等地区的情况后,才能掌握现存的国际援助体系的全貌,这也是笔者今后的研究课题。

8.2　含义

"减贫机制"至少在三个方面产生了效果。一是"减贫机制"将发展中国家的发展援助划分为两大块。"减贫机制"很大程度上改变了国际援助体系,也改变了发展中国家政府和援助方的交集方式。本书认识到"项目泛滥"是国际发展援助共同体和所有发展中国家应该共同面对解决的问题。事实上,在诸多发展中国家也出现了这一情况。另一方面,本书辨明了撒哈拉以南非洲及部分西亚、拉丁美洲特定的低收入且对援助依赖度高的国家对"减贫机制"的接受度也很高,这些国家正是北欧七国的重点援助对象。这意味着在对"减贫机制"接受度高的国家中,形成了以发展中国家政府和GBS援助方为中心、涵盖所有发展领域的政策对话等综合性交集方式,在这一交集下进行着"协调型援助"。同时也意味着其他国家依然以项目型援助为中心,在发展中国家政府和援助方的交集下进行着

"单独型援助"。这一情况所蕴含的意义是,撒哈拉以南非洲及部分西亚、拉丁美洲以外的国家,即便是处于"项目泛滥"的状态中,还是未将之作为问题处理,这意味着在这些国家发挥主导作用的援助方并未意识到"项目泛滥",或者发展中国家政府有所意识,但相关援助方并未积极应对。这些国家以项目援助为中心,并且实证分析结果表明通过对项目援助进行集中可以在经济增长、改善小学毕业率等方面提高援助有效性,所以,探索"提高援助有效性的措施"在这些国家的可行性是很重要的。

二是对发展中国家的发展援助分化为"援助的逻辑"和"实施的逻辑"。这在思考发展援助的方式方面有两个极为重要的意义。原因是发展援助是在援助方和发展中国家的交集下实施的,而发展援助取决于交集的方式。弗格森的研究表明,援助方援助的项目在援助方和发展中国家的交集下,发展中国家的管理层可以以一种不同于援助方援助脚本的方式实践他们所期待的"发展"。而且,发展中国家政府和援助方通过"减贫机制"下"援助的逻辑"中的综合性交集联合制定发展计划、编制预算。在没有援助方参与的发展中国家的"实施的逻辑"下的发展援助也一样,发展中国家政府实际上采取了与援助方的脚本不同的"发展"行动。

这一发现所蕴含的深意是如果没有充分理解发展中国家的逻辑,那么无论是项目型援助,还是协调型援助,援助方都无法按自己设想的脚本开展发展援助行动。正因如此,本书并没有过分强调分析发展中国家逻辑的意义。了解这一逻辑的关键是应该涉足"实施的逻辑"。援助分化为"援助的逻辑"和"实施的逻辑",这是"减贫机制"没有实现援助方预期的结果,也是与实际的实施事业、服务交付产生差距的重要原因。如果发展援助没有涉足"实施的逻辑",则无法按照援助方的构想实施发展援助。另外,坦桑尼亚政府通过和援助方密切的政策对话,学习了援助方的思考方式以及援助方希望的内容,并活用从中学到的经验,构建了以有效地获得不同类型的资源及实现自己所期待的发展为目的的接受机制。此外,在"减贫机制"下的"援助的逻辑"中形成了缜密的政策对话体制,基于这种体制的发展援助在事实上提高了中央政府的行政财政管理能力。这说明在发展援助中,援助方从中吸取教训、尝试参与"实施的逻辑"具有重要意义。

三是DAC等援助方缜密地构建了"减贫机制",以减贫为目标将援助集中在社会部门。在这种情况下,在以往未被满足的经济增长的战略领域产生了新的需求。它推动了"减贫机制"的减贫标准再次向增长标准转化的进程。以经济增长为目标的战略领域超出了现有的由DAC等援助方构建的发展援助框架。这意味着在ODA影响力较大的贫困国家中,DAC等援助方需要考虑如何在以减贫为目标、以社会部门为中心的发展援助的基础上,对实现经济增长的战略领域进行综合性的发展援助。同时,这也正意味着DAC等援助方开始迎来了援助的关键时刻。

8.3　不同类型的发展援助

本书以"减贫机制"为中心,辨明了国际援助体系的开展和非洲援助管理的实际情况。"减贫机制"是包括了援助方和发展中国家在内的规模空前的国际发展援助机制。但是,它的产生源于个别现象,而且是特定的援助方在面对现实需求时才开始讨论的。本书通过国际发展援助机制的形成过程考察了援助方和发展中国家双方的逻辑。在援助方逻辑下,构建综合性发展战略,发展中国家配合援助方的意向采取灵活的应对,借此获得发展援助资源,当援助无法继续进行时,援助方探索新的发展战略。国际发展援助存在于这个循环中。现在,周期性更替的国际规范正由减贫标准向增长标准发展。在这个过程中,援助方开始根据标准采取行动,并探索新的援助方式。

英国的案例比较具有代表性。在"预算支持VS项目援助"的讨论中,英国认为援助方应该终止项目援助,将援助迅速转移到财政支持上来,全面否定了项目。但是,现在英国开始和当时的日本一样主张"最佳组合",即提供多样的援助方式供发展中国家选择,犹如当年完全没有反对过项目援助一样。援助方这种不负责任的行为应该是导致援助未取得预期效果的主要原因。在"减贫机制"下流传的"GBS至上主义"仿佛金科玉律一般,发展中国家半主动半被动地导入了这种援助方式,但他们一发现GBS未取得预期效果,便迅速改变了原本的应对方式。虽然"最佳组合"是指应该由发展中国家来选择援助,但是英国的做法完全没有给发展中国家留下选择的余地。

此外,英国的援助也开始从减贫向推动经济增长转变,如设置经济增长中心等。世界银行、北欧七国也以正式导入利用预算支持框架进行成果管理的现金支付系统为目标开始在非洲尝试使用这一系统。这种新措施下逻辑完全不同于以往强化中央行政、财政管理能力的主张。即"减贫机制"的目标是将援助资金拨入国库后,通过发展中国家的国家体系以及通过培养公共财政管理能力,按发展计划实施援助,而现在的做法是在看到成果时才提供现金,这与以往强化发展中国家政府行政财政能力的构想大相径庭。进而,EU明确表示要将GBS作为政策杠杆加以利用。如上所述,北欧七国的逻辑与"减贫机制"形成时有所不同,它们围绕着这些新的观点又展开了讨论。此外,这些动向并没有反映出发展中国家的意志。因此,可以说这种援助方本位的行为正是导致在援助现场发展中国家和援助方之间的鸿沟不断扩大的主要原因。援助方应该对此做出真诚的反省。

此外,"减贫机制"形成过程中导入了 NPM 的同时,并将发展计划、预算编制等中央层面的协议作为中心,所以原本包括了所有受益者的参加型发展援助开始转变为仅限于中央政府官员和援助方之间的特定的参加型发展援助。因此,导致了发展援助的实施远离了发展援助的政策现场。尽管援助方和发展中国家双方本意都希望援助既可以使国民受益又可以推进可持续性发展,但结果构建了一个忽略了国民的机制。此外,发展中国家中央政府官员的逻辑、地方政府的逻辑以及国民的逻辑各不相同。多数参加政策对话的援助方都没有设立实施机构,因此难以了解援助现场的实际情况。政府和援助方双方参与发展政策立案的专家也不了解现场情况,基于脱离实际的讨论制定了发展计划、编制预算,这些计划和预算很可能无法反映出援助现场的实际情况。

笔者就中央政府的计划制定、预算编制过程及该过程中存在的问题采访了坦桑尼亚县议会、郡开发委员会等部门的官员。结果表明,每个县确实都按照中央的指示,自下而上地制定了计划。具体来讲,他们根据财政部的预算编制指南编订计划和预算,通过这一点可以看出"减贫机制"在形式上已经渗透到地方。然后,按照村、区、郡、县的顺序逐级汇总开发需求后制定县的发展计划。但是,全部县一致指出,这些需求几乎都没有得到满足,制定过程形同虚设,他们将上交的请愿书戏称为"Wishful List"。不仅是坦桑尼亚,笔者在乌干达、赞比亚、塞拉利昂等国采访时也得到了同样的回答。如上所述,中央制定的发展计划和国民的需求间存在很大的差距。发展援助本应以有益于发展中国家国民为目的,这也是援助方必须涉足"实施的逻辑"的理由。

但是从现状来看,无论是发展中国家政府还是援助方都缺乏打破"援助的逻辑"和"实施的逻辑"的壁垒,并涉足"实施的逻辑"的诱因和想法。发展中国家政府在极力维持现有体制的同时,没有必要放弃迎合援助方意向优先获得援助资源的机会。也就是说,对于发展中国家政府而言,在"减贫机制"下形成的仅限于援助方和官员接触的去政治化的发展援助中,援助方并不接触内阁成员,这是一种由财政部进行一元化管理的、可以有效获得发展援助资源的便利体制。另一方面,对于援助方而言,在多数援助方没有设立实施机构的情况下,参与政策对话、参与编制决定受援国发展援助方式的发展计划和预算,将实施委托给发展中国家政府或 NGO,既可以减少工作人员,提高援助有效性,同时也能够最大限度控制管理成本,有效地管理该国的发展。正是以上原因导致了发展计划的实施过程中缺少了国民的参与。

目前,JICA 在坦桑尼亚开展着一项名为"发展的机遇与障碍"(Opportunities and Obstacles to Development,O&OD)的技术援助,旨在提高地方政府自下而上制定发展计划的能力。这项援助的主要内容是将各地提出的需求反映在县计划中,构建一种激励机制以保证即使只有一项需求得到满足,也可以提高该地对开发的参与度,并让国民成为实施开发的主体。只有让各地区产生"现有的自上而下的发展方式不是必然的,而实现自己的需求才是理所当然的"这种意识后,发展援助才能真正造福于国民吧。

在减贫标准向增长标准转变的过程中,国际社会开始探索非 DAC 援助方和民营企业等共同进行发展中国家开发的方法。发展援助是通过发展中国家政府和援助方的交集实施的。虽然还无法确定非 DAC 援助方和民营企业今后是会加入现有的交集还是会与发展中国家政府产生新的交集,但无论如何,在 DAC 等援助方的逻辑、发展中国家政府的逻辑之外,又出现了非 DAC 援助方的逻辑、民营企业的逻辑等,所以发展援助有必要立足于这些有着不同逻辑的行为体的动向之上。

最后,"减贫机制"强化了中央政府的行政财政能力,同时也强化了发展中国家政府和援助方的政策对话。这是之前的国际援助体系没能够做出的重大贡献。"减贫机制"已经开始发生变化,为了让"减贫机制"的效果具有可持续性的同时涉足"实施的逻辑",援助方不能仅采用听取事业进展报告及成果报告这种不负责任的做法,而是要将政策对话深入到掌握实际事业和服务交付的地方政府中去。进而,也有必要像 JICA、德国国际合作机构(Deutsche Gesellschaft für Internationale Zusammenarbeit,GIZ)等援助实施机构那样,将援助现场的实际情况反映到中央制定的发展计划和预算中去。此外,"减贫机制"下的发展援助都集中到了社会部门,因此要注意不能在向增长标准发展的过程中重蹈覆辙将发展援助集中到经济基础建设上。发展中国家真正期待的发展和发展中国家国民真正需要的开发不能遵循援助方的逻辑,而是应该构建考虑到所有行为体逻辑的新型国际援助体系。发展援助的参与者应该准确掌握发展中国家发展现场的实际情况,真诚地面对开发行为。

专用词(名称)缩略语一览

ADB→Asian Development Bank 亚洲开发银行

AfDB→African Development Bank 非洲开发银行

AIDA→Accessible Information on Development Activities 与发展活动相关的可获取信息

AMP→Aid Management Platform 援助管理平台

BHN→Basic Human Needs 人类基本需求

CAAT→China Alumni Association of Tanzania 中国坦桑尼亚校友会

CAS→Country Assistance Strategy 国别援助战略

CBF→Common Basket Fund 普通篮子基金

CCM→Chama Cha Mapinduzi 革命党

CD→Capacity Development 能力开发

CDF→Comprehensive Development Framework 综合发展框架文件

CG→Consultative Group 顾问小组

CHADEMA→Chama Cha Demokrasia na Maendeleo 民主进步党

CI→Confidence Interval 置信区间

CIDA→Canadian International Development Agency 加拿大国际开发署

CMT→Council Management Team 委员会管理团队

CPA→Country Programmable Aid 国家项目援助

CPIA→Country Policy and Institutional Assessment 国家政策和体制评价

CRS→Creditor Reporting System 贷方报告制度

CSO→Civil Society Organization 公民社会组织

CUF→Civil United Front 国民党

DP→Decision Point 决策点

DAC→Development Assistance Committee 发展援助委员会

DAG→Development Assistance Group 发展援助集团

DAH→Development Assistance for Health disbursed to Government 卫生医疗领域的对政府发展援助

DANIDA →Danish International Development Agency 丹麦国际开发署

DFID→Department for International Development 英国国际发展部

DED→District Executive Director 地区执行主任

DOL→Division of Labor 劳动分工

DPG→Development Partner Group 发展合作伙伴组

DRC→Democratic Republic of the Congo 刚果民主共和国

DUF→Directorio Unico de Fondos 总括基金

EC→European Community 欧洲共同体

ECD→the European Consensus on Development 欧洲发展共识

EDCF→Economic Development Cooperation Fund 经济发展合作基金

EPC→Engineering and Procurement Contract 工程与采购合同

EPZ→Export Processing Zone 出口加工区

ESAF→Enhanced Structural Adjustment Facility 强化结构调整方案

EU→European Union 欧洲联盟

FAO→Food and Agriculture Organization of the United Nations 联合国粮食及农业组织

FOCAC→Forum on China-Africa Cooperation 中非合作论坛

G8→Group of Eight 八国集团

GATT→General Agreement on Tariffs and Trade 关税及贸易总协定

GBS→General Budget Support 一般预算支持

GDP→Gross Domestic Product 国内生产总值

GE→Government Effectiveness 政府效能

GHE-A→Government Health Expenditure as Agent 政府卫生开支

GHE-S→Government Health Expenditure as Source 政府卫生开支来源

GIZ→Deutsche Gesellschaft für Internationale Zusammenarbeit 德国国际合作机构

GMM→Generalized Method of Moments 广义矩估计方法

GNI→Gross National Income 国民总收入

GNP→Gross National Product 国民生产总值

GTZ→Deutsche Gesellschaft für Technische Zusammenarbeit GmbH 德国社会合

作公司

HFO→Heavy Fuel Oil 重质燃料油

HHI→Herfindahl-Hirschman Index 赫芬达尔—赫希曼指数

HIPC→Heavily Indebted Poor Countries 重债穷国计划

HIV/AIDS→Human Immunodeficiency Virus/AIDS 人类免疫缺陷病毒/艾滋病

HLD→High Level Dialogue 高层对话

HLF→High Level Forum 高层论坛

HSBF→Health Sector Basket Fund 卫生部门篮子基金

IBRD→International Bank for Reconstruction and Development 国际复兴开发银行

ICRG→International Country Risk Guide 国际风险指南

ICT→Information and Communication Technology 信息与通信技术

IDA→International Development Association 国际开发协会

IDB→Inter-American Development Bank 美洲开发银行

IDD→International Development Department 国际发展部

IDP→Index of Donor Proliferation 援助方增长指数

IDS→International Development Statistics 国际发展统计

IDTs→International Development Targets 国际发展目标

IFAD→International Fund for Agricultural Development 国际农业发展基金

IFMS→Integrated Financial Management System 综合财务管理系统

IHME→Institute for Health Metrics and Evaluation 华盛顿大学健康指标与评估研究所

ILO→International Labour Organization 国际劳工组织

IMF→International Monetary Fund 国际货币基金组织

JAS→Joint Assistance Strategy 联合援助战略

JAST→Joint Assistance Strategy in Tanzania 坦桑尼亚联合援助战略

JESWG→Joint Energy Sector Work Group 联合能源部门工作组

JICA→Japan International Cooperation Agency 日本国际协力事业团

KfW→Kreditanstalt für Wiederaufbau 复兴信贷银行

LGCDG→Local Government Capital Development Grant 地方政府发展补助金

MDF→Multilateral Debt Fund 多边债务基金

MDGs→Millennium Development Goals 千年发展目标

MMR→Maternal Mortality Ratio 孕产妇死亡率

MOU→Memorandum of Understanding 谅解备忘录

MEO→Mtaa Executive Officer 街道主任

MTEF→Medium-term Expenditure Framework 中期开支框架

NAO→National Audit Office 国家审计办公室

NDC→National Development Corporation 国家开发公司

NDP→National Development Plan 国家发展计划

NER→Net Enrolment Ratio 净入学率

NGO→Non-Governmental Organizations 非政府组织

NORAD→Norwegian Agency for Development Cooperation 挪威国际合作开发署

NPES→National Poverty Eradication Strategy 国家根除贫困战略

NPM→New Public Management 新公共管理

NSGRP→National Strategy for Growth and Reduction of Poverty 经济增长和减
贫的国家战略

ODA→Official Development Assistance 官方发展援助

ODI→Overseas Development Institute 海外发展研究所

OECD→Organization for Economic Cooperation and Development 经济合作与发
展组织

OEEC→Organization for European Economic Cooperation 欧洲经济合作组织

OLS→Ordinary Least Squares 普通最小二乘法

O&OD→Opportunities and Obstacles to Development 发展的机遇与障碍

PAF→Performance Assessment Framework 绩效评估框架

PAF→Poverty Action Fund 扶贫行动基金

PBAs→Program-based Approaches 基于项目的方法

PEFA→Public Expenditure and Financial Accountability 公共开支与财务责任

PER→Public Expenditure Review 公共开支审查

PFM→Public Financial Management 公共财政管理

PFP→Policy Framework Paper 政策框架文件

PGBS→Partnership General Budget Support 合作伙伴总预算支持

PIU→Project Implementation Unit 项目执行单位

PPA→Participatory Poverty Assessment 参与式贫困评估

PRBS→Poverty Reduction Budget Support 减贫预算支助

PRGF→Poverty Reduction and Growth Facility 减贫与增长贷款

PRS→Poverty Reduction Strategy 减贫战略

PRSC→Poverty Reduction Support Credit 减贫支助信贷

PRSP→Poverty Reduction Strategy Paper 减贫战略文件

PSA→Public Service Agreements 公共服务协议

PWC→Price Waterhouse Coopers 普华永道会计师事务所

REPOA→Research on Poverty Alleviation 减贫研究

SAF→Structural Adjustment Facility 结构调整贷款

SAL→Structural Adjustment Loan 结构调整融资

SBS→Sector Budget Support 部门预算支助

SDC→Swiss Agency for Development and Cooperation 瑞士发展与合作署

SECAL→Sector Adjustment Loans 部门调整融资

SIDA→Swedish International Development Agency 瑞典国际开发合作署

SIPs→Sector Investment Programs 部门投资计划

SP→Sector Program 部门计划

SPA→Strategic Partnership with Africa 与非洲的战略伙伴关系

SPS→Sector Programme Support 部门计划支助

SWAp→Sector Wide Approach 全部门方法

TA→Technical Assistance 技术援助

TANESCO→Tanzania Electric Supply Company.Limited 坦桑尼亚供电有限公司

TAS→Tanzania Assistance Strategy 坦桑尼亚援助战略

TASAF→Tanzania Social Action Fund 坦桑尼亚社会行动基金

TCDC→Technical Cooperation among Developing Countries 发展中国家间的技术合作

TRA→Tanzania Revenue Authority 坦桑尼亚税务局

TSLS→Two Stage Least Squared 二阶最小平方法

UN→United Nations 联合国

UNAIDS→Joint United Nations Programme on HIV/AIDS 联合国艾滋病毒/艾滋病联合方案

UNDAF→United Nations System's Development Assistance Framework 联合国系统发展援助框架

UNDP→United Nations Development Programme 联合国开发计划署

UNESCO→United Nations Educational, Scientific and Cultural Organization 联合国教育、科学及文化组织

UN-HABITAT→United Nations Human Settlements Programme 联合国人类住区规划署(人居署)

UNHCR→Office of the United Nations High Commissioner for Refugees 联合国难民事务高级专员公署

UNICEF→The United Nations Children's Fund 联合国儿童基金

UNIDO→United Nations Industrial Development Organization 联合国工业发展组织

UNFPA→United Nations Population Fund 联合国人口基金

UNWFP→United Nations World Food Programme 联合国世界粮食计划署

USAID→United States Agency for International Development 美国国际开发署

VEO→Village Executive Officer 村主任

WEO→Ward Executive Officer 监察主任

WB→The World Bank 世界银行

WDI→World Development Indicators 世界发展指标

WHO→World Health Organization 世界卫生组织

WTO→World Trade Organization 世界贸易组织

3G→3rd Generation 第三代移动通信系统

补遗（Appendix）-1　坦桑尼亚"减贫机制"的开发成果

　　为了确认坦桑尼亚的"减贫机制"是否实现了减贫目标，笔者分析了MDGs的各个目标在坦桑尼亚的进展情况，并分别绘制成图。图A1-1中的虚线表示MDGs的目标值，黑点表示实际测算出的各指标的数值，虚线和黑点的位置反映了目标的完成情况。绘制各图时，笔者使用了世界银行MDGs的数据组。

　　图A1-1反映的是"目标1　每天生活费不足1.25美元（购买力平价）的人口比例"在坦桑尼亚的完成情况。

　　"目标1　每天生活费不足1.25美元的人口比例"是政府和援助方最为关注的事项，分别于1992年、2000年及2007年进行了3次统计，1992年数值为72.59%，2000年情况恶化，数值高达84.57%。虽然2007年有所改善，降至67.87%，但依然和目标存在巨大差距，按这种发展趋势，预计难以实现2015年降至36.3%的目标。

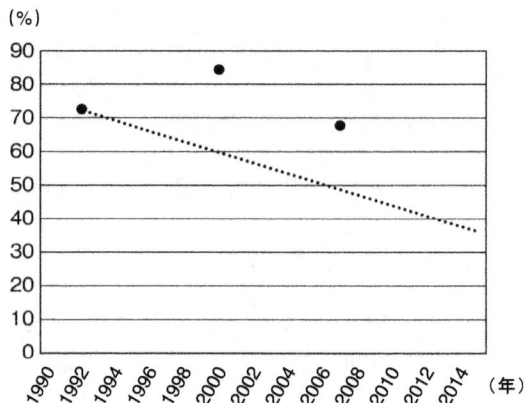

图A1-1　目标1　每天生活费不足1.25美元（购买力平价）的人口比例

其次,笔者考察了教育部门的目标"目标2 小学净入学率"和"目标3 女性小学入学率(与男性100人的比例)"(见图A1-2和图A1-3)。

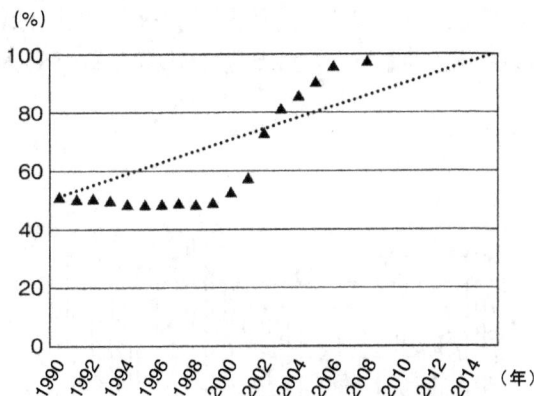

图A1-2　目标2 小学净入学率(%)

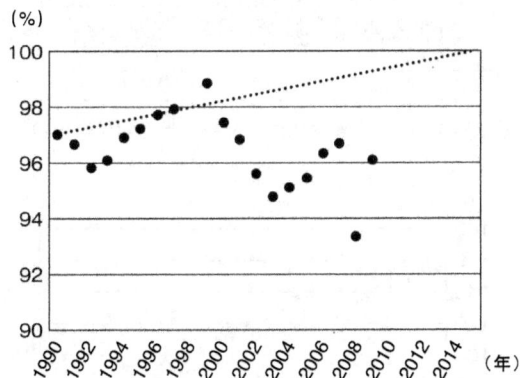

图A1-3　目标3 女性小学入学率(与男性100人的比例)

如图A1-2和图A1-3所示,一方面,"目标2 小学净入学率"1990年为51%,其后持续下降,1998年下降至48%。此后有所改善,2008年上升至98%,朝目标方向顺利发展。另一方面,"目标3 女性小学入学率(与男性100人的比例)"1999年一度改善至近99%,其后在96%上下变化,该情况下无法判断是否能够实现100%这一目标。为了进一步确认坦桑尼亚教育部门的情况,笔者考察了"目标2 小学净入学率"和"初等教育中的师生比"的关系(见图A1-4)。如图A1-4所示,随着小学净入学率的提高,每位教师相对应的学生数也增加,即小学净入学率目标的实现是以牺牲教育质量为代价的。继而,笔者考察了卫生部门的"目标4 5岁以下儿童死亡率(人)(与出生1000人相比)""目标5 孕产妇死亡率(人)(与出生10万人相比)"及"目标6 艾滋病患病率(15—49岁人口)"。"目标4 5岁以下儿童死亡率(与出生1000人相比)"(见图A1-5)顺利降低,1990年与出生1000人相比,5岁以下儿童死亡人数为155人,2009年降低至80人。但是2010年有所增加,为92人。

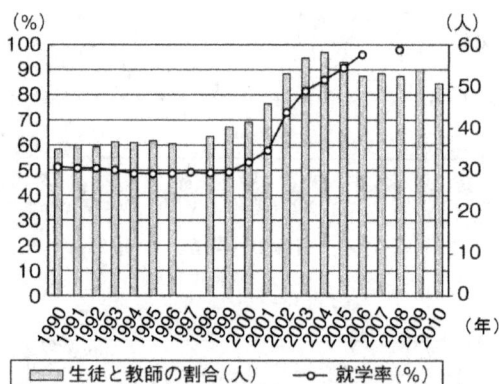

图A1-4　小学教育的入学率和每位教师对应学生数[①]

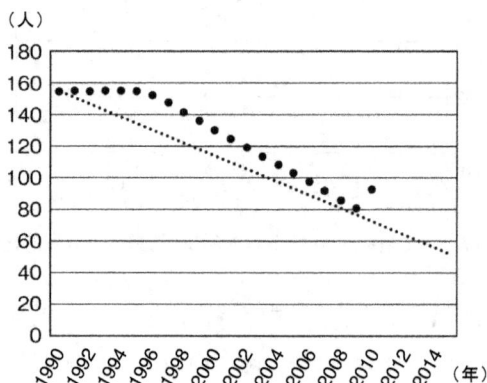

图A1-5　目标4 5岁以下儿童死亡率(人)(与出生1000人相比)

[①] 图A1-4中的"生徒と教師の割合""就学率"的中译文分别为"每位教师对应学生数(人)""入学率"。(译者注)

"目标5 孕产妇死亡率(人)(与出生10万人相比)"(见图A1-6),迄今为止分别于1990年、1995年、2000年、2005年、2008年进行过5次统计。5次统计中,每出生10万人中的孕产妇死亡人数分别是880人、920人、920人、860人、790人,1990年到2000年的数值呈增加趋势,2000年以后有所降低,但距2015年200人的目标还存在巨大差距。

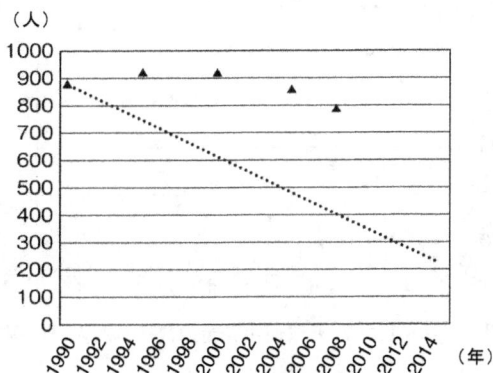

图A1-6　目标5 孕产妇死亡率(人)

"目标6 艾滋病患病率(15—49岁人口)"(见图A1-7)中,1990年为4.8%;1996年和1997年增长到7.9%;2009年有所降低,为5.6%。按这种降低趋势,2015年可以实现4.8%的目标。

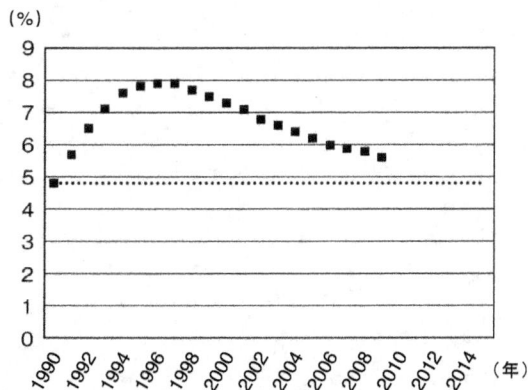

图A1-7　目标6 艾滋病患病率(15—49岁人口)(%)

最后,"目标7 无法使用安全的饮用水的人口比例"(见图A1-8)自1990年开始每5年统计一次,结果分别是45%、45%、46%、46%、47%,基本上没有明显变化,由此可以预见2015年实现22.5%的目标是较为困难的。

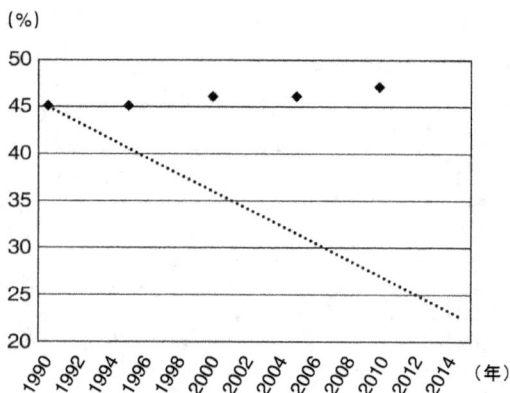

图A1-8　目标7 无法使用安全的饮用水的人口比例

综上所述,减少极端贫穷这一坦桑尼亚政府、援助方最关心的事项并未得到充分实现,教育领域的小学入学率虽然有所改善,但是以牺牲教育质量为代价的。婴幼儿死亡率顺利降低,但孕产妇死亡率的降低进展极为缓慢。此外饮用水的安全问题也几乎没有得到改善。

补遗(Appendix)-2　GBS援助方的GBS供给时间及项目数量的变化

为考察各援助方提供GBS的时间及提供GBS后项目的减少情况,笔者对在"减贫机制"中起带头作用的北欧七国及其他GBS援助方进行分析,以确认发展援助额和项目的关联性。GBS方面使用了坦桑尼亚中央银行的数据,发展援助额方面使用了DAC CRS的数据。

GBS的推动者:北欧七国

图A2-1到图A2-28汇总了在"减贫机制"形成过程中起到核心作用的丹麦、瑞典、英国、荷兰、挪威、芬兰、爱尔兰的提供GBS的时间以及项目数量和发展援助额之间的关联性。下文将依次对各援助方的情况进行说明。

首先,笔者考察了在"减贫机制"形成过程中起到核心作用的丹麦的情况。

如图A2-1和图A2-2所示,在开始提供GBS的最初几年,丹麦多在第三季度和第四季度提供GBS。但2005年度、2007年度及2009年度均在年初提供GBS,可见供给时间有所改善。供给额虽然在2006年以后有所增加,但作为GBS援助方,2000万美元是一个较小的数额。此外,项目数量在2001年以后开始减少,但随着发展援助额的增加,2004年又有所增加,此后又随着援助额减少,2006年以后呈上升趋势。可见,项目数量的变化与援助额的变化相呼应,但2001年导入GBS以后,项目数量多于2001年的仅有2004年。由此可知,对GBS提供额和项目数量的关系进行权衡并非易事,而且丹麦作为"减贫机制"中领导型的援助方,其行动也未达到预期高度。

（百万ドル）

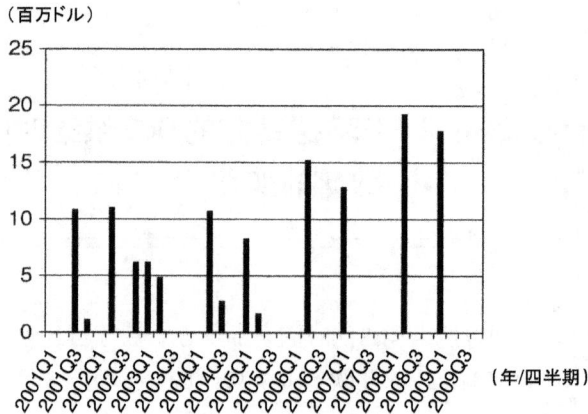

图A2-1　丹麦GBS供给的变化①

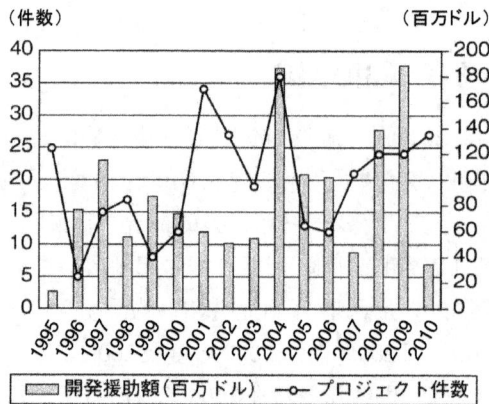

图A2-2　丹麦的项目数量和发展援助额的变化②

下面考察瑞典的情况，如图A2-3所示，瑞典除2006年和2008年在财政年度开始的第二季度提供GBS外，都是在第一季度提供GBS。其行动的确非常符合其作为"减贫机制"推动者的身份。此外，GBS的供给额除在2009年有少许下降外，其他时间一直呈上升趋势，可以说是这方面的模范。另外，项目数量除2005

---

① 图A2-1、图A2-3、图A2-5、图A2-7、图A2-9、图A2-11、图A2-13、图A2-15、图A2-17、图A2-19、图A2-21、图A2-23、图A2-25、图A2-27中的"百万ドル""四半期"的中译文为"百万美元""季度"。(译者注)
② 图A2-2、图A2-4、图A2-6、图A2-8、图A2-10、图A2-12、图A2-14、图A2-16、图A2-18、图A2-20、图A2-22、图A2-24、图A2-26、图A2-28中的"開発援助額(百万ドル)""プロジェクト件数"的中译文分别为"发展援助额(百万美元)""项目数量"。(译者注)

年有所增长外,自2001年导入GBS以后一直呈下降趋势。虽然在2009年大幅度提高援助额,但项目数量并未大幅增加,可以说瑞典是名副其实按照预定计划实施援助的优秀案例。

（百万ドル）

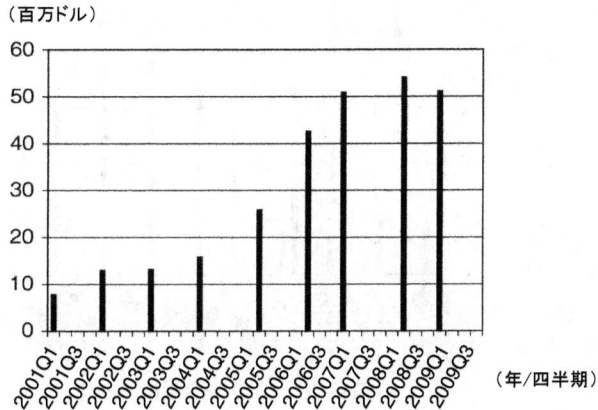

图A2-3　瑞典GBS供给的变化

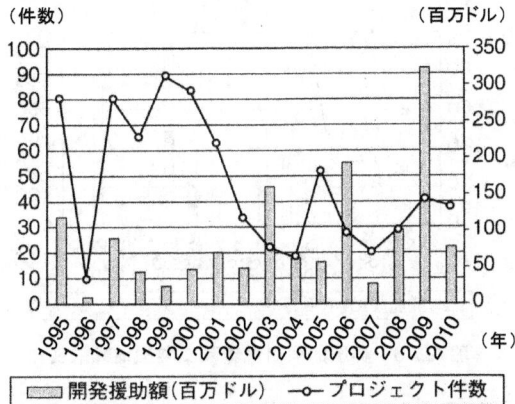

图A2-4　瑞典的项目数量和发展援助额的变化

　　图A2-5、图A2-6反映了英国的情况。除去个别年份,英国基本在财政年度即将开始时提供GBS。此外,GBS的提供额虽然在2007年后有所下降,但与其他援助方相比,仍然具有绝对优势。2007年超过了两亿美元。项目数量的变化与援助额的增减无关,2001年导入GBS后骤减,至2007年降低到每年只有10件到

20件。虽然2008年项目数量有所增加,但同瑞典一样,英国的行动的确非常符合其作为"减贫机制"推动者的身份。

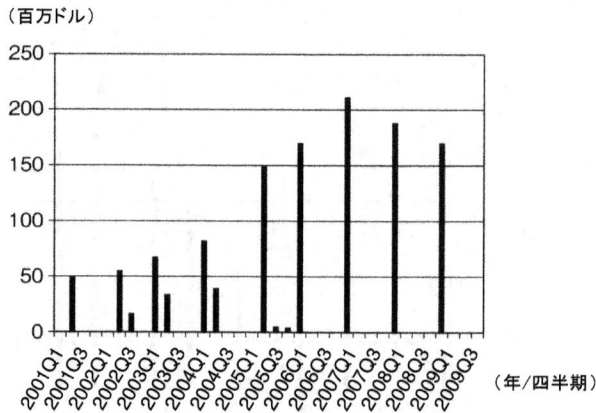

图A2-5 英国GBS供给的变化

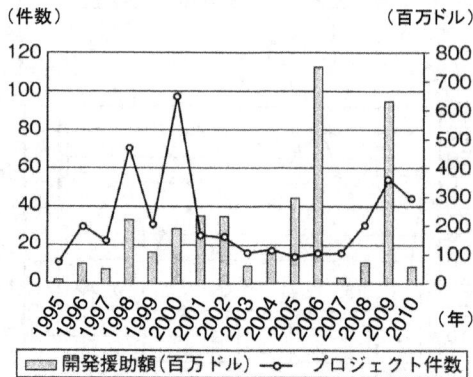

图A2-6 英国的项目数量和发展援助额的变化

　　荷兰的情况如图A2-7所示,虽然与英国、瑞典相比供给时期较迟,但第二季度提供GBS的年份较多。供给金额虽然也有波动,但与以前相比2006年之后有所增加。但荷兰从2009年开始终止提供GBS。2001年之后荷兰的援助项目数量开始减少,尽管2002年大幅增加了援助额,但项目数量依然减少,可见援助都转移到GBS上。其后,项目数量持续减少。由此可见,荷兰是一个根据自己主张的"提高援助有效性的措施"采取行动的援助方。

（百万ドル）

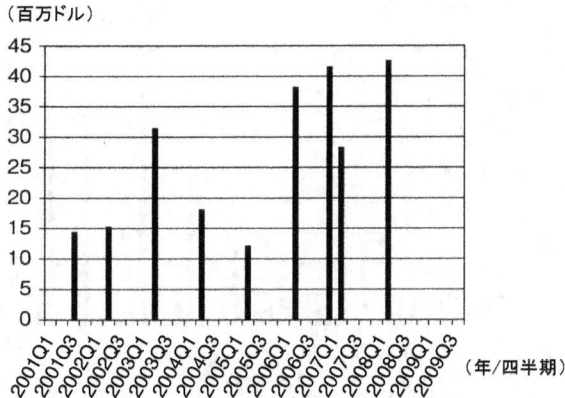

图A2-7　荷兰GBS供给的变化

（件数）　　　　　　　（百万ドル）

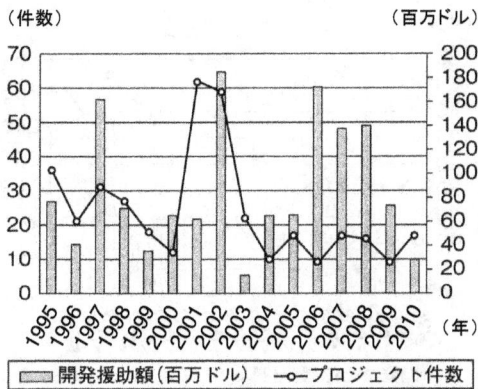

图A2-8　荷兰的项目数量和发展援助额的变化

　　图A2-9和图A2-10反映了挪威的情况。挪威提供GBS的时间仅在最初几年有所延迟，从2004年度开始(除2008年)都是在财政年度即将开始时提供GBS。2006年度开始供给额增加。另外，项目数量在开始提供GBS后反而增加。而且，2002年以后均超过100项，可以说这种行动有违于"提高援助有效性的措施"。仅从这一点来看，可以认为挪威是利用了北欧七国的影响力，采取了一种"搭便车"式的行动。

（百万ドル）

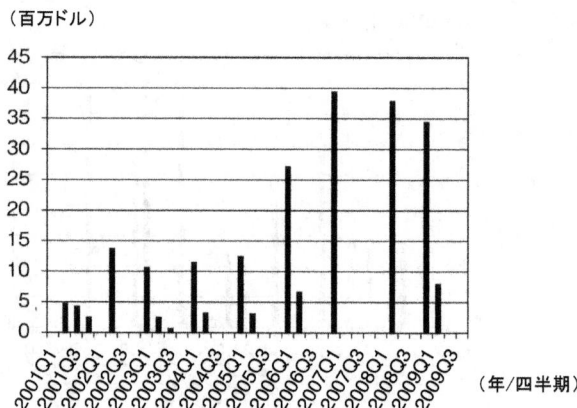

图A2-9 挪威GBS供给的变化

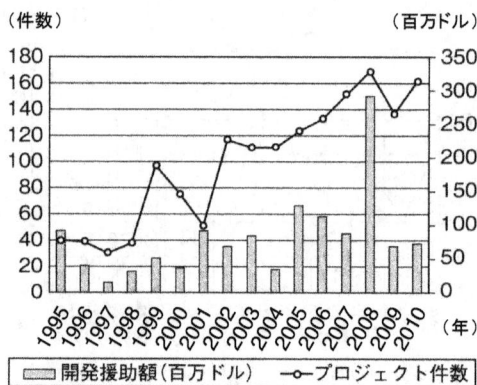

图A2-10 挪威的项目数量和发展援助额的变化

芬兰的情况如图A2-11和图A2-12所示，除了开始提供GBS的2001年和其后的2007年，其他年份均在财政年度开始时提供GBS，可以说是这方面的楷模。但芬兰的供给金额较少，除2009年，均在2000万美元以内。另外，在2001年到2008年，虽然2004年项目数量一度上升，但都少于开始提供GBS的2001年。除2007年外，都可以从变化趋势中看出项目数量和援助额的关联性。如上所述，芬兰的行动也未达到预期程度。

（百万ドル）

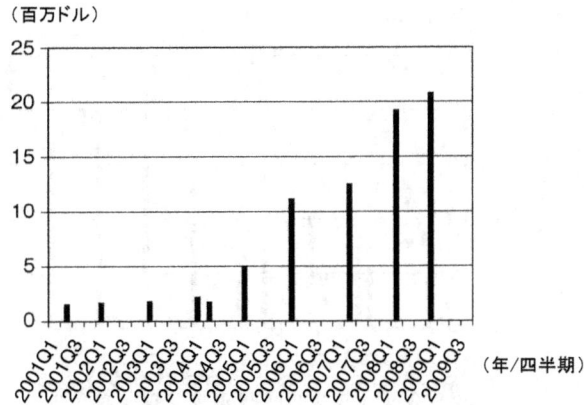

图A2-11　芬兰GBS供给的变化

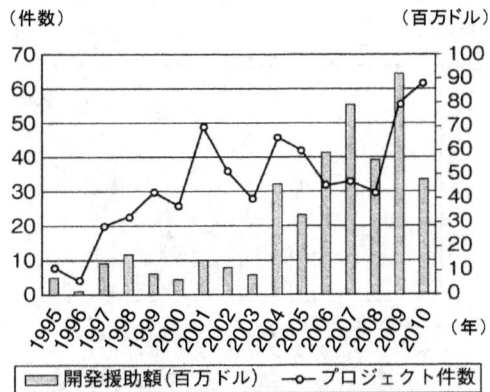

图A2-12　芬兰挪威的项目数量和发展援助额的变化

　　图A2-13和图A2-14反映了爱尔兰的情况。2004年之前,爱尔兰提供GBS的时间都不稳定,2005年开始有所改善,在接近财政年度开始的时间提供。供给金额较少,2006年度以后有所增加。另外,项目数量在开始提供GBS之后反而增加,且高达近180件,2002年以后急剧减少,2006年的数量约为2002年的1/5。而且,在2006年之前,项目数量与援助额呈反比关系,可见援助由项目转移至GBS。虽然与英国、瑞典相比,爱尔兰的项目数量多,GBS规模小,但它和英国、瑞典一样都是按照"提高援助有效性的措施"开展援助活动的。

（百万ドル）

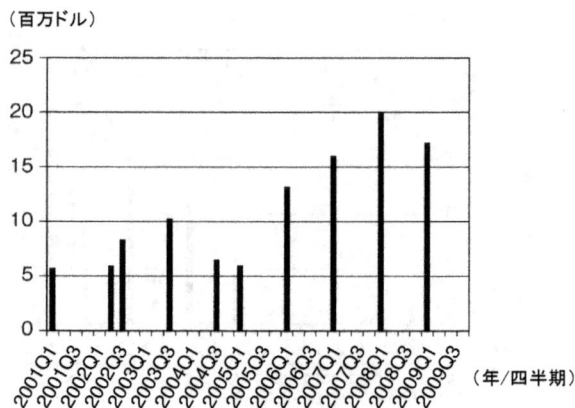

图A2-13　爱尔兰GBS供给的变化

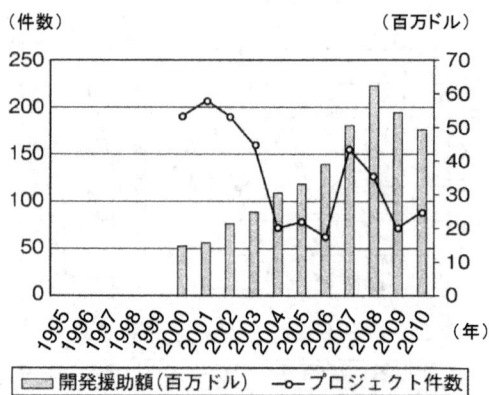

图A2-14　爱尔兰的项目数量和发展援助额的变化

　　综上所述,在"减贫机制"形成过程中起到带头作用的北欧七国的实际行动也并不一致,各国间存在差异。其中,英国和瑞典的行动符合"提高援助有效性的措施"。其次,爱尔兰虽然项目数量较多,但也采取了积极的行动。接下去依次是丹麦、芬兰、挪威,行动和预期间的差距逐渐增大。挪威的项目数量未减反增。北欧七国看似是按照在他们的努力下形成的"减贫机制"采取积极的行动,但实际上有些国家的行为与预期不符。

　　下文将考察北欧七国之外的GBS援助方的情况。

北欧七国之外的GBS援助方的行动

2001年,9个(丹麦、瑞典、芬兰、挪威、爱尔兰、荷兰、英国、瑞士、EU)援助方开始提供GBS,其后世界银行、加拿大、德国、日本、非洲开发银行(African Development Bank, AfDB)也加入进来,GBS援助方的成员发展到14个。下文将按瑞士、EU、世界银行、加拿大、德国、日本、AfDB的顺序,考察各援助方提供GBS的时间以及援助承诺额和项目数量的变化。

如图A2-15所示,瑞士在第一季度提供GBS的只有2005年度,此外多在第三季度提供。供给额为600万美元,与其他援助方相比,数额较少。另外,项目数量和援助额存在关联性,但与GBS并不是此消彼长的关系。如上所述,瑞士虽然提供了GBS,但未按预期行动。

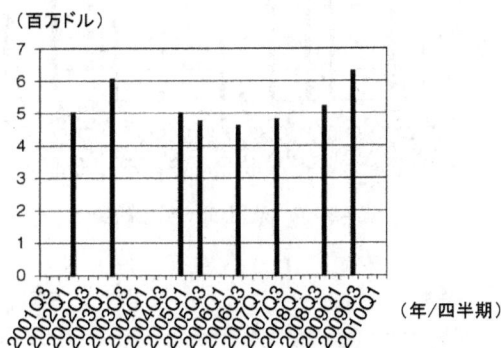

图A2-15　瑞士GBS供给的变化

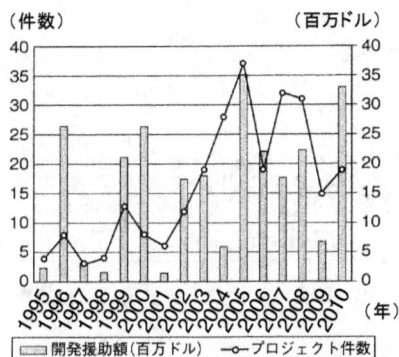

图A2-16　瑞士的项目数量和发展援助额的变化

　　图A2-17和图A2-18反映了EU的情况。截至2007年,只有2002年在第一季度提供了GBS,其他基本在第三或第四季度提供。但之后的2009年和2010年均在第一季度提供(2009年第四季度也提供了GBS),从中可以看出改善趋势。资金规模方面,2007年前基本在4000万美元左右波动,2009年增加到6000万美元,2010年超过了8000万美元,呈现出增加趋势。项目数量在提供GBS以来,无论援助的增减,一直少于15项。EU的行动是符合预期的。

（百万ドル）

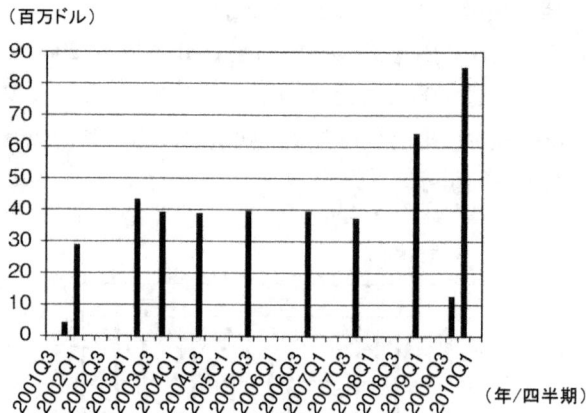

图A2-17　欧盟GBS供给的变化

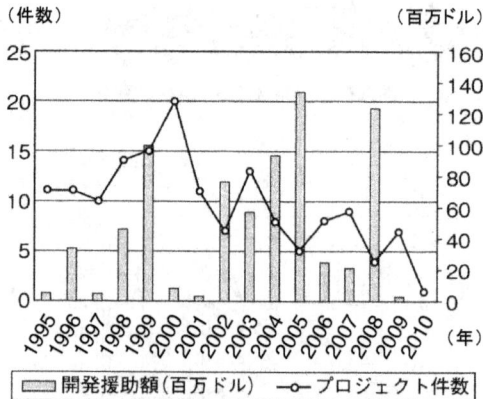

图A2-18　欧盟的项目数量和发展援助额的变化

　　世界银行的情况如图A2-19所示,提供GBS的时间可预测性不高,每年都不一样,但数额巨大,所以可以推测出这会对坦桑尼亚政府产生较大的负面影响。另外,如图A2-20所示,项目数量的变化与援助额变化存在关联性。因此可知,世界银行的行动有违预期,但由于其供给规模巨大,所以反而干扰了援助的可预测性。

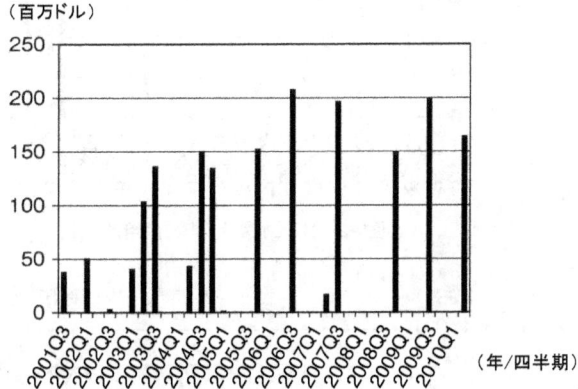

（百万ドル）

图A2-19　世界银行GBS供给的变化

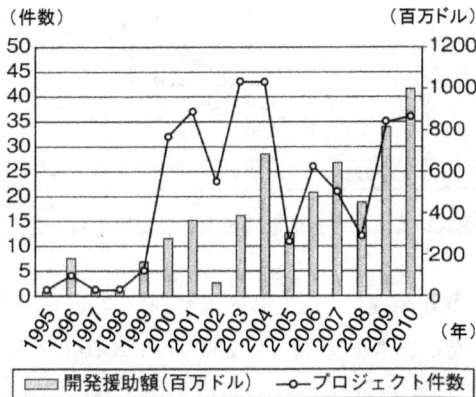

（件数）　　　　　　　　　　　　　　　（百万ドル）

开发援助额(百万ドル)　プロジェクト件数

图A2-20　世界银行的项目数量和发展援助额的变化

加拿大提供GBS是间歇式的,这干扰了援助的可预测性。此外,加拿大虽然在2009年以后提高了供给额,但同时项目数量也有所增加,可见GBS和项目并没有呈现出反比关系。

（百万ドル）

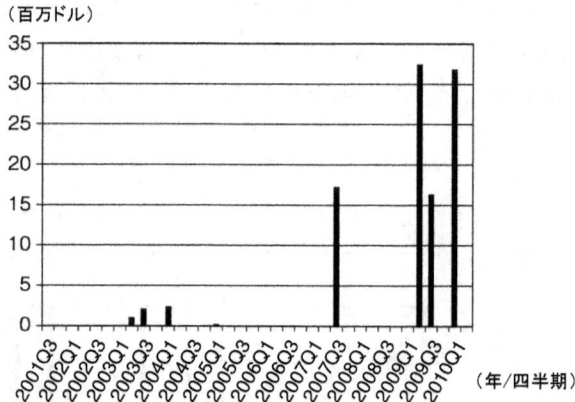

图A2-21　加拿大GBS供给的变化

（件数）　　　　　　　　　　　　　　　（百万ドル）

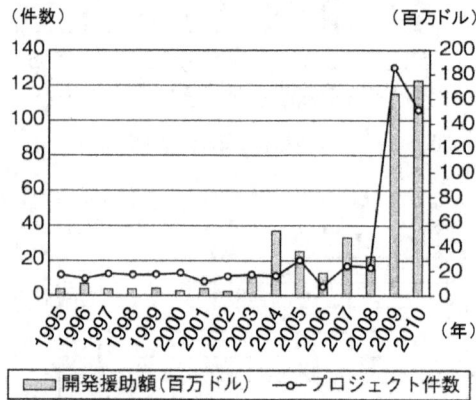

　開発援助額（百万ドル）　─○─プロジェクト件数

图A2-22　加拿大的项目数量和发展援助额的变化

　　德国在2004年度开始提供GBS,2005年度一度中断,其后又恢复提供。2008年前都在第二季度或第三季度提供。但2009年和2010年有所改善,在第一季度提供。另外,项目数量与援助额存在关联性,而且2005年以后项目数量均超过100项。虽然德国提供了GBS,但并未在减少手续费用方面做出贡献,所以无法认为其行动是符合预期的。

（百万ドル）

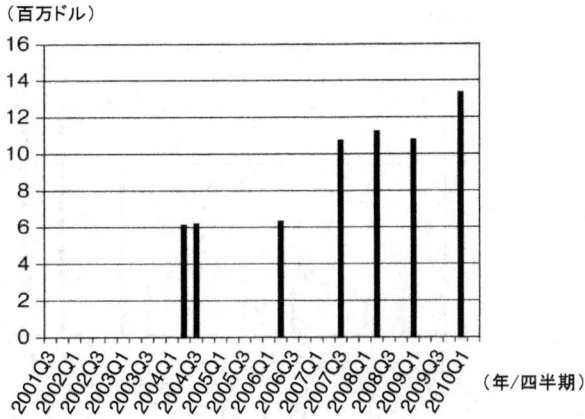

図A2-23 德国GBS供给的变化

図A2-24 德国的项目数量和发展援助额的变化

　　日本围绕着"提高援助有效性的措施"与北欧七国等方面展开过讨论,特别是在"预算支持VS项目援助"上立场对立。但是,其后日本认识到"提高援助有效性的措施"的重要性,虽然对CBF和GBS等继续保持谨慎态度,但2000年以后,对SWAp及PRSP表现出了积极姿态。日本同丹麦一起启动农业SWAp,最终提供了GBS。如图A2-25所示,日本提供GBS的时间并不稳定。2007年前,供给额都在500万美元以下,2008年度以后,以日元借款的方式提供GBS,数额提高到2000万美元左右。另外,项目数量在2003年到2005年间一度减少,其后又开始增加。虽然可以看出日本正在努力地采取预期行动,但其援助依然以项目为中心。

（百万ドル）

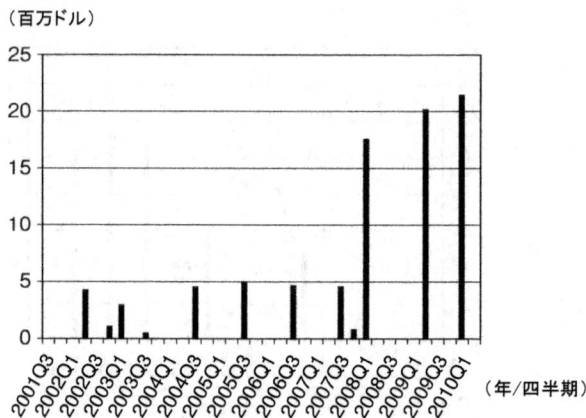

图A2-25　日本GBS供给的变化

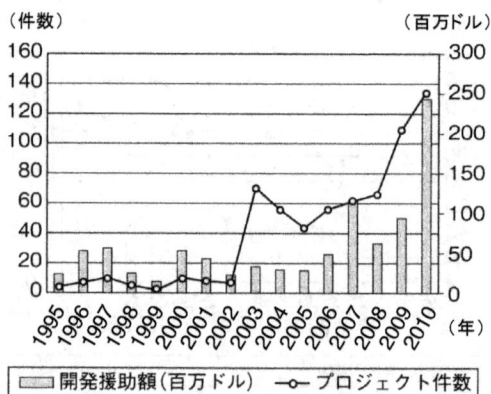

图A2-26　日本的项目数量和发展援助额的变化

最后，如图A2-27和图A2-28所示，AfDB提供GBS是间歇性的，对坦桑尼亚的援助也是断断续续的。供给时间不稳定，行动也不符合预期。

（百万ドル）

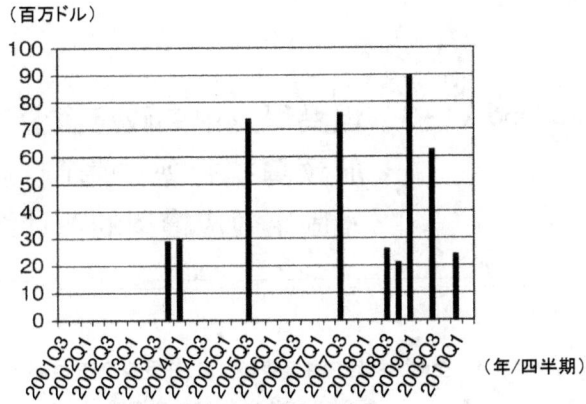

图A2-27 AfDB的GBS供给的变化

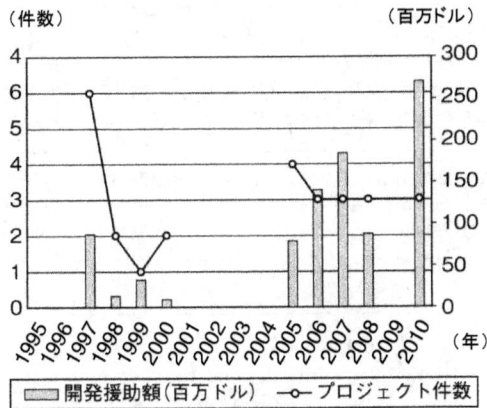

图A2-28 AfDB的项目数量和发展援助额的变化

补遗(Appendix)-3　坦桑尼亚中央政府资金下拨对地方政府预算执行率的影响：混合OLS方法及固定效应模型的估计结果

表A3-1　全体县的经常性经费开支率、开发费用开支率所受影响：

混合OLS方法、固定效应模型

全体县	混合OLS				固定效应			
NO.	(1)	(2)	(3)	(4)	(1)	(2)	(3)	(4)
解释变量/被解释变量	经常性经费开支率	开发费用开支率	经常性经费开支率	开发费用开支率	经常性经费开支率	开发费用开支率	经常性经费开支率	开发费用开支率
补助金下拨率	0.380***	0.792***			0.374***	0.705***		
	(0.0435)	(0.0609)			(0.0510)	(0.0920)		
经常性预算下拨率			0.396***				0.379***	
			(0.0544)				(0.0619)	
开发费用下拨率				0.344***				0.328***
				(0.0487)				(0.0530)
自主财源率	0.0607***	0.00646	0.0582***	0.0768***	0.0676***	0.0182	0.0658***	0.0742***
	(0.0217)	(0.0325)	(0.0198)	(0.0282)	(0.0242)	(0.0316)	(0.0214)	(0.0283)
交通费	−0.000277	0.000760	−0.000114	0.000519	0.00370**	0.00179	0.00329**	0.00321
	(0.000478)	(0.00113)	(0.000474)	(0.000997)	(0.00166)	(0.00419)	(0.00165)	(0.00395)
常数项	13.26***	−0.0241	12.49***	7.311***	9.205***	0.471	9.241***	4.994
	(1.095)	(1.908)	(1.285)	(1.368)	(2.113)	(4.419)	(1.993)	(3.995)
样本数	1455	1437	1455	1423	1455	1437	1455	1423

续　表

全体县	混合OLS				固定效应			
NO.	（1）	（2）	（3）	（4）	（1）	（2）	（3）	（4）
县数	133	133	133	133	133	133	133	133
R-squared	0.192	0.109	0.218	0.182	0.198	0.093	0.214	0.169

注：括号内为稳健标准误差。***、**、*分别代表在1%、5%、10%的显著性水平上拒绝零假设。

表A3-2　县卫生领域的人工费开支率、其他经费开支率、开发费用开支率、总开支率所受
影响：混合OLS方法、固定效应模型

卫生领域	混合OLS				固定效应			
NO.	（5）	（6）	（7）	（8）	（5）	（6）	（7）	（8）
解释变量/被解释变量	卫生人工费开支率	卫生其他费用开支率	卫生开发费用开支率	卫生总开支率	卫生人工费开支率	卫生其他费用开支率	卫生开发费用开支率	卫生总开支率
卫生经常性预算下拨率	0.199***	0.168***			0.180***	0.214***		
	（0.0418）	（0.0576）			（0.0472）	（0.0543）		
卫生补助金预算下拨率	0.0272**	0.0881**			0.0307***	0.0937***		
	（0.0111）	（0.0352）			（0.0104）	（0.0331）		
卫生开发预算下拨率			0.0215				0.00352	
			（0.0382）				（0.0432）	
卫生总预算下拨率				0.177***				0.172***
				（0.0313）				（0.0353）
自主财源率	0.0590***	0.168**	0.210**	0.103***	0.0647***	0.165***	0.207*	0.108***
	（0.0208）	（0.0654）	（0.0862）	（0.0241）	（0.0229）	（0.0483）	（0.105）	（0.0265）

续　表

卫生领域	混合OLS				固定效应			
NO.	(5)	(6)	(7)	(8)	(5)	(6)	(7)	(8)
解释变量/被解释变量	卫生人工费开支率	卫生其他费用开支率	卫生开发费用开支率	卫生总开支率	卫生人工费开支率	卫生其他费用开支率	卫生开发费用开支率	卫生总开支率
交通费	−0.000404	−0.00104	0.00129	−6.78e−05	−4.17e−08	0.00897**	0.0109**	0.00113
	(0.000629)	(0.00111)	(0.00131)	(0.000546)	(0.00279)	(0.00425)	(0.00543)	(0.00219)
常数项	14.88***	16.99***	9.627***	14.76***	14.66***	5.818	0.0588	13.55***
	(1.081)	(1.906)	(2.264)	(0.983)	(3.028)	(5.216)	(5.490)	(2.560)
样本数	1442	1446	1434	1454	1442	1446	1434	1454
县数	133	133	133	133	133	133	133	133
R-squared	0.080	0.040	0.020	0.086	0.076	0.053	0.023	0.085

注:括号内为稳健标准误差。***、**、*分别代表在1%、5%、10%的显著性水平上拒绝零假设。

表A3-3　县初等教育领域的人工费开支率、其他经费开支率、开发费用开支率、总开支率
所受影响:混合OLS方法、固定效应模型

初等教育领域	混合OLS				固定效应			
NO.	(9)	(10)	(11)	(12)	(9)	(10)	(11)	(12)
解释变量/被解释变量	初等教育人工费开支率	初等教育其他费用开支率	初等教育开发费用开支率	初等教育总开支率	初等教育人工费开支率	初等教育其他费用开支率	初等教育开发费用开支率	初等教育总开支率
初等教育经常性预算下拨率	0.226***	0.171**			0.202***	0.176**		
	(0.0702)	(0.0736)			(0.0712)	(0.0785)		

续　表

初等教育领域	混合OLS				固定效应			
NO.	(9)	(10)	(11)	(12)	(9)	(10)	(11)	(12)
初等教育补助金预算下拨率	0.0448**	0.0567*			0.0487***	0.0590*		
	(0.0155)	(0.0328)			(0.0184)	(0.0311)		
初等教育开发预算下拨率			0.244***				0.222***	
			(0.0501)				(0.0499)	
初等教育总预算下拨率				0.270***				0.253***
				(0.0583)				(0.0717)
自主财源率	0.0388	0.0362	0.129***	0.0315	0.0504*	0.0564	0.128**	0.0457**
	(0.0293)	(0.0341)	(0.0438)	(0.0198)	(0.0290)	(0.0400)	(0.0505)	(0.0215)
交通费	0.000310	−0.00259**	−0.00206	−9.53e−05	0.00276*	−0.00386	0.000613	0.00307
	(0.000550)	(0.00126)	(0.00133)	(0.000642)	(0.00149)	(0.00398)	(0.00421)	(0.00255)
常数项	15.90***	23.77***	10.67***	15.52***	13.67***	24.42***	8.232*	12.36***
	(1.689)	(2.432)	(1.717)	(1.362)	(2.352)	(4.231)	(4.268)	(3.178)
样本数	1445	1436	1432	1455	1445	1436	1432	1455
县数	133	133	133	133	133	133	133	133
R-squared	0.121	0.018	0.070	0.142	0.115	0.020	0.059	0.135

注：括号内为稳健标准误差。***、**、*分别代表在1%、5%、10%的显著性水平上拒绝零假设。

表A3-4 县饮用水领域的人工费开支率、其他经费开支率、开发费用开支率、总开支率所受影响:混合OLS方法、固定效应模型

饮用水领域	混合OLS				固定效应			
NO.	(13)	(14)	(15)	(16)	(13)	(14)	(15)	(16)
解释变量/被解释变量	饮用水人工费开支率	饮用水其他费用开支率	饮用水开发费用开支率	饮用水总开支率	饮用水人工费开支率	饮用水其他费用开支率	饮用水开发费用开支率	饮用水总开支率
饮用水经常性预算下拨率	0.201***	0.318***			0.126***	0.269***		
	(0.0340)	(0.0669)			(0.0295)	(0.0775)		
饮用水开发预算下拨率			0.185***				0.129***	
			(0.0487)				(0.0574)	
饮用水总预算下拨率				0.255***				0.211***
				(0.0491)				(0.0471)
自主财源率	0.0462**	0.0573**	0.0315	0.0202	0.0506**	0.0759**	0.0343	0.0452*
	(0.0183)	(0.0276)	(0.0347)	(0.0271)	(0.0207)	(0.0317)	(0.0304)	(0.0244)
交通费	0.00106	0.000721	-0.000210	-0.00237***	0.00289	0.00653**	-0.00545	- 0.00519
	(0.000674)	(0.000930)	(0.000827)	(0.000869)	(0.00290)	(0.00329)	(0.00354)	(0.00387)
常数项	10.59***	12.24***	5.947***	14.23***	10.21***	6.945**	11.58***	17.32***
	(0.973)	(1.615)	(1.286)	(1.475)	(3.072)	(3.152)	(3.818)	(4.137)
样本数	1448	1445	1434	1433	1448	1445	1434	1433
县数	133	133	133	133	133	133	133	133
R-squared	0.062	0.069	0.038	0.079	0.036	0.058	0.022	0.060

注:括号内为稳健标准误差。***、**、*分别代表在1%、5%、10%的显著性水平上拒绝零假设。

表 A3-5 县公路领域的人工费开支率、其他经费开支率、开发费用开支率、总开支率所受
影响：混合 OLS 方法、固定效应模型

公路领域	混合 OLS				固定效应			
NO.	(17)	(18)	(19)	(20)	(17)	(18)	(19)	(20)
解释变量/被解释变量	公路人工费开支率	公路其他费用开支率	公路开发费用开支率	公路总开支率	公路人工费开支率	公路其他费用开支率	公路开发费用开支率	公路总开支率
公路经常性预算下拨率	0.110***	0.0807**			0.0933**	0.0973***		
	(0.0381)	(0.0319)			(0.0496)	(0.0325)		
公路补助金预算下拨率	0.0487**	0.0551***			0.0752***	0.0672**		
	(0.0227)	(0.0209)			(0.0277)	(0.0277)		
公路开发预算下拨率			0.139***				0.102**	
			(0.0369)				(0.0415)	
公路总预算下拨率				0.194***				0.194***
				(0.0485)				(0.0479)
自主财源率	0.0364	0.0707**	0.0650*	-0.00962	0.0256	0.0775**	0.0476	-0.00711
	(0.0228)	(0.0353)	(0.0336)	(0.0375)	(0.0225)	(0.0377)	(0.0379)	(0.0413)
交通费	0.000712	-0.00055	0.00442***	0.00265	-0.000972	-0.000171	0.0197***	0.00106
	(0.000777)	(0.000968)	(0.00115)	(0.00162)	(0.00431)	(0.00357)	(0.00512)	(0.00543)
常数项	15.62***	18.16***	9.573***	17.34***	17.57***	17.05***	-4.981	18.90***
	(1.263)	(1.683)	(1.500)	(2.189)				
样本数	1442	1417	1443	1440	1442	1417	1443	1440
县数	133	133	133	133	133	133	133	133
R-squared	0.028	0.012	0.038	0.037	0.029	0.016	0.036	0.033

注：括号内为稳健标准误差。***、**、*分别代表在1%、5%、10%的显著性水平上拒绝零假设。

表A3-6　县农业领域的人工费开支率、其他经费开支率、开发费用开支率、总开支率所受
影响:混合OLS、固定效应模型

农业领域	混合OLS				固定效应			
NO.	(21)	(22)	(23)	(24)	(21)	(22)	(23)	(24)
解释变量/被解释变量	农业人工费开支率	农业其他费用开支率	农业开发费用开支率	农业总开支率	农业人工费开支率	农业其他费用开支率	农业开发费用开支率	农业总开支率
农业经常性预算下拨率	0.223***	0.0856**			0.175***	0.110**		
	(0.0438)	(0.0380)			(0.0491)	(0.0424)		
农业开发预算下拨率			0.184***				0.159***	
			(0.0292)				(0.0297)	
农业总预算下拨率				0.274***				0.237***
				(0.0485)				(0.0499)
自主财源率	0.0206	0.0606*	0.0592*	0.0552	0.0422	0.0454	0.0530	0.0733
	(0.0264)	(0.0354)	(0.0358)	(0.0459)	(0.0290)	(0.0337)	(0.0489)	(0.0485)
交通费	− 0.00149	0.00178	0.00227	0.000985	0.00915**	0.00558	0.0163***	0.00296
	(0.000979)	(0.00117)	(0.00151)	(0.00136)	(0.00355)	(0.00486)	(0.00647)	(0.00541)
常数项	8.796***	17.10***	6.787***	12.50***	−1.612	13.17***	−6.680	10.92*
	(1.283)	(1.545)	(1.785)	(1.927)	(3.651)	(4.805)	(7.025)	(5.823)
样本数	1440	1441	1409	1421	1440	1441	1409	1421
县数	133	133	133	133	133	133	133	133
R-squared	0.043	0.008	0.067	0.080	0.042	0.010	0.060	0.062

注:括号内为稳健标准误差。***、**、*分别代表在1%、5%、10%的显著性水平上拒绝零假设。

补遗（Appendix）-4　坦桑尼亚中央政府资金下拨对地方政府预算执行率的影响：差分GMM的估计结果

模型NO. 解释变量/被解释变量	（1） 经常性 经费开支率	（2） 开发 费用开支率	（3） 经常性 经费开支率	（4） 开发 费用开支率
经常性经费开支率(t-1)	-0.0550 (0.0350)			
开发费用开支率(t-1)		0.114* (0.0593)		
经常性经费开支率(t-1)			-0.0551 (0.0371)	
开发费用开支率(t-1)				0.0699 (0.0541)
补助金下拨率	0.288*** (0.0474)	0.484*** (0.128)		
经常性预算下拨率			0.266*** (0.0535)	
开发预算下拨率				0.191*** (0.0621)
自主财源率	0.0479** (0.0204)	0.125** (0.0491)	0.0450** (0.0200)	0.107** (0.0454)

续　表

模型 NO. 解释变量/被解释变量	（1） 经常性 经费开支率	（2） 开发 费用开支率	（3） 经常性 经费开支率	（4） 开发 费用开支率
交通费	−0.00373	0.00387	−0.00450	0.00383
	（0.00571）	（0.0159）	（0.00540）	（0.0157）
2005年第二财务季度	−1.244	−12.93*	−1.733	−11.72
	（2.584）	（7.282）	（2.438）	（7.137）
2005年第三财务季度	−5.988**	3.045	−5.768**	−0.0402
	（2.834）	（7.845）	（2.691）	（7.558）
2005年第四财务季度	1.177	5.439	1.325	3.441
	（2.278）	（5.582）	（2.188）	（5.615）
2006年第一财务季度	−2.901	−16.43**	−3.837**	−15.83**
	（1.802）	（4.823）	（1.702）	（4.989）
2006年第二财务季度	−3.353	−7.546	−4.098**	−8.969
	（2.029）	（5.760）	（1.921）	（6.105）
2006年第三财务季度	−4.162	−5.422	−4.283*	−7.608
	（2.529）	（6.786）	（2.385）	（6.868）
2006年第四财务季度	−2.784	−0.868	−2.607	−0.841
	（2.240）	（6.312）	（2.134）	（6.469）
2007年第一财务季度	−2.154	−14.04***	−2.971**	−13.66***
	（1.335）	（3.185）	（1.311）	（3.355）
2007年第二财务季度	−3.649**	−7.509**	−3.428**	−8.822**
	（1.506）	（3.255）	（1.490）	（3.406）
2007年第三财务季度	−3.668***	−9.069***	−4.093***	−9.005***
	（1.255）	（2.958）	（1.253）	（3.081）
样本数	1184	1140	1184	1117

续　表

模型NO. 解释变量/被解释变量	(1) 经常性 经费开支率	(2) 开发 费用开支率	(3) 经常性 经费开支率	(4) 开发 费用开支率
县数	133	133	133	133
Arellano-Bond test AR(1)	0	0	0	0
Arellano-Bond test AR(2)	0.739	0.242	0.741	0.7
Hansen J test	0.142	0.433	0.304	0.406

注：括号内为稳健标准误差。***、**、*分别代表在1%、5%、10%的显著性水平上拒绝零假设。

受访者名单

姓名 / 职务 / 所属单位/职务(中文) / 所属单位(中文)

■ 2008年2月26日至3月4日在北欧七国接受采访的人员名单

1. Bengt Ekman/Assistant Director General/Office of the Director General, SIDA, Sweden/署长助理/瑞典 国际开发合作署署长办公室

2. Per Ronnas/Chief Economist/Department for Policy and Methodology, SIDA, Sweden/首席经济学家/瑞典 国际开发合作署政策和方法部

3. Karl-Anders Larsson/Senior Adviser/Department for Policy and Methodology, SIDA, Sweden/高级顾问/瑞典 国际开发合作署政策和方法部

4. Martin Hermann/Deputy Head of Department/Department for Development Policy, MOFA, Denmark/副司长/丹麦 外交部发展政策司

5. Finn Norman Christensen/Chief Adviser, UN Affairs/IFI's and Global Development Issues, MOFA, Denmark/联合国事务首席顾问/丹麦 外交部国际金融及全球发展事务司

6. Margrethe Holm Andersen/Deputy Head/Evaluation Department, MOFA, Denmark/副处长/丹麦 外交部评估处

7. Hanne Carus/Chef Conseiller Technique/Agriculture, Forestiere & Peche, MOFA. Denmark/首席技术顾问/丹麦 外交部 农林渔业

8. Lars Friis-Jensen / Special Adviser / Business Cooperation &Technical Assistance, MOFA, Denmark/特别顾问/丹麦 外交部 商务合作与技术援助

9. Peter Ellehoj/Head of Section/ Quality Assurance-Development Cooperation, MOFA, Denmark/负责人/丹麦 外交部 质量保障和发展合作

10. Ritva Koukku-Ronde/Director Genraral/Department for Development Policy, Finland/部长/芬兰 发展政策部

11. Pasi Hellman/Acting Deputy Director General/Department for Development Policy, Finland/副总干事/芬兰 发展政策部

12. Johann Schalin/Director Asia and Oceania/Department for Development Policy, Finland/亚洲和大洋洲事务负责人/芬兰 发展政策部

13. Matti Junnila / Counsellor Asia and Oceania / Department for Development Policy, Finland/亚洲和大洋洲事务顾问/芬兰 发展政策部

14. Rae Verkkoranta/First Secretary/Department for Development Policy, Finland/第一秘书/芬兰 发展政策部

15. Ingmar Strom/Counsellor/Department for Global Affairs, Finland/顾问/芬兰 全球事务部

16. Antti Loikas/Adviser/Department for Africa and Middle East, Finland/顾问/芬兰 非洲和中东事务部

17. Pasi Hellman/Counsellor/Department for the Americas and Asia, Finland/顾问/芬兰 美洲和亚洲事务部

18. Paivi Luostarinen/Deputy Director General/Department for the Americas and Asia, Finland/副部长/芬兰 美洲和亚洲事务部

19. Johann Schalin/Director/Department for the Americas and Asia, Finland/部长/芬兰 美洲和亚洲事务部

20. Tarja Reponen/Director/Department for Global Affairs, Finland/部长/芬兰 全球事务部

21. Hege Hertzberg/Duputy Director General/Section for International Development Policy, Norway/副部长/挪威 国际发展政策部

22. Tone Tinnes / Assistant Director General / Section for International Development Policy, Norway/部长助理/挪威 国际发展政策部

23. Anne Havnor / Senior Adviser / Section for Global Initiatives and Gender Equality, Norway/高级顾问/挪威 全球倡议和性别平等部

24. Elin Graae Jensen/Adviser/Section for East And Central Africa, Norway/顾问/挪威 东非和中非事务部

25. Nathalie Lintvelt/Head of UN Funds and Social Affairs Division/ UN And IFI Department, Holland/联合国基金和社会事务负责人/荷兰 联合国和国际金融机构事务部

26. Loes van den Elzen/Policy Officer/UN Funds and Social Affairs Division, UN And IFI Department, Holland/政策官/荷兰 联合国和国际金融机构事务部 联合国基金和社会事务处

27. Marion J.Eeckhout/Chief Economist/Staregic Policy Planning Unit, Holland/首席经济学家/荷兰 战略政策计划组

28. Jan Waltmans / Deputy Director / Effectiveness and Quality Department, Holland/副部长/荷兰 援助有效性及质量部

29. Rob Visser / Chief Scientist / Cultural Cooperation, Education and Research Department, Holland/首席科学家/荷兰 文化合作、教育研究部

30. Robert Petri / Head of Civil Society Division / Health, Gender and Civil Society Department, Holland/部长/荷兰 卫生、性别和公民社会部

31. Lianne H.W.S Houben/Senior Policy Officer/Financial Management Advice Division, Holland/高级政策官/荷兰 财务管理顾问部

32. Maarten Brouwer/Director/Effectiveness and Quality Deparement, Holland/部长/荷兰 援助有效性及质量部

33. Frederik C.Haver Droeze/Senior Policy Adviser/Policy Coherence Unit, Holland/高级政策顾问/荷兰 政策协调组

34. Ellen van Reesch/Coordinator Sectorwide Approach/ Effectiveness and Quality Department, Holland/部门协调员/荷兰 援助有效性及质量部

35. Gerben Planting/Deputy Head/International Financial Inst.Section, UN&IFIs Department, Holland/副处长/荷兰 联合国和国际金融机构事务部 国际金融处

36. Marcus Manuel/Director/Pan Africa Strategy and Programmes, Africa Division, Department for International Development, U.K/主任/英国 国际部非洲司 泛非战略和方案

37. Anthony Smith/Director/Europe & Donor Relations, Department for International Development, U.K/主任/英国 国际发展部 欧洲与援助方关系办公室

38. Melissa Harrold / Europe & Donor Relations / Department for International Development, U.K/欧洲与援助方关系办公室官员/英国 国际发展部

39. Kevin Sparkhall/Deputy Director, Head/Donor Relations Department, Department for International Development, U.K/副主任/英国 国际发展部 援助方关系办公室

40. Harry Hagan/Head of Pro Poor Growth Team/Growth and Investment Group, Policy Division, U.K/减贫与增长负责人/英国 政策部增长与投资组

41. Ronan Murphy/Director General/Department of Foreign Affairs (Irish Aid),

Ireland/部长/爱尔兰 国际事务部(爱尔兰援助署)

42. Austin Gormley / Counselor / Public Information and Development Education, Department of Foreign Affairs, Ireland/顾问/爱尔兰 国际事务部 公共信息与发展教育

43. Liz Higgins/Senior Development Specialist/Aid Effectiveness, Department of Foreign Affairs, Ireland/高级发展援助专家/爱尔兰 国际事务部 援助有效性

44. Frank Kirwan / Development Specialist / Emergency & Recovery Section, Department of Foreign Affairs, Ireland/发展援助专家/爱尔兰 国际事务部 应急与恢复部门

*MOFA = Ministry of Foreign Affairs 外交部

■ 2010年9月13日至27日在坦桑尼亚接受采访的人员名单

1. Benno Ndulu/Governor/Bank of Tanzania/总裁/坦桑尼亚中央银行
2. Richard Moberly/Senior Economic Advise/DFID Tanzania/高级经济顾问/坦桑尼亚 国际发展部
3. A. Matembele/Finance Analyst/External Finance Department/金融分析师/涉外财务局
4. Mathias B. Kabunduguru/Director of Policy Development/President's Office Public Service Management/政策立案局局长/总统办公室公共服务管理部
5. Regina L. Kikuli / Director of Policy and Planning / Ministry of Health and Social Welfare/政策规划官/卫生和社会福利部
6. Packshard Paul Mkongwa/B.A Economics & M.A Economics/ Regional Administration and Local Government/经济学学士&经济学硕士/公务员管理和地方政府
7. Issa Bernard Magabiro/Library Officer/National Bureau of Statistics/图书馆员/国家统计局
8. Anna L.Nswilla/Coordinator/District Health Service Policy and Planning Department/协调员/区域卫生服务政策计划处
9. Philipina W. Malisa / Assistant Commissioner / External Finance Department (Aid Coordination Unit), MOFEA/副局长/财政部涉外财务局(援助协调组)
10. A.Mtembele/Finance Analyst/MOFEA/金融分析师/财政部
11. Abdallah.K.Lyaugu/Acting, Japan desk officer/MOFEA/日本工作组副官/财

政部

12. John Mgimina / Assistant Budget Commissioner / Region and Local Budget, External Finance Department, MOFEA/副预算处长/财政部涉外财务局 地区和地方预算处

13. James Msina/Budget Officer, Japan desk officer/MOFEA/预算官，日本工作组/财政部

14. Tina A.Sekambo/District Executive Director/Iringa DC/县执行主任/伊林加县议会

15. Joseph Mbiaji/District Treasurer/Iringa DC/县财务主管/伊林加县议会

16. Abel A.Mginwa/District Plan local Officer（DPLO）/Iringa DC/县计划官/伊林加县议会

17. Gikene Maheke/Acting City Council Director/Tanga CC/市委员会副主任/坦噶市议会

18. Alfred Mlowe/City Treasurer, Head of Finance/Tanga CC/市财务主管/坦噶市议会

19. Moshi Oalfa/Economist, City Plan Local Officer (CPLO), Head of Planning/TangaCC/经济学家，市计划官，计划主任/坦噶市议会

20. Gikene Maheke/Acting City Council Director/Tanga CC/市委员会副主任/坦噶市议会

21. Mustapha Sabuni/Head of Department, DPLO/Kisarawe DC/部门主管，县计划官/基萨拉韦县议会

22. Hamis Mkelle/Head of Department, Human Resource Officer (HRO) /KisaraweDC/部门主管、人力资源官/基萨拉韦县议会

23. Asha Shame/Planning Officer/Kisarawe DC/计划官/基萨拉韦县议会

24. Fredrick Ngocho / Accountant, Acting District Treasurer/ Kisarawe DC/会计师，县财务副主管/基萨拉韦县议会

25. Deus Mbalamwezi/Planning Officer/Kisarawe DC/计划官/基萨拉韦县议会

26. Grace Sembuli/Accountant for Education/Kisarawe DC /教育会计师/基萨拉韦县议会

27. George Jidamva/Acting Town Council Director/Korogwe TC/镇委员会副主任/卡拉圭镇议会

28. Grace Mbaruku/Town Economist/Korogwe TC/镇经济学家/卡拉圭镇议会

29. Renutus Mchau/Town Economist/Korogwe TC/镇经济学家/卡拉圭镇议会

30. John M/Town Treasurer/Korogwe TC/镇财务主管/卡拉圭镇议会

31. Crvendo Mduhiye/Town Treasurer/Korogwe TC/镇财务主管/卡拉圭镇议会

32. Zaituni Y Hassan/Human Resource Officer/Korogwe TC/人力资源官/卡拉圭镇议会

33. Izec Kissa/Municipal Economist/Dodoma MC/市政经济学家/多多马市议会

34. Sarianga Samwel/District Council Director/Dodoma MC/市委员会主任/多多马市议会

35. Locus Mweri/DPLO/Dodoma MC/市计划官/多多马市议会

36. Fidelis Nenetwa/Council Treasurer/Dodoma MC/议会财务主管/多多马市议会

37. Temu Eustaki/District Council Director/Muheza DC/县委员会主任/姆万扎县议会

38. Amina Kipindura/District Treasurer, Head of Finance/Muheza DC/县财务主管/姆万扎县议会

39. Ramadhani Kidoloi/Economist, District Plan local Offier (DPLO), Head of Planning and Trade/Muheza DC /经济学家, 县计划官/姆万扎县议会

40. Veronica Hwilongo / Human Resource Officer, Head of Personnel and Administration/Muheza DC/人力资源官, 人事管理主任/姆万扎县议会

41. Karoli Ndelika/Acting district treasurer, Accountant/Mufindi DC/县财务副主管, 会计师/慕芬迪县议会

42. Eden A.Munisi/District Executive Director/Morogoro DC/县执行主任/莫罗戈罗县议会

43. Zakaria Sekimmri/District Treasurer/Morogoro DC/县财务主管/莫罗戈罗县议会

44. Yasini Msangi/Acting District Plan local Officer (DPLO) / Morogoro DC/县计划副主管/莫罗戈罗县议会

45. Hands Raadschilders / First Secretary Local Governance/ Kingdom of the Netherlands/地方治理第一秘书/ 荷兰

46. Emmanuel A.Mungunasi/Economist, AFTPZ/World Bank/经济学家/世界银行

47. Dominic S.Haazen/Lead Health Policy Specialist/Africa Human Development Department, The World Bank/首席卫生政策专家/世界银行 非洲人类发展部

48. Paolo Zacchia / Lead Economist Poverty Reduction / Economis Management

East Africa Unit, The World Bank/首席减贫经济学家/世界银行 东非经济管理组

49. Chiyo Kanda / Senior Operations Officer / Country Management Unit, The World Bank/高级运营官/世界银行 国家管理组

50. Martin Mfikwa/Internal Auditor/Irish Aid, Embassy of Ireland/内部审计师/爱尔兰大使馆 爱尔兰援助署

* MC=Municipal Council/市议会(译者注:MC和CC都译为"市议会",但坦桑尼亚各区首府所在市的市议会才被称为"MC",非区首府所在市称为"CC"。)

DC=District Council/县议会(译者注:坦桑尼亚的县级行政区域,相当于中国的省级行政区域。)

TC=Town Council/镇议会

CC=City Council/市议会

MOFEA=Ministry of Finance and Economic Affairs/财政部(译者注:坦桑尼亚政府进行部门改组后,该部门的名称也发生了变化。作者在本书中将之统一称为"财政部"。)

■ 2011年2月17日至21日在坦桑尼亚接受采访的人员名单

1. Yoshio AIZAWA/Expert/O&OD Team/专家/"发展的机遇与障碍"工作组

2. Severin Kahitwa/Ag.DLG/PMORALG/副部长(地方政府)/公务员管理和地方政府事务部

3. Elightness Mchome/Asst.Dir.LG Finance/PMORALG/代理财务副部长/公务员管理和地方政府事务部

4. Mohamed Pagawa/DAP/PMORALG/政府官员/公务员管理和地方政府事务部

5. Paul Kihwele/Town Planner/PMORALG/镇计划官/公务员管理和地方政府事务部

6. Isack Kissa/Economist/Dodoma MC/经济学家/多多马市议会

7. Mkama Musese/Treasurer/Dodoma MC/财务主管/多多马市议会

8. P Mkongwa /DPP/PMORALG/政策规划官/公务员管理和地方政府事务部

9. Karoli Ndelika/Treasurer/Mufindi DC/财务主管/慕芬迪县议会

10. Suma Mwailafu/Economist/Mufindi DC/经济学家/慕芬迪县议会

11. Shimwela L.E.S/Director/Mufindi DC/负责人/慕芬迪县议会

12. Tina Sekambo/Director/Iringa DC/负责人/伊林加县议会

13. Joseph Mbiaji/Treasurer/Iringa DC/财务主管/伊林加县议会

14. Abel Mgimwa/DPLO/Iringa DC/县计划官/伊林加县议会

15. Munishi/CD/Morogoro DC/城市主管/莫罗戈罗县议会

16. Sekimweri Zakaria/Treasurer/Morogoro DC/财务主管/莫罗戈罗县议会

17. Yasini Msangi/Ag.DPLO/Morogoro DC/县副计划官/莫罗戈罗县议会

18. Swilla A.T./HRO/Morogoro DC/人力资源官/莫罗戈罗县议会

19. Gikene Maheke/Ag.City Director/Tanga CC/市副主管/坦噶市议会

20. Alfa Moshi/Economist/Tanga CC/经济学家/坦噶市议会

21. Alfred Mlowe/Treasurer/Tanga CC/财务主管/坦噶市议会

22. Edes Phillip/CHRO/Tanga CC/首席人力资源官/坦噶市议会

23. Eustaki Temu/Director/Muheza DC/负责人/姆万扎县议会

24. Ramadhan Kidoloi/DPLO/Muheza DC/县计划官/姆万扎县议会

25. Amina Kipindura/Treasurer/Muheza DC/财务主管/姆万扎县议会

26. Veronica Mwilongo/HRO/Muheza DC/人力资源官/姆万扎县议会

27. George Jidamva/Ag.T/ Korogwe TC/财务副主管/卡拉圭镇议会

28. Zaituni Y.Hassan/HRO/Korogwe TC/人力资源官/卡拉圭镇议会

29. Grace Mbaruku/Economsit/Korogwe TC/经济学家/卡拉圭镇议会

30. Renatus Mchau/Economist/Korogwe TC/经济学家/卡拉圭镇议会

31. Credo Nduhiye/Ag.Treasurer/Korogwe TC/财务副主管/卡拉圭镇议会

32. Mustafa Sabuni/DPLO/Kisarawe DC/县计划官/基萨拉韦县议会

33. Hamisi Mkelle/HRO/Kisarawe DC/人力资源官/基萨拉韦县议会

34. Asha Shame/Planning Officer/Kisarawe DC/计划官/基萨拉韦县议会

35. Leonard Mbatina/Accountant/Kisarawe DC/会计师/基萨拉韦县议会

36. Fredrick Ngocho/Ag.Treasurer/Kisarawe DC/财务副主管/基萨拉韦县议会

37. Deus Mbalamwezi/Planning Officer/Kisarawe DC/计划官/基萨拉韦县议会

38. Grace Sembuli/Ed.Officer /Kisarawe DC/教育官员/基萨拉韦县议会

39. Samwel Sarianga/Director/Bagamoyo DC/负责人/巴加莫约县议会

40. Lucas Mweri/DPLO/Bagamoyo DC/县计划官/巴加莫约县议会

41. Fidelis Nenetwa/Treasurer/Bagamoyo DC/财务主管/巴加莫约县议会

42. Mrs. Philipina Malisa/Asst.Commissioner External Finance /MOFEA/涉外财务主管助理/财政部

43. Abdallah Lyangu/Finance Analyst/MOFEA/金融分析师/财政部

44. A.Matembele/Finance Analyst/MOFEA/金融分析师/财政部

45. John Mwilima/Asst.Commissioner Budget/MOFEA/预算主管助理/财政部

46. James Msina/Ext Finance Japan desk/MOFEA/涉外财务 日本工作组/财政部

47. Martin/Budget officer/MOFEA/预算官/财政部

48. James F.Mganga/Budget officer/MOFEA/预算官/财政部

49. Kazinja/Budget officer/MOFEA/预算官/财政部

50. Mugha/Budget officer/MOFEA/预算官/财政部

51. Benno Ndulu/Governor/Bank of Tanzania/总裁/坦桑尼亚中央银行

52. Regine L.Kikuli/Director of Policy and Planning/Ministry of Health/政策规划官/卫生部

MOFEA=Ministry of Finance and Economic Affairs/财政部（译者注：坦桑尼亚政府进行部门改组后，该部门的名称也发生了变化。作者在本书中将之统一称为"财政部"。）

PMORALG= Regional Administration and Local Government，公务员管理和地方政府事务部

O&OD=Opportunities and Obstacles to Development/发展的机遇与障碍

MC=Municipal Council/市议会（译者注：MC和CC都译为"市议会"，但坦桑尼亚各区首府所在市的市议会才被称为"MC"，非区首府所在市称为"CC"。）

DC=District Council/县议会（译者注：坦桑尼亚的县级行政区域相当于中国的省级行政区域。）

TC=Town Council/镇议会

CC=City Council/市议会

■ 2012年3月11日至14日在坦桑尼亚各自治区接受采访的人员名单

1. Rangya Muro/City Urban Planner/Tanga CC/城市规划官/坦噶市议会

2. Janeth Masasi/City CD officer/Tanga CC/城市开发官员/坦噶市议会

3. Wilfed Mramba/City Solicitor/Tanga CC/市律师/坦噶市议会

4. Danson Mongi/Trade officer/Tanga CC/贸易主任/坦噶市议会

5. Peret E. Mbassa/Ag.HRO/Tanga CC/副人力资源官/坦噶市议会

6. Damas D.Kifanga/Ag.City Educ.officer/Tanga CC/市教育副主管/坦噶市议会

7. Maud N.Safe/Ag.DALDO/Tanga CC/行政副官/坦噶市议会

8. Rajab Mwamba/Ag.CMOH/Tanga CC/副卫生医疗官/坦噶市议会

9. Anna Mbogo/City Treasurer/Tanga CC/市财务主管/坦噶市议会

10. Josephat Nyaki/Ag.City IA/Tanga CC/城市投资顾问/坦噶市议会

11. Temu Eustaki G./District Executive Director/Muheza DC/县执行主任/姆万扎县议会

12. Ramadhani J.Kidoloi/DPLO/Muheza DC/县计划官/姆万扎县议会

13. Leonard E.Mgaya/Town Executive Officer(TEO)/Muheza DC/镇执行官(TEO)/姆万扎县议会

14. Madiga J.S./DEO(Primay)/Muheza DC/县执行官（首席）/姆万扎县议会

15. Ezron W.Shoo/Accountant/Muheza DC/会计师/姆万扎县议会

16. Ndiruka Nyamweru/Ag.DMO/Muheza DC/县市场副主管/姆万扎县议会

17. Salim R.Iddi/Ag.Distr.Engineer/Muheza DC/县副工程师/姆万扎县议会

18. Salehe S.Kamnge/DLNREO/Muheza DC/县土地资源环境部门官员/姆万扎县议会

19. Epaphras Milambwe/Ag.DALDO/Muheza DC/行政副官/姆万扎县议会

20. Peter E.Shao/Supplies officer/Muheza DC/物料供应主任/姆万扎县议会

21. Maria Ilumba/Ag.DCDO/Muheza DC/县开发副主管/姆万扎县议会

22. Aziza S.Omari/DTO/Muheza DC/县财务主管/姆万扎县议会

23. Hans Patrick/Water Engineer /Muheza DC/水利工程师/姆万扎县议会

24. Eden Munisi/District Executive Director/Morogoro DC/县执行主任/莫罗戈罗县议会

25. Yasini M.Msangi/DPLO/MorogoroDC/县计划官/莫罗戈罗县议会

26. Asia Matitu/Ag.DEO(Secondary)/Morogoro DC/县副执行官（第二）/莫罗戈罗县议会

27. Donald W.Pambe/DEO（Primary）/Morogoro DC/县执行官（首席）/莫罗戈罗县议会

28. Peter V.Nkala/Ag.DALDO/Moaoguro DC/行政副官/莫罗戈罗县议会

29. Judicate M.Urassa/Ag.DBO/Morogoro DC/业务副主管/莫罗戈罗县议会

30. Theogonius E.Ligonja/CDO/Morogoro DC/开发主管/莫罗戈罗县议会

31. Imakulata Fungo/DSO/Morogoro DC/业务主管/莫罗戈罗县议会

32. Neema Aligawesa/Ag.DHRO/Morogoro DC/县副人力资源官/莫罗戈罗县议会

33. January Njozi/Ag.EO/Morogoro DC/副执行官/莫罗戈罗县议会

34. Samwel Laizer/Morogoro DC/Morogoro DC/莫罗戈罗县议会/莫罗戈罗县议会

35. Zainab Kavipe/Ag.DE/Morogoro DC/县教育副主管/莫罗戈罗县议会

36. Tumaini Njeleke/Ag.DT/Morogoro DC/县财务副主管/莫罗戈罗县议会

37. Edward Makenge/Ag.DESO/Morogoro DC/副执行官/莫罗戈罗县议会

38. Owen T.Mhanga/Ag.DWE/Morogoro DC/业务副主管/莫罗戈罗县议会

39. Iddi S.Ndabagenga/Ag.DLNRO/Morogoro DC/县土地资源部门副主管/莫罗戈罗县议会

40. Cotrida Komba/District Solicitor/Morogoro DC/县律师/莫罗戈罗县议会

41. Michael Daffa/DEO(Secondary)/Morogoro DC/县执行官（第二）/莫罗戈罗县议会

42. Paul Michael Nandrie/CM/Morogoro DC/市长/莫罗戈罗县议会

43. Anne Mwandiga/Procurement officer/Morogoro DC/采购官员/莫罗戈罗县议会

44. Eustaki Moshi/TASAF coordinator/Morogoro DC/坦桑尼亚社会行动基金协调员/莫罗戈罗县议会

■ 2012年3月16日至21日，坦桑尼亚中央政府、援助方、社会团体接受采访的人员名单。

1. Diana Mkumbo Chilolo/Members of Parliament(Energy & Minerals Committee Members) /议会议员(能源和矿产委员会成员)

2. Mariam Nassoro KSangi/Members of Parliament(Energy & Minerals Committee Members) /议会议员(能源和矿产委员会成员)

3. Charles John Poul Mwijage/Members of Parliament(Energy & Minerals Committee Members) /议会议员(能源和矿产委员会成员)

4. Selemani Jumanne Zedi / Members of Parliament(Energy & Minerals Committee Members) /议会议员(能源和矿产委员会成员)

5. Lucy Thomas Mayenga/Members of Parliament(Energy & Minerals Committee Members) /议会议员(能源和矿产委员会成员)

6. David Ernest Silinde / Members of Parliament(Energy & Minerals Committee Members) /议会议员(能源和矿产委员会成员)

7. Mbarouk Salim Ali / Members of Parliament(Energy & Minerals Committee Members) /议会议员(能源和矿产委员会成员)

8. Sarah Msafiri/Members of Parliament(Energy & Minerals Committee Members) /议会议员(能源和矿产委员会成员)

9. Benno Ndulu/Governor/Bank of Tanzania/总裁/坦桑尼亚中央银行

10. Focas/Chief Economist/Planning Commissioner, President Office/首席经济学家/总统办公室计划委员会

11. Eliakim C.Maswi/Permanent Secretary/Ministry of Energy and Minerals/常务秘书/能源和矿产部

12. Ally Samaje / Acting Commissioners for Minerals / Ministry of Energy and Minerals/代理矿产部长/能源和矿产部

13. Hosea A.Mbise/Assistant Commissioner for Energy/Ministry of Energy and Minerals/助理能源部长/能源和矿产部

14. Rwiza/Planning Director/TANROADS (Ministry of Works) /计划主任/坦桑尼亚国家公路局(工程部)

15. A.Matembele/Finance Analyst, External Finance Derpartment/MOFEA/金融分析师,涉外财务局/财政部

16. Philippe Poinsot/Country Director/UNDP/国家主任/联合国开发计划署

17. Ishmael Dodod/Head, Management Support/UNDP/主管,管理支持/联合国开发计划署

18. Amarakoon Bandara/Economics Advisor/UNDP /经济顾问/联合国开发计划署

19. Sangyun Lee/Tanzania Country Director/Economic Development Cooperation fund Group (EDCF:Korea) /驻坦桑尼亚事务所所长/经济发展合作基金组(韩国)

20. Jacques Morisset/Lead Economist Africa Region/World Bank/首席非洲地区经济学家/世界银行

21. Samuel M.Wangwe/Executive Director/REPOA (Research on Poverty Alleviation) /执行主任/减贫研究机构

22. Semkae Kilonzo/Manager/Policy Forum/主管/政策论坛

23. 西村央/所长/鸿池建设坦桑尼亚事务所

24. Tetsuo SAKAMOTO/project manager/项目经理/鸿池建设坦桑尼亚事务所

25. Naftali.S Mshana/Treasurer /财务主管/鸿池建设坦桑尼亚事务所

26. 水野由康/专家/日本国际协力事业团工业、贸易和市场部

27. 日本国际协力事业团(JICA)驻坦桑尼亚事务所各领域负责人

参考文献

英语文献

ACHARYA A, ANA TERESA FUZZO DE LIMA, MOORE M, 2006. Proliferation and fragmentation: transaction costs and the value of aid [J]. Journal of development studies, 42(1–21).

AGENCIES, 2013. China-Africa economic and trade cooperation: IV. Supporting African infrastructure construction. Global times [EB/OL]. [2014–09–10]. http://www.globaltimes.cn/content/807257.shtml.

ALDASORO I, P NUNNENKAMP, R THIELE, 2009. Less aid proliferation and more donor coordination? The wide gap between words and deeds [R]// Kiel Institute for the World Economy. Kiel working paper no. 1516. Kiel: Kiel Institute for the World Economy.

ANNEN K, L MOERS, 2012. Donor competition for aid impact, and aid fragmentation [R]//IMF. IMF working paper WP/12/204. Washington, D.C.: IMF.

ANYANWU J C, A E O ERHIJAKPOR, 2010. Do international remittances affect poverty in Africa?[J]. African development review, 22(1): 51–91.

ARELLANO M, O BOVER, 1995. Another look at the instrumental-variableestimation of error-components models[J]. Journal of econometrics, 68(1): 29–51

ARELLANO M, O BOVER, S BOND, 1991. Some tests of specification for panel data: Monte Carlo evidence and an application to employment equations [J]. The review of economic studies, 58(2): 277–297.

ARIMOTO Y, H KONO, 2007. Foreign aid and recurrent cost: donor competition, aid proliferation and conditionality mimeographed [R]//RIETI. RIETI discussion paper series 07–E–051. Tokyo: RIETI.

AYDIN B, 2011. Ghana: will it be gifted or will it be cursed?[R]//IMF. IMF working paper WP/11/104. Washington, D.C.: IMF.

BAEZ-CAMARGO C, E JACOBS, 2011. A framework to assess governance of health systems in low income countries[J]. Basel Institute on Governance: Working paper series no. 11. Basel: Basel Institute on Governance.

BAILEY S J, S CONNOLEY, 1998. The flypaper effect: identifying areas for further research[J]. Public choice, 95(3-4): 335-361.

BALDACCI E, B CLEMENTS, S GUPTA, Q CUI, 2008. Social spending, human capital, and growth in developing countries[J]. World development, 36(8): 1317-1341.

BALDACCI E, M T GUIN-SIU, LUIZ DE MELLO, 2003. More on the effectiveness of public spending on health care and education: a covariance structure model[J]. Journal of international development, 15(6): 709-725.

BANERJEE A, E DUFLO, 2011. Poor economics: a radical rethinking of the way to fight global poverty[M]. New York: Public Affairs.

B HOFFMAN, L ROBINSON, 2009. Tanzania's missing opposition[M]. Journal of democracy, 20(4): 123-136.

BATLEY R, 2004. The politics of service delivery reform[J]. Development and change, 35(1): 31-56.

BATLEY R, 2005. Mozambique: the cost of owning aid[J]. Public administration and development, 25(5): 415-424.

BAYART JEAN-FRANÇOIS, 1989. L'Etat en Afrique. La politique du ventre [M]. Paris: Fayard.

BEYNON J, A DUSU, 2010. Budget support and MDG performance[R]//European Commission Directorate-General for Development. Development paper 2010/01. Brussels: European Commission Directorate-General for Development and Relations with African, Caribbean and Pacific States.

BLUNDELL R, S BOND, 1998. Initial conditions and moment restrictions in dynamic panel data models[J]. Journal of econometrics, 87(1): 115-143.

BOONE P, 1996. Politics and the effectiveness of foreign aid[J]. European economic review, 40(2): 289-329.

BOOTH D, 2011. Towards a theory of local governance and public goods provision[J]. IDS bulletin, 42(2): 11-21.

BOURGUIGNON F, M SUNDBERG, 2007. Aid effectiveness: opening the black box[J]. American economic review, 97(2): 316-320.

BRADFORD D F, W E OATES, 1971. The analysis of revenues sharing in a new approach to collective fiscal decision [J]. Quarterly journal of economics, 85(3): 416-439.

BRATTON M, N VAN DE WALLE, 1997. Democratic experiments in Africa: regime transitions in comparative perspective [M]. Cambridge: Cambridge University Press.

BRATTON M, R MATTES, E GYIMAH-BOADI, 2005. Public opinion, democracy, and market reform in Africa[M]. Cambridge: Cambridge University Press.

BRÄUTIGAM D, 2011. Aid with Chinese characteristics: Chinese foreign aid and development finance meet the OECD-DAC aid regime [J]. Journal of international development, 23(5): 752-764.

BROCKINGTON D, 2008. Corruption, taxation and natural resource management in Tanzania[J]. The Journal of development studies, 44(1): 103-126.

BROWN A, FOSTER M, NORTON A, NASCHOLD F, 2001. The status of sector wide approaches[R]//ODI. ODI working paper 142. London: ODI: 1-67.

BURNELL P, 2000. Democracy assistance international co-operation for democratization [M]. London: Frank Cass.

BURNSIDE C, D DOLLAR, 2000. Aid, policies, and growth [J]. American economic review, 90(4): 847-868.

CALDERON C, L SERVÉN, 2008. Infrastructure and economic development in Sub-Saharan Africa[R]//World Bank. World Bank policy research working paper 4712. Washington, D.C.: The World Bank.

CAMPBELL H, H STEIN, 1992. Tanzania and the IMF: the dynamics of liberalization[M]. Boulder: Westview.

CASHEL-CORDO P, S G CRAIG, 1990. The public sector impact of international resource transfers[J]. Journal of development economics, 32(1): 17-42.

CASSEN R, ASSOCIATES, 1994. Does aid work?[M]. 2nd. Oxford: Clarendon Press.

CARTER R, 2008. Putting aid on budget[R]. [S.l.]: CABRI.

CELASUN O, J WALLISER, 2008. Managing aid surprises: developing countries can-not make full use of aid when it is unpredictable [J]. Finance and development, 45(3): 34-37.

CHABAL P, J-P DALOZ, 1999. Africa works: disorder as political instrument [M]. Oxford: James Currey Publishes.

CHANBORETH E, S HACH, 2008. Aid effectiveness in Cambodia [R]// Wolfensohn center for development working paper 7. [S.l.:s.n.].

CLAUSSEN J, H MOSHI, S WANGWE, 2006. Public financial management review Zanzibar final report [R]. Oslo: Norwegian Agency for Development Cooperation(Norad).

CLEMENS M A, S RADELET, R R BHAVNANI, 2004. Counting chickens when they hatch: the short-term effect of aid on growth [R]//Center for Global Development. CGD working paper 44. Washington, D.C.: Center for Global Development.

COLLIER P, A HOEFFLER, 2002. Aid, policy and growth in post-conflict societies [R]//Word Bank. World Bank policy research working paper 2902. Washington, D.C.: Word Bank.

COLLIER P, A HOEFFLER, 2007. Unintended consequences: does aid promote arms races?[J]. Oxford bulletin of economics and statistics, 69(1): 1-27.

COLLIER P, D DOLLAR, 2002. Aid allocation and poverty reduction [J]. European economic review, 46(8): 1475-1500.

COLLIER P, J DEHN, 2001. Aid, shocks, and growth[R]//Word Bank. World Bank policy research working paper 2688 . Washington, D.C.: Word Bank.

COLLIER P, L ELLIOTT, H HEGRE, et al., 2003. Breaking the conflict trap: civil war and development policy[M]. New York: Oxford University Press.

COOLIDGE J, S ROSE-ACKERMAN, 1999. High-level rent seeking and corruption in African regimes: theory and cares [R]//Word Bank. World Bank policy research working paper 1780. Washington, D.C.: Word Bank.

CORDELLA T, G DELL'ARICCIA, 2007. Budget support versus project aid: a theoretical appraisal[J]. The economic journal, 117(523): 1260-1279.

CORINA G, R JOLLY, F STEWART, 1987. Adjustment with a human face: protecting the vulnerable and promoting growth, vol. 1[M]. Oxford: Clarendon Press.

COSMA H, R WHISH, 2003. Soft law in the field of EU competition policy [J]. European business law review, 14(1): 25-56.

DAHL R A, 1961. Who governs? democracy and power in American city[M].

New Haven, London: Yale University Press.

Daima Associates Limited and Overseas Development Institute, 2005. Joint evaluation of general budget support Tanzania 1995-2004: revised final report, report to the government of Tanzania and to the poverty reduction budget support (PPBSS) development partners[R]. [S.l.:s.n.].

DALGAARD C-J, H HANSEN, F TARP, 2004. On the empirics of foreign aid and growth[J]. Economic journal, 114(496): 191-216.

Danish International Development Agency, 2005. Joint assistance strategies in Tanzania, Zambia and Uganda[R]. [S.l.]: Danish International Development Agency.

DARBON D, 1990. L'Etat prédateur [J]. Politique Africaine L'Afrique autrement, (39): 37-46

DAVIES P, 2010. A review of the roles and activities of new development partners[R]//The World Bank. CFP working paper series no. 4. Washington, D.C.: The World Bank.

DENNIS Y, 1995. The new multilateralism in Japan's foreign policy[M]. New York: St. Martin's Press.

Development Partners Group, 2006. Tanzania joint programme document[R]. [S.l.:s.n.].

DFID, 2005. DFID public service agreement 2005-2008[R]. [S.l.]: DFID.

DFID, 2006. White paper: making governance work for the poor[R]. [S.l.]: DFID.

DFID, 2007a. PSA Delivery agreement 29[R]. [S.l.]: DFID.

DFID, 2007b. DFID annual report[R]. [S.l.]: DFID.

DFID, 2007c. Ghana joint assistance strategy(G-JAS): commitments by partners towork toward GPRS II goals and harmonization principles[R]. [S.l.]: DFID.

DFID, 2008a. DFID annual report[R]. [S.l.]: DFID.

DFID, 2008b. DFID research strategy 2008-2013[R]. [S.l.]: DFID.

DOSTAL J M, 2004. Campaigning on expertise: how the OECD framed EU welfear and labour market policies and why success could trigger failure[J]. Journal of European public policy vol. 11, (3): 440-460.

DOYA D M, 2012. Tanzania's China-funded gas pipeline to be started this year

[EB/OL]. (2012-06-14)[2014-09-10]. http://www.Bloomberg.com/news/2012-06-14/tanzania-s-China-funded-gas-pipeline-to-be-started-this-year-1-.html.

DREHER A, A FUCHS, 2011. Rogue aid? the determinants of Chinas aid allocation [R]//CESifo. CESifo working paper series, no. 3581. Munich: CESifo.

DRISCOLL R, K CHRISTIANSEN, D BOOTH, 2005. Progress review and performance assessment in poverty-reduction strategies and budget support: a survey of current thinking and practice[R]. [S.l.]: Overseas Development Institute.

DURBARRY R, 2004. Foreign aid: is it all consumed? [J]. Journal of international development, 16(2): 189-199.

EASTERLY W, 1999. The ghost of financing gap: evaluating the growth model of theinternational financial institutions [J]. Journal of development economics, 60(2): 423-438.

Economic and Social Research Foundation, 2005. Enhancing aid relationships in Tanzania: IMG report 2005[R]. [S.l.]: IMG.

EISENSTADT S N, 1972. Traditional patrimonialism and modern neo-patrimonialism [M]. Beverly Hills: Sage Publications.

Embassy of the People's Republic of China in the United Republic of Tanzania, 2008. Chinese Ambassador to Tanzania Liu Xinsheng Talked about the quake in China and other Developmental Issues[EB/OL]. (2008-06-02)[2014-09-10]. http://tz.china-embassy.org/eng/xwdt/t461227.htm.

Embassy of the People's Republic of China in the United Republic of Tanzania, 2009. Chinese medical team in Tanzania[EB/OL]. (2009-08-12)[2014-09-10]. http://tz.china-embassy.org/eng/xwdt/t577975.htm.

Embassy of the People's Republic of China in the United Republic of Tanzania, 2009. Interview with Chinese Ambassador to Tanzania Liu Xinsheng by Gabby Mgaya of Daily News[EB/OL]. (2009-10-09)[2014-09-10]. http://tz.china-embassy.org/eng/xwdt/t619346.htm.

Embassy of the People's Republic of China in the United Republic of Tanzania, 2011. The inauguration of China Alumni Association of Tanzania[EB/OL]. (2011-08-18)[2014-09-10]. http://tz. china-embassy. org / eng / xwdt / t849427. htm.

Embassy of the People's Republic of China in the United Republic of Tanzania,

2012. Interview with Chinese Ambassador Lu Youqing by AFRICAN[EB/OL]. (2012-05-19)[2014-09-10]. http://tz. china-embassy. org / eng / xwdt / t930282.htm.

Embassy of the People's Republic of China in the United Republic of Tanzania, 2012. Speech by Ambassador Lu Youqian at The Reception Marking His Assumption of Office & Achievement Showcase of Chinese Agricultural Technology Demonstration Center[EB/OL]. (2012-06-25)[2014-09-10]. http://tz.china-embassy.org/eng/xwdt/t946463.htm.

European Union, 2005. The European consensus on development, joint statement by the council and the representatives of the governments of the member states meeting within the council, the European parliament and the commission [Z]. [S.l.:s.n.].

European Union, 2007. EU code of conduct on division of labour in development policy[Z]. [S.l.:s.n.].

FATTON R JR., 1992. Predatory rule: state and civil society in Africa[M]. Boulder: Lynne Rienner Publishers.

FAURE J-C, 2000. Efforts and policies of the members of the development assistance committee: development co-operation 1999 report[J]. The DAC journal, 1(1): 1-272.

FERGUSON J, 1994. The anti-politics machine: development, depoliticization, and bureaucratic power in Lesotho[M]. Minneapolis, London: University of the Minnesota Press.

FEYZIOGLU T, V SWAROOP, M ZHU, 1998. A panel date analysis of the fungibility of foreign aid[J]. World Bank economic review, 12(1): 29-58.

FIELDING D, G MAVROTAS, 2008. Aid volatility and donor-recipient characteristics indifficult partnership countries[J]. Economica, 75(299): 481-494.

FILMER D, L PRITCHETT, 1999. The impact of public spending on health: does money matter?[J]. Social science & medicine, 49(10): 1309-1323.

Finland, 2004. Government resolution on development policy[Z]. [S.l.:s.n.].

Finland, 2007a. Finnish development cooperation in 2006[Z]. [S.l.:s.n.].

Finland, 2007b. Development policy programme 2007[Z]. [S.l.:s.n.].

FISHER R C, 1982. Income and grant effects on local expenditure: the flypapereffect and other difficulties[J]. Journal of urban economics, 12(3): 324-345.

FJELDSTAD O-H, 2001a. Taxation, coercion and donors: local government tax enforcement in Tanzania[J]. The journal of modern African studies, 39 (2): 289-306.

FJELDSTAD O-H, 2001b. Why people pay taxes: the case of the development levy in Tanzania[J]. World development, 29(12): 2059-2074.

FJELDSTAD O-H, J SEMBOJA, 2000. Dilemmas of fiscal decentralization: a study of local government taxation in Tanzania[J]. Forum for development studies, 27(1): 7-41.

FOSTER M, 1999. Lessons of experience from sector-wide approaches in health[R]. [S.l.]: World Health Organization.

FOSTER V, C BRINCEÑO-GARMENDIA, 2009. Africa's infrastructure: a time for transformation[M]. Paris, Washington, D.C.: Agence Française Developpement (AFD) and the World Bank.

FRANCO-RODRIGUEZ S, O MORRISSEY, M MCGILLLVRAY, 1998. Aid and the public sector in Pakistan: evidence with endogenous aid[M]. World development, 26(7): 1241-1250.

FREEMAN L, 1982. CIDA, wheat and rural development in Tanzania[J]. Canadian journal of African studies, 16(3): 479-504.

FREUND C, N ROCHA, 2011. What constrains Africa's exports?[J]. World Bank economic review, 25(3): 361-386.

FROT E, J SANTISO, 2010. Crushed aid: fragmentation in sectoral aid[R]// OECD. OECD development centre working paper, no. 284. Paris: OECD.

GJAS, 2007. Ghana joint assistance strategy[Z]. [S.l.:s.n.].

GOHOU G, I SOUMARE, 2010. The impact of project cost on aid disbursement delay: the case of the African Development Bank[Z]. [S.l.:s.n.].

GOULD J, 2005. The new conditionality: the politics of poverty reduction strategies[M]. London: Zed Books Ltd.

GOULD J, J OJANEN, 2003. Merging in the circle: the politics of Tanzania's poverty reduction strategy[R]//Institute of Development Studies, University of Helsinki policy papers 2/2003. [S.l.]: Institute of Development Studies,

University of Helsinki.

GREEN E, 2010. Patronage, district creation, and reform in Uganda [J]. Studies in comparative international development, 45(1): 83-103.

HANSEN H, F TARP, 2000. Aid effectiveness disputed[J]. Journal of international development, 12(3): 375-398.

HANSEN H, 2001. Aid and growth regressions [J]. Journal of development economics, 64(2): 547-570.

HARMS P, M LUTZ, 2004. The macroeconomic effects of foreign aid: a survey [R]. University of St. Gallen Department of Economics working paper series 2004-11. [S.l.]: University of St. Gallen Department of Economics: 1-26.

HARRISON G, 2001. Post-conditionality politics and administrative reform: reflections on the cases of Uganda and Tanzania [J]. Development and change, 32(4): 657-679.

HARROLD P, ASSOCIATES, 1995. The broad sector approach to investment lending sector investment programs [R]//Word Bank. World Bank discussion paper no. 320. Washington, D.C.: World Bank.

HARTTGEN K, M MISSELHORN, 2006. A multilevel approach to explain child mortality and undernutrition in South Asia and Sub-Saharan Africa [R]. Ibero-America Institute for Economic Research . IAI discussion papers 152. [S.l.]: Ibero-America Institute for Economic Research.

HAVNEVIK K J, F KJAERBY, R MEENA, et al., 1988. Tanzania: country study and Norwegian aid review[M]. Bergen: University of Bergen, Centre for Development Studies.

HEFEKER C, 2006. Project aid or budget aid? the interests of governments and financial institutions[J]. Review of development economics, 10(2): 241-252.

HELLEINER K G, T KILLICK, N LIPUMBA, et al., 1995. Report of the group of independent advisers on development cooperation issues between Tanzania and its aid donors[R]. [S.l.]: Royal Danish Ministry of Foreign Affairs.

HELLEINER K G, 2005. Report of the group of independent advisers on development cooperation issues between Tanzania and its aid donors[R]. [S.l.]: Royal Danish Ministry of Foreign Affairs.

HELLER P S, 1975. A model of public fiscal behavior in developing countries:

aid, investment, and taxation[J]. American economic review, 65(3): 429–445.

HINES J R, R H THALER, 1995. Anomalies: the flypaper effect[J]. Journal of economic perspectives, 9(4): 217–226.

HOBBS G, 2001. The health sector-wide approach and health sector basket fund [R]//DFID. Final report for DFID, economic and social research foundation[S.l.]: DFID: 1–62.

HOLTZ-EAKIN D, W NEWEY, H S ROSEN, 1988. Estimating vector autoregressions with panel date[J]. Econometrica, 56(6): 1371–1395.

HUDSON J, 2012. Consequences of aid volatility for macroeconomic management and aid effectiveness[R]//UNU-WIDER working paper, no. 2012/35 [S.l.]: UNU-WIDER.

HURNI B S, 1980. The lending policy of the World Bank in the 1970s: analysis and evaluation[M]. Boulder: Westview Press.

HYDEN G, 1983. No shortcuts to progress: African development management in perspective[M]. London: Heinemann Educational Publishers.

HYDEN G, 2005. Why do things happen the way they do? a power analysis of Tanzania[R]. Dar es Salaam: Embassy of Sweden.

IBRD, 1981. The McNamara years at the World Bank [M]. Baltimore and London: The Johns Hopkins University Press.

IDA, 2007. Aid architecture: an overview of the main trends in official development assistance flows[R]. Washington, D.C.: World Bank.

IDA, IMF, 2002. Review of the poverty reduction strategy paper (PRSP) approach: early experience with interim PRSPs and full PRSPs[R]. [S.l.]: OED.

IDCJ, 2009. Strengthening participatory planning and community development cycle for good local governance is inception report[R]. [S.l.:s.n.].

IDD, Associates, 2006. Evaluation of general budget support: synthesis report [R]//Joint evaluation of general budget support 1999–2004. London and Glasgow: The Department for International Development on behalf of the Steering Group of the Joint Evaluation of General Budget Support.

INMAN R P, 2008. The flypaper effect[R]//National Bureau of Economic Research. NBER Working Paper 14579. [S.l.]: National Bureau of Economic Research.

JASZ, 2007. Joint assistance strategy for Zambia[Z]. [S.l.]: JASZ.

JAST, 2007a. Action plan and monitoring framework, working document[R]. [S.l.:s.n.].

JAST, 2007b. Objectives & principles[Z]. [S.l.]: The Ministry of Finance, DPG orientation seminar for new development partners.

Joint Work of DPs, 2009. Public expenditure review: rapid budget analysis 2009[Z]. [S.l.]: The PPP/PER Annual consultative Meeting.

JUNE L R, 2005. Aid disbursement delays: measures, causes, solutions[J]. Public administration and development, 25(5): 379-387.

KAUFMANN D, A KRAAY, M MASTRUZZI, 2010. The worldwide governance indicators: a summary of methodology, data and analytical issues[R]. World Bank. World Bank policy research working paper 5430. Washington, D.C.: World Bank.

KELSALL T, 2011. Rethinking the relationship between neo-patrimonialism and economic development Africa[J]. IDS buelletin, 42(2): 76-101.

KHARAS H, 2007. Trends and issues in development aid [R]//Wolfensohn center for development working paper 1. [S.l.:s.n.].

KHARAS H, LINN J F, 2008. Better aid: responding to gaps in effectiveness [R]//Wolfensohn center for development policy brief 2008-06. [S.l.:s.n.].

KHARAS H, K MAKINO, W J JUNG, 2011. Catalyzing development: a new vision for aid[M]. Washington, D.C.: Brooking Institution Press.

KHILJI N M, E M ZAMPELLI, 1994. The fungibility of U. S. military and nonmilitary assistance and impacts on expenditures of major aid recipients [J]. Journal of development economics, 43(2): 345-362.

KIHARA T, 2012. Effective development assistance aid: selectivity, proliferation and fragmentation, and the growth impact of development assistance [R]// ADBI working paper series, no. 342. [S.l.]: ADBI.

KIMURA H, Y SAWADA, Y MORI, 2007. Aid proliferation and economic growth: A cross-country analysis[R]//RIETI discussion paper series, 07-E-044. [S.l.]: RIETI.

KIMURA H, Y MORI, Y SAWADA, 2012. Aid proliferation and economic growth: a cross-country analysis[J]. World development, 40(1): 1-10.

KING K, 2007. China's aid to Africa: a view from China and Japan[Z].

Beijing: IFIC-JICA Seminar on China's Aid to Africa: The Beijing Summit and its Follow-up.

KJAERBY F, 1990. Self-help labour in rural infrastructure construction and maintenancein Ruvuma Region [R]. Copenhagen: Copenhagen Centre for Development Research.

KJAS, 2007. Joint assistance strategy for the Republic of Kenya[Z]. [S.l.:s.n.].

KLEEMEIER L, 1989. Policy reform and rural development in Tanzania[J]. Public administration and development, 9(4): 405-406.

KLEIN N, 2007. The shock doctrine: the rise of disaster capitalism[M]. New York: Metropolitan Books.

KNACK S, 2008. Donor fragimentation [M]// W R Easterly. Reinventing foreign aid. Cambridge: The MIT Press.

KNACK S, A Rahman, 2007. Donor fragmengtation and bureaucratic quality in aid recipients[J]. Journal of development economics, 83(1): 176-179.

KNACK S, A RAHMAN, 2008. Donor Fragmentation [M]// W R Easterly. Reinventing foreign aid. Cambridge: The MIT Press.

KNACK S, N EUBANK, 2009. Aid and trust in country systems [R]//Word Bank. World Bank policy research working paper 5005. Washington, D.C.: Word Bank.

KNOFF A A, 1999. Development as freedom[M]. New York: Oxford University Press.

KONDOH H, T KOBAYASHI, H SHIGA, et al., 2010. Diversity and transformation of aid patterns in Asia's emerging donors [R]. JICA . JICA working paper series no. 21. Tokyo: JICA.

KRASNER S D, 1983. International regimes[M]. Ithaca: Cornell University Press.

LANCASTER C, 2007. Foreign sid-fiplomacy, development, domestic politics [M]. Chicago: The University of Chicago press.

LAWSON A, L RAKNER, 2005. Understanding patterns of acountability in Tanzania, final synthesis report[R]. [S.l.]: Oxford Policy Management, Chr. Michelsen Institute and Research on Poverty Alleviation.

LAWSON A, D BOOTH, M MSUYA, et al., 2005. Does general budget support work? evidence from Tanzania[R]. [S.l.]: Overseas Development Institute and Daima Associates.

LAWSON A, R GERSTER, D HOOLE, 2005. Learning from experience with performance assessment frameworks for general budget support [R]//Synthesis report. [S.l.:s.n.].

LENSINK R, O MORRISSEY, 2000. Aid instability as a measure ofuncertainty and the positive impact of aid on growth [J]. The Journal of development studies, 36(3): 31–49.

LESTER B P, 1969. A new strategy for development[M]. [S.l.:s.n.].

LEVIN V T, 1980. African patrimonial régimes in comparative perspective [J]. The journal of modern African studies, 18, (4): 657–673.

LEVY V, 1987. Dose concessionary aid lead to higher investment rates in low-in-come countries? [J]. The review of economics and statistics, 69, (1): 152–156.

LEVY V, 1988. Aid and growth in Sub-Saharan Africa: the recent experience [J]. European economic review, 32(9): 1777–1795.

LINDBERG S I, M K C MORRISON, 2008. Are African voters really ethnic or clientelistic? survey evidence from Ghana [J]. The journal of public international Affairs, 123(1): 95–122.

LIVIGA A J, M ROELL, A K L MHINA, 2010. Effectiveness of decentralization by devolution: financial resources versus absorption capacity[R]//Draft report. [S.l.:s.n.].

LU C L, M T SCHNEIDER, P GUBBINS, et al., 2010. Public financing of health in developing countries[J]. The lancet, 375(9723): 1375–1387.

LUMSDAINE D H, 1993. Moral vision in international politics: the foreign aid regime, 1949–1989[M]. New Jersey: Princeton University Press.

LUND J F, 2007. Is small beautiful? village level taxation of natural resources in Tanzania[J]. Public administration and development, 24(4): 307–318.

MANNING R, 2006. Will"emerging donors"change the face of international co-operation?[J]. Development policy review, 27(4): 371–385.

MASON E S, R E ASHER, 1973. The World Bank since Bretton Woods[M]. Washington, D.C.: The Brookings Institution.

MBELE P M A, 1980. The role of district development cooperation: the case of Sumbawanga Development Cooperation (SUDECO)[R]//Social sciences BA thesis. Dar es Salaam: University of Dar es Salaam.

MCGUIRE M, 1978. A method for estimating the effect of a subsidy on the receiver's resource constraint: with an application to the U. S. local government 1964-1971[J]. Journal of public economics, 10(1): 25-44.

MÉDARD J-F, 1977. L'État sous-développé au Cameroun [M]//L'année africaine. [S.l.:s.n.]: 33-84.

MÉDARD J-F, 1982. The underdeveloped state in tropical Africa: political clientelism or neo-patrimonialism?[M]//C CLAPHAM. Private patronage and public power: political clientelism in the modern state. New York: St. Martin's Press: 162-192.

MÉDARD J-F, 1991. L'Etat néo-patrimonial en Afrique noire[M]// MÉDARD J-F . Etats d'Afrique noire: formation, mécanismes et cris. Paris: Khartala.

MEINAM B, 2007. Population dynamicsand economic development: a case study in Manipur[M]. NewDelhi: Mittalpublications.

MICHAELOWA K, A Weber, 2007. Chapter 18 aid effectiveness in the education sector: a dynamic panel analysis[M]//S LAHIRI. Theory and practice of foreign aid, vol. 1. Amsterdam: Elsevier Science Publishing Company: 357-386

Ministry of Finance, 1987. Budget management development programme: reports and planning[R]. Dar es Salaam: Ministry of Finance, Economic Affairs and Planning.

Ministry of Finance, 2004. Tanzania: The performance assessment framework for PRBS/PRSC annual review[R]. Dar es Salaam: Ministry of Finance.

Ministry of Finance, 2005. GBS annual review 2005 [R]. Dar es Salaam: Ministry of Finance.

Ministry of Finance, 2006. GBS annual review 2006 [R]. Dar es Salaam: Ministry of Finance.

Ministry of Finance and Economic Affairs, 2008. 2008 Paris declaration survey results2008[R]. GBS annual review 2008. [S.l.:s.n.].

Ministry of Finance and Economic Affairs, 2008. Budget strategy in a changing macroeconomic environment[R]. GBS annual review 2008. [S.l.:s.n.].

Ministry of Finance and Economic Affairs, 2008. General budget support annual review 2008 final report: annex 12 performance assessment framework (PAF) 2009[R]. [S.l.:s.n.].

Ministry of Finance and Economic Affairs, 2009. Key issues on PFM at the central and local government levels[Z]. [S.l.]: 2009 Annual National Policy Dialogue, BOT Conference Room.

Ministry of Foreign Affairs (Danida)/European Commission, DG Development, 2005. Joint assistance strategies in Tanzania, Zambia and Uganda, Final Report[R]. [S.l.:s.n.].

Ministry of Health, 1987. The health and social welfare financing situation in the country[R]. Dar es Salaam: Ministry of Health.

Ministry of Regional Administration and Local Government, 1998. Local government refrom programme policy paper on local government reform[Z]. [S.l.:s.n.].

Ministry of Industry, Trade and Marketing, 2010. Taking notes for Hon. Minister During Courtesy call by the mayor of Changzhou province in China on 24th March 2010[Z]. Dar es Salaam: Ministry of Industry, Trade and Marketing.

MOLD A, 2009. Policy ownership and aid conditionality in the light of the financial crisis: a critical review[R]//OECD Development Centre. Development centre studies. Paris: OECD Development Centre.

MORRISSEY O, 2006. Fungibility, prior actions, and eligibility for budget support[M]//S KOEBERLE, Z STAVRESKI, J WALLISER. Budget support as more effective aid? recent experiences and emerging lessons. Washington, D.C.: World Bank.

MORSS E R, 1984. Institutional destruction resulting from donor and project proliferation in Sub-Saharan African counties[J]. World development, 12 (4): 465-470.

MOYO D, 2009. Dead aid: why aid is not working and how there is a better way for Africa[M]. New York: Farrar, Straus and Giroux.

MUKANDALA R, 1983. Trends in civil service size and income in Tanzania, 1967-1982[J]. Canadian association of African studies, 17(2): 253-263.

MUSGROVE P, 1996. Public and private roles in health: theory and financing patterns [R]//Workd Bank. Health, nutrition, and population discussion paper. Washington, D.C.: World Bank.

MWITA S, 2012. Africa: China boosts support for African Nations [N/OL]. Tanzania daily news, 2012-09-07[2014-09-10]. http://allafrica.com/stories/201209070172.html.

NAÍM M, 2007. Rogue aid[J]. Foreign policy, 15(March/April): 95-96.

NEANIDIS K C, D VARVARIGOS, 2009. The allocation of volatile aid and economic growth: theory and evidence [J]. Europeun journal of political economy, 25(4): 447-462.

NG'WANAKILALA F, 2011. China co signs $3 bin Tanzania coal, iron deal [EB/OL]. (2011-09-22)[2014-09-10]. http://www.reuters.com/article/2011/09/22/tanzania-china-mining-idUSL5E7KM1HU20110922.

NISSANKE M, M SÖDERBERG, 2011. The changing landscape in aid relationships in Africa: can China's engagement make a difference to African development?[R]//UI papers 2011/2. [S.l.:s.n.].

NIXON J, P ULMANN, 2006. The relationship between health care expenditure and health outcomes[J]. The European journal of health economics, 7(1): 7-18.

NORAD, 2003. Principles for delegated co-operation in NORAD [R]//NORAD report 2003/02. [S.l.]: NORAD.

NORTON A, B BIRD, 1999. Social development issues in sector wide approaches[R]. London: ODI.

NYERERE J K, 1962. Ujamma—the basis of African socialism [J]. The jouranl of pan African studies, 1(1), 1987.

O'CONNELL S A, C C SOLUDO, 2001. Aid intensity in Africa [J]. World development, 29(9): 1527-1552.

OECD, 2000. Development co-operation 1999 report[J]. The DAC journal, (1)1.

OECD, 2003a. Harmonizing donor practices for effective aid delivery [Z]//OECD. DAC guidelines and reference series. Paris: OECD.

OECD, 2003b. Finland DAC peer review[R]. Paris: OECD.

OECD, 2005. The Paris declaration on aid effectiveness: ownership, harmonization, alignment, results and mutual accountability[R]. Paris: OECD.

OECD, 2006a. DAC in dates: the history of OECD's development assistance committee[R]. Paris: OECD.

OECD, 2006b. Netherlands DAC peer review[R]. Paris: OECD.

OECD, 2006c. United Kingdom DAC peer review[R]. Paris: OECD.

OECD, 2007a. Aid effectiveness 2006 survey on monitoring the Paris Declaration overview of the results[J]. OECD journal on development, 8(2).

OECD, 2007b. Aid effectiveness 2006 survey on monitoring the Paris Declaration country chapters[R]. Paris: OECD.

OECD, 2007c. Finland DAC peer review[R]. Paris: OECD.

OECD, 2008a. 2008 survey on monitoring the Paris Declaration: making aid more effective by 2010, better aid[R]. Paris: OECD.

OECD, 2008b. The Paris Declaration on aid effectiveness and the Accra Agenda for Action[M]. Paris: OECD.

OECD, 2008c. Scaling up: aid fragmentation, aid allocation and aid predictability—report of 2008 survey of aid allocation policies and indicative forward spending plans[R]. Paris: OECD Development Assistance Committee.

OECD, 2011. Aid effectiveness 2005-10: progress in implementing the Paris Declaration[R]. Paris: OECD.

OECD, 2012a. International development statistics[R]. Paris: OECD.

OECD, 2012b. Aid effectiveness 2011: progress in implementing the Paris Declaration, better aid[R]. Paris: OECD.

OECD, 2012c. International development statistics [EB / OL]. [2014-09-10]. http://www.oecd.org/dac/stats/idsonline.htm.

OSHIBA R, 1989. The World Bank under McNamara, Clausen, and Conable: resource allocation in the World Bank[M]. Ann Arbor: University Microfilms International.

PACK H, J R PACK, 1990. Is foreign aid fungible? the case of Indonesia [J]. The economic journal, 100(399): 188-194.

PACK H, 1993. Foreign aid and the question of fungibility[J]. The review of economic and statistics, 75(2): 258-265.

PAGANI F, 2002. Peer review as a tool for co-operation and change. an analysis of an OECD working method[J]. African security review, 11(4):

15-24.

PAULO S, H REISEN, 2010. Eastern donors and western soft law: towards a DAC donor peer review of China and India?[J]. Development policy review, 28(5): 535-552.

PER Macro Group, 2009. Tanzania public expenditure review rapid budget analysis FY09/10 synoptic note[Z]. [S.l.:s.n.].

POGGE T, 2005. World poverty and human rights[J]. Ethics and international affairs, 19(1): 1-7.

Poverty Monitoring Group, 2008. Tanzania rapid poverty assessment[Z]. [S.l.]: NBS.

PRESTON S H, 1975. The changing relation between mortality and level of economic development[J]. Population studies, 29(2): 231-248.

PUNCHALA D, R F HOPKINS, 1982. International regimes: lessons from inductive analysis[J]. International organization, 36(2).

RAJKUMAR A S, V SWAROOP, 2008. Public spending and outcomes: does governance matter?[J]. Journal of development economics, 86(1): 96-111.

REISEN H, 2009. The multilateral donor non-system: towards accountability and efficient role assignment [R]//Kiel Institute for the World Economy. Economics discussion papers, no. 2009-18. Kiel: Kiel Institute for the World Economy.

REISEN H, S NDOYE, 2008. Prudent versus imprudent lending to Africa: from debt relief to emerging lenders[R]//OECD. OECD development centre working paper, no. 268. Paris: OECD.

RENO W, 1995. Corruption and state, politics in Sierra Leone[M]. Cambridge: Cambridge University Press.

RIDDELL R C, 2007. Does foreign aid really work?[M]. Washington, D.C.: Oxford University Press.

ROEMER J E, J SILVESTRE, 2002. The flypaper effect is not an anomaly [J]. Journal of public economic theory, 4(1): 1-17.

ROODMAN D M, 2006a. Aid project proliferation and absorptive capacity[R]// Centerfor Global Development. Centerfor Global Development working paper no. 75. [S.l.]: Centerfor Global Development.

ROODMAN D M, 2006b. Competitive proliferation of aid projects: a model [R]//Centerfor Global Development. Center for Global Development working paper no. 89. [S.l.]: Centerfor Global Development.

ROODMAN D M, 2007a. The anarchy of numbers: aid, development, and cross-country empirics[J]. The World Bank economic review, 21(2): 255–277.

ROODMAN D M, 2007b. How to do xtabond2: an introduction to "difference" and "system" GMM in Stata[R]//Center for Global Development. Center for Global Development working aper no. 103. [S. l.]: Center for Global Development.

ROODMAN D M, 2008. An index of donor performance[R]//Center for Global Development. Center for Global Development working paper no. 67. [S.l.]: Center for Global Development.

ROODMAN D M, 2009. How to do xtabond2: an introduction to difference and system GMM in Stata[J]. Stata journal, 9(1): 86–136.

RUTTAN V W, 1996. United Stated development assistance policy[M]. Baltimore, London: The Johns Hopkins University Press.

SAIDI M D, C WOLF, 2011. Recalibrating development co-operation: how can African countries benefit from emerging partners? [R]//OECD. OECD development centre working paper no. 302. Paris: OECD.

SATO J, H SHIGA, T KOBAYASHI, H KONDOH, 2010. How do "emerging" donors differ from "traditional" donors?: an institutional analysis of foreign aid in Cambodia [R]//JICA. JICA working paper series, no. 2. Tokyo: JICA Research Institute.

SATO J, 2011. Emerging donors' from a recipient perspective: an institutional analysisof foreign aid in Cambodia[J]. World development, 39(12): 2091–2104.

SCHÄFER A, 2006. Resolving deadlock: why international organizations introducesoft law[J]. The Europian law journal, 12(2): 194–208.

SEMBOJA J, O Therkildsen, 1989. The recurrent cost financing problem a tdistrict level in Tanzania[R]//CDR. CDR working paper no. 89. 5. [S.l.]: CDR.

SEVERINO J-M, O RAY, 2009. The end of ODA: death and rebirth of a global public policy[R]//CGD. CGD working paper no. 167. [S.l.]: CGD.

SHIMOMURA Y, 2011. Infrastructure construction experiences in East Asia and Sub-Saharan Africa: a comparative study for mutual learning [Z]. Tokyo: JICA.

SIX C, 2009. The rise of postcolonial states as donors: a challenge to the development paradigm?[J]. Third world quarterly, 30(6): 1103-1121.

SÖDERBERG M, 2010. Challenges or complements for the west: is there an Asian model of aid emerging? [M]//J S SÖRENSEN. Challenging the aid paradigm western currents and Asian alternatives. Hampshire: Palgrave Macmillan.

SPA, 2006a. Overview of budget support, 2003-2005 presentation of the budget support working group to the plenary Accra[Z]. [S.l.:s.n.].

SPA, 2006b. Survey of budget support, 2006 volume i-main Findings[Z]. [S.l.: s.n.].

Swedish Ministry of Foreign Affairs, 1999. Making partnerships work on the ground[Z]. [S.l.:s.n.].

SYRIMIS S, 1998. Sector review: the financing of education in Tanzania[R]// UNESCO. EF M140. Paris: UNESCO.

TAMURA F, 2005. Spending substitution or additional funding? the estimation of endogenous foreign aid fungibility[Z]. [S.l.:s.n.].

The Co-Chairs of the SPA Budget Support Working Group, 2006. Strategic partnership with Africa: budget support 2003-2005: a review[Z]. [S.l.:s.n.].

The Comptroller and Auditor General, 2008. Department for international development: providing budget support to developing countries [R]//Authority of the House of Commons. Twenty-seventh report of session 2007-08. London: The Stationery Office Limited.

The Netherlands, 2003. Mutual interests mutual responsibilities: Dutch the Netheriands development cooperation en route to 2015[Z]. [S.l.:s.n.].

The Netherlands, 2007a. Results in development 2005-2006[Z]. [S.l.:s.n.].

The Netherlands, 2007b. Our common concern-investing in development in a changing world[Z]. [S.l.:s.n.].

The President's Office, 2005. Local government reform programme Medium

Term Plan and Budget July 2005-June2008[Z]. [S.l.:s.n.].

The President's Office, Regional Administration and Local Government, 2004a. The opprtunities and obstacles to development-a community participatory planning methodology hand book[Z]. [S.l.:s.n.].

The President's Office, Public Service Management, Regional Administration and Local Government, The Ministry of Justice and Constitutional Affairs and Ministry of Finance, 2004b. Reforming Tanzania's public administration: status and challenges[R]. [S.l.:s.n.].

The United Republic of Tanzania, 2000. PER: Public expenditure review[Z]. [S.l.:s.n.].

The United Republic of Tanzania, 2005a. Medium term strategic planning and budgeting manual working documents[Z]. [S.l.:s.n.].

The United Republic of Tanzania, 2005b. Tanzania assistance strategy implementation report FY 2002/03-2004/05[Z]. Dar er Salaam: [s.n.].

The United Republic of Tanzania, 2006a. Joint assistance strategy for Tanzania (JAST) [Z]. [S.l.:s.n.].

The United Republic of Tanzania, 2006b. Memorandum of understanding on the JAST between the government of the United of Tanzanya and development partners[Z]. [S.l.:s.n.].

The United Republic of Tanzania, 2006c. Partnership framework memorandum governing general budget support(GBS)for implementation of MKUKUTA[Z]. [S.l.:s.n.].

The United Republic of Tanzania, 2007. Technical note on general budget support(GBS) for implementation of MKUKUTA[Z]. [S.l.:s.n.].

The United Republic of Tanzania, 2008. Mid-term millennium development goals report 2000—2008[Z]. [S.l.:s.n.].

The United Republic of Tanzania, 2009a. Tanzania-National household budget survey 2007[Z]. Dar er Salaam: Ministry of Finance and Economic Affairs and National Bureau of Statistics Tanzania.

The United Republic of Tanzania, 2009b. The annual nationl policy dialogues report 2009[Z]. Dar er Salaam: Ministry of Finance and Economic Affiars.

The United Republic of Tanzania, 2010. National strategy for growth and reduction of poverty(NSGRPII) [Z]. [S.l.:s.n.].

The United Republic of Tanzania, Prime Minister's Office, 2008. Programme for business environment strengthening for Tanzania(BEST)[Z]. [S.l.:s.n.].

The United Republic of Tanzania, President's Office, Planning Commission, 2011. The Tanzania five year development plan 2011/2012–2015/2016: Unleashing Tanzania's latent growth potentials[Z]. [S.l.:s.n.].

Therkildsen O, J Semboja, 1992. Short-term resource mobilization for recurrent financing of rural local government in Tanzania[J]. World development, 20 (8): 1101–1113.

THERKILDSEN O, P TIDENMAND, B BANA, et al., 2007. Staff management and organisational performance in Tanzania and Uganda: public servant perspectives[R]. Copenhagen: Danish Institute for International Studies(DIIS).

THERKILDSEN O, P TIDENMAND, B BANA, et al., 2007. Staff management and organisational performance in Tanzania and Uganda: public servant perspectives(appendices) [R]. Copenhagen: Danish Institute for International Studies(DIIS).

TIDEMAND P, 2009. Sector budget support in practice: desk study local government sector in Tanzaniz[Z]. [S.l.]: ODI & Mokoro.

URT, 2005. Tanzania assiatance strategy implementation report FY 2002/03/2004/05[R]. Dar es Salaam: URT.

VAN DE WALLE D, R MU, 2007. Fungibility and the flypaper effect of project aid: micro-evidence for Vietnam[J]. Journal of development economics, 84 (2): 667–685.

VAN DE WALLE N, 2001. African economies and the politics of permanent crisis, 1979—1999[M]. Cambridge: Cambridge University Press.

VAN DE WALLE N, T A JOHNSTON, 1996. Improving aid to Africa[M]. Washington, D.C.: The Johns Hopkins University Press.

VENUGOPAL V, S YILMAZ, 2010. Decentralization in Tanzania: an assessment of local government discretion and accountability [J]. Public administration and development, 30(3): 215–231.

WAGSTAFF A, 2011. Fungibility and the impact of development assistance: evidence fron Vietnam's health sector[J]. Journal of development economics,

94(1): 62-73.

WANG W, L-F LEE, 2013. Estimation of spatial autoregregressive models with randomly missing data in the dependent variable[J]. The econometrics journal, 16(1): 73-102.

WANTCHEKON L, 2003. Clientelism and voting behavior: evidence from a field experiment in Benin[J]. World politics, 55(3): 399-422.

WAPENHANS W, et al., 1992. Report of the World Bank's portfolio management task force, effective implementation: key to development impact [R]. Washington, D.C.: World Bank.

WERKER E, F Z A, C COHCN, 2009. How is foreign aid spent? evidence from a natural experiment[J]. American economic journal: macroeconomics, 1(2): 225-244.

WILLIAM S, 2012. China plays major role in promoting Africa's development [EB/OL]. [2014-09-10]. http://www.ippmedia.com/frontend/index. php? I=45608.

WILLIAMSON J, 1983. IMF conditionality[R]. Washington, D.C.: Institute for International Economics.

WILSON S E, 2011. Chasing success: health sector aid and mortality[J]. World development, 39(11): 2032-2043.

WOODS N, 2008. Whose aid? whose influence? China, emerging donors and the silent revolution in development assistance [J]. Inernational affairs, 84 (6): 1205-1221.

World Bank, 1989. Sub-Saharan Africa-From crisis to sustainable growth: a long term perspective study[M]. Wshington, D.C.: World Bank.

World Bank, 1994a. The challenge of development [M]. Washington, D.C.: Oxford University Press.

World Bank, 1994b. Adjustment in Africa [M]. Washington, D.C.: Oxford University Press.

World Bank, 1998. Assessing aid: what works, what doesn't and why [M]. Washington, D.C.: Oxford University Press.

World Bank, 2001. Adjustment lending retrospective final report: operations policy and country services [R]. Washington, D.C.: Oxford University Press.

World Bank, 2003. World development report 2004: making services work for poor people[R]. Washington, D.C.: Oxford University Press, World Bank.

World Bank, 2012. World development indicators online[EB/OL]. [2014-09-10]. http://data. worldbank.org/data-catalog/world-development-indicators.

World Bank, Department for International Development, 2010. Expenditure framework and public financial management [R]//Working paper 3 for Afghanistan public expenditure review 2010: second generation of public expenditure reforms. Washington, D.C.: World Bank.

YOUNG O R, 1982. Regime dynamics: the rise and fall of international regimes[J]. International organization, 36(2).

ZABLON A, 2013. Tanzania: China to build Tanzania gas pipeline[EB/OL]. (2013-07-23)[2014-09-10]. http://allafrica.com/stories/201307230124.

ZOLALA F, F HEIDARI, N AFSHAR, et al., 2012. Exploring maternal mortality in relation to socioeconomic factors in Iran[J]. Singapore medical journal, 53(10): 684-689.

日语文献

アジア経済研究所,1998. 経済政策支援借款等ノンプロジェクト型援助推進のための基礎調査[M]. 千葉:アジア経済研究所.

荒木光弥,2011. 羅針盤:Beyond Aid 援助を超えて[C]// 国際開発ジャーナル社. 国際開発ジャーナル 2011年12月号. 東京:株式会社国際開発ジャーナル社.

井川紀道,1994. 図説 国際金融[M]. 東京:財経詳報社.

石川滋,1994. 構造調整——世銀方式の再検討[J]. アジア経済,35(11):2-32.

石川滋,2006. 国際開発政策研究[M]. 東京:東洋経済新報社.

稲田十一,2000. 国際開発援助の歴史的開展[M]//稲田,大橋,孤崎,室井. 国際開発の地域比較. 東京:中央経済社.

稲田十一,2004. 国際開発援助体制グローバル化——構造調整/貧困消減戦略レジームの展開[M]//藤原帰一,など. 国際政治講座(第3巻). 東京:東京大学出版会.

宮崎正洋,2006. 政治発展と民主化の比較政治学. 東京:東海大学出版社.

ウェーバー マックス,1998. 権力と支配 新装版[M]. 濱嶋朗,訳. 東京:有裴閣.

內田康雄,2000. プロジェクト型援助増殖とセクター資源の拡散(保健セクターを中心として)——援助協調とセクター・プログラムへの基礎研究[J]. 国民経済雑誌,(182).

絵所秀紀,1997. 開発の政治経済学[M]. 東京:日本評論社.

遠藤衛,2004. 委嘱事項:「サブサハラ・アフリカにおける援助動向」に関する調査・研究[R]// 在タンザニア日本大使館. 専門調査員報告書. ダルエスサラーム:在タンザニア日本大使館.

大野泉,2005. 援助モダリティ選択の基本視点と日本のポジショニング[Z]. [出版地不明]:現地ODAタスクォース遠隔セミナー(2005年9月14日).

大野健一,大野泉,1992. IMF・世界銀行の素顔[M]. 東京:日本評論社.

小川裕子,2011. 国際開発協力の政治過程——国際規範の制度化とアメリカ対外援助政策の変容[M]. 東京:東信堂.

奥田宏司,1989. 途上国債務危機とIMF、世界銀——80年代のブレトンフッズ機関とドル体制[M]. 東京：同文舘.

ODA評価有識者会議, 2006. 平成17年度外務県第三者評価 一般財政支援（タンザニアPRBS・ベトナムPRBS）のレビュー報告書[R]. 東京：外務省.

海外経済協力基金, 1992. 世界銀行の構成調整アプローチの問題点について[J]. 基金調査季報, (73).

外務省, 経済協力局, 1995. 経済協力に関する基本資料：1996[R]. 東京：外務省.

北川勝彦, 高橋基樹, 2004. アフリカ経済論[M]. 京都：株式会社ミネルヴァ書房.

木原隆司, 2003. 援助協調（International Aid Coordination）の理論と実際[J]. 開発金融研究所報, (17).

木原隆司, 2004. 内戦の開発経済学とカンボジア[R]// 財務省財務総合政策研究所. PRI discussion paper series no. 04A-10. 東京：財務省財務総合政策研究所.

木原隆司, 2009. 効果的な開発援助——我が国の援助は東アジアの開発に貢献していないのか?[J]. フィナンシャル・レビュー, (1).

木村秀美, 澤田康幸, 森悠子, 2007. 援助氾濫と経済成長：クロスカントリーデータによる分析[R]// 独立行政法人経済産業研究所. RIETI discussion paper series 07-J-031. 東京：独立行政法人経済産業研究所

木村秀美, 戸堂康之, 2007. 開発援助は直接投資の先兵か?重力モデルによる推計[R]// 独立行政法人経済産業研究所. RIETI discussion paper series 07-J-003. 東京：独立行政法人経済産業研究所.

黒柳雅明, 犬飼一郎, 下村恭民, 他, 1994. 国総研セミナー・シリーズ構造調整計画の現状と展望[M]. 東京：国際協力事業団.

桑田禮彰, 他, 1984. ミシェル・フーコー1926-1984 権利・知・歴史[M]. 東京：新評論.

桑島京子, 2005. ガバナンスと人間の安全保障に関する主要な論点——開発援助の視点から[R]//独立行政法人国際協力機構. 貧困削減と人間の安全保障 discussion paper. 東京：独立行政法人国際協力機構.

国際協力事業団医療協力部, 2000. タンザニア モロゴロ州保健行政強化プロジェクト事前調査団報告書[R]. 東京：国際協力事業団.

国際協力事業団医療協力部, 国際協力総合研究所, 2003. 途上国における財政

管理[M]//途上国における財政管理と援助——新たな援助の潮流と途上国の
　　改革. 東京:国際協力事業団.

近藤英俊,2007. 開発専門家と政治起業家——社会的交渉のアリーナとしての
　　開発[J]. アフリカ研究,(71):129-143.

在ガーナ日本大使館(織田専門調査員),2007. ガーナ合同支援戦略(G-JAS)策
　　定にかかる要点[R]. アクラ:在ガーナ日本大使館.

財団法人国際開発センター,2002. 新規援助モダリティに対する他主要ドナー
　　の援助動向分析調査[Z]. 東京:外務省.

桜井哲夫,1996. フーコー　知と権利『現代思想の冒険者たち』(第26巻)[M].
　　東京:講談社.

佐々木雄太,木畑洋一,2005. イギリス外交史[M]. 東京:有斐閣アルマ.

下村恭民,2011. 開発援助政策(国際公共政策叢書第19巻)[M]. 東京:日本
　　経済評論社.

白鳥正喜,1993. 世界銀行グループ——途上国と日本の役割[M]. 東京:国際開
　　発ジャーナル社.

白鳥正喜,1995. 開発における政府の役割[M]. ODA フロンティア[M]. 東京:
　　大蔵省印刷局.

鈴木裕子,2009. 援助協調、援助効率向上の理想と現実　タンザニアにおける援
　　助協調と今後の課題[EB/OL]. (2009-08-09)[2014-09-10]. http://www.
　　unforum. org/teigen/22. html.

世界銀行. 有効な援助——ファンジビリティと援助政策[M]. 小浜裕久,富田
　　陽子,訳. 東京:東洋経済新報社.

高橋基樹,2001. アフリカにおける開発パートナーシップ:セクター・プログ
　　ラムを中心に[R]. 東京:国際協力事業団.

高橋基樹,2002. 援助と開発をつなぐもの——国際協力研究の新しい地平[C]//
　　神戸大学六甲台五部局百周年紀念事業検討委員会. 神戸発　社会科学のフ
　　ロンティア. 東京:中央経済社:86-114.

高橋基樹,2010. 開発とアフリカ国家政治経済論序説[M]. 東京:勁草書房.

武内進一,2010. 現代アフリカの紛争と国家　ポストコロニアル家産制国家と
　　ルワンダ・ジェノサイド[M]. 東京:明石書店.

多田治,2011. 社会学理論のエッセンス[M]. 東京:学文社.

東郷賢,和田義郎,2006. 2006 年版 Index of Donor Performance(援助供与国

成績指標）：Selectivity と Project Proliferation について［R］. 東京：経済産業研究所.

塚原康博,1988. ファンジビリティ仮説とフライベーーパー効果［J］. 一橋論叢, 9(6):860-874.

筒井淳也,平井裕久,水落正明,他,2011. Stata で計量経済学入門［M］. 東京：ミネルヴァ書房.

独立行政法人国際協力機構,2005. 貧困削減と人間の安全保障 Discussion Paper［R］. 東京：独立行政法人国際協力機構.

独立行政法人国際協力機構,英国事務所,2009. 北欧諸国プラス調査シリーズ ［R］. 東京：独立行政法人国際協力機構.

独立行政法人国際協力機構,国際協力総合研究所,2004a. PRSP プロセス事例研究——タンザニア・ガーナ・ベトナム・カンボジアの経験から［R］. 東京：独立行政法人国際協力機構.

独立行政法人国際協力機構,国際協力総合研究所,2004b. PRSP と救助協調に関する論考［R］. 東京：独立行政法人国際協力機構.

独立行政法人国際協力機構,国際協力総合研究所,2008. タンザニアモロゴロ州保健行政強化プロジェクト［R］. 東京：独立行政法人国際協力機構.

独立行政法人国際協力機構,タンザニア事務所,2006. タンザニアにおけるプログラム策定・運営の試み［Z］. ［出版地不明］：事業マネジメントのあり方研究会 第4回.

西川潤,高橋基樹,山下彰一,2006. シリーズ国際開発第5巻 国際開発とグローバリゼーション［M］. 東京：日本評論社.

日本国際連合学会,2004. 民主化と国連［M］. 東京：国際書院.

フーコー ミシェル,1969,臨床医学の誕生［M］. 神谷美恵子,訳. 東京：みすず書房.

フーコー ミシェル,1970. 知の考古学［M］. 中村雄二郎,訳. 東京：河出書房新社.

フーコー ミシェル,1975. 狂気の歴史［M］. 田村俶,訳. 東京：新潮社.

フーコー ミシェル,1977. 監獄の誕生［M］. 田村俶,訳. 東京：新潮社.

フーコー ミシェル,1974. 言葉と物［M］. 渡辺一民,訳. 東京：新潮社.

フーコー ミシェル,1986. 性の歴史 I 知への意志［M］. 渡辺守章,訳. 東京：新潮社.

フーコー ミシェル,2001. 主体と権力. 渥海和久,訳[M]//小林康夫,石田英敬,松浦寿輝. ミッシェル・フーコー思考集成Ⅸ 1982-1983 自己 統治性 快楽. 蓮實重彦,渡辺守章,監修. 東京:筑摩書房:10-32.

藤原和幸,2007. 委嘱事項:「サブサハラ・アフリカにおける援助動向」に関する調査・研究[R]// 在タンザニア日本大使館. 専門調査員報告書. アクラ:在タンザニア日本大使館.

藤原帰一,など. 2004. 国際政治講座 第3巻[M]. 東京:東京大学出版会:145-198.

ブルデュー ビエール,1990. ディスタンクシオン:社会的判断力批判[M]. 石井洋二郎,訳. 東京:藤原書店.

古川光明,2004. アフリカを取り巻く援助動向とその対応(一考察)——タンザニアをケースとして[R]// 独立行政法人国際協力機構. PRSPと援助協調に関する論考. 東京:独立行政法人国際協力機構.

古川美晴,2009. 地方行政企画調査 第二回 活動報告書(2008年12月23日～2009年1月10日)[R]. 東京:独立行政法人国際協力機構タンザニア事務所.

俊一郎,2006. タンザニア共通援助戦力(Joint Assistance Strategy for Tanzania/JAST)(JAST本書/JAST覚書 /DoL他現状)[R]. 東京:独立行政法 人国際協力機構タンザニア事務所.

牧野雅彦,2006. マックス・ウェーバー入門[M]. 東京:平凡社.

水野由康,2011. 2000年代サブサハラ・アフリカの経済成長——タンザニアに見る成長要因の分析と持続的成長への挑戦[D]. 日本福祉大学大学院修士論文.

元田結花,2007. 知的実践としての開発援助[M]. 東京:東京大学出版会.

柳原透,2008.「開発援助レジーム」の形成とその意義[J]. 海外事情,56(9):87-106.

リンス J,A ステパン,2005. 民主化の理論——民主主義への移行と定着の課題[M]. 荒井祐介,五十嵐誠一,上田太郎,訳. 東京:一藝社.

渡辺紫乃,2011. 変動する国際援助秩序の中での中国の対外援助外交[R]// 日本国際問題研究所. 平成22年度 中国外交の問題領域別分析研究会報告書. 東京:日本国際問題研究所:51-62.

中文文献

新华网,2008.胡锦涛主席同坦桑尼亚总统基奎特会谈[EB/PL](2008-04-11)
　　[2014-09-10].http://news.xinhuanet.com/newscenter/2008-04/11/content_
　　7960716.htm.
中华人民共和国国务院新闻办公室,2011.中国的对外援助(2011)[M].北京:外
　　文出版社.
中华人民共和国驻坦桑尼亚联合共和国大使馆,2013.永远做可靠朋友和真诚伙
　　伴[EB/OL].[2014-09-10].http://tz.china-embassy.org/chn/zt_1/t1030584.htm.

结束语及谢辞

笔者作为从事国际发展援助的工作人员,长期以来一直接触发展中国家。在工作中,笔者经常自省,正是这种作为发展援助工作人员的自我问题意识成为了本书的选题理由。

笔者于 1997 年至 2001 年就职于 JICA 坦桑尼亚事务所。任职期间第一次参加卫生领域的援助方会议时,曾被其他国家的工作人员质问道:"为何日本至今还在实施项目援助?"这件事给笔者带来很大影响。一直让日本引以为傲的项目援助居然受到如此之大的批判,这让笔者感到困惑。本书中介绍了坦桑尼亚发展援助的过程,而笔者赴任期间,坦桑尼亚正处于"减贫机制"正式形成的阶段。

其后,国际发展援助共同体为实现减贫及提高援助有效性,开始进行各种形式的讨论并采取了多项措施,最终达成了共识。在这个过程中,出现了诸多疑问,如"减贫机制"真的有效吗? 新导入的 GBS 是有效的援助方式吗? 以及"减贫机制"对国际发展援助来讲有何意义? 发展中国家政府和援助方如何看待这种机制? 进而,各援助方是否在未对这些需要发展援助的实施者理解的问题进行充分探讨的情况下,就采取了新的援助措施? 发展援助的实施者如果不解决上述问题是否就无法预见未来的援助方向? 笔者对这些问题的意识越来越强烈。

本书正是在这样的情况下撰写并问世的。

本书在 2013 年提交至一桥大学研究生院社会学研究科的博士论文《国际援助体系的展开和非洲援助管理的实际情况:以后冷战时期的"减贫机制"为中心》(国際援助システムの展開とアフリカ援助行政の実態:ポスト冷戦期における『貧困削減レジーム』を中心に)的基础上进行了必要的添加和修改。在修改过程中,笔者发现文中尚存一些不全面的记述,贸然出版敬请各位读者批评指正。

在本书的出版过程中,日本评论社的饭塚英俊先生不吝赐教,从策划到出版一直给予笔者诸多关照。神户大学的高桥基树教授为笔者提供多种启示,并大力支持本书的出版。笔者的论文博士导师玉谷史朗教授(一桥大学社会学部)、论文指导委员浅见靖仁教授给予了笔者耐心的指导。此外,对给予了本书宝贵意见及建议的政策研究大学院大学恒川惠市特聘教授(JICA 首任研究所所长)、政策研究大学院大学三上了客座研究员、独协大学高畑纯一郎特聘讲师、森冈翠、刘海涛、元 JICA 图书馆的矢作铃子、JICA 研究所的加藤宏理事、畇伊智朗所长、北野尚宏副所长一并表示深深谢意。此外，本书的问世离不开家人的支持。

最后，祈祷母亲身体安泰，并将此书敬献亡父。

2014 年 11 月

古川光明

作者简介

古川光明

1962年生。1986年毕业于美国东北密苏里州立大学经济系,1987年毕业于日本法政大学经济系。其后就职于清水建设株式会社,1989年加入日本国际协力事业团(JICA)。历任JICA坦桑尼亚事务所副所长、总务部综合调整组组长、英国事务所所长,2009年被聘为JICA高级研究员。1997年修完美国杜克大学研究生院公共政策学硕士课程,2014年取得日本一桥大学博士学位。

论文

1. "Is Country-system-based Aid Really Better than Project-based Aid? Evidence from Rural Water Supply Management in Uganda"(与三上了合著),JICA-RI Working Paper,No.64,2014.

2.「貧困削減戦略における紛争予防配慮の可能性」,『国際協力研究』24(1)、JICA、2008年

3.「脆弱国家における中長期的な国づくり国のリスク対応能力の向上に向けて」、『アフガニスタン事例研究』、JICA、2008年